KB144795

신흥권력과 신흥안보

미래 세계정치의 경쟁과 협력

신흥권력과 신흥안보
미래 세계정치의 경쟁과 협력

2016년 6월 24일 초판 1쇄 인쇄
2016년 6월 30일 초판 1쇄 발행

지은이　김상배, 고은송, 김유정, 박민, 신승휴, 윤정현, 이수경, 이은솔, 채나예, 최정훈

편집　김지산·고하영
디자인　김진운
마케팅　정세림

펴낸이　윤철호·김천희
펴낸곳　㈜사회평론아카데미
등록번호　2013-000247(2013년 8월 23일)
전화　02-2191-1133
팩스　02-326-1626
주소　03978　서울특별시 마포구 월드컵북로12길 17

이메일　editor@sapyoung.com
홈페이지　www.sapyoung.com
ISBN　979-11-85617-75-6　93340

이 저서는 2013년 정부(교육부)의 재원으로 한국연구재단의 지원을 받아 수행된 연구임.
(NRF-2013S1A3A2053683).
이 저서는 2015년 서울대학교 정치외교학부 〈글로벌 리더스 프로그램〉의 지원을 받아 수행된
연구임.

신흥권력과 신흥안보

미래 세계정치의 경쟁과 협력

김상배 편

사회평론

머리말

이 책은 서울대학교 정치외교학부 외교학전공의 박사·석사·학사 과정 학생들과 진행한 공동작업의 결과물이다. 2010년 2학기부터 '네트워크 세계정치'와 '정보세계정치'라는 주제로 공부를 시작한 이후,『거미줄 치기와 벌집 짓기: 네트워크 이론으로 보는 세계정치의 변환』(한울 2011),『정보세계정치의 이해: 역사와 쟁점 및 전략의 탄생』(한울 2013),『네트워크 시대의 외교안보: 중견국의 시각』(사회평론아카데미 2014),『제3세대 중견국 외교론: 네트워크 이론의 시각』(사회평론아카데미 2015) 등의 출간에 이어『신흥권력과 신흥안보: 미래 세계정치의 경쟁과 협력』이라는 제목으로 다섯 번째 작품을 내놓게 되었다. 이번 작품이 이전과 다른 점은 두 그룹의 학생들이 진행한 연구를 하나의 구도로 결합하는 형태로 완성되었다는 사실이다.

이 책에 실린 글들의 일부는 2015년 한 해에 걸쳐서 '신흥안보와 공공외교'(1학기)와 '신흥권력과 중견국'(2학기)이라는 주제로 진행했던 대학원 세미나를 바탕으로 하고 있다. 중견국의 시각에서 미래 세계정치에 대한 다양한 글들을 같이 읽고 생각을 발전시켜 학기말 논문으로 제출되었던 글들을 방학 기간에 두 차례의 집중세미나를 통해서 다시 한 번 다듬고 보완하여 태어난 결과물들이다. 이 책에 실린 대학원생들의 논문은 이미 2015년 12월 한국국제정치학회 연례학술대회 대학원생 패널에서 발표되어 호평을 얻은 바 있다. 게다가 한국연구재단에 등재된 학술지에 실릴 정도로 그 문제의식과 완성도가 돋보인 글도 있다. 이외에도 지난 1년 동안의 대학원 세미나를 진행하면서 쓰인 논문들은 여러 편이 더 있었지만 그 중에서 출판할 만큼의 수준에 도달한 논문 4편을 추렸다. 나머지 논문들도 조탁의 과정을 거쳐서 조만간 여섯 번째 작품의 형태로 세상에 선보일 계획이다.

이 책이 특별히 새로운 이유는 편집본의 필자로 학부생들이 다수 참여했다는 데 있다. 이전에도 학부생들이 학부 졸업논문을 다듬어서 편집본에 참여한 적은 있었지만 이번처럼 여러 명이 동시에 참여한 적은 없었다. 이러한 일이 가능했던 것은 2015년 정치외교학부에서 새로이 시작한 〈글로벌 리더스 프로그램〉의 지원 덕택이다. 이 책에 실린 논문 중에서 5편은 글로벌 리더스 프로그램의 일환으로 2015년 2학기 '글로벌 리더십 연습: 탈근대 정보세계정치 세미나'라는 제목으로 진행된 학부세미나의 결과물로 제출된 학기말 논문이다. 학부생들이지만 재학 중에 대학원생에 준하는 지적 훈련을 받고 '공부의 맛'을 알게 하자는 프로그램의 취지를 살려서 그야말로 '학업의 표준'을 세우려는 시도를 벌여보았다. 아직 지적 훈련기에 있는 학생들의 글이라 미흡한 부분이 없지 않다. 그럼에도 이들의 글 안에 담긴 문제제기의 참신성이나 논문의 완성도라는 점에서 단순한 습작의 수준을 넘어서는 가능성이 엿보였다. 아직은 어린 지성들의 글이지만 이렇게 엮어서 펴내는 용기를 갖게 한 것도 바로 이러한 이유 때문이다.

이 책을 완성해 가는 과정에서 백미는 단연코 2015년 12월 13-16일에 중국 상해-항주-우시로 떠났던 학술답사였다. 학부생들을 위한 〈글로벌 리더스 프로그램〉의 지원을 계기로 삼아, 대학원생들의 참여를 위해서 추가 펀딩을 하고, 답사여행 참가자들도 나름 비용을 각출하여 강의실을 벗어나 현장 속에서 미래 세계정치를 체험하는 여정을 떠났다. 미래 세계정치의 경쟁과 협력의 양상을 엿보게 하는 신흥권력과 신흥안보의 현주소를 살펴보겠다는 취지에 맞추어 현장답사의 장소들이 선정되었다. 최근 급부상하는 중국 인터넷 비즈니스의 현재와 미래를 배우기 위해서 항주의 알리바바(Alibaba)를 찾았다. 우시에서는 '중국 할리우드'를 의미하는 '화리우드(華萊塢)'와 드라마 세트장으로 유명한 삼국성에 들러서 중국 문화콘텐츠 산업의 가능성과 한계를 동시에 체감했다. 상해에서는 최근 '대륙의 실수'라는 애칭으로 소비자들에게 다가오고 있는 샤오미의 오프라인 매장(일명 팬텀 하우스)을 방문했다. 답사여행을 마무리하며 찾은 상해 총영사관에서는 경제외교의 일선에서 활약 중인 외교관들과의 열띤 토론의 자리도 마련했다.

학기를 완전히 마무리하지 않은 채 바쁜 마음을 다스리며 내딛은 중국 답사여행의 성과는 예상했던 대로 매우 값졌다. 무엇보다도 책에서만 읽던 내용들을 현장의 목소리를 빌어서 배울 수 있었다는 것이 가장 큰 소득이었다. 알리바바의 브리핑 룸에서 홍보 담당자와 질의응답을 벌이고, 상해 총영사관의 회의실에서는 알리바바와 한국 정부 관계자들의 비공식 회동에 대한 뒷얘기를 전해 들으면서 학생들의 지식은 책으로 읽은 추상적인 담론이 아니라 자신들이 체험한 생생하고도 구체적인 지혜가 되었으리라 짐작해 본다. 중국 CCTV에서 방영되었던 유명 드라마인 '삼국지'의 촬영장 세트에서 벌어진 공연에 열광하는 중국 관객들의 환호성과 불과 십여 분 거리에 떨어진 화리우드 테마파크의 썰렁한 전경을 대

8

비해 보면서, 남이 전해주는 얘기만 듣고는 알 수 없을 오늘날 중국의 고민을 느낄 수 있었을 것이라 믿는다. 답사여행의 또 다른 성과 중의 하나는 역시 학부생들과 대학원생들이 어울릴 기회를 마련했다는 것이었다. 20-30대의 젊은이들이 함께 보낸 3박 4일은 그 자체만으로도 모두에게 귀중한 기억으로 남을 것이다.

이러한 체험과 고민의 흔적들은 직간접적으로 이 책에 담긴 글(또한 다음에 펴낼 글)들에 녹아 있다. 이 글들을 모두 가로지르는 문제의식은 미래 세계정치를 어떻게 이해하고 이에 대응할 것이냐의 문제였다. 특히 이 책을 준비하는 세미나의 과정에서 가장 큰 화두로 떠올랐던 주제는 21세기 세계정치에서 글로벌 패권의 자리를 놓고 벌어질 미국과 중국의 경쟁을 어떻게 볼 것이냐의 문제였다. 이러한 문제의식은 구체적으로는 중국의 부상이라는 주제로 귀착되었다. 이 책에 담긴 논문들의 주제 중 중국의 신흥권력이나 신흥안보에 관한 문제들이 많은 것은 바로 이러한 이유 때문이다. 또한 답사여행의 행선지로 중국이 선택된 이유도 여기에 있었다. 특히 정치외교의 수도인 북경이 아니라, 전통적인 국제정치학의 시각에서 보면 생소할 수도 있는, 상해-항주-우시 지역을 찾은 이유도 신흥권력으로서 중국을 이해하는 새로운 착상을 얻기 위함이었다. 답사여행 중에 우스갯소리로 학생들에게 던졌던 말이 떠오른다. "중국의 미래를 시진핑 국가주석에게만 물을 것이 아니라 알리바바의 잭 마윈 회장에게도 물어야 하는 것이 아닐까?"

사실 이러한 주제는 2015년 한 해 동안 국내 국제정치학계의 화두이기도 했다. 예를 들어, 2015년 12월 한국국제정치학회 연례학술회의에서 한 해 동안의 학술행사를 마무리하며 구성한 총회패널의 주제가 '신흥권력의 부상과 한반도'였다. 글로벌화, 정보화, 민주화, 중국의 부상, 다국적 기업의 약진, 초국적 네트워크의 활약 등으로 대변되는 세계정치의 변화를 새로운 이론적 렌즈에 비추어 이해하자는 것이 그 총회패널의 취지였다. 사이버 안보, 보건안보, 원자력안보, 환경안보, 난민안보 등과 같이 최근 동아시아에서 부상하고 있는 신흥안보 분야의 위협들에 대응하는 미래전략을 마련하자는 문제의식도 담겼다. 21세기를 맞이하여 전통적인 근대 국제정치의 틀을 넘어서 등장하는 새로운 행위자와 새로운 권력게임, 그리고 여기서 생성되는 새로운 세계질서의 미래를 읽어내야 한다는 사명감도 반영되었다. 이러한 세계정치의 변화에 직면하여 이제는 개도국의 처지를 넘어서 중견국으로 발돋움한 한국은 어떠한 방책을 마련해야만 할까? 이는 기성학자들의 고민거리인 동시에 이 책의 집필에 참여한 학생들의 고민거리이기도 했다.

이 책이 나오기까지 많은 분들의 도움을 얻었다. 특히 이 책의 작업에 공동저자로 참여한 9명의 대학원생들과 학부생들의 노고를 치하하고 아울러 감사의 마음을 전하고 싶다. 한 한기 또는 두 학기에 걸쳐서 보여주었던 필자들의 젊은 열정과 지적 의지가 없었다면 이 책은 세상에 나올 수 없었을 것이다. 학생들의 미완성 초고들을 예닐곱 번 이상씩 읽어보고 코멘트를 주면서도 새로이 힘을 낼 수 있었던 것은 바로 이러한 열정과 의지에 공감했기 때문이었던 것 같다. 물론 젊은 지성들의 고민의 흔적을 '역사'로 기록하고 싶은 욕심도 작용했다. 두 차례에 걸쳐 열린 집중세미나에서 방학 기간임에도 귀중한 시간을 내어 토론을 맡아준 류윤영, 박준병, 박지은, 박진, 송태은, 서지희, 신순선, 양종민, 어윤아, 유성, 유안, 이헌미, 조문규, 최은실, 최인호, 홍유정(가나다순)에게 감사의 말을 전한다. 지난 2015년 한 해 동안 열린 대학원 세미나에서 반장을 맡아 굳은 일을 마다하지 않고 수고해준 최은실(1학기)과 조문규(2학기)의 헌신에도 감사한다. 이 책의 교정 작업의 총괄 업무를 맡아준 김유정의 도움도 고맙다.

이 책의 작업은 2013년에 중형 연구단 프로젝트(네트워크 국가의 세계정치)로 진입한 한국연구재단의 한국사회기반연구사업(Social Science Korea, 일명 SSK)을 계기로 하여 결실을 볼 수 있었다. 이 책의 모태가 된 대학원생 세미나와 병행하여 진행된 '중견국외교연구회,' '정보세계정치연구회,' '기술사회연구회'의 세미나를 통해서 많은 도움의 말씀을 주신 선생님들께도 감사의 마음을 전한다. 또한 이 책의 작업은 서울대학교 정치외교학부 〈글로벌 리더스 프로그램〉의 지원이 없었으면 마무리하기 힘들었을 것이다. 특히 학부생들의 참여를 진작하는 데 글로벌 리더십 연습 세미나의 진행과 현장답사는 결정적인 기여를 했다. 〈글로벌 리더스 프로그램〉의 운영을 위한 기금을 출연해준 산성엘엔에스의 김진구 대표께 심심한 감사의 뜻을 전하는 바이다. 끝으로 새롭게 벌이는 지적 시도의 취지를 알아주시고 흔쾌히 출판을 맡아 주신 사회평론아카데미의 관계자들께도 감사의 말씀을 전한다.

2016년 2월 13일
우면산을 내다보며
김상배

차례

제1부 신흥권력의 세계정치

제2부 신흥안보의 세계정치

서론

신흥권력과 신흥안보의 세계정치

김상배

I. 신흥, 새로운 개념의 도입

21세기의 문턱을 넘어선 오늘날, 동아시아 및 글로벌 차원에서 변화의 국면을 맞고 있는 세세정치의 미래를 진망하려는 국내외 국제정치학계의 노력이 분주히 이루어지고 있다. 1960년대 후반 또는 1970년대 초반부터 시작된 지난 반세기의 시도들을 보면 다양한 개념과 이론들이 명멸하였음을 알 수 있다. 이들 논의들은 모두 한때 등장했다가 사라지는 듯이 보였을지라도 결국에는 여러 가지 방식으로 종합되어 지금 우리가 세계정치의 변화를 분석하는 이론적 렌즈의 도수를 높이는 데 기여했다. 이 책에서 벌인 시도도 현실의 변화를 개념과 이론의 틀을 원용하여 이해하려는 학술적 모색의 연속선상에 있다. 이러한 노력의 일환으로 이 책이 새롭게 던지는 화두는 '신흥(新興, emergence)'의 개념이다. 특히 신흥이라는 말을 국제정치학의 핵심 주제인 권력과 안보에 접합하여 '신흥권력(emerging power)'과 '신흥안보(emerging security)'라는 개념을 제시하였다. 이러한 개념들을 원용하여 세계정치의 변화를 파악하려는 마음을 먹게 한 것은 다음과 같은 두 가지 계기를 통해서였다.

지난 10여 년 동안 국내외 학계에서 가장 큰 관심을 끌고 있는 주제 중의 하나는 중국의 부상이다. 20세기 후반 이래 세계정치 변화의 핵심은 탈냉전의 맥락에서 본 미국의 패권 쇠퇴와 중국의 부상, 그리고 일본의 보통국가화와 러시아의 재(再)강대국화 등으로 요약해 볼 수 있다. 이 중에서도 중국의 부상은 21세기 세계정치의 최대 화두임이 분명하다. 그렇다면 이러한 중국의 부상을 어떻게 이해할 것인가? 정치·군사적인 의미에서 본 새로운 도전국가 또는 지역패권의 등장인가? '세계의 공장'으로서 새로운 산업대국의 도전인가? 아니면 더 나

아가 전통 동아시아 천하질서의 부활인가? 이러한 질문들에 대답하는
방식은 이론적 시각에 따라 여러 가지가 가능하겠지만, 적어도 포괄적
인 의미에서 21세기 세계정치에서는 중국이 그야말로 신흥권력이라는
사실을 부인하기는 어려울 것이다.

　신흥권력으로서 중국의 부상에 주목하는 논의의 이면에는 세계정
치에서 벌어지는 권력변환에 대한 관심이 깔려 있다. 최근 경제적으로
급성장하고 있는 중국이 이에 걸맞은 군사력과 외교력, 그리고 소프트
파워까지 갖추고 미국의 세계패권에 도전할 것이냐가 주요 관건이다.
그런데 이러한 권력변환에 대한 논의를 제대로 이해하기 위해서는 어
느 한 나라가 힘이 더 세어져서 상대를 압도하게 되고 이에 따라 국제
질서에서 세력균형이 변할 것이라는 통상적인 인식의 범위에만 머물
러서는 안 된다. 오히려 근대 국민국가들의 부국강병 게임을 중심으로
국제정치를 보았던 전통적인 시각을 벗어날 필요가 있다. 다시 말해
중국의 부상과 여기서 파생하는 미중 패권경쟁을 제대로 보기 위해서
는 좀 더 복합적인 시각이 필요하다는 것이다.

　향후 두 나라 간에 발생할 힘의 이동은 여태까지 우리가 근대 국
제정치에서 경험했던 것과는 성격이 다른 권력게임의 양상을 보일 가
능성이 크다. 실제로 21세기 세계정치에서는 군사력과 경제력의 게임
뿐만 아니라 '지식력'을 확보하려는 게임이 새로운 세계정치의 양식으
로 부상하고 있다. 이러한 지식력 게임의 승패는 전통적인 자원권력의
개념을 넘어서는 새로운 권력 개념의 잣대에 기대어 판가름 날 가능성
이 크다. 게다가 문제를 더욱 복잡하게 만드는 것은, 새로운 권력게임
의 장에는 기존의 국가 행위자들뿐만 아니라 초국적으로 활동하는 비
(非)국가 행위자들도 활발하게 참여한다는 사실이다. 그야말로 중국의
부상과 미중 패권경쟁으로 대변되는 21세기 세계정치의 권력변환은

다양하고 다층적인 모습으로 발생하고 있다.

최근 학계의 큰 관심을 끌고 있는 또 다른 주제는 기존의 전통적인 국민국가의 경계를 넘어서 초국적으로 발생하는 새로운 위험의 부상이다. 탈냉전, 지구화, 정보화, 민주화 등의 현상을 배경으로 출현한 이러한 위험들은 예기치 않은 천재지변 외에도 인간이 개발한 기술 시스템의 오류나 사회 시스템의 위기 등으로 나타나고 있다. 지난 5년여 동안 동북아에서 발생한 사례만 보아도, 중국발 스모그와 미세먼지의 초국경적 피해, 일본에서 발생한 쓰나미와 후쿠시마 원전 사태, 북한의 사이버 공격과 미·중 사이버 갈등, 동남아와 한국에서 발병한 사스(SARS)와 메르스(MERS)의 확산, 북한의 인권과 탈북자 문제 등을 들 수 있다. 이러한 문제들은 여태까지 알려져 있지 않았던 종류의 재난을 야기할 가능성을 증대시켰을 뿐만 아니라 시스템 내 여러 요소들이 서로 밀접하게 연계된 복잡계 현상을 배경으로 하고 있다는 점에서 해당 분야의 안전 문제를 넘어서 국가안보 전반에 피해를 주는 새로운 위험으로 인식되고 있다.

이 글은 새로운 안보 패러다임을 이론적으로 탐구해온 국내외 국제정치학계 논의의 연속선상에서 이러한 새로운 안보문제를 이론화하는 작업을 펼쳤다. 이 글이 환경안보, 원자력안보, 사이버 안보, 보건안보, 인간안보, 사회안보(societal security) 등과 같이 초국적으로 발생하는 새로운 위험을 이해하기 위해서 제시하는 개념은 신흥안보이다. 신흥안보의 개념은 기존의 '비전통 안보(non-traditional security)'와 같은 소극적인 개념화의 경향을 넘어서 좀 더 적극적으로 새로운 안보연구를 벌이려는 문제의식을 바탕으로 한다. 따라서 신흥안보라는 개념은, 이 글의 본론에서 자세히 설명한 바와 같이, 단순히 새롭다는 의미를 넘어서 고안되었다. 이 글에서 말하는 신흥안보의 개념은

복잡계 이론과 네트워크 이론에서 개발된 다양한 이론적 논의들을 반
영하여 고안되었다.

신흥안보의 부상은 안보영역이 새로이 확대되는 현상뿐만 아니라
안보주체의 숫자와 범위의 확대 및 안보 세계정치의 양상을 변화시키
고 있다. 이들 위험은 그 성격과 피해의 범위라는 점에서 글로벌 차원
에서 초국적으로 발생하는 안보문제인 동시에 지역과 국가 차원의 국
지적이고 개인적인 안보문제에도 영향을 미치는 다층적인 성격을 지
니고 있다. 국가 행위자 이외에도 국제기구, 다국적 기업, 글로벌 시민
사회 등과 같은 비국가 행위자들, 그리고 더 나아가 기술 및 사회 시스
템 자체가 위험을 야기하는 원인이 되고 있다. 따라서 새로운 안보문
제를 해결하기 위해서는 개별국가 차원을 넘어서 지역 및 글로벌 차원
에서 모색되는 중층적이고 복합적인 거버넌스의 메커니즘을 마련하는
것이 필요하다. 요컨대 이러한 변화는 기존의 인식 틀에서는 간과되었
던 새로운 안보이슈의 발생이라는 단편적 차원을 넘어서, 좀 더 넓은
의미에서 파악된 새로운 안보 패러다임의 부상을 예견케 하고 있다.

이 글은 신흥권력과 신흥안보의 개념을 설명함으로써 이들 개념
을 바탕으로 집필된 이 책의 내용을 독자들이 좀 더 쉽게 이해할 수 있
도록 돕기 위해서 쓰였다. II절은 복잡계 이론에 기원을 두는 신흥의
개념에 대한 소개를 바탕으로, 신흥권력이 무엇이며 이것이 21세기 세
계정치의 신흥무대에서 미국과 중국이 벌이는 글로벌 패권경쟁에 어
떻게 투영되는지를 살펴보았다. III절은 일상 속의 안전의 문제가 거시
적 국가안보의 문제로 부상하는 신흥안보의 형성 메커니즘을 살펴보
고, 이를 바탕으로 신흥안보의 복잡계적 특성과 이러한 과정에서 생성
되는 위험을 해결하기 위해 모색해야 하는 새로운 거버넌스의 방향을
짚어보았다. IV절은 이 책에 담긴 10편의 논문들의 내용을 간략히 요

약·소개하여, 이론적 시각의 적용뿐만 아니라 경험적 사례 자체에 관심이 있는 독자들의 이해를 돕고자 하였다.

II. 신흥권력, 새로운 경쟁의 부상

1. 신흥의 개념

이 책에서 21세기 세계정치의 권력과 안보의 변환이라는 맥락에서 새롭게 던지는 화두는 '신흥'이다. 사실 신흥은 국제정치학계에서 흔히 사용하는 말은 아니다. 이 책에서 새롭게 제시하는 용어인 만큼, 그 말뜻을 한번 살펴볼 필요가 있다. 우선 한자 형성문자로서 신흥의 말뜻이 흥미롭다. 신(新)은 도끼(斤)로 나무를 베어 땔나무를 만들어 쌓아 놓는다는 뜻인데, 이는 베다 → 새롭다 → 새롭게 하다 등으로 뜻이 전성되었다. 흥(興)은 동(同)과 여(舁)의 합성어인데, 이는 여럿이 들어 올리다, 일으키다, 일어나다를 뜻한다. '신'과 '흥'의 합성어로서 '신흥'은 '새롭게 일어나다'는 뜻 정도로 이해할 수 있다. 그러나 신흥권력이나 신흥안보에서 권력과 안보를 수식하는 형용어로 사용한 '신흥'이라는 말은 단순히 '새롭게 일어나다'라는 뜻만은 아니다. 다시 말해 신흥권력이나 신흥안보라는 말은 예전에는 없었는데 최근 새롭게 등장한 권력이나 안보라는 의미를 넘어서는 좀 더 복잡한 뜻을 담고 있다(김상배 2015).

　이 책에서 사용하는 '신흥(新興)'은 복잡계 이론에서 말하는 'emergence'의 번역어이다. 'emergence'는 국내 자연과학계에서 흔히 창발(創發)이라고 번역되는데 이 책에서는 권력이나 안보라는 말과

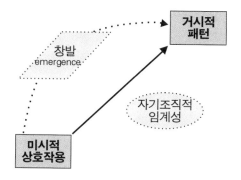

출처: 김상배 2015: 13

그림 1. 창발(emergence)

의 합성을 고려하여 '신흥'이라고 번역하였다. 그러나 'emergence'라는 용어를 권력이나 안보와 합성하지 않고 따로 사용하는 경우에는 학계에 이미 통용되고 있는 창발이라는 용어를 사용하였다. 창(創)은 칼(刂=刀)로 상처를 내다(倉) 또는 시작하다의 뜻이다. 발(發)은 발을 좌우로 벌리고(癶), 활(弓)로 물건을 치거나 튀기게 한다는 뜻이다. 글자자체로서 창발의 뜻은 새로이 일을 시작한다는 정도의 의미로 이해할수 있다. 그러나 개념어로서 복잡계 이론에서 말하는 창발이란, 복잡계에서 자기조직화의 과정을 통해 새롭고 일관된 구조나 패턴, 속성등이 나타나는 현상을 의미한다.

〈그림 1〉에서 보는 바와 같이, 창발이란 미시적 단계에서는 볼 수없던 존재들, 즉 자체적인 속성을 드러낼 수 없던 소규모의 단순한 존재들이 복잡한 상호작용을 통한 연계성의 증대에 의해 거시적 단계에서는 일정한 패턴과 규칙성을 드러내는 것을 의미한다. 창발 현상은 비선형성(non-lineality), 자기조직화(self-organization), 비평형(far from equilibrium), 유인자(attractors) 등을 특징으로 하는 복잡계 현

상을 배경으로 해서 발생한다. 다시 말해 창발이란 미시적 단계에서는 무질서한 카오스(chaos)였지만 자기조직화의 과정을 통해서 거시적 단계에서는 질서가 생성되는 것을 의미한다. 생물계 현상에서 창발의 사례로서 가장 많이 거론되는 것으로는, 전체 디자인이 없이도 지능이 낮은 개별 개미들의 활동을 통해서 건설되는 거대한 개미탑을 들 수 있다. 물리현상에서 발견되는 창발의 사례로는 눈송이에서 발견되는 복합적인 대칭 구조, 즉 프랙털(fractal) 패턴의 형성을 들 수 있다.

복잡계 이론 진영에서는 많은 이론가들에 의해서 창발과 유사한 개념들이 상당수 제시되어 왔다. 일리야 프로고진(Ilya Prigogine)은 '요동을 통해서 생성되는 질서(order through fluctuation)'의 개념을 제시한 것으로 유명하다. 스테판 볼프램(Stephen Wolfram)은 카오스에서 질서로 바뀌는 '상전이(phase transition)'와 생명의 질서를 가능케 하는 '카오스의 가장자리(edge of chaos)'라는 개념을 제시했다. 움베르토 마투라나(Humberto Maturana)의 자기생성(autopoiesis)이나 페르 박(Per Bak)의 자기조직적 임계성(self-organized criticality: SOC) 등도 동일한 맥락에서 이해할 수 있는 개념이다. 토마스 셸링(Thomas Shelling)의 미시적 동기와 거시적 행위에 대한 연구도 인간사회의 다양한 영역에서 미시적 규칙의 반복을 통해 혁명, 전쟁, 협력 등과 같은 거시적 현상이 생성됨을 탐구했다. 특히 셸링의 연구는 백인과 흑인 거주 지역의 분리 현상을 설명한 유명한 사례를 제시한 바 있다. 말콤 글래드웰(Malcolm Gladwell)은 자기조직적 임계성의 응용 사례로서 티핑 포인트(tipping point)의 개념을 경영학의 마케팅에 적용하였다(민병원 2005; 김상배 2015).

2. 신흥권력 경쟁의 세계정치

이상에서 살펴본 신흥의 개념을 21세기 세계정치에 적용한 신흥권력은, 적어도 〈그림 2〉에서 보는 바와 같은 세 가지의 복합적인 의미로 파악된다(하영선·김상배 편 2010, 2012). 첫째, 신흥권력의 부상은 '권력분산(power diffusion),' 또는 '권력주체의 분산'을 의미한다. 즉, 세계정치 권력의 주체로서 전통적인 국가 행위자가 아닌 새로운 비국가 행위자들이 세계정치의 전면으로 나서는 현상을 의미한다. 근대 국제정치에서는 주로 국가 행위자를 지배적인 권력주체로 상정하는 것이 일반적이었다면, 오늘날 세계정치에서는 국가 행위자가 예전과 같이 권력을 독점하고 있다고 상정할 수는 없게 되었다. 이러한 시각에서 보면 21세기 세계정치에서 신흥권력은 정부간협의체(G20 등), 다국적 기업, 글로벌 금융자본, 싱크탱크, 신용평가기관, 컨설팅회사, 테러 네트워크, 글로벌 시민단체, 기타 사이버 공간을 배경으로 활동하는 다양한 비국가 행위자들의 부상을 의미한다.

둘째, 신흥권력의 부상은 '권력변환(power transformation)' 또는 '권력게임의 성격 변환'을 의미한다. 즉 세계정치 권력의 패러다임이 자원권력으로부터 네트워크 권력으로 변화하는 현상을 의미한다. 오늘날 세계정치에서는 군사력과 경제력으로 대변되는 물질적 자원 이외에도 기술·정보·지식·문화·커뮤니케이션과 같은 비물질적 변수에 기반을 두는 신흥권력이 부상하고 있다. 게다가 이러한 신흥권력은 행위자들이 보유한 자원이나 속성보다는 행위자들이 벌이는 상호작용의 맥락에서 작동한다는 특징을 지닌다. 이러한 권력변환으로서 신흥권력 현상은 주로 경제적 상호의존, 환경(기후변화, 에너지, 원자력), 보건(전염병, 바이오 기술, 식량), 이민(난민, 이주, 탈북자), 규범(인권,

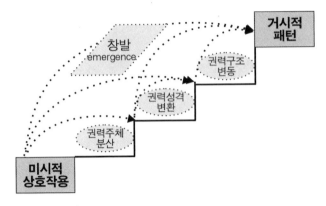

출처: 김상배 2015: 15에서 응용.

그림 2. 신흥권력 부상의 세 가지 차원

개발협력, 발전모델, 핵·원자력), 기술(IoT, 인공지능) 등과 같은 새로운 이슈영역에서 벌어지고 있다.

끝으로, 신흥권력의 부상은 흔히 말하는 '권력이동(power shift)', 좀 더 구체적으로 말해 '세력전이(power transition)'나 '권력구조의 변동'을 의미한다. 이는 새로운 세력의 도전으로 인해 세계정치 권력의 구조, 즉 국가들 간의 세력분포가 변화하는 현상을 의미한다. 이러한 의미로 이해한 신흥권력의 부상은 도전국가의 부상으로 인해서 발생하는 세계정치 패권의 변동 가능성을 의미한다. 21세기 세계정치에서 이와 같은 신흥권력의 측면에서는 중국의 부상에 따른 미국과 중국의 세계 패권경쟁 가능성 및 여기서 파생되는 동아시아 및 글로벌 권력구조의 변동 가능성에서 엿볼 수 있다. 그러나 여기서 한 가지 유의할 점은, 이 책에서 말하는 권력구조의 변동은 단순한 국가 행위자들 간의 '수평적 세력전이'만을 뜻하는 것이 아니라 국가 및 비국가 행위자들이 모두 관여하는 복합적인 양상을 염두에 둔다는 사실이다.

　21세기 세계정치에서는 이상의 세 가지 차원에서 복합적인 의미로 파악된 신흥권력을 둘러싼 새로운 경쟁이 벌어지고 있다. 이러한 신흥권력 경쟁은 여러 분야에 걸쳐서 벌어지고 있지만, 주로 기술·정보·지식·문화·커뮤니케이션 변수가 관여하는 사이버 공간을 매개로 하여 발생한다. 여기서 사이버 공간이란 단순히 컴퓨터 네트워크로서 인터넷이 만들어낸 온라인의 기술 공간 또는 현실과 분리되어 별개로 존재하는 버추얼(virtual) 공간만을 의미하는 것은 아니다. 오히려 오늘날 사이버 공간은 오프라인 공간과 온라인 공간의 '복합 공간'으로서 자리매김하고 있다. 실제로 오늘날의 사이버 공간은 다양한 지정학적 이슈들뿐만 아니라 탈(脫) 지정학적인 다양한 이슈들이 관여하는 공간이다. 예를 들어, 국가 간 갈등과 연계된 사이버 테러와 공격, 글로벌 생산 네트워크와 지식경영, 글로벌 시민/소비자의 정체성 형성과 연대, 정보산업과 전자상거래의 무역질서, 온라인 금융의 핀테크, 개인정보의 보호와 빅데이터 및 정보주권 논란, 디지털 외교와 매력 네트워크 등의 현상이 발생하는 공간이다.

　이러한 사이버 공간은 21세기 세계정치의 미래를 엿보게 하는 선행지표의 의미를 가진다. 특히 사이버 공간은 신흥권력의 대표적인 사례인 '복합 네트워크'가 부상하는 토양을 제공한다. 사이버 공간의 신흥권력으로서 복합 네트워크라는 말은 다의적으로 이해되는데, 네트워크 이론의 시각을 원용하여 살펴보면 대체로 세 가지 의미를 지닌다 (김상배 2014). 다시 말해 행위자, 과정, 구조로서의 네트워크 개념으로 볼 때, 복합 네트워크는 신흥 권력자인 동시에 신흥권력게임을 의미하며 더 나아가 신흥 권력구조의 형태를 엿보게 하는 말이다. 즉, 사이버 공간을 둘러싸고 관찰되는 새로운 행위자의 부상, 새로운 권력게임의 부상, 새로운 권력구조의 부상 등을 떠올릴 수 있다.

첫째, 사이버 공간에서 발견되는 신흥권력의 부상은 권력분산의 양상으로 나타난다. 신흥공간인 사이버 공간에 적합한 행위자는 국가 행위자보다는 초국적으로 활동하는 비국가 행위자들이다. 이들은 초국적 네트워크를 활용하여 기성의 거대권력(macropower)에 대항하는 미시권력(micropower)을 발휘하면서 이른바 '비대칭 전쟁'을 벌이고 있다. 사실 오늘날 사이버 공간에서는 인터넷이 없었던 예전에는 상상하기 힘들었던 현상이 발생하고 있는데, 인터넷과 소셜 미디어를 활용하는 테러 네트워크나 민주화 시위대, 그리고 크라우드 펀딩이나 다양한 형태의 집합지성을 발휘하는 소셜 네트워크의 사례를 떠올려 볼 수 있다.

그러나 사이버 공간은 신흥 행위자들에게만 우호적인 공간은 아니다. 기존의 거대권력이 그 지배의 메커니즘을 좀 더 정교하고 교묘하게 재생산하는 공간이기도 하다. 공공 영역에서 군림하는 기성권력은 분산될지라도 민간 영역에서 작동하는 비공식 권력(또는 사적 권력)은 오히려 비대화되고 있다. 사실 네티즌들의 미시권력이 힘을 발휘하는 사이버 공간은 글로벌 다국적 기업들이 만들어 놓은 구조적 권력의 공간이다. 그 안에서 네티즌들은 '부처님 손바닥 위의 손오공'과도 같은 신세에 비유되기도 하는데, 이러한 상황은 제1장에서 살펴본 클라우드 컴퓨팅이나 빅데이터 등의 사례에서 찾아볼 수 있다(김상배 2010).

게다가 사이버 공간에서 기존의 국가 행위자들이 쇠퇴했다고 판단하기에도 이르다. 권력이 분산된 자리에 생기는 공공성 문제를 해결하려는 명목으로 국가 행위자는 귀환하고 있다. 민간 행위자들의 독점을 견제하는 '공익의 대변자'인 동시에 네티즌들의 생활세계에 개입하는 '독재자'로서 두 얼굴을 지닌 국가가 존재한다. 최근 초국적 공간으로서 사이버 공간에서 나타나는 국가주권의 관철 문제도 관건이다. 미국의 다국적 인터넷 기업에 대한 유럽연합(EU)과 중국의 대응이 국제정치학적 관심거리가 되고 있는데, 2010년 구글의 중국 시장 철수 사건이나 2015년 유럽 법정의 세이프 하버 협정 무효화 판결 등을 사례로 들 수 있다.

이러한 맥락에서 보면 최근 사이버 공간에서 관찰되는 신흥권력 행위자의 부상은 어느 한 행위자의 약진으로만 볼 것이 아니다. 오히려 네티즌 네트워크와 초국적 거대기업, 그리고 전통적인 국가 행위자로 대변되는, 사회-기업-국가 복합체가 형성하는 삼각구도에서 그 정체를 이해해야 한다. 신흥권력의 부상은 이러한 세 가지 형태의 네트워크 행위자들이 복합적으로 작동한다는 의미로 이해할 할 수 있다.

둘째, 이들 복합 네트워크 행위자들이 사이버 공간에서 벌이는 권력게임의 성격은 기존의 양상과는 다른 신흥권력게임의 양상을 보이고 있다. 단순히 군사력과 경제력의 자원권력에 의지하는 게임이 아니라, 기술·정보·지식·문화·커뮤니케이션과 같은 비물질적 자원을 기반으로 하여 행위자들이 구성하는 관계적 맥락, 즉 네트워크를 통해서 작동하는 새로운 권력게임의 양상이 나타난다. 이 책의 제3장에서 제시하는 바와 같이, 정보통신산업이나 인터넷 서비스 분야에서 나타나는 기술표준경쟁과 제도모델의 경쟁 등의 사례들은 단순히 경제학이나 경영학이 아닌 국제정치학의 시각에서 본 신흥권력게임의 면모를 보여준다.

반복컨대, 이렇게 표준경쟁을 벌이는 복합 네트워크 게임의 성격은, 행위자가 지닌 자원이나 속성에 기반을 둔 권력게임이 아니라 행위자들이 속한 관계적 맥락을 활용하는 과정에서 발휘되는 '네트워크 권력'을 장악하려는 게임으로 개념화할 수 있다. 더 많은 자원을 확보하는 것만이 아니라 내 주위에 더 많은 지지 세력을 모으고, 네트워크 상에서 '중심성(centrality)'이 높은 위치를 차지하며, 좀 더 근본적으로는 자신에게 유리한 방식으로 네트워크를 설계하는 게임이다. 이러한 네트워크 권력은 주로 집합권력, 중개권력, 설계권력 등으로 개념화된다. 사이버 공간을 배경으로 하여 발생하는 표준경쟁은 이러한 네트워크 권력게임이 작동하는 대표적인 사례이다(김상배 2014: 제5장, 제9장).

끝으로, 이렇듯 신흥공간으로서 사이버 공간에서 복합 네트워크 행위자들이 네트워크 권력게임을 벌이는 과정에서 부상하는 21세기 세계정치의 권력구조는 어떻게 개념화할 수 있을까? 다시 말해, 복잡계 이론의 용어를 원용하면, 미시적 행위규칙으로서 신흥권력게임을 벌이는 와중에 창발하는 거시적 차원의 패턴으로서 신흥권력의 질서는 어떠한 모습일까? 복합 네트워크 행위자들이 사이버 공간에 적합한 새로운 권력게임을 벌이는 와중에 사기조직적 임계성을 넘어서 띠오르는 거시적 패턴의 내용은 무엇일까? 사실 그러한 권력구조의 모습은 여전히 창발 중이고 아직도 그 모습을 명확히 드러내고 있지는 않다.

그럼에도 불구하고 현 단계에서 몇 가지 기본적인 전제를 제시할 수는 있을 것으로 보인다. 적어도 무정부 질서(anarchy) 하에서 세력균형의 게임을 벌이는 과정에서 발생하는 세력전이의 개념으로 미래 세계정치의 구조변동을 볼 필요는 없지 않을까? 다시 말해, 이렇게 보면 전통적인 세력균형론이나 세력전이론에서 보는 구조변동에 대한 논의와는 다른 시각에서 세상을 볼 수 있는 것이 아닐까? 신흥권력의 창발이라는 시각에서 보는 주체변환과 권력변환에 기반을 둔 21세기 세계정치의 구조변환은 적어도 기존의 세력전이론이 상정하고 있는 물질적 권력의 잣대로 본 권력구조 변동의 상(像)은 아닐 것이라고 예견해 볼 수 있다.

3. 미중 신흥권력 경쟁과 한반도

이상의 신흥권력에 대한 논의를 중국의 부상과 그 과정에서 발생할 가능성이 있는 미중 패권경쟁이라는 구도에 적용해 보자. 사실 21세기 세계정치의 패권을 놓고 경합을 벌일 것으로 예견되는 미국과 중국은 선도부문으로서 사이버 공간에서, 또는 좀 더 넓은 의미에서 오프라인 공간까지도 포함하는 21세기 세계정치의 신흥공간에서 각기 다른 비전을 가지고 자신들의 이익을 추구하기 위한 경쟁을 벌이고 있다. 이렇게 선도부문에서 벌어지는 패권국과 도전국의 경쟁 사례들은 근대 국제정치의 역사에서 여러 차례 나타난 바 있다. 가장 비근하게는 정보화 시대 초기 컴퓨터 하드웨어와 소프트웨어를 둘러싸고 선도부문에서 나타났던 미국과 일본의 경쟁에서 찾을 수 있다(김상배 2007). 더 거슬러 올라가면 19세기 영국과 독일의 경쟁이나 20세기 미국과 소련의 경쟁에서도 그 모습이 발견된다. 이러한 패권경쟁은 이제 정보화 시대를 맞이하여 그 초점이 미중관계로 옮겨지는 양상을 보인다.

그런데 앞서 살펴본 신흥권력의 시각에서 보면 향후 미중 신흥권력 경쟁의 양상이 기존의 국제정치에서 국가 행위자들을 중심으로 벌어졌던 전통적인 권력 경쟁의 양상을 답습할 것인지에 대해서는 의문을 제기할 필요가 있다. 다시 말해, 미래의 미중경쟁이 과거에 그랬듯이 지배적 행위자로서 국민국가들이 나서는 모습으로 나타날까? 미중경쟁의 미래를 굳이 군사력과 경제력이라는 근대 국제정치적인 의미의 물질적 권력의 잣대로만 설명할 수 있을까? 미국과 중국 중에서 누

가 21세기 패권을 잡더라도, 19세기의 영국과 독일이나 20세기의 미
국과 소련 또는 미국과 일본이 했던 것과는 상이한 방식과 경로를 통
해서 패권의 지위에 오를 가능성은 없을까? 그리고 이러한 과정에서
예견되는 미래 세계정치의 권력구조는 어떠한 모습일까? 이러한 질문
에 대한 답을 찾는 과정은 기존의 발상과 시각을 전환하는 문제와 밀
접히 연결된다.

먼저 미중경쟁이라고 할 경우, 좀 더 구체적으로 말해 경쟁을 벌
이는 행위자들을 '미국'과 '중국'이라고 부를 경우, 여기서 '국(國)'으
로 통칭한 행위자의 성격이 무엇인지를 묻는 것이 필요하다. 미국과
중국에서 '국(國)'은 현실주의가 상정하는 국민국가와 같은 단일 행위
자(unitary actor)일까? 미중경쟁을 '두 나라 간 경쟁'이라고 보는 것
은 맞는데, 이를 두 국민국가의 경쟁이라고 볼 수 있을까? 미중경쟁에
나서는 행위자는 '누구의 미국'이고 '누구의 중국'인가? 여전히 양국의
정부를 이끌고 있는 '오바마 대통령의 미국'이고, '시진핑 국가주석의
중국'으로만 보는 것이 맞을까?

이러한 맥락에서 보면 현재 관찰되는 '두 나라'라는 행위자들은 국
가-기업-사회의 복합체로서의 성격이 더욱 커진 복합 네트워크 행위자
라고 할 수 있고, 이러한 새로운 행위자를 국가 행위자를 중심으로 재
명명하면 일종의 '네트워크 국가'일 가능성이 크다(하영선·김상배 편
2006). 이러한 시각으로 보면 사이버 공간을 중심으로 벌어지는 미중
경쟁은 국가 간(inter-national) 경쟁이라기보다는 네트워크 국가들이
경합을 벌이는 네트워크 간(inter-network) 경쟁으로 개념화할 수 있
다. 사실 되돌아보면 미국과 중국은 이미 20세기에도(또는 그 이전에
도) 전형적인 국민국가의 모습이 아니라 연방제적인 복합국가(또는 일
종의 네트워크 국가)의 면모를 지니고 있었다고 보아야 할 것이다.

둘째, 사이버 공간에서 미국과 중국이 벌이는 권력게임의 양상을 전통적인 물질적 자원권력의 게임으로 보아서는 그 성격을 제대로 파악할 수 없다. 물론 21세기 세계정치에서 미국과 중국이 벌이는 패권경쟁에는 전통적인 부국강병 경쟁의 시각에서 본 군비경쟁이나 무역갈등, 환율전쟁 등의 요소가 없는 것이 아니다. 이러한 부국강병의 측면들은 여전히 양국과 주변 국가들의 미래를 좌우하는 변수로 작동하고 있다. 그렇지만 현재 사이버 공간에서 벌어지고 있는 미중경쟁은 첨단산업·신흥경제, 디지털 문화·공공외교, 사이버 안보·환경안보 등의 분야에서 벌어지는 네트워크 권력게임이 관건임을 잊지 말아야 한다.

첨단산업·신흥경제의 이슈로서 컴퓨터 산업과 인터넷 비즈니스의 사례를 보면, 미국과 중국은 단순한 가격경쟁이나 품질경쟁의 차원을 넘어서는 표준경쟁을 벌이고 있다. 이러한 표준경쟁은, 제3장에서 분석하는 바와 같이, 최근 들어 구글(G), 아마존(A), 페이스북(F), 애플(A) 등(일명 GAFA)과 같은 미국의 인터넷 기업들과 바이두(B), 알리바바(A), 텐센트(T) 등(일명 BAT)으로 대변되는 중국 인터넷 기업들 간의 경쟁으로 나타난다. 물론 이러한 기업 간 표준경쟁의 이면에 존재하는 양국 정부의 역할에도 주목해야 한다.

디지털 문화·공공외교와 관련하여 두 나라가 벌이고 있는 사이버 공간의 매력경쟁도 신흥권력의 세계정치를 엿볼 수 있는 흥미로운 사례이다. 디지털 문화콘텐츠 산업이나 인터넷 커뮤니티 중심의 문화활동, 소셜 미디어 등을 활용하는 디지털 공공외교는 권력분산, 권력변환, 권력이동이 복합적으로 발생하는 신흥권력 현상을 보여주는 사례이다. 예를 들어, 미국 영화산업의 본산지인 할리우드가 담당해온 매력 세계정치의 역할을 보면 비국가 행위자들이 발휘하는 신흥권력의 위력을 짐작해 볼 수 있을 것이다.

한편 최근 사이버 안보 분야는 미중관계의 핵심적인 갈등 사안으로 등장했다. 이는 사이버 안보 문제가 단순히 온라인의 시스템 보안이나 정보보호의 문제를 넘어서는 지정학적 관심을 끄는 신흥안보의 이슈가 되었음을 극명하게 보여준다. 중국의 사례를 다루고 있는 제6장의 논의에서 엿보건대, 사이버 안보와 관련된 최근의 전개양상을 보면 미중 양국 간의 외교적·군사적 갈등까지도 예견케 하는 상황으로 급진전되고 있음을 보여줄 뿐만 아니라 이 문제를 둘러싼 국내외 제도와 규범 형성을 둘러싼 '문명표준경쟁'의 양상까지도 내비치고 있다.

끝으로, 이상에서 개괄한 미중 신흥권력 경쟁의 결과로서 등장할 미래 세계정치 권력구조의 모습을 읽어내는 데 있어서 단순계적인 권력이동론에만 입각한 설명은 미흡하다. 신흥권력의 시각에서 보면, 현재 창발하고 있는 권력구조를 전통적인 세력전이론과는 얼마나 다르게 볼 수 있을까? 적어도 권력의 소재가 두 나라 중 어느 하나에게로 '이동(shift)'하는 모습이 아니라 네트워크 국가로서의 두 나라가 서로 얽히면서 경쟁과 협력을 동시에 벌이는 네트워크상의 관계를 보일 가능성이 더 크지 않을까?

이러한 시스템은 국제체제(國際體制, inter-national system)라기보다는 이른바 '망제체제(網際體制, inter-network system)'로 개념화되는 모습일 가능성이 있지 않을까? 그러한 가운데 어느 한쪽이 좀 더 많은 '중심성'을 발휘하는 모습 정도가 아닐까? 다시 말해 이러한 와중에 그려지는 권력구조의 모습은 세력균형(Balance of Power)의 상(像)이 아니라, 이른바 '세력망(Network of Power: NoP)'의 상이 아닐지? 이렇게 벌어지는 '네트워크 간 정치(inter-network politics)' 또는 망제정치(網際政治)의 구조와 동학, 그리고 이러한 밑그림 위에서 두 강대국이 건축하려고 하는 글로벌 및 동아시아 지역 아키텍처의 내용은 무엇인지를 좀 더 구체적으로 살펴보는 것이 향후 연구과제로 제기된다.

이상에서 제시한 바와 같이 신흥권력의 부상으로 대변되는 21세기 세계정치의 변환에 직면하여 한국(좀 더 미래지향적인 의미로 보면 통일 한반도)도 미래전략의 모색이라는 차원에서 주체변환, 권력변환, 구조변환의 메가트렌드에 대응해야 할 과제가 제기된다. 21세기 세계정치에서 새로운 지형을 여는 선도부문으로서 사이버 공간의 세계정치에 제대로 대처하기 위해서는 무엇을 해야 할까? 미래 국가전략을 모색하는 차원에서 대내외적으로 여러 가지 노력이 필요하겠지만, 무엇보다도 먼저 전통권력의 발상을 기반으로 한 근대 국제정치의 틀을 넘어설 필요성을 강조하지 않을 수 없다.

비유컨대 '늑대'의 위협으로부터 초가집, 나무집, 벽돌집을 지으려 했던 '돼지 삼형제와 늑대'의 우화를 거꾸로 보는 상상력을 발휘하는 것이 필요하다. 다시 말해 '늑대(근대 국민국가 행위자)'가 쳐들어오는 상황에서는 초가집이나 나무집보다는 벽돌집을 짓는 것이 적합한 대응양식이었다면, '거미(탈근대 복합 네트워크 행위자)'가 습격을 하는 상황에서는 어떠한 종류의 '집'을 지어야 할까? 이러한 질문은, 다음 절에서 살펴볼 한국이 추구해야 할 네트워크 국가로서의 메타 거버넌스(meta-governance)의 내용을 돌아보게 한다는 점에서 의미가 있다. 특히 최근 중견국 외교를 추구하고 있는 한국이 안고 있는 과제와도 연결된다.

III. 신흥안보, 새로운 협력의 모색

1. 신흥안보, 그 창발의 조건

신흥안보란 미시적 차원에서는 단순히 소규모 단위의 안전(安全, safe-ty)의 문제였는데 거시적 차원으로 가면서 좀 더 대규모 단위의 안보 (安保, security) 문제가 되는 현상을 의미한다. 즉, 신흥안보란 미시적 차원의 개별안전(individual safety) 문제가 양적으로 늘어나서 집합안전(collective safety) 또는 집합안보(collective security)의 문제가 되고, 더 나아가 질적 연계성이 커지면서 거시적 차원에서 파악되는 일반안보(general security)의 문제가 되는 현상이다. 이러한 창발의 맥락에서 안보 문제를 보면 우리가 이전에 알고 있던 '안보'의 개념 자체를 다시 세워야 할 필요가 발생한다. 다시 말해, 예전에는 거시적 안보만을 논했지만 이제는 창발의 가능성이 있는 미시적 안진에 대해서도 안보의 관점에서 이해해야 하는 필요성이 발생하기 때문이다.

이렇듯 신흥안보의 문제들은 미시적 행위자들이 대강의 규칙만 가지고 수많은 시행착오를 거쳐서 거시적 문제를 해결하는(또는 격변이 발생하는) 상향식 접근법을 통해서 발생하는 득징을 시닌다. 앞서 언급한 페르 박의 자기조직적 임계성 개념을 원용하면, 시스템의 거시적 격변 현상으로서 신흥안보 분야의 재난은 갑작스럽게 발생한 것으로 보여도 그 내부에서 끊임없이 이루어진 복잡한 상호작용의 결과이다.[1] 그렇다면 이러한 과정에서 관건이 되는 것은 창발이 이루어지는

---

1   이와 관련해서 페르 박은 모래탑의 사례를 들고 있다. 모래탑을 쌓을 때마다 크고 작은 붕괴 현상이 발생하는데, 이것은 모래탑이라는 시스템 내부에서 일어나는 모래알 사이의 역학관계로부터 비롯된다는 것이다(페르 박 2012). 이밖에도 지진, 산불, 도시의 발

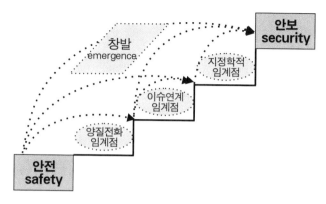

출처: 김상배 2015: 15.

그림 3. 신흥안보의 3단계 창발론

규칙을 찾아내서 격변이나 재난이 언제 어떻게 발생하는지, 그리고 이러한 재난을 어떻게 예방할 수 있는지를 밝히는 문제일 것이다. 그러나 이러한 설명과 예측을 하는 것은 쉽지 않다. 그 이유는 신흥안보의 현상이 비선형 메커니즘, 자기조직화, 분산형 상향식 네트워크 구조와 미시적 규칙 그리고 협력의 진화 등을 특징으로 하는 복잡계 현상을 배경으로 발생하기 때문이다.

　이러한 복잡계의 맥락에서 보는 신흥안보는 시스템 내 미시적 상호작용이 양적·질적으로 변화하여 일정 수준을 넘어 거시적 차원에 이르게 되면, 그 전에는 드러나지 않던 패턴이 드러나는 현상이다. 이렇게 미시적 안전이 거시적 안보로 창발하는 조건, 또는 양자를 가르는 임계점(critical point)은 어디인가? 복잡계 이론의 논의를 원용하면, 신흥안보의 위험은 〈그림 3〉에서 보는 바와 같이 3단계로 형성되

　달, 생태계 붕괴, 전쟁, 혁명 등의 사례를 들 수 있다.

는 '임계성(criticality)의 사다리'를 따라 창발한다. 이러한 3단계 창발론은 마치 곤충이 '유충'의 단계를 거쳐서 '번데기'가 되고 더 나아가 '성충'이 되는 3단계의 과정을 따라서 변태하는(transform) 것을 연상케 한다. 물론 이러한 3단계 창발과정에서 발견되는 임계점은 순차적으로 형성되는 것이 아니며, 상호 중첩될 뿐만 아니라 경우에 따라서는 동시에 발생하기도 한다.

첫째, 가장 포괄적인 의미에서 신흥안보의 위험은 이슈영역 내의 안전사고가 양적으로 증가하여 일정한 수준을 넘는 경우에 창발한다. 이는 양적증대가 질적변화를 야기하는, 이른바 양질전화(量質轉化)의 현상을 의미한다. 평소에는 개별 단위 차원의 안전이 문제시될 정도의 미미한 사건들이었지만, 그 발생 숫자가 늘어나서 갑작스럽게 양질전화의 임계점을 넘게 되면 국가와 사회의 안보를 위협하는 심각한 문제가 된다. 이러한 와중에 미시적 안전과 거시적 안보를 구분하던 종전의 경계는 무너지고, 사소한 일상생활 속의 안전문제라도 거시적 안보의 관점에서 다루어야 하는 일이 벌어진다.

이렇게 양질전화의 임계성이 문제시되는 사례는 신흥안보 분야에서 다양하게 나타난다. 예를 들어, 1인당 에너지 소비량의 증가는 어느 순간에 빙하를 녹이고 해수면을 상승시키는 지구온난화의 주범이 된다. 어느 가족 중 한 명이 감기에 걸리는 것은 큰 위험은 아니지만 거대 도시 전체에 감기, 그것도 치사율이 높은 신종플루가 유행하는 것은 국가안보의 문제가 된다. 컴퓨터 한 대에서 발견된 악성코드는 그냥 무시될 수도 있겠지만 국가 기반시설을 통제하는 컴퓨터 시스템에 대한 해킹은 국가적 차원에서 그냥 지나칠 수 없는 중대한 위험이다. 마찬가지로 국경을 넘는 난민의 증가는 어느 지점을 넘으면 사회안보의 문제가 된다.

둘째, 신흥안보 이슈들 간의 질적 연계성이 높아지게 되면, 어느 한 부문에서 발생한 안전의 문제가 임계점을 넘어서 거시적 안보의 문제가 될 가능성이 커진다. 이러한 이슈연계의 문제는 양적인 차원에서 단순히 링크 하나를 더하는 차원이 아니라 신흥안보의 이슈네트워크에서 발견되는 '구조적 공백(structural hole)'을 메우는 질적인 변화의 문제이다(Burt 1992). 다시 말해 끊어진 링크들이 연결됨으로써 전체 이슈구조의 변동이 발생하게 되고 그 와중에 해당 이슈의 '연결 중심성'이 커지는 것을 의미한다. 이러한 이슈연계의 효과는 세계경제포럼(World Economic Forum: WEF)의 글로벌 리스크 보고서에서도 지적된 바 있다(WEF 2015).

이렇게 이슈연계 임계점을 넘어서 신흥안보 위험이 창발하는 사례는 여러 분야에서 발견된다. 기후변화는 이슈연계성이 매우 높은 사례인데, 홍수, 가뭄 등과 같은 자연재해뿐만 아니라 수자원 및 식량위기 등과 연계되면서 환경안보의 문제로 인식된다. 이주와 난민 문제는 그 자체로서는 크게 문제될 것은 없을지 모르나, 실업문제, 사회질서 불안정, 문화적 정체성, 그리고 더 심하게는 인간안보의 위협과 테러의 발생 등과 연계되는 경우 국가적 차원에서 좌시할 수 없는 안보문제가 된다. 식량문제도 최근 에너지 문제 해결을 위해 곡물을 이용한 바이오 연료의 생산 문제와 연계되면서 심각한 식량안보가 되기도 했다. 해킹 공격이 원자력 발전소의 컴퓨터 시스템에 대해서 감행될 경우에 위험은 더욱 커지며, 이러한 해킹이 정치적 목적과 결부된 테러의 수단이 될 경우 그 위험성은 더욱 증폭된다.

끝으로, 양질전화나 이슈연계성을 통해서 창발하는 신흥안보 이슈가 전통안보 이슈와 연계되는 경우 이는 명실상부한 국가안보의 문제가 된다. 신흥안보 위험이 아무리 심해지더라도 관련 행위자들의 협력을 통해서 무난히 풀 수 있는 성격의 것이라면 굳이 '안보'라는 말을 거론할 필요도 없을지 모른다. 그러나 신흥안보의 위험이 일종의 '지정학적 임계점'을 넘어서 국가 간 분쟁의 대상이 되면, 이는 명백한 안보문제가 된다. 이 지경에 이르면 국가 행위자가 개입할 근거가 발생하게 되고 문제의 해결을 위한 국제협력의 메커니즘이 가동된다. 이러한 관점에서 보면 신흥안보는 비전통 안보의 개념과는 달리 전통안보 문제도 포함하는 개념으로 이해할 수 있다.

이렇게 신흥안보의 이슈가 전통안보의 영역으로 진입하는 사례는 많다. 자연재해와 환경악화로 인한 난민의 발생은 지정학적 차원에서 국가 간 갈등을 야기하기도 하며, 경우에 따라서는 국가 간 무력충돌도 유발하는 위험요인이다. 최근 종교적·문화적 정체성의 문제는 테러 등의 문제와 연계되면서 국가 간 분쟁 또는 전쟁의 중요한 원인으로 등장하고 있다. 또한 평화적 목적의 원자력 발전이 군사적 목적의 핵무기 개발과 연계되는 문제, 해커들의 장난거리였던 해킹이 최근 국가 간 사이버 전쟁으로 전화되는 문제, 보건안보 분야에서 생화학무기의 사용을 둘러싼 논란 등은 신흥안보가 전통안보와 만나는 현상을 보여주는 사례들이다.

2. 신흥안보의 복잡계적 특성

신흥안보의 위험은 전통안보 이슈와는 구별되는 몇 가지 독특한 특성을 지니는데, 이는 수면 아래에서 위로 떠오르는 현상을 연상케 하는 창발의 메커니즘을 따르기 때문이다. 전통안보의 위험이 대체로 수면 위에서 보이는 경우가 많다면, 신흥안보의 위험은 대부분의 경우 아직 수면 위로 떠오르지 않은, 그래서 잘 보이지 않는 위험이다. 신흥안보의 위험이 가지는 독특한 특성은 이러한 측면 때문에 발생하는 경우가 많은데, 이 글에는 다음과 같은 세 가지 특성에 주목했다. 이들은 주로 신흥안보 분야에서 나타나는 위험발생의 예측 불가능성과 창발 중인 위험의 비가시성과 밀접한 관련이 있다.

첫째, 신흥안보 분야의 위험은 X-이벤트(extreme event)로 불리는 극단적 사건의 형태로 발생한다. X-이벤트는 기존 사고방식으로는 발생할 확률이 매우 낮아서 예측할 수 없기 때문에 만약에 실제로 발생할 경우 그 파급효과가 엄청난 종류의 붕괴(avalanche) 또는 격변(catastrophe)을 불러일으키는 현상이다. 일상적으로 발생하는 사건들은 정규분포를 이루기 때문에, 그 정규분포의 밖에 존재하는 X-이벤트가 실제로 발생할 확률은 매우 낮다. 그런데 이러한 정규분포는 각각의 사건이 서로 독립적으로 발생한다는 것을 전제로 한다. 따라서 만약에 앞서 언급한 바와 같이 신흥안보 이슈들 간의 상호연계성이 높은 복잡계 환경을 전제로 한다면 발생확률이 지극히 낮았던 극단적인 사건일지라도 이른바 '두터운 꼬리(fat-tail)' 분포에서 발생할 가능성이 있다(John Casti *et al.* 2011).

존 캐스티(John Casti)는 X-이벤트의 발생 원인을 시스템에 내재되어 있는 복잡성에서 찾는다. 하나의 시스템을 이루는 세부 시스템 간 복잡성의 진화 정도가 차이가 날 때, 이 차이를 극복하기 위해 (아니면 견디지 못해) 극단적 사건이 발생한다는 것이다. 예를 들어, 후쿠시마 원전사태는 대표적인 X-이벤트이다. 후쿠시마 원전의 설계자는 정규분포 내에서 발생 가능성이 있는 지진의 강도만을 고려하여 시스템을 디자인했다. 그러나 예상치 못했던 강도의 쓰나미가 발생하여 기술 시스템의 복잡성을 능가하게 되자 큰 재난이 발생했다. 과거 여러 번 발생하여 이미 많은 양의 데이터가 축적되어 있는 사건의 경우에는 수학적인 모델 등을 활용한 예측이 가능하겠지만, X-이벤트 영역의 사건들은 기존 데이터를 활용할 수 없어서 대비하기가 힘들다는 것이다(캐스티 2012).

둘째, 신흥안보 위험의 예측 불가능성과 밀접한 관련이 있는 또 하나의 특징은, 위험발생의 주체로서 인간 행위자 이외에도 물리적 환경을 이루는 수많은 사물(또는 기술) 변수들이 중요한 역할을 한다는 사실이다. 이러한 사물 변수는 행위자-네트워크 이론(actor-network theory: ANT)에서 말하는 비인간 행위자(non-human actor)이다(홍성욱 편 2010). ANT에 의하면, 인간이 다른 인간의 행위에 영향을 미치는 것처럼 비인간 행위자도 인간의 행위에 영향을 미치는 행위능력(agency)을 갖는다. 따라서 물질적 환경을 이루는 사물 변수도, 통상적으로 이해하는 것처럼 수동적인 존재가 아니라 능동적인 존재로 그려진다. 이러한 논의를 신흥안보의 사례에 적용하면, 이 분야에서 발생하는 위험은 인간 행위자에 의해서만 생성되는 것이 아니라 비인간 행위자 변수에 의해서 생성되는 성격이 강하다.

신흥안보 분야 비인간 행위자의 사례는 매우 다양하다. 사이버 안보 분야의 컴퓨터 바이러스, 악성코드, 디도스(Distributed Denial of Service: DDoS) 공격에 동원되는 좀비 컴퓨터와 봇넷 등은 대표적인 사례이다. 보건안보 분야에서 전염병 바이러스는 행위능력을 갖는 비인간 행위자이다(이종구 외 2015). 비인간 행위자 변수는 위험의 원인이기도 하면서 해결의 주체이기도 하다. 예를 들어 신흥안보 분야에서 미시적 안전이 거시적 안보로 창발하는 상승의 고리를 끊는 차원에서 비인간 행위자, 특히 과학기술 변수가 중요한 역할을 할 수 있다. 실제로 최근 휴대폰이나 인터넷, 소셜 미디어에서 생성되는 빅데이터를 활용하여 자연재난 및 전염병 발생 징후의 조기 감지, 발생 후의 인구 이동 패턴, 실시간 주민 필요 파악, 조기경보를 통한 신속한 대응책을 마련하려는 노력이 이루어지고 있다(Hansen and Porter 2015).

끝으로, 신흥안보 위험이 수면 아래에 있어 보이지 않는다는 사실, 즉 비가시성은 미래의 위험에 대해서 논하는 안보담론의 역할에 힘을 실어준다. 신흥안보 이슈는 객관적으로 '실재하는 위험'이기도 하지만 안보 행위자에 의해서 '구성되는 위험'의 성격이 강하다. 이는 앞서 살펴본 코펜하겐 학파의 안보화 이론과 맥이 닿는 부분이다(Wæver 1995; Buzan and Hensen 2009; Balzacq ed. 2011). 이렇게 구성되는 위험으로서 신흥안보 분야의 위험은 동일한 종류의 위험이라도 지역에 따라서 또는 해당 이슈의 구체적 성격에 따라서 그 창발을 결정하는 수면의 높이가 다르게 나타난다. 사실 신흥안보 이슈는 미래의 위험에 대비하는 문제이기 때문에 적절한 정도의 안보화는 필요하다. 그러나 수면 아래의 보이지 않는 잠재적 위험을 논하는 경우 항시 '과잉안보화(hyper-securitization)'의 우려를 안고 있다는 사실도 잊지 말아야 한다(Hansen and Nissenbaum 2009).

실제로 신흥안보 분야에서는 과잉담론(hyper-discourse), 쉽게 말해 일종의 '안보괴담'이 유포되는 경우가 많았다. 한국에서 발생한 안보괴담의 경우만 보더라도, 2008년 미국산 쇠고기 수입에 반대하는 촛불집회 당시 유포된 '광우병 괴담', 후쿠시마 원전 사태 이후 국내에서 일었던 '방사능 괴담', 유전자조작농산물(GMO)과 관련된 보건안보 괴담, 2014년 한수원 사태 이후 사이버 심리전 논란을 야기했던 사이버 안보 괴담 등을 들 수 있다. 사실 이러한 안보담론들은 실제로는 '괴담'이 아닌 '진담(眞談)'일 수도 있지만, 오히려 반대로 전혀 근거가 없는 '허언(虛言)'이거나 '농담'일 수도 있다. 그러나 그러한 담론의 대상이 되는 위험이 현실화되기 전까지는 아무도 그 담론의 진위를 검증할 수 없다는 것이 문제이다. 여하튼 수면 아래에 있어 보이지 않는, 그리고 아직까지 아무도 경험해 본 적이 없는 X-이벤트인 경우에 이러한 안보담론들은 무시할 수 없는 위력을 갖는 독자적 변수가 된다.

3. 신흥안보 거버넌스의 모색

이상에서 살펴본 새로운 위험의 특성을 고려할 때, 전통안보 문제를 다루는 데 활용했던 방식을 그대로 신흥안보 분야에 적용하는 것은 적절하지 않다. 복잡계 환경을 배경으로 하는 신흥안보 분야에서 이전과 같이 국가가 나서서 자원을 동원하고 관련 행위자들을 통제하는 위계조직의 발상으로는 안 된다. 신흥안보 분야에서는 안보 거버넌스를 더욱 유연하게 유지함으로써 어떤 위험이 닥치더라도 국가의 개입 없이 민간 차원에서도 효과적으로 대응할 수 있는 방식을 도입할 필요가 있다. 국내적 차원에서 새로운 거버넌스 양식을 도입하는 것과 동시에 유사한 위험을 맞은 주변 국가들이나 국제사회 전반과 협력하고 공조하는 노력도 필요하다. 결과적으로 신흥안보의 위험에 대응하기 위해서 필요한 것은 기존의 국민국가 단위의 대응체제를 넘어서 미래 위험에 적절히 대응하는 새로운 국가모델과 이에 입각해서 새로운 거버넌스 체제를 갖추려는 노력이다.

이러한 맥락에서 '네트워크 국가'의 모델에 주목할 필요가 있다 (Carnoy and Castells 2001; Ansell and Weber 1999; Ansell 2000; 하영선·김상배 편 2006). 네트워크 국가란 대내적으로는 위계적 관료국가, 대외적으로는 영토적 국민국가의 모습을 하는 기존의 국가모델이 지구화와 정보화 및 네트워크 시대의 변화하는 환경에 맞추어 자기변화와 조정을 해나가는 국가이다. 네트워크 국가의 부상은, 한편으로 국가는 자신의 기능과 권한을 적절하게 국내의 하위 단위체에 분산·이전시킴으로써 그 구성원들로부터 정당성을 확보하고, 다른 한편으로 개별국가 차원에 주어지는 도전에 효과적으로 대처하기 위해서 영토적 경계를 넘어서 국제적이고 지역적이며 경우에 따라서는 초국적 차원의 제도적 연결망을 구축하는 과정에서 발생한다(김상배 2014: 298-303).

이러한 네트워크 국가는 대내외적으로 몇 가지 층위에서 그 구체적인 모습을 드러내고 있다. 대내적으로는 정치경제학 차원에서 본 정부-기업 관계의 재조정, 정치사회학적 차원에서 본 지배 엘리트 연합과 관료제의 변환, 정치·행정학적 차원에서 본 중앙-지방 관계(국가연합 또는 연방 등)의 재정비 등으로 나타난다. 대외적으로는 글로벌 사안을 놓고 공조하는 정부 간 협의체(예를 들어, G20), 국가 행위자뿐만 아니라 국제기구와 다국적 기업, 글로벌 시민사회 등이 모두 참여하여 글로벌 거버넌스, 공간지리적인 차원에서 영토국가의 단위를 넘어서 지역 차원에서 형성되는 지역통합체의 부상 등과 같은 형태를 띤다. 21세기 세계정치에서 이러한 네트워크 국가의 출현은 국가별 또는 지역별로 그 진행속도와 발현형태가 다르게 나타나고 있다. 현재는 여러 가지 유형의 네트워크 국가들이 서로 경합을 벌이면서 새로운 거버넌스의 방식을 모색하는 것으로 그려진다.

이러한 네트워크 국가가 그 기능을 제대로 발휘하기 위해서 요구되는 역할은 중심성(centrality)의 제공이다. 쉽게 말해, 이러한 역할은 다양한 행위자들의 이해관계를 조정하고 협력을 이끌어내는 중개자(broker)로서의 역할을 의미한다. 이와 같이 네트워크 국가의 중개자 역할은 밥 제솝이 주장하는 메타 거버넌스의 개념과 맥을 같이 한다(Jessop 2003). 메타 거버넌스는 다양한 거버넌스 메커니즘들 사이에서 상대적 균형을 모색함으로써 그들 간의 우선순위를 조정하는 관리양식을 의미한다. 제숍에 의하면, 시장의 무정부 질서(anarchy), 국가통제의 위계질서(hierarchy), '거버넌스'의 다층질서(heterarchy) 중 어느 하나의 메커니즘만으로는 권력관계의 완전한 균형과 이익의 형평을 달성하는 데 한계가 있다고 한다. 다시 말해, 사회체계의 복잡성, 구조적 모순, 전략적 딜레마, 양면적인 목표의 존재 등으로 인해서 시장 메커니즘이나 국가통제 또는 거버넌스의 자기조직화에 모두 실패할 가능성이 존재한다는 것이다(Ansell 2000: 309).

이러한 맥락에서 이들의 실패를 보정하기 위해서 일종의 '거버넌스의 거버넌스(the governance of governance)'로서 메타 거버넌스의 필요성이 제기된다. 제숍에 의하면, 새로운 거버넌스를 행하는 국가는 다양한 행위자들이 활동하는 장을 마련하고, 상이한 거버넌스 메커니즘의 호환성과 일관성을 유지하며, 정책공동체 내에서 대화와 담론 형성의 조직자 역할을 담당하고, 정보와 첩보를 상대적으로 독점하며, 거버넌스 관련 분쟁을 호소하는 장을 제공하고, 시스템 통합과 사회적 응집을 목적으로 권력격차의 심화를 관리하면서 개인과 집단 행위자의 정체성·전략적 능력·이해관계를 조정하고, 거버넌스가 실패하는 경우 정치적 책임을 지는 등의 메타 거버넌스 역할을 담당한다고 한다(Jessop 2003: 242-243). 요컨대, 메타 거버넌스는 국가가 사안에 따라 그 개입의 수준을 적절하게 조절하는 방식으로 여러 가지 거버넌스를 동시에 운용하는 관리양식으로 정의할 수 있다.

IV. 이 책의 구성

이 책에서는 미래 세계정치의 경쟁과 협력을 엿보게 하는 열 개의 주제가 신흥권력과 신흥안보라는 두 개의 범주로 나누어 다루어졌다. 제1부에 실린 다섯 편의 논문은 '신흥권력의 세계정치'를 다루었다. 주로 21세기 글로벌 패권을 겨루는 미국과 중국의 경쟁이라는 맥락에서 빅데이터와 지수(index)뿐만 아니라 표준경쟁과 지적재산권 및 반(反)지적재산권 운동 등의 사례들을 다루었다.

제1장 "빅데이터의 세계정치와 국가전략"은 오늘날 사이버 공간에서 벌어지는 가장 중요한 현상으로 거론되는 빅데이터의 신흥권력적 의미에 대해서 탐구하였다. 빅데이터 환경의 출현은 비즈니스, 행정, 정치, 그리고 외교, 안보 등의 분야에 영향을 미치고 있다. 빅데이터 환경의 출현은 21세기 신흥권력을 놓고 벌이는 국가 간 경쟁의 양식뿐만 아니라 더 나아가 세계질서의 변환에도 영향을 미칠 가능성이 있다. 이러한 맥락에서 볼 때 빅데이터 환경의 출현이 의미하는 바를 정확히 이해하고 이에 대응하는 적절한 국가전략을 강구하는 것은 국제정치학의 중요한 과제가 아닐 수 없다. 이러한 문제의식을 바탕으로 제1장은 빅데이터 환경의 출현이 지니는 권력적 함의와 세계정치에 미치는 영향을 탐구하고, 이를 바탕으로 향후 빅데이터 국가전략의 방향을 개념적으로 성찰하는 작업을 펼쳤다. 제1장이 탐구한 질문은 다음과 같이 크게 세 가지 그룹으로 구성되었다. 첫째, 국제정치학의 시각에서 문제시되는 빅데이터의 개념적 특성은 무엇이고 그러한 개념은 어떠한 기원을 갖는가? 둘째, 빅데이터 환경의 출현은 권력의 성격을 어떻게 바꾸고 있으며, 이러한 신흥권력의 부상이 국제정치학과 만나는 접점은 어디인가? 끝으로, 빅데이터의 부상이 세계정치의 변환

에 미치는 영향은 무엇이며, 이에 대응하는 각국의 국가전략은 어떠한 방향으로 추진되어야 하는가?

제2장 "지수(index)의 세계정치: 메타지식의 권력"은 지수의 생산과 유통 및 소비 과정에서 작동하는 신흥권력의 성격과 그것이 세계정치에 미치는 영향을 살펴보았다. 정보화 시대를 맞이한 21세기 세계정치에서 지수가 차지하는 중요성이 커지고 있음에도 불구하고, 여태까지 국내외 국제정치학계에서는 지수의 세계정치에 대한 연구가 충분히 이루어지지 않고 있다. 해당 분야별로 구체적인 지수를 개발하고 그 의미를 살펴보는 연구가 간헐적으로 진행되었지만, 지수가 세계정치 전반의 권력게임과 세계질서의 작동과정에 미치는 영향을 본격적으로 다룬 연구는 적었다. 이러한 문제의식을 바탕으로 제2장은 메타지식(meta-knowledge)으로서 지수가 행사하는 권력의 성격을 메타권력(meta-power)의 개념을 원용하여 분석하였다. 아울러 이러한 지수의 세계성치를 보여주는 사례로서 힌재 경제·정치·지식 분야에서 그 위력을 발휘하고 있는 지수들의 성격과 그 생산·유통·소비 과정을 살펴보았다. 예를 들어, 경제 분야에서는 세계은행과 신용평가기관의 지수, 정치 분야에서는 국가브랜드, 국가경쟁력 지수, 민주주의 관련 지수, 지식 분야에서는 대학순위평가, 싱크탱크 분포, 학술지 인용색인 등을 살펴보았다. 이러한 지수들은 기본적으로 현재 미국이 주도하고 있는 신자유주의적 세계질서의 지배권력을 재생산하는 데 기여하고 있다는 것이 제2장의 주장이다.

제3장 "인터넷 플랫폼 경쟁과 중국의 도전"은 21세기 선도부문인 인터넷 서비스 분야에서 벌어지는 미국과 중국의 경쟁을 표준경쟁의 시각에서 다루었다. 역사적으로 해당 시기의 선도부문에서 나타났던 경쟁의 승패는 세계패권의 향배를 결정했다. 오늘날 인터넷 기반

의 사이버공간에서 이루어지는 표준경쟁도 이러한 경쟁의 의미를 잘 보여주는 사례이다. 일찍이 미국은 ICT 인프라와 인터넷 서비스 기반의 사이버 공간에서 선도적으로 자국 중심의 질서를 구축해나가며 압도적인 우위를 차지하였다. 그런데 최근 급부상한 중국, 좀 더 구체적으로는 중국의 인터넷 기업들이 미국의 지배표준에 새롭게 도전장을 내밀고 있다. 이러한 문제의식을 바탕으로 제3장은 사이버 공간에서 벌어지는 표준경쟁의 세계정치를 중국형 표준의 도전이라는 시각에서 파악하고자 했다. 특히 제3장은 이러한 중국의 도전을 21세기 초엽 미국의 글로벌 지식패권을 상징하는 윈텔리즘(Wintelism)과 구글아키(Googlearchy)라는 용어에 빗대어 '배티즘(BATism)'과 '레드아키(REDarchy)'라는 개념을 고안하였다. 이들 개념은 바이두(B)-알리바바(A)-텐센트(T)와 같은 중국 기업들의 약진과 이를 뒷받침하는 중국형 제도모델의 가능성을 검토하려는 의도의 소산이었다. 신흥권력의 개념에 기반을 둔 3차원 표준경쟁의 시각을 원용하여 중국형 표준의 가능성과 한계를 검토하려는 것이 제3장의 목적이다.

제4장 "미중 지적재산권 갈등의 세계정치"는 정보통신산업이나 인터넷 서비스, 제약업 분야에서 미국과 중국의 기업들과 이들 기업활동의 제도적 환경을 제공한 양국 정부 행위자들 간에 벌어진 지적재산권 갈등을 분석하였다. 제4장이 벌인 시도의 의미는 기존에는 주로 경영학이나 국제법학의 연구주제였던 지적재산권의 문제를 국제정치학의 분야로 끌어들여서 신흥권력으로서의 성격을 탐구했다는 데 있다. 지적재산권은 21세기 세계정치에서 선도부문인 ICT 산업의 미래를 예측케 하는 대표적인 지표이자 미중 간에 펼쳐지는 글로벌 패권경쟁의 향배를 예견케 하는 신흥권력의 이슈이다. 더 이상 단일한 행위자로 볼 수 없는 '미국'과 '중국'이 벌이는 지적재산권 분야의 신흥권력

게임을, 이익-제도-관념의 동학을 탐구하는 이른바 '구성적 제도주의' 시각에서 분석했다. 이러한 과정에서 제4장이 주목한 것은 미국 민간 기업과 중국 민간 기업 간의 갈등, 미국 민간 기업과 중국 정부 간의 갈등, 미국 정부와 중국 민간 기업 간의 갈등, 미·중 정부 간 갈등 등과 같은 네 가지 차원의 특징이었다. 이러한 사례를 통해서 보면 미국이 주도하는 '카피라이트(copyright)'의 패권질서에 대항하는 '중국형 카피레프트(copyleft)'의 가능성과 자기한계를 엿볼 수 있으며, 이러한 중국의 사례는 선진국을 추격하는 개도국 일반에 주는 함의가 크다는 것이 제4장의 주장이다.

제5장 "반(反)지적재산권 운동의 세계정치"는 제4장에서 제기된 카피레프트 담론의 신흥권력으로서의 의미를 구체적인 사례를 통해서 살펴보았다. 정보혁명의 진전으로 인해 지식의 가치가 비약적으로 높아지면서, 지식의 생산·유통·소비 방식을 통제하는 지적재산권의 중요성도 함께 부각되었다. 특히 선진국(주로 미국) 기업들의 주도로 성립된 TRIPs(Agreement on Trade-Related Aspects of Intellectual Property Rights)는 지적재산권 분야의 글로벌 스탠더드로 군림하고 있다. 그러나 오늘날 지적재산권 분야에서 국가들의 권위는 이전만큼 강력하고 효과적인 방식으로 행사되지 못하며, 이 분야에서 국가의 권위가 미치지 못하는 균열과 공백의 지점이 만들어지고 있다. 이러한 틈새를 타고 지적재산권에 대항하는 이른바 반(反)지적재산권 운동이 두각을 드러내고 있다. 이 운동을 이끄는 비국가 행위자들은 지적재산권과 다른 이슈들을 연결함으로써 다른 행위자들을 한 곳으로 모으고, 그렇게 형성된 세력을 바탕으로 국가의 권위를 대신 행사하면서, 국가 행위자와 더불어 TRIPs 질서와는 다른 새로운 질서를 만들어나가려는 노력을 경주하고 있다. 이와 같은 반(反)지적재산권 운동의 전략과 그

성공은, 오늘날의 세계정치에서 개인이나 시민단체, NGO 등과 같이, 동원할 수 있는 자원이 한정적인 비국가 행위자들이 영향력을 발휘하고 자신의 의도대로 국가 또는 국제사회의 정책에 변화를 줄 수 있는 가능성을 보여주고 있다.

　제2부에 실은 다섯 편의 논문은 '신흥안보의 세계정치'를 다루고 있다. 사이버 안보, 보건안보, 난민안보, 환경안보 등의 사례를 다루었는데, 동아시아 및 글로벌 공간에서 신흥권력으로서 떠오르고 있는 중국의 사례에 주로 초점을 맞추었으며, 부분적으로 아태 지역의 호주와 싱가포르의 사례를 다루었다.

　제6장 "중국의 사이버 안보 전략: 안보화 이론의 시각"은 이른바 코펜하겐 학파의 안보화 이론의 시각을 원용하여 중국의 사이버 안보 전략을 분석하였다. 중국의 부상으로 인해서 미국과 중국의 대결구도가 형성되는 가운데 최근 양국 간의 사이버 안보 갈등이 국제사회의 이목을 끌고 있다. 사이버 공간은 초국적이고 글로벌한 공간으로서 테러와 범죄가 발생하더라도 그 범인을 특정할 수 없다는 특징을 갖는다. 따라서 안보화 이론에서 주장하는 바와 같이, 사이버 공간에서 벌어지는 특정 행동을 안보에 대한 위협으로 구성하는 문제가 관건이 되며, 이러한 인식의 구성은 발화행위(speech act)로부터 시작된다. 실제로 최근 미국에서는 영향력 있는 지도자들의 발언을 통해 사이버 위협이 안보화되는 현상이 발생하고 있다. 마찬가지로 최근 중국에서도 사이버 안보 담론이 형성되고 그에 따른 행동변화가 일어나고 있다. 이러한 관찰을 바탕으로 제6장은 주로 미국의 전략에 대한 분석에 그친 기존 연구의 경향을 넘어서 중국의 사례를 이론적·경험적으로 탐구하려는 시도를 펼쳤다. 특히 안보화 이론을 원용하여 중국 지도자들의 사이버 안보 관련 발언들을 중심으로 사이버 안보 문제가 어떻게

안보화되는가를 추적하였다. 그리고 여기서 더 나아가 그러한 발언과 담론들이 어떻게 실제 정책으로 이어졌는가를 살펴보았다. 중국 정부가 사이버 안보 전략을 구축함에 있어 언(言)과 행(行)이 연결하는 방식을 살펴보는 것이 제6장의 관심사였다.

제7장 "중국의 보건안보 거버넌스: 사스(SARS)의 사례"는 2002-2003년에 발생한 사스에 대처하는 중국 정부의 정책을 보건안보 거버넌스의 시각에서 살펴보았다. 제7장이 던지는 질문은 다음의 네 가지로 요약된다. 왜 중국은 사스 위기 시 초기 대응에 실패했는가? 이를 국가 조정 기능의 작동 실패로 이해할 때, 왜 이미 구축되어 있는 거버넌스가 적절히 작동하지 못하였는가? 그럼에도 불구하고 어떻게 두 달이라는 짧은 시간 안에 중국은 사스 위기를 극복해 냈는가? 이것이 감염병 보건안보 거버넌스의 관점에서 우리에게 주는 함의는 무엇이고, 전통안보의 위협에 대한 해결 전략과 무엇이 다른가? 이와 같은 질문에 대답하기 위해 제7장은 감염병과 같은 신흥안보 위협에 대치하는 중국의 보건안보 거버넌스에서 국가 행위자의 역할에 주목하였다. 즉, 감염병 위협과 같은 신흥안보 위협에 대한 대응과 관련해서도 여전히 주요 행위자로서 국가 행위자의 역할이 중요하며, 국가의 역할이 불필요하거나 부차적이지 않았음을 보여주고자 했다. 물론 국가의 조정 기능의 실패는 사스 위기에 대한 초기 대응 실패를 낳은 주요한 원인이었다. 그러나 두 달이라는 짧은 시간 안에 중국이 사스 위기를 극복하게 된 데에는 국가 행위자가 나서서 조정과 네트워킹 및 동원의 전략을 펼쳐 나간 것이 주효했다. 다시 말해 중국에서 사스 위기에 대처하는 데에는 여타 비국가 행위자를 아우르는 국가 행위자의 '네트워크 거버넌스'가 핵심적인 역할을 수행했다는 것이 제7장의 주장이다.

제8장 "동아시아 난민안보와 중국의 탈북자 정책"은 동아시아 난

민안보의 대표적인 사례인 탈북자 문제에 대한 중국 정부의 정책을 네트워크 이론의 시각에서 다루었다. 동아시아에서 탈북자 문제는 유럽 등지에서 난민안보가 다루어지는 비중에 비하면 매우 미미하게 취급되고 있다. 특히 중국은 탈북자 이슈와 가장 직접적인 이해관계를 가지고 있는 당사국임에도 불구하고, 애초에 탈북자를 난민이 아닌 불법 월경자로 규정하여 감시 및 처벌의 대상으로 규정해 왔다. 중국이 이러한 태도를 취하는 이유는 인권보다 국익을 우선적으로 고려하기 때문이라는 것이 통설이었다. 그러나 제8장은 탈북자 문제를 이러한 국익의 틀로서만 보려는 것은 중국의 외교를 너무 협소하게 이해하는 우를 범할 수 있다고 주장한다. 다시 말해, 중국의 탈북자 정책을 좀 더 적극적인 틀을 가지고 이해할 것을 제안한다. 이러한 시각에서 볼 때, 중국의 탈북자 정책은 '구조적 공백 확대하기'의 전략, 즉 인권 레짐들이 다룰 수 있는 범위 자체를 좁히려고 적극적으로 노력함으로써 자신이 이행해야 하는 인권적 의무들을 축소시키는 전략의 일환으로 이해해야 한다는 것이다. 결국 제8장의 논지는 국익이나 인권 어느 한쪽에 치우쳐 중국의 탈북자 정책을 분석한다면 문제의 본질을 이해하는 데 방해가 된다는 것이다. 이에 대해 네트워크 이론의 시각을 원용하여 중국이 인권 네트워크의 성격을 이해하고 있으며, 여기서 더 나아가 그 네트워크 자체에 구조적 공백을 만듦으로써 해당 네트워크의 구조적 제약의 힘을 약화시키는 일종의 '음의 네트워킹' 전략을 구사했다는 적극적인 해석을 제시하고 있다.

　　제9장 "난민문제와 호주의 중견국 외교 전략"은 1999년부터 2001년 사이 호주와 동남아시아 지역을 중심으로 난민 위기가 발생하였을 당시 이를 타개하기 위해 호주가 전개하였던 중견국 외교 전략을 네트워크 이론의 시각에서 살펴보았다. 당시 난민문제의 최대 피해국이

었던 호주는 단순한 난민봉쇄 정책을 통해 문제의 위협으로부터 자국의 안보를 충분히 보호할 수 있었음에도 불구하고 다자협력을 주도함으로써 난민 위기를 해결하려는 모습을 보였고, 그 과정에서 발생하는 비용과 책임부담을 자발적으로 수용하였다. 호주의 이러한 외교적 행태는 언뜻 보기에 도덕성에 의거한 '어진(仁)' 중견국 외교로 보일 수 있으나, 사실 그 이면에는 다자협력 주도를 통해 자국의 안보를 증진하고 더 나아가 문제 해결에 필요한 지역적 공동대응의 표준을 세우는 데 기여함으로써 배타적 국익과 공익(共益)을 모두 성취하고자 하는 호주의 의도가 존재했다. 즉, 호주는 이익추구에 의한 중견국 외교를 전개하였다고 볼 수 있다. 호주는 난민 문제의 네트워크상에서 가장 강력한 중개적 위치를 장악하고 이를 효과적으로 활용함으로써 네트워크의 구도를 자신에게 유리한 방향으로 재구성해나가는 네트워크 전략을 전개하였고, 그 결과 역내 난민 문제의 이슈구조에서 가장 강력한 '변환적 중개자'로 자리매김하게 되었다. 이 점에서 호주의 성공적인 네트워크 전략은 중견국 외교를 표방하는 국가들에게 유용한 방향성을 제시한다고 할 수 있다.

    제10장 "환경안보와 연무방지 거버넌스: 싱가포르 전략의 사례"는 아세안 지역 차원의 위협이라 할 수 있는 초국경적 연무를 해결하기 위한 아세안의 노력을 싱가포르의 역할을 중심으로 살펴보았다. 연무의 가장 큰 피해국이기도 했던 싱가포르는 초국경적 연무 이슈의 심각성을 주변국에 끊임없이 환기시키고 인도네시아 정부와의 양자협상뿐만 아니라 현지, 지역, 글로벌 수준에서 다층적인 접근을 시도해나갔다. 특히 이 과정에서 아세안 역내 정부 간 대응 방식을 넘어, 역외의 국가들과 NGO, 현지 공동체, 기업을 포괄하는 다양한 행위자들을 동원하여 인도네시아를 우회적으로 압박하는 등 '아세안의 거인'

을 변화시키기 위한 전략적인 접근을 펼쳤던 것이 특징이다. 싱가포르가 주도한 시도를 통해 2014년 인도네시아 의회는 무려 12년간 지연되어왔던 아세안 연무방지협정(Agreement on Transboundary Haze Pollution: ATHP)을 비준하게 된다. 인도네시아가 비준함으로써 비로소 ATHP는 체결국 모두에 효력을 지니는 제도적 틀로 기능하게 되었으며 아세안은 오랜 기간 동안 지역적 난제였던 연무를 근본적으로 통제할 수 있는 전기를 마련하게 되었다고 평가할 수 있다. 초국경적 연무 문제 해결하는 과정에 나타난 싱가포르의 외교전략은 물질적 권력의 한계를 극복하고 글로벌 네트워크를 통한 효과적인 해결책을 마련해나갔다는 점에서 한국에도 시사하는 바가 크다.

참고문헌

김상배. 2007. 『정보화시대의 표준경쟁: 윈텔리즘과 일본의 컴퓨터산업』 한울.
_____. 2010. 『정보혁명과 권력변환: 네트워크 정치학의 시각』 한울.
_____. 2014. 『아라크네의 국제정치학: 네트워크 세계정치이론의 도전』 한울.
_____. 2015. "신흥안보의 부상과 과학기술의 역할." 『Issue Paper』 2015-18. 한국과학기술기획평가원.
민병원. 2005. 『복잡계로 풀어내는 국제정치』 삼성경제연구소.
박, 페르(Pak, Per). 2012. 『자연은 어떻게 움직이는가?: 복잡계로 설명하는 자연의 원리』 한승.
이종구 외. 2015. "과학기술기반 신흥안보 대응 방안." 국가과학기술자문회의 정책연구보고서. 2015-02.
캐스티, 존(Casti, John). 2012. "X-event란 무엇인가?" *Future Horizon*, 13, pp.10-13.
하영선·김상배 편. 2006. 『네트워크 지식국가: 21세기 세계정치의 변환』 을유문화사.
_____. 2010. 『네트워크 세계정치: 은유에서 분석으로』 서울대학교출판문화원.
_____. 2012. 『복합세계정치론: 전략과 원리, 그리고 새로운 질서』 한울.
홍성욱 편. 2010. 『인간·사물·동맹: 행위자네트워크 이론과 테크노사이언스』 이음.

Ansell, Christopher K. 2000. "The Networked Polity: Regional Development in Western Europe," *Governance*, 13(3), pp.303-333.
Ansell, Christopher K. and Steven Weber. 1999. "Organizing International Politics: Sovereignty and Open Systems." *International Political Science Review*, 20(1), pp.73-93.
Balzacq, Thierry. ed. 2011. *Securitization Theory: How Security Problems Emerge and Dissolve*. London and New York: Routledge.
Burt, Ronald S. 1992. *Structural Holes: The Social Structure of Competition*. Cambridge, MA: Harvard University Press.
Buzan, Barry and Lene Hensen. 2009. *The Evolution of International Security Studies*. Cambridge: Cambridge University Press.
Carnoy, Martin, and Manuel Castells. 2001. "Globalization, the Knowledge Society, and the Network State: Poulantzas at the Millennium." *Global Networks*, 1(1), pp.1-18.
Casti, John, Leena Ilmola, Petri Rouvinen, and Larkku Wilenius. 2011. *Extreme Events*. Helsinki: Taloustieto Oy.
Hansen, Hans Krause, and Tony Porter. 2015. "What do Big Data do in Transnational Governance?" Paper Presented at the International Studies Association Meetings, New Orleans, February 21 2015.
Hansen, Lene and Helen Nissenbaum. 2009. "Digital Disaster, Cyber Security, and the

Copenhagen School." *International Studies Quarterly*, 53(4), pp.1155-1175.

Jessop, Bob. 2003. *The Future of the Capitalist State*. Cambridge. UK: Polity Press.

Wæver, Ole. 1995. "Securitization and Desecuritization." in Ronny Lipschutz. (ed.) *On Security*. New York: Columbia University Press, pp.46-86.

World Economic Forum(WEF). 2015. *Global Risks 2015*, 10th Edition.

제1부

신흥권력의 세계정치

제1장

빅데이터의 세계정치와 국가전략[*]

김상배

[*] 이 장은 김상배, 2015, "빅데이터의 국가전략: 21세기 신흥권력 경쟁의 개념적 성찰."
『국가전략』 21(3), pp.5–35를 기반으로 작성되었다.

I. 머리말

인터넷이 상용화된 지 어언 20년을 넘어서는 지금, 사이버 공간에서 벌어지는 현상 중에서 가장 중요한 것을 하나 들라면, 아마도 빅데이터(big data) 환경의 출현을 빼놓을 수 없을 것이다. 빅데이터 환경은 기존의 데이터 처리장치로는 저장할 수 없는 거대한 규모의 데이터 발생과 이를 처리하는 새로운 기술의 발달이 맞아 떨어지면서 출현했다. 인터넷의 확산과 소셜 미디어의 부상으로 인해 텍스트와 음원, 사진, 동영상뿐만 아니라 다양한 센서 네트워크를 통해 막대한 양의 비정형 데이터가 사이버 공간에서 생산되고 있는데, 이를 분석하는 기술이 발달함에 따라서 기존의 스몰데이터(small data) 환경에서는 사실상 불가능했던 일들이 가능해 지고 있다. 최근 이루어진 빅데이터 분석기술의 발달에 힘입어 전 세계 데이터의 80퍼센트 이상을 차지하는 것으로 알려진 이러한 비정형 데이터들로부터 새로운 통찰을 추출하고 더 나아가 새로운 가치를 창출하는 노력이 결실을 보고 있는 것이다(정용찬 2013).

빅데이터 환경의 출현은 우리 삶의 다양한 부문에 영향을 미치고 있다. 빅데이터의 활용이 가장 활발한 분야는 역시 비즈니스이다. 빅데이터는 다양한 형태의 기업 마케팅이나 고객관리 등에 활용되고 있다. 예를 들어 아마존의 도서추천 서비스는 구매자의 검색 패턴과 구매 취향을 읽어서 도서를 추천한다. 미디어 콘텐츠 유통업체인 넷플릭스와 동영상 사이트 유튜브도 비슷한 방법으로 빅데이터를 활용한다. 미국의 대형마트 체인점인 월마트에서 기저귀 매출과 맥주 매출이 연동하는 구매자들의 패턴을 읽어 마케팅에 활용한 사례는 유명하다. 행정 부문에서도 빅데이터가 공공정책 결정에 활용되고 있다. 경찰행정 분야에서는 빅데이터를 활용하여 언제 어디를 순찰해야 할지를 결정했으며, 교통행정 분야에서 심야버스노선을 결정하기 위해서 빅데이터를 활용하기도 했다. 정치 분야에서도 다양한 웹문서와 댓글을 분석하는 오피니언 마이닝 기법을 선거 캠페인에 적용하여 유권자들의 성향을 파악하는 데 성공한 사례도 있었다(매일경제 기획팀·서울대빅데이터센터 2014; 채승병 2015).

외교안보 분야도 빅데이터의 활용으로부터 자유로울 수 없다(강선주 2014; 박종희 2015). 아직까지 빅데이터를 외교안보에 적용하려는 움직임은 여타 분야에 비해서 미진한 것이 사실이다. 그렇지만 공공외교 분야에서 인터넷이나 소셜 미디어에서 생성되는 빅데이터를 활용하여 국내외 여론을 파악하려는 노력이 시도되는 중이다. 기업이 마케팅을 위해서 빅데이터를 활용하듯이 각국의 정부들도 공공외교를 추진하는 과정에서 상대국민들의 생각과 감정을 읽기 위해서 빅데이터를 이용할 수 있다. 신흥안보 분야에서도 빅데이터를 활용한 재난전조 감지와 최적화된 재난구호의 실시 등이 논의되고 있다. 특히 보건안보는 전염병 발생 징후를 조기 감지하거나 발생 후 신속한 대응책을 마련하는데 빅데이터가 유용하게 활용될 것으로 예상되는 대표적인 분야이다. 이밖에도 다양한 분야에서 빅데이터를 활용하는 역량의 보유 여부가 21세기 국력을 결정하는 새로운 변수가 될 것으로 예견되고 있다. 더 나아가 빅데이터 환경의 출현은 국가 간 경쟁의 양식뿐만 아니라 세계질서의 변환에도 영향을 미칠 가능성이 있다.

이러한 맥락에서 볼 때, 빅데이터 환경의 출현이 의미하는 바를 정확히 이해하고 이에 대응하는 적절한 국가전략을 강구하는 것은 국제정치학의 중요한 과제가 된다. 그러나 빅데이터 현상이 급속히 진전되고 있는 현실에 비해서 이에 대한 국제정치학적 연구의 진행은 아

직까지 매우 미진하다. 그나마 진행된 연구들도 본격적인 학술연구라
기보다는 정책 보고서나 단편적인 사례 소개의 성격이 강하다. 예를
들어 각국의 빅데이터 추진전략이나 제도 정비에 대한 보고서이거나
다양한 빅데이터의 활용사례들을 검토하는 정도이다. 그나마 그중에
서 기대를 갖게 하는 점은, 안보연구의 시각에서 빅데이터와 첩보·감
시의 문제를 다루거나, 빅데이터 시대의 국가 주권의 변화에 대한 문
제제기를 하는 학술연구들이 나오기 시작하고 있다는 사실이다(Rod-
erick 2014; Esposti 2014; Skelly and Eichenmüller 2015; Hansen and
Porter 2015; 조현석 편 2013).

그럼에도 불구하고 현실주의, 자유주의, 구성주의 등으로 대변되
는 기존 국제정치이론의 진영이 빅데이터 현상에 대해서 침묵하고 있
는 것은 사실이다. 이들 시각이 빅데이터와 국가전략 및 세계정치를
이해하는 데 있어 각기 부분적인 유용성을 제공하리라 기대할 수는 있
다. 예를 들어 현실주의 시각은 빅데이터 역량을 기르는 것이 21세기
권력게임에서 중요한 사안임을 강조할 것이다. 자유주의 시각은 빅데
이터의 활용이 재난관리 등과 같은 분야의 국제협력을 도모하는 데 중
요함을 강조할 것이다. 구성주의 시각은 국제규범의 형성과 주권질서
의 변화를 야기하는 관념으로서 빅데이터의 담론적 역할을 강조할 것
이다. 그러나 빅데이터 현상을 이해하기 위해서는 빅데이터의 권력적
함의를 추구하는 전략론적 접근뿐만 아니라 빅데이터 분야의 국제협
력을 탐구하는 제도론적 접근, 그리고 이러한 과정에서 출현하는 새로
운 세계질서의 가능성을 탐색하는 변환론적 접근을 모두 포괄하는 분
석틀의 마련이 필요하다.

이러한 문제의식을 바탕으로 이 글은 빅데이터 환경의 출현이 세
계정치에 미치는 영향을 개념적으로 성찰하고자 한다. 이 글이 원용하

는 개념적 시각은 21세기 신흥권력(emerging power) 경쟁이다. 빅데이터의 부상을 둘러싸고 벌어지는 동학은 세계정치 권력의 성격과 주체 및 구조를 변화시키면서 새로운 질서가 창발(emergence)하고 있다. 이 글에서 논하는 신흥권력의 개념은 적어도 세 가지의 복합적인 의미를 지니고 있다. 첫째, 신흥권력은 세계정치 권력의 성격, 즉 그 구성요소와 작동방식 등이 변화하는 '권력변환'을 의미한다. 둘째, 신흥권력은 세계정치 권력의 주체가 국가 이외에도 비국가 행위자들이 세계정치의 전면으로 나서는 '권력분산'을 의미한다. 끝으로 신흥권력은 세계정치 권력의 구조, 즉 국가들 간의 세력분포가 변화하는 '권력이동'을 의미한다. 요컨대, 21세기 세계정치에서는 이러한 복합적인 의미로 파악된 신흥권력을 둘러싼 경쟁이 벌어지고 있으며, 그러한 양상을 가장 극명하게 볼 수 있는 분야가 빅데이터라는 것이 이 글의 인식이다.

선진국들이 빅데이터 세상을 주도하고 있는 현실 속에서 다층적으로 창발하고 있는 빅데이터의 신흥권력을 미리 읽어내서 대비하는 것은 한국과 같은 중견국에게는 매우 중요한 국가전략적 사안이 아닐 수 없다. 무엇보다도 국가전략의 모색이라는 시각에서 빅데이터 세계질서의 미래를 가늠할 수 있는 올바른 질문을 던지는 것 자체가 의미 있다. 이 글이 탐구할 질문은 다음과 같이 크게 세 가지 그룹으로 구성된다. 첫째, 국제정치학의 시각에서 문제시되는 빅데이터의 개념적 특성은 무엇이고 그러한 개념은 어떠한 기원을 갖는가? 둘째, 빅데이터 환경의 출현은 권력의 성격을 어떻게 바꾸고 있으며, 이러한 신흥권력의 부상이 국제정치학과 만나는 접점은 어디인가? 끝으로, 빅데이터의 부상이 세계정치의 변환에 미치는 영향은 무엇이며, 이에 대응하는 각국의 국가전략은 어떠한 방향으로 추진되어야 하는가? 이러한 이론

적 논제들을 탐구하는 과정에서 한국이 추구할 빅데이터 국가전략의
내용과 방향을 엿보고자 하는 것이 이 글의 궁극적인 목적이다.

　이 글은 크게 세 부분으로 구성되었다. II절에서는 빅데이터의 개
념적 특성을 파악하고 이를 데이터와 정보의 양적 증대뿐만 아니라 기
술-정보-지식의 질적 변화, 즉 '메타지식'의 변환이라는 관점에서 새롭
게 해석하였다. III절에서는 빅데이터를 둘러싼 권력게임의 성격을, 전
통적인 국가 행위자들이 벌이는 자원권력게임의 양상을 넘어서, 초국
적 인터넷 기업들이 벌이는 신흥권력게임이라는 새로운 차원에서 이
해하였다. IV절에서는 신흥권력의 함의를 갖고 출현하고 있는 빅데이
터 환경에 적응하기 위해서 주요 국가들이 추구하고 있는 국가전략의
내용과 방향을, 기술역량과 분석능력의 배양 및 국제규범 형성에의 참
여라는 세 가지 측면에서 살펴보았다. 끝으로 맺음말에서는 이 글의
주장을 종합·요약하고 중견국으로서 한국이 추구할 빅데이터 국가전
략의 과제를 짚어 보았다.

II. 빅데이터의 개념적 이해

1. 빅데이터의 특성과 그 기원

빅데이터라는 말은 2010년 2월 영국의 『이코노미스트』지가 처음으로
언급한 것으로 알려져 있다. 이러한 빅데이터는 과거의 데이터 체계와
비교하기 위해서 사용되는 3Vs(Volume, Variety, Velocity)라는 말에
서 그 특성이 드러난다(Executive Office of the [U.S.] President 2014:
4). 첫째, 방대한 양(Volume)이다. '빅(big)'이라는 말은 데이터의 양

이 커져서 이를 처리할 하드웨어(메모리) 용량을 초과하게 됨으로써 엔지니어들이 소프트웨어를 다시 짜야 하는 상황에서 나왔다고 한다 (쉔버거·쿠키어 2013: 18). 그만큼 최근 데이터의 양이 폭증하고 있다는 것이다. 둘째, 다양성(Variety)이다. 과거에는 분명한 사용 목적을 갖고 특정 조직 내에서 수집되는 정형(structured) 데이터의 분석이 주를 이루었다면, 빅데이터는 다양한 목적과 경로를 통해서 수집되는 이미지, 지도, 비디오, 오디오, 센서 데이터, SNS 텍스트, 인터넷 검색 결과 등과 같은 비정형(unstructured) 데이터의 분석을 바탕으로 하여 출현했다.[1] 끝으로, 속도(Velocity)이다. 과거에는 데이터 수집에서 최종 사용까지 상당한 시간 차이가 있었고 또한 그것을 당연시 하였다면, 빅데이터는 그 생성·유통·활용에 소요되는 시간이 매우 짧아서 개인에서 글로벌 차원에 이르기까지에 수많은 사용자의 요청에 대해서 실시간 데이터 수집과 분석이 가능해졌다.

이러한 변화를 바탕으로 데이터의 양이 많아지면 데이터의 질적인 성격이 바뀌는 현상, 즉 규모의 변화가 상태의 변화를 야기하는 현상이 발생한다. 이는 흔히 '양질전화(量質轉化)' 현상으로 불리는데, 양이 많아지니 패턴(pattern)이 생기는 현상을 의미한다. 과거 스몰데이터 환경에서는 거대한 양의 데이터를 분석하기 위해서 무작위 샘플링을 활용하는 다양한 통계학의 기법들이 적용되었다. 그러나 이제는 새로운 기법의 도움을 받아 거대한 양의 데이터를 전수 조사하여 처리하는 것이 가능해지면서 데이터를 이해하고 활용하는 방식에 획기적

---

1   비정형 데이터는 주로 세 가지 차원에서 생성되는 데이터에 기원을 두고 있다. 첫째는 아마존, 구글의 클릭과 같이 사람과 기계간의 관계에서 생성되는 검색 데이터이고, 둘째는 트위터, 페이스북, 카카오톡 등과 같이 사람과 사람이 소통함으로써 발생하는 SNS(social network service) 데이터이며, 끝으로 사물인터넷의 각종 센서에서 생성되는 기계와 기계간의 각종 신호 데이터 등이다(매일경제 IoT혁명 프로젝트팀 2014).

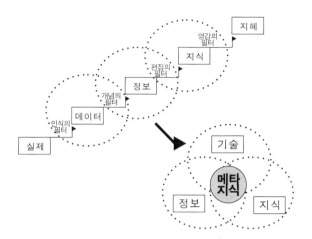

출처: 김상배 2010: 45

그림 1. DIKW 사슬 모델에서 삼원(三圓)모델로

변화가 발생했다. 빅데이터는 엄청난 양의 데이터에 수학을 적용해 확률을 추론하려는 노력이다. 이러한 빅데이터를 바탕으로 하면 '왜' 그런지는 잘 모르겠지만 앞으로 (즉 시차를 두고) 어떻게 될지 '예측'할 수는 있게 된다. 그런데 이러한 예측 모델은 그러한 현상이 발생한 이유에 대해서는 전혀 알려주지 못한다. 그저 결과가 무엇인지를 알려줄 뿐이다. 그럼에도 그 '결과'를 아는 것의 의미는 오히려 '원인'을 찾는 데 집착하는 것보다 클 수 있다는 데 빅데이터 분석의 매력이 있다. 이러한 시각에서 보면 빅데이터의 세상에서는 '인과역전(因果逆轉)'이 발생하고 있는 것이다(쇤버거·쿠키어 2013).

　　그렇다면 양질전화와 인과역전으로 대변되는 빅데이터의 특성은 어디에서 오는가? 3Vs처럼 외양과 결과만 보고 개념화하는 차원을 넘어선, 좀 더 개념적인 측면을 들여다보자. 빅데이터와 관련된 양질전화와 인과역전 현상의 이면에는 메타지식(meta-knowledge), 즉 지식

에 대한 지식(knowledge about knowledge)으로서 기술-정보-지식
의 개념적 변환이 있다. 〈그림 1〉의 삼원(三圓) 모델에서 보는 바와 같
이, 실재로부터 데이터를 걸러내고, 데이터로부터 정보를 걸러내고,
정보로부터 지식을 걸러내고, 지식으로부터 지혜를 걸러내는 데 필요
한 다양한 필터들(즉 인식의 필터, 개념의 필터, 편집의 필터, 영감의 필
터)을 모은, 기술-정보-지식의 넥서스(nexus)에서 메타지식의 변환
이 발생하는 과정에서 빅데이터의 개념적 의미를 보아야 한다(김상배
2010). 요컨대, 빅데이터 혁명은 데이터-정보-지식의 양적 증가를 감
당해 내고, 필터링하는 메타지식의 발달로 인해서 데이터-정보-지식
간의 패턴을 읽어내는 메커니즘이 획기적으로 발달한 데 기원을 둔다.

2. 빅데이터와 메타지식의 변환

우선, 빅데이터 혁명은, 〈그림 1〉에서 보는 바와 같이, '기술 개념 내에
있는 메타지식의 변화,' 즉 데이터를 수집, 저장, 분석하는 새로운 기
술의 출현을 바탕으로 한다. 이는 데이터를 찾고 수집하고 상호 대조
할 수 있는 디지털 코드, 소프트웨어 알고리즘의 발명을 의미한다. 이
러한 소프트웨어나 알고리즘의 발달로 인해 우리가 실재를 인식하여
데이터를 추출하고, 이러한 데이터를 정보로 가공하는 인간의 능력이
크게 증대되었다. 3Vs로 대변되는 빅데이터는 비정형 데이터를 재료
로 활용하는 만큼 즉시 사용할 수 있도록 정돈되어 있지는 않다. 따라
서 정확하고 포괄적이면서도 실행에 옮길 수 있는 결론을 끌어내기 위
해서는 별개의 대규모 데이터들에서 통찰과 지식을 찾아내기에 적합
한 데이터 아이템을 지목하고 그들 사이에서 패턴을 탐지하는 것이 필
요하다. 컴퓨터 저장, 처리, 스마트 알고리즘, 소프트웨어, 통계학의

도움을 얻어 정돈되지 않은 데이터에 숨겨진 가치와 패턴을 발견하는 것이 가능해지고 있다.

이러한 빅데이터 분석·수집기술의 대표적 사례는 구글의 검색시스템이다. 구글은 설립 초기부터 대규모 자료를 검색하고 분석하는 기술개발에 집중해서, 분산파일시스템인 GFS(Google File System)와 분산처리시스템인 맵리듀스(MapReduce)를 개발했다. 이러한 정보관리 시스템을 기반으로 하여 이룩한 구글 성공의 핵심은 자동검색의 알고리즘 개발이다. 구글은 특정 웹사이트로 이어진 링크의 수와 그 링크를 담고 있는 웹사이트에 연결된 링크의 수 모두를 고려하는 페이지랭크(PageRank)라고 하는 알고리즘을 개발했다. 구글은 인터넷 검색 업체 중에서 가장 앞선 기술력을 자랑한다. 그야말로 '검색이 잘되는 서비스'를 제공하는 것으로 유명하다. '의도의 데이터베이스(Database of Intention)'라는 모토에서 보듯이 구글 검색엔진의 목표는 검색자가 진정으로 의도하는 맥락에서 정보를 찾아주는 것이다. 그런데 여기서 주목할 점은 이러한 구글의 검색기술이 정형 데이터뿐만 아니라 비정형의 빅데이터까지도 활용하면서 '검색자도 모르는 검색자의 의도'마저도 찾아준다는 것이다(올레타 2010).

빅데이터 기술의 또 다른 사례는 더그 커팅(Doug Cutting)과 마이크 카파렐라(Mike Cafarella)에 의해 개발된 하둡(Hadoop)이다. 하둡은 GFS를 대체할 수 있는 HDFS(Hadoop distributed file system) 및 맵리듀스 알고리즘을 구현한 기술로서 방대한 양의 데이터를 분산 처리하여 빠른 시간 내 결과를 제공하는 오픈소스 기반 데이터 관리 기술이다. 다시 말해, 하둡을 중심으로 하는 일종의 기술정보 생태계가 작동 중인데, 하둡은 빅데이터 저장과 처리에 대한 기본적 기능을 제공하고, 그 부족한 부분을 보완하는 다양한 오픈소스 소프트웨어들이 개발되고 있다. 하둡은 기업들이 빅데이터를 분석하기 좋게 제공하는 빅데이터 분석의 핵심기술로서 현재 사실상 표준으로 자리 잡았다고 평가된다.

둘째, 빅데이터 혁명은, 〈그림 1〉에서 보는 바와 같이, '정보 개념 내에 있는 메타지식의 변화'로서 정보의 데이터화를 바탕으로 한다. 정보의 데이터화란 아날로그 형태의 데이터·정보를 앞서 언급한 빅데이터 기술로 분석할 수 있는 디지털화(표준화, 모듈화, 정형화)된 데이터로 전환하는 과정을 의미한다. 근대적 의미의 정보가 '데이터의 정보화'(사회문화적 정보)를 의미했다면, 오늘날 정보는 '정보의 데이터화'(디지털화된 정보)를 의미한다. 정보가 데이터화되면서 그들은 개별적으로 존재하는 단순한 존재에서 정보 상호 간 관계의 패턴을 분석하여 새로운 가치를 창출하는 집합적 정보로서의 의미를 부여받게 되었다. 개별 데이터를 집합적으로 결합해야만 그 데이터·정보 안에 잠들어 있는 가치를 깨울 수 있다. 정보가 표준화, 디지털화, 모듈화, 수량화되면서 데이터·정보의 관계적 패턴을 읽는 것이 획기적으로 발달했다.

이러한 변환의 이면에 데이터·정보의 양적 축적이 존재한다. 다시 말해, 양이 많아지니까 패턴이 읽히게 되는 '양질전화'가 존재한다. 빅데이터 시대에 많은 것은 적은 것보다 좋다. 그리고 어떤 면에서는 많은 것은 똑똑한 것보다도 좋다. 예를 들어, 구글 번역 시스템이 잘 작동하는 이유는 칩의 속도가 빨라지고 알고리즘이 뛰어나다는 이유만은 아니다. 분석 데이터 자체의 양이 늘어난 것이 그 바탕에 깔려 있다. 컴퓨터 체스 프로그램이 옛날보다 게임을 더 잘 두는 이유는 알고리즘이 좋아진 때문이기도 하겠지만 그 동안의 체스게임을 통해서 축적된 데이터가 많아졌기 때문이다. 즉, 데이터·정보의 양이 점점 더 많아지면서 그 '관계'와 '패턴'을 읽어내는 '정보의 메타지식'이 늘어난 것이다. 이러한 변화는 한 번도 데이터로 취급된 적이 없는 정보를 발굴해 수량화된 형태로 바꾸는 과정, 즉 정보의 데이터화를 바탕으로 한다.

이러한 변화 중에서 정보와 지식을 조직화하는 새로운 인식, 즉 정보의 분류체계의 변화도 빼놓지 말아야 한다. 다시 말해 분류체계라는 논리적 지식이 디지털화의 메커니즘을 따라가는 현상이 발생하고 있다. 이러한 인식은 오프라인의 질서체계와는 상이한 온라인의 질서체계에 대한 인식의 등장을 의미한다. '무질서의 질서'라고 부를 수 있을 정도로 복잡한 디지털 정보를 검색하고 정리하는 변화가 발생한 것이다(Weinberger 2007). 이는 알파벳순, 나무형 구조, 도서관 분류 등으로 대변되는 아날로그 시대 택소노미(taxonomy)를 넘어서 태그(tag)만 달면 잡동사니라도 찾아주는 디지털 시대 폭소노미(folksonomy)의 부상과도 맥을 같이 한다. 이렇게 디지털화된 정보의 생산·활용·공유의 네트워크를 기반으로 해서 '정보의 지식화' 과정이 더 쉬워지는 계기가 마련될 수도 있다. 물론 데이터와 정보가 많다고 자동적으로 더 많은 지식을 얻게 되는 것은 아니겠지만 말이다.

끝으로, 빅데이터 혁명의 이면에는 〈그림 1〉에서 보는 바와 같이 '지식 개념 내에 있는 메타지식의 변화', 즉 '지식'의 인식론과 방법론의 변화가 깔려 있다. 앞서 언급한 기술과 정보의 변화는 좀 더 구체적인 의미의 '과학으로서의 지식'에 대한 개념 변환과 병행해서 발생한다. 다시 말해, 빅데이터 혁명을 통해서 발생하고 있는 '지식'의 개념적 변화는 지식을 다루는 방식의 변화이다. 여기서 지식을 다루는 방식의 변화는 궁극적으로 무엇이 지식이냐에 대한 지식담론의 변화도 야기하고, 더 나아가 인식론과 방법론의 변화나 지식과 관련된 가치관과 정체성의 변화와도 관련된다. 즉 빅데이터를 둘러싸고 관건이 되고 있는 '지식'은 무엇인가의 문제인 것이다. 이는 과학적·실증적 지식, 경험적 관찰의 정확성, 인과성과 합리성 등과 같은 근대 지식의 전제들을 넘어서는 탈과학화되고 탈체계화된 지식체계에 대한 담론의 등장을 의미하며, 더 나아가서는 지식관 자체의 변화를 의미한다(김상배 2010).

　빅데이터 혁명은 경험적이고 실증적인 정밀성 사고의 변화를 야기하면서, 미시적 정밀성에서 거시적 통찰로의 변화를 가능케 하고 있다. 사실 정확성의 사고는 스몰데이터 환경에 해당된다. 측정할 대상이 많지 않았기 때문에 실제로 측정을 실시할 때는 최대한 정확하게 수량화해야 했던 환경에서의 논의이다. 그러나 빅데이터를 사용할 때는 센티미터 단위, 원 단위, 분자 단위까지 현상을 이해하기보다는 일반적 방향성이나 거시적 차원의 통찰을 얻는 것에 초점을 두어도 된다. 정밀성을 전부 내다버린다는 뜻이 아니라 정밀성만을 너무 고집하지 않는다는 뜻이다. 예를 들어, 2+2=3.9가 되는 경우도 있겠지만, 굳이 4를 만들기 위해서 노력을 할 필요가 없고, 그 정도면 충분하다. 물론 데이터가 완전히 틀려서는 안 될 것이지만 일반적 패턴을 알기 위해서 약간의 정확성은 기꺼이 희생할 수 있다. 그런데 데이터를 불완전하고 부정확한 것으로 취급하면 오히려 역설적으로 더 나은 예측을 할 수 있더라는 것이다(쇤버거·쿠키어 2013).

　빅데이터 시대에는 인과성(causality)에 대한 그동안의 집착을 일부 포기하고 상관성(correlation)을 추구한다. 빅데이터의 세상에서는 예전의 스몰데이터의 시대처럼 인과관계에 얽매일 필요가 없어졌다. 그 대신 우리는 패턴이나 상관성을 찾아내어 새로운 이해와 귀중한 통찰을 얻을 것이다. 이는 인식론과 방법론의 변환을 의미한다. 즉 '이유'는 모른 채 '결과'만을 알게 되고, '원인'보다는 '확률'을 따지게 된다. 물론 상관성은 어떤 일이 정확히 왜 벌어지고 있는지 설명하지 못할 수도 있다. 그러나 굳이 원인을 찾지 않아도 데이터와 데이터에 따른 행동을 결부시키는 것만으로도 우리에게는 충분할 수도 있다. 이제는 세상을 이해하기 위해서 반드시 어떤 현상에 대한 타당한 가설부터 세워야 할 필요도 없어진다. 빅데이터가 '이론의 종말'을 가져오지 않을지라도 우리가 세상을 이해하는 방법을 근본적으로 바꿔놓는 것은 사실이다. 그러나 이러한 특징은 그대로 빅데이터의 한계를 비판하는 빌미가 되기도 한다(쉰버거·쿠키어 2013; 매일경제 기획팀·서울대빅데이터센터 2014).

III. 빅데이터의 신흥권력적 함의

(국제)정치학의 시각에서 빅데이터가 관심을 끄는 이유는 그 권력적 함의가 크기 때문이다. 빅데이터 권력의 일차적 관건은 데이터와 정보 및 지식을 보유하고 장악하는 데 있다. 그런데 빅데이터 권력은 단순히 빅데이터 자원이나 이를 처리할 수 있는 기술적 능력을 보유하는, 이른바 '자원권력'의 시각을 넘어서 이해될 필요가 있다. 오히려 빅데이터 권력은 '기술의 구조'에 해당하는 알고리즘을 설계하고, 이를 활용하여 '보이지 않는 정보의 구조', 즉 정보의 패턴을 읽어서 좀 더 교묘한 방식으로 감시하고 규율하는 지식권력의 정교화를 의미한다. 다시 말해 빅데이터 권력은 앞서 언급한 기술-정보-지식 넥서스의 메타지식을 생산·유통·활용하는 과정에서 작동하는 '구조적 권력'을 의미한다. 여기서 한 가지 유의할 점은, 이러한 빅데이터 권력의 일차적 행사주체가, 전통적인 국가 행위자가 아니라, 초국적 인터넷 기업이라

는 민간 행위자라는 점이다.

1. 빅데이터의 알고리즘 설계권력

우선 빅데이터를 분석하고 수집하는 알고리즘을 개발하고 설계할 수
있는 자가 권력을 갖는다. 이는 기술권력 일반과 관련하여 기술과 정
보의 구조를 설계하는 권력과 맥을 같이 한다. 사실 정보화 시대 기술
분야의 권력은 하드웨어를 만드는 자에서 프로그램을 만드는 자, 즉
소프트웨어의 코드나 기술표준 및 프로토콜을 생산하는 자로 권력이
이동해 왔다. 오늘날 정보통신기술 분야에서 이러한 빅데이터 기술권
력을 행사할 수 있는 행위자는 가장 거시적 파급력을 갖는 소프트웨어
와 알고리즘의 생산자로서 미국의 초국적 정보통신 및 인터넷 기업들
이다. 컴퓨터 시스템에서 운영체계 표준을 장악했던 마이크로소프트
와 인텔의 연합체인 윈텔리즘(Wintelism)이 대표적인 사례이다. 네트
워크 시대를 맞이해서는 구글, IBM, 오라클과 같은 미국에 기반을 두
고 있는 초국적 기업들이 그러한 패권을 발휘하고 있다(김상배 2010).
　　실제로 빅데이터 권력과 관련하여 문제시되는 대부분의 알고리즘
은 미국에서 생산되어 전 세계적으로 활용되고 있다. 빅데이터 환경은
클라우드 컴퓨팅과 밀접히 연관되는데, 클라우드 컴퓨팅의 확산으로
인해서 데이터를 통제하는 것이 곧 권력으로 작용할 수 있는 환경이
도래하였다. 그런데 이러한 클라우드 컴퓨팅 기술 또한 시스코나 오라
클 및 미국 통신사업자들에 의해 주도된다. 데이터 서버 보유 능력 등
을 감안할 경우 앞으로도 미국계 사업자들의 대세가 예상된다. 하다못
해 하둡과 같은 빅데이터 분석기술은 오픈소스 방식으로 구현되고 있
으나 아파치 소프트웨어 재단과 같은 미국 기반 자본의 후원을 받고

있어 빅데이터 기술 생태계는 미국 기업과 이해당사자들에 의해 주도되고 있음을 보여준다. 빅데이터 분석기술이나 클라우드 컴퓨팅 기술 분야에 필요한 핵심기술이 미국 진영에 속하는 한 여기서 파생되는 다양한 공공분야 및 상업적 분야 적용의 최대 수혜자는 미국이라는 비판이 제기되는 것은 바로 이러한 이유 때문이다(O'Reilly 2013).

구글은 이러한 미국의 빅데이터 권력을 극명하게 보여주는 사례이다. 구글은 인터넷에 접근하는 지배적인 관문으로서 2011년 현재 전세계 검색의 91퍼센트를 처리하고 있는 중이며, 모바일 서치의 경우에는 97.4퍼센트를 점유하고 있다. 구글은 검색과정에서 특정 웹사이트를 배제하거나 주변화 할 수 있으며, 사기나 음란유해물 필터링이라는 명목으로 경쟁자와 시민들을 배제할 수도 있다. 또한 구글은 검색결과에 대한 저작권을 침해한 링크를 검색결과에서 제외시킬 수도 있다. 이러한 것이 가능한 것은 바로 구글이 알고리즘을 통제하고 있기 때문이다. 이는 특정한 행위자나 행위를 억압하고 규제하며 더 나아가 글로벌 공중을 구글의 이익에 맞추어 재구성하는 효과까지도 노릴 수 있다는 점에서 우려의 대상이기도 하다. 일종의 실천으로서 검색은 우리가 경험하는 세상을 형성하고 코드 설계자의 영향력을 은닉함으로써 그 검색결과를 자연스럽게 보이게 하는 데 점차로 정교한 기술을 발휘한다.

그런데 여기서 명심해야 할 점은 이러한 구글 검색의 힘이 구글의 알고리즘과 개별 사용자들의 참여가 결합한 결과라는 사실이다. 웹 2.0의 메커니즘을 활용하여 작동하는 빅데이터 권력은 기본적으로 사용자의 활동을 바탕으로 작동한다. 다시 말해, 빅데이터의 설계권력은 사용자들의 '자발적 참여'에 의해서 형성되는 권력이다. 빅데이터는 서비스 제공기업의 플랫폼과 사용자의 부지불식간의 활동이 결합되어 만들어진 일종의 복합체이다. 사용자들이 검색을 하면 할수록 구글의 광고 수입은 계속 늘어나는 구조이다. 구글이 짜놓은 검색과 광고의 시스템이 유지되는 한, 우리가 인터넷을 통해서 별다른 생각 없이 행한 검색의 행위는 구글의 수익으로 이어진다. 우리가 사용자인 동시에 우리의 사용이 또 다른 검색엔진의 창작에 기여하는 프로듀시지(*produsage*) 모델인 셈이다(Bruns 2008). 이는 마이크로소프트가 컴퓨팅의 플랫폼인 운영체계를 장악하고 있기 때문에 얻을 수 있었던 구조적 힘과 매우 유사하다. 기본적으로 플랫폼을 제공하는 측이 그 플랫폼 위에서 활동하는 사용자들의 행위를 전유한다는 점에서 '플랫폼 권력'이다(백욱인 2014).

2. 빅데이터의 패턴을 읽는 권력

앞서 언급한 '정보의 데이터화'라는 시각에서 볼 때, 빅데이터 권력은 빅데이터를 분석하여 새로운 정보를 추출하는 정보분석력을 의미한다. 빅데이터의 시대에는 정보를 분석할 수 있는 자와 못하는 자의 차이가 커지고 있다. 데이터를 수집하고 철저히 이에 기반을 두고 경쟁을 하는 자가 힘을 얻을 것이다. 기업이나 국가 및 개인 차원에서 이렇게 빅데이터를 분석할 수 있는 능력을 갖는 것이 권력 개념의 핵심이라는 의미이다. 이러한 빅데이터 권력은 데이터·정보 간의 '패턴' 즉 보이지 않는 구조를 읽어내는 권력이다. 다시 말해, 빅데이터 권력은 개별 정보들이 제공하지 못했던 개인의 행위패턴을 읽는 과정에서 생성된다. 이미 공개되어 있는 정보를 집합하여 공개되지 않은 정보 간의 패턴을 읽어내는 과정에서 생성되는 것이다. 이런 맥락에서 보면 빅데이터 시대에는 데이터·정보 자체의 생산자나 소유자로부터 데이

터·정보 사이의 패턴을 읽는 활용자로서 '패턴 벤더(pattern vendor)'
로 권력이 이동하고 있다(쇤버거·쿠키어 2013).

　실제로 빅데이터 현상으로 인해 분석과 추론을 바탕으로 새로운
시장을 개척·분석하는 정보 브로커(information broker) 기업들이 뜨
고 있다. 데이터 생산자에서 데이터 재사용자로 권력이 이동하고 있는
것이다(정용찬 2015). 데이터가 1차적 용도를 다한 후에도 데이터의
가치는 여전히 존재한다는 점을 이용하여 데이터의 재사용을 통한 가
치 창출이 이루어지고 있다. 특히 데이터의 단순 재사용이 아니라 합
치고 섞고 엮어서 재사용하는 와중에 잠들어 있던 데이터의 가치가 깨
어날 수 있다. 데이터의 '실체적 성격'보다는 '관계적 성격'에 더 주목
하는 것이다. 데이터의 가치 중의 많은 부분이 1차적 용도 외에도 2차
적 용도에서 생성된다. 이런 점을 인식하고 보면, 데이터 재사용을 용
이하게 만드는 한 가지 방법은 데이터를 처음 설계할 때부터 여러 목
적에 맞출 수 있게 확장 가능하도록(scalable) 만드는 것이다. 그런데
대개 데이터를 보유한 측에서는 이런 재사용을 통한 가치 창출에 관심
을 기울이기 어렵다. 따라서 이런 재사용만을 업(業)으로 하는 자들이
출현하기 마련이다. 대표적인 사례가 신용카드 회사들이다. 신용카드
회사들은 정보 흐름의 중개자로서 데이터를 수집하고 가치를 획득할
수 있는 '위치'를 점하고 '중개'를 통해서 수익을 창출한다.

　이러한 과정에서 새로운 권력자로 떠오르는 것이 빅데이터 분석
가들이다. 직관적 전문가의 죽음과 분석적 빅데이터 권력의 탄생이라
고나 할까? 정보가 충분치 않고 딱 맞는 정보를 얻을 수 없어서 직관
과 경험에 의존해야 했던 스몰데이터의 세상에서는 직관적 전문가들
이 위력을 발휘했다. 그런 세상에서는 경험이야말로 쉽게 전달할 수
도, 책에서 배울 수도 없는, 어쩌면 의식적으로 알고 있지도 못한, 내

재된 지식의 오랜 축적이므로 똑똑한 의사결정을 내리는 데 결정적 역할을 담당했다. 그런데 빅데이터 시대에는 많은 영역에서 전공별 전문가들의 영향력이 줄어드는 것을 보게 된다. 예를 들어 야구해설 전문가를 대체하는 세이버메트릭스(sabermetrics)의 등상이 그 사례 중의 하나이다. 쇤버거와 쿠키어는 이를 통칭해서 '알고리즘미스트(algorithmist)'의 부상이라고 부른다(쇤버거·쿠키어 2013). 이들 알고리즘미스트들은 빅데이터 분석과 예측, 데이터 소스의 선별, 알고리즘과 모델을 포함한 분석 및 예측 툴의 선택, 결과의 해석 등을 담당한다. 이들의 두각은 인과성을 과학적으로 추구하는 것보다는 상관성으로부터 패턴을 읽어 미래를 예측하는 것이 더 평가받는 빅데이터 현상을 바탕에 깔고 있다. 물론 전공별 전문가들은 사라지지 않지만 그 우월성은 줄어들 것으로 예상된다.

3. 빅데이터의 디지털 감시권력

좀 더 포괄적인 시각에서 볼 때, 빅데이터 권력은, 정보의 패턴을 읽는 차원을 넘어서, 그 데이터나 정보를 활용하여 감시하고 통제하는 권력이라는 맥락에서 이해해야 한다. 이러한 빅데이터 권력은 특히 개인정보(또는 프라이버시)와의 관계 속에서 문제시되고 있다. 정보·데이터의 조각을 모으면 더 많은 개인정보를 알 수 있고, 익명의 데이터조차 수집자가 충분히 많은 양을 수집한다면 숨기고 싶었던 개인정보를 밝히고 그가 누구인지를 드러낼 수 있다. 그러는 과정에서 사용자 자신도 모르는 패턴이 발생하기 때문이다. 디지털 족적의 양과 속도, 그리고 다양성이 기존 데이터 처리기술로는 감당할 수 없을 만큼 폭증했다. 그러나 앞서 설명한 바와 같이 빅데이터를 분석하고 그 패턴을 읽어내는 기술도 발달했다.

　이러한 현상의 이면에는 디바이스 간의 융합(inter-device conver-gence)에 따라 개인정보의 통합이 가속화되는 양상이 있다. 최근 스마트폰과 소셜 네트워크 서비스 등 모바일 서비스의 확산은 지금까지 주로 데스크톱 PC에 국한되었던 개인정보 침해의 시공간적 범위와 심도를 한층 더 확대시켰다. 디바이스의 다변화에 따라 페이스북이나 유튜브 등 특정 서비스의 이용행태를 여러 디바이스에 걸쳐 수평적으로 통합하는 것이 가능하게 된 것이다. 검색, 유튜브, 지메일 등 서로 다른 서비스들에 걸쳐 있는 개인정보를 수평적, 수직적으로 통합함으로써 개인의 온라인 행위를 총체적으로 추적하는 것도 가능해졌다. 빅데이터는 바로 이렇게 개인이 사이버 공간에 남기는 흔적이 획기적으로 증가했기 때문에 등장했다. 이른바 사물인터넷의 등장이 이러한 변화를 가속화시킨다.

　이러한 시각에서 볼 때 빅데이터 권력은 단순히 데이터·정보의 패턴을 읽는 차원을 넘어서 이를 바탕으로 감시권력이 작동할 가능성을 증대시켰다(이광석 2013). 이러한 차원의 빅데이터에 대한 논의는 다름 아니라 미셸 푸코의 감시권력과 권력/지식, 거버멘털리티(gov-ernmentality)에 대한 논의로 연결된다(Foucault 1979, 1980, 1991). 푸코의 권력 논의에서 등장하는 정보권력, 감시권력, 규율권력, 지배권력의 내재화 등으로 이어지는 논리적 고리의 접점에서 빅데이터라고 하는 디지털화된 정보의 기제가 매개적 역할을 한다(김예란 2013). 예를 들어, 신용카드의 사용패턴에서 발견되는 상관성과 확률로 사용자의 행동을 예측하는 비즈니스의 활성화는 프라이버시 침해와 감시 및 통제 가능성을 늘려 놓았다. 빅데이터 시대의 빅브라더의 출현을 논하는 대목이다. 앞서 언급한 소비자 데이터 브로커 산업(consumer data broker industry)은 빅데이터 시대에 이러한 규율권력이 발휘되는 대표적인 사례이다(Roderick 2014).

나는 의식하지 않고 한 행동인데 그 행동의 패턴을 읽고서 나를 알아보거나 '나도 모르는 나'의 행동을 예측하고 통제하려고 한다면 어떨까? 겉보기에 연관이 없어 보이는 행동들을 기초로 결과를 얻어 내기가 가능해졌기 때문에 이러한 우려는 현실로 될 가능성이 있다. 게다가 이러한 감시권력은 훈육효과를 낳는다. 또한 빅데이터 시대의 규율권력은 더 나아가 정체성의 설계하는 권력으로 작동한다. 개별화된 감시, 분산적인 참여와 합의에 따른 파놉티콘(Panopticon)이 등장하는 것이다. 반복컨대, 이러한 빅데이터 권력이 작동하는 가장 대표적인 사례는 신용카드이다. 사실 신용카드 포인트는 참여를 유도하는 플랫폼 권력의 미끼이다. 이러한 과정에서 정체성의 프로그래밍이 발생하는 통치의 기제이기도 하다(Whitaker 2000).

IV. 빅데이터 국가전략의 방향

앞서 언급한 바와 같이 새로운 권력적 함의를 갖는 빅데이터는 세세정치에 어떠한 영향을 미치는가? 주로 초국적 민간 기업들에 의해서 주도되고 있는, 빅데이터 검색 알고리즘을 설계하는 권력, 빅데이터의 패턴구조를 읽는 권력, 빅데이터의 디지털 감시권력은 세계정치의 변환에 어떠한 영향을 미치는가? 구글 등과 같은 초국적 민간 기업들에 의해 행사되고 있는 빅데이터 권력이 국가 행위자들을 중심으로 전개되어 온 세계정치를 어떻게 변환시키고 있는가를 살펴보는 것은 21세기 국제정치학의 핵심주제임에 분명하다. 특히 이렇게 부상하는 빅데이터 세계정치에 대응하는 중장기 국가전략의 방향을 모색하는 것은 국제정치학의 큰 관심사가 아닐 수 없다. 이러한 문제의식을 염두에 두고, 아직 본격적으로 현실화되지는 않았지만, 앞으로 벌어질 가능성까지도 포함하여 설정해 보는 빅데이터 국가전략의 지평은 빅데이터 기술역량의 지원, 빅데이터 패턴분석의 능력 강화, 그리고 빅데이터 국제규범 형성에 참여 등으로 요약해 볼 수 있다.

1. 빅데이터 기술역량의 지원

빅데이터 기술역량의 개발을 위한 정책적 지원과 제도적 조건을 정비하는 것은 국가전략의 중요한 관심사로 제기된다. 특히 앞서 언급한 빅데이터의 검색과 분석을 위한 알고리즘을 설계하는 기술능력을 갖추는 문제가 중요하다. 이를 위해서 각국은 빅데이터 기술역량을 제고하고 관련된 정책과 제도를 정비하는 조치를 펼치는 중이다. 민간 기업 차원의 빅데이터 기술경쟁이 벌어짐과 동시에 공공 빅데이터를 활용하여 국력을 신장하려는 국가 간 경쟁도 발생하고 있다. 이런 점에서 보면 빅데이터 경쟁의 스토리는 단순한 기업 간 경쟁이 아니라 국가 행위자들까지도 참여하는 복합적인 국력경쟁의 양상을 띤다. 이런 상황에서 각국은 빅데이터 관련 기술개발과 분석역량을 제고하기 위한 정책적 지원을 늘리고, 자원의 투자와 연구개발 및 제도정비를 위한 노력을 벌이고 있다(교육과학기술부 외 2012; 윤미영 2013).

빅데이터의 국력 경쟁에서 가장 앞서 가는 나라는 미국이다. 2012년 3월 미국은 매년 2억 달러를 연구개발에 투자하겠다는 '빅데이터 연구개발 이니셔티브'를 발표했다. 동년 4월에는 빅데이터 연구개발 조정과 이니셔티브 목표 확인 등을 위해 대통령 직속 '빅데이터 고위급 협의체(Big Data Senior Steering Group)'를 발족하여 운영하고 있다. 구체적인 추진전략 차원에서 미국의 이니셔티브는 빅데이터 핵심기술 확보, 사회 각 영역에 활용, 인력양성의 세 가지 과제에 중점을 두고 있다. 미국은 세계질서 운영의 차원에서 빅데이터 기술을 현재 진행하고 있는 국토안보와 치안·의료 분야뿐만 아니라, 외교안보 분야에도 적극 활용할 계획이라고 밝혔다(배영자 2015).

21세기 패권에 도전하는 국가인 중국의 빅데이터 역량에 대해서는 알려진 바가 많지 않다. 그러나 빅데이터의 권력적 함의가 커지면서 향후 미·중 경쟁에서 빅데이터가 중요한 대상이 될 가능성은 크다. 특히 바이두, 알리바바, 텐센트 등과 같은 중국의 빅데이터 기업들의 역량이 만만치 않은 기세로 성장하고 있다. 최근 주목받는 알리바바는 전자상거래 분야를 기반으로 성장한 엄청난 빅데이터 기업인데, 앞으로 알리바바의 역량이 외교안보 분야에 원용될 가능성은 다분하다. 아직까지는 이 분야에서 미국이 주도하고 있는 상황이지만, 급성장하고 있는 중국이 빅데이터 분야에서 '양질전화'의 도약을 할 가능성은 항상 있다(김성옥 2014).

빅데이터 분야에서 정보를 공유하고 활용을 위한 데이터 개방중심의 정책이라는 점에서 영국도 주목할 만한 행보를 보이고 있다. 영국 내각사무처와 기업혁신기술부는 데이터 접근성 강화 및 데이터 개방 지침, 개방·공개 데이터 목록 등에 관한 정책을 발표했다. 추진체계와 관련하여 기업혁신기술부는 공공정보 공개 및 데이터를 이용한 가치창출을 위해 2012년 3월 '데이터 전략위원회(Data Strategy Board)'를 설립하였다. 구체적 개방 방법과 관련하여 데이터 개방 플랫폼의 정비를 통한 데이터 접근성 강화 및 서비스 활성화 방안을 모색하고, 오픈 데이터 평가 방법을 도입함으로써 의료, 세금, 고용 데이터 등을 순차적으로 개방하고, 이를 확대 실시할 예정이다(이승주 2015).

싱가포르는 국가 위기관리를 위한 정책지원 체계 마련이라는 점에서 앞서 가고 있는 나라이다. 특히 빅데이터 정책 방향을 미래위험의 선제적 파악과 대응전략 수립을 위한 국가 위기관리 정책지원 체계의 마련으로 잡았다. 이러한 정책취지 하에 2014년 4월부터 총리실산하 국가안보조정국에서 국가 위기관리 정책지원을 위한 RAHS(Risk Assessment and Horizon Scanning) 프로그램을 운영하고 있다. 환경 및 이슈분석, 정책수립 능력 강화, 기술실험 등에 중점을 두고, 해안에서의 안전 확보를 위한 해상테러 시뮬레이션, 국가의 지속적 발전을 위한 인구 유입 정책 제시, 능력 중심 사회를 위한 교육정책 연구 등에 역점을 두고 있다. 이러한 싱가포르의 빅데이터 활용 재난관리는 사스, 쓰나미, 폭탄테러 등에서 아세안 국가들과의 외교공조라는 특징을 보인다(이승주 2015).

한편 일본은 동일본 대지진을 계기로 데이터의 중요성을 재인식하고, 빅데이터를 국제 경쟁력 강화를 위한 전략적 자원으로 평가했다. 2012년 5월 일본 정부는 빅데이터 활용 특별부회를 통해서 빅데이터 활용을 위한 정책의 기본방향을 정리한 '빅데이터 활용 기본전략'을 발표했다. 2012년 7월 총무성은 차기 ICT전략인 '액티브 재팬' 전략의 5대 중점영역에 '빅데이터 이용과 활용에 의한 사회경제 성장'을 포함시켰으며, 민간위원으로 구성되는 총무성 산하 정보통신심의회에서 빅데이터 활용 특별부회를 운영하고 있다. 일본은 데이터 개방, 기반기술 연구개발·표준화, 활용인재 확보, 사물 간 통신 촉진, 규제 개선, 산·학·관이 제휴하여 추진, 성과평가 방법 마련 등을 추진하고 있다(윤미영 2013).

국가적 차원에서 자체적인 빅데이터 기술역량이 있느냐, 그리고 단순히 빅데이터의 수집과 분석을 넘어서 예측까지도 할 능력이 있느냐, 더 나아가 실시간으로 구체적인 사건에 대한 반응을 모니터하고 역으로 이에 영향을 미칠 수 있는 능력이 있느냐의 여부는 향후 세계정치에서 군사력과 경제력의 변수만큼이나 중요한 신흥권력 변수가 될 것이다. 다시 말해, 어느 나라가 앞서 살펴본 바와 같은 빅데이터 권력을 독점적으로 행사할 수 있다면, 이는 미래의 세계정치를 주도하는 신흥권력으로 부상할 유리한 조건을 획득하는 지름길이 될 것이 분명하다. 이러한 맥락에서 현재 선진국들은 빅데이터의 기술역량을 키우기 위한 보이지 않는 경쟁을 벌이고 있다. 그런데 여기서 한 가지 유의할 것은 기술개발의 차원에서 본 빅데이터 역량의 일차적인 주체는 전통적인 국가 행위자가 아니라, 국가와 민간 기업들, 그리고 다양한 전문가들까지도 참여하는 새로운 복합 행위자라는 사실이다.

2. 빅데이터 분석능력의 배양

빅데이터의 국가전략은 기술개발의 문제를 넘어서 빅데이터의 패턴을 읽어서 활용하는 능력을 배양하는 문제로 연결된다. 이는 민간 데이터뿐만 아니라 기업들이 접근할 수 없는 공공 부문의 빅데이터를 활용하는 문제이기도 하다. 다시 말해 국가전략의 차원에서 본 빅데이터의 국력은 데이터와 정보를 소유하거나 생산하는 문제뿐만 아니라 그들 간의 관계와 패턴을 읽어서 활용하는 문제와도 관련된다. 즉 '보이지 않는 정보의 구조'로서 빅데이터의 패턴을 읽는 것이 국력의 핵심으로 부상하고 있다. 예를 들어, 미래에 발생할 것이 예상되는 초국적 위협에 대한 정보를 누구보다도 먼저 신속하고 정확하게 분석하여 효과적

	조직 내부	조직 외부
정형 데이터	〈1-영역〉 외교 정보화	〈3-영역〉 지식외교
비정형 데이터	〈2-영역〉 외교 암묵지	〈4-영역〉 빅데이터 외교

출처: 송영조 2015에서 응용.

그림 2. 외교 분야의 디지털 데이터 활용

인 정책결정을 내리는 데 활용하는 능력은 앞으로 그 중요성을 한층 더해 갈 것이다. 외교 분야와 관련하여 이러한 능력은 대략 〈그림 2〉에서 보는 바와 같은 네 가지 유형으로 나누어 이해할 수 있다.

첫째, 조직 내부의 정형 데이터를 외교 분야에 활용하는 능력이다(〈그림 2〉의 〈1-영역〉). 인터넷이 널리 확산되지 않았던 웹1.0시대에도 외교행정이나 여권업무 등과 같은 조직 내부 업무를 위해서 정형 데이터를 디지털화해서 활용하는 '외교 정보화' 사업이 진행되었다. 예를 들어, 2000년대 초반 한국 외교부(당시 외교통상부)는 외교 정보화를 통해서 e-Diplomacy 구현사업, 광역외교망 구축사업, 외교정보통신 정보화사업, 여권 정보화사업 등을 진행한 바 있다(김상배 2004). 이렇게 인트라넷을 활용하여 내부에서 작성되고 수집된 자료를 체계적으로 관리하고 공유함으로써 외교업무를 효율화하는 능력은 앞으로도 중요할 것이다.

둘째, 조직 내부의 비정형 데이터를 외교 분야에 활용하는 능력이다(〈그림 2〉의 〈2-영역〉). 이는 외교 암묵지(tacit knowledge)를 기록하고 디지털화해서 활용하는 능력이다. 이미지 자료, 간단한 메모나 팩스서신 등의 텍스트 자료, 녹취록과 같은 구술 자료, 그리고 외교관들의 경험, 노하우, 현지 정보, 국제기구에 대한 정보, 그리고 타국 외교관에 대한 개인접촉 정보 등은 비정형화된 형태로 존재할 수밖에 없다. 여태까지는 수집과 축적 자체가 어려웠던 이러한 비정형 데이터들을 체계적으로 관리, 저장, 공유하는 작업이 데이터 기술의 발달에 의해서 주목받고 있다.

셋째, 조직 외부의 정형 데이터를 외교 분야에 활용하는 능력이다(〈그림 2〉의 〈3-영역〉). 조직 외부의 정형 데이터란 다른 국가의 정부, 민간기업, 국제기구, 비정부기구 등에서 생성하는 공공 및 민간 데이터를 말한다. 이러한 데이터들은 정보혁명의 진전과 함께 그 양과 범위가 앞으로 폭발적으로 증가할 것으로 예측된다. 이런 맥락에서 다양한 데이터에 대한 접근과 수집, 분석을 위한 체계적인 플랫폼을 마련하여 실제 정책연구와 개발에 활용하는 '지식외교'가 주목을 받고 있다. 특히 디지털 정보를 활용하는 지식외교는 당초 아날로그 정보에 의존하는 전문가들의 직관에 주로 의존했던 외교정책 결정자들의 업무에 큰 변화를 줄 것이다.

끝으로, 조직 외부의 비정형 데이터를 외교 분야에 활용하는 능력이다(〈그림 2〉의 〈4-영역〉). 인터넷과 소셜 미디어의 확산은 외교 분야에서도 상상할 수 없는 규모의 비정형 데이터를 생산하고 있다. 외교부 내에 개설한 웹사이트를 통해서 양방향 대민서비스를 제공하거나 다양한 디지털 기기를 통해 수집된 비정형 빅데이터의 패턴을 읽어서 외교정책에 활용할 필요성이 커지고 있다. 이 글에서 강조하는 '빅데이터 외교'는, 앞서 언급한 세 가지 유형과 모두 관련되지만, 주로 이렇게 조직 외부에서 생성되는 다양한 비정형 데이터를 활용하는 유형을 염두에 두었다. 공공외교와 재난관리는 이러한 빅데이터 외교의 대표적 사례로 거론된다.

먼저, 빅데이터의 패턴을 읽고 분석하는 외교에서 가장 단골로 거론되는 사례는 상대 국가의 정부가 아닌 국민들을 상대로 하는 공공외교 분야이다. 비용과 시간이 많이 들고 정확성이 떨어지는 전통적인 여론조사 대신에 인터넷과 소셜 미디어의 빅데이터 분석을 통해서 상대국가의 일반 대중들의 인식과 감정을 파악하는 것이 가능하다. 검색엔진에 입력된 자국 관련 검색어의 내용을 분석하거나 소셜 미디어 상에서 유통되는 정보에 대해서 데이터 마이닝 등과 같은 빅데이터 분석을 통해서 신속히 외교적 대응을 벌이고, 또 다시 이에 대한 실시간 피드백을 받는 것이 가능하게 된다. 이를 통해서 상대국 특성에 맞춘 맞춤형 공공외교를 가능케 할 수 있다는 기대가 빅데이터 분석에 관심을 기울이게 한다.

구체적으로 보면 국가브랜드의 동향분석을 위해서 페이스북, 트위터, 유튜브 등 주요 SNS 데이터를 분석하여 일·주·월 단위로 연관이미지의 변화를 모니터링 함으로써 SNS상에서 자국에 대한 관심이 어떻게 형성되고 확대되는지, 즉 연관이미지가 긍정적인지 혹은 부정적인지 파악하여 어떻게 개선할 수 있는지를 추적·분석한다. 이러한 빅데이터 분석은 최근 관심을 끌고 있는 한류와 문화외교의 사례에도 적용가능하다. 특정 한류 콘텐츠나 아이돌, 사건이나 국가에 대한 호감도나 친밀도, 반감을 SNS 이용자들이 주고받는 메시지를 분석하여 지리적, 시계열적으로 분석하거나 국내적, 국제적으로, 그리고 실시간으로 분석할 수 있다. 마찬가지로 유튜브 등에서 한국 관련 동영상 접속횟수 등에서 발견되는 패턴을 분석하여 한류를 지원하는 문화외교의 지침을 만들 수도 있다(윤홍근 2013).

한편, 신흥안보와 관련된 재난관리 분야도 빅데이터의 패턴을 읽는 능력을 국가전략에 적용할 수 있는 분야이다. 휴대폰이나 인터넷, 소셜 미디어에서 생성되는 빅데이터를 활용하여 자연재난 및 전염병 발생 징후의 조기 감지, 발생 후에 인구 이동 패턴, 실시간 주민 필요 파악, 조기경보를 통한 신속한 대응책의 마련이 가능하다. 빅데이터는 개도국에서 발생하는 재난에 대한 인도적 지원을 최적화하는 데에도 활용될 수 있으며, 구호물자를 효율적으로 전달하는 데에 도움을 줄 수도 있다. 실제로 2013년 필리핀 하이엔 태풍의 구호 활동에서 수천 개 트위터 메시지의 키워드를 이용하여 구호물자가 필요한 지역과 최단거리 경로지도가 작성되었고 유엔도 이에 기초하여 구호활동을 전개한 바 있다.

보건안보 분야에서도 인터넷 검색어를 통해서 질병 발병을 예측하거나, 발병에 대한 정보를 신속하게 전달하고, 휴대폰 사용 자료와 센서스 자료를 결합하여 전염병 등의 확산에 대한 신속한 대응이 가능하다. 이러한 과정에서 휴대폰의 CDR(call-data records)은 유용한 빅데이터를 생성하는데, 발신자의 신원, 전화번호, 통화의 시간과 정소 등과 같은 빅데이터를 분석할 수 있다. 또한 빅데이터는 기후변화 분야에서 초국석 환경오염의 원전파악, 글로벌 생대계에의 장기적인 효과 분석 등에 활용되어 국가 간 환경 분쟁 해결에 도움을 줄 수도 있다. 사이버 안보 분야에서도 사이버 공격을 전후한 시점에 발생하는 온라인상에서의 이상 징후를 감지하거나 사이버 공격에 사용된 악성 코드를 기존의 것과 비교하는 빅데이터 분석이 가능하다(Hansen and Porter 2015: 14-15).

국가적 차원에서 볼 때, 빅데이터를 분석하여 새로운 정보를 추출하는 패턴분석의 능력을 구비하는 것은 상당히 중요한 역량이다. 빅데이터를 분석할 수 있는 국가와 그렇지 못한 국가의 차이는 점점 더 커질 것이다. 빅데이터를 수집하는 능력을 구비하고 이에 기반을 둔 국가전략을 펼치는 나라가 점점 더 힘을 얻을 것이다. 여기서 말하는 빅데이터 국력의 핵심은, 이미 알고 있는 데이터·정보를 수집하고 축적하는 능력이 아니라, 그 데이터·정보 간에 생성되는 보이지 않는 구조, 즉 패턴을 읽어내는 능력의 보유에 있다. 이런 맥락에서 보면 빅데이터 시대에는 데이터·정보 자체를 생산하는 나라 못지않게 데이터·정보의 패턴을 읽는 나라가 힘을 얻게 된다.

그런데 여기서 한 가지 유의해야 할 점은 이렇게 빅데이터를 다루는 국력 확보의 문제가 단순한 역량증대의 문제가 아니라, 이보다 좀 더 포괄적인 의미에서 빅데이터를 다루는 조직의 성격이나 제도적 조건과 밀접히 연관되어 있다는 사실이다. 다시 말해, 민간 부문과 마찬가지로 공공 부문에서도 빅데이터를 생산 및 활용하는 데 있어 그 기반이 되는 조직과 제도의 개방성과 유연성이 중요해진다. 예를 들어, 빅데이터의 활용이 민간 부문에서는 활발하게 이루어지는 반면, 공공 부문에서는 활성화되지 못하고 있는데, 이는 정보의 공개나 공유가 원활히 이루어지지 않는 관료제의 구조적 특성과 무관하지 않다. 이러한 점에서 볼 때, 정부 내에서 빅데이터 환경에 맞는 좀 더 유연한 제도적 틀을 구축하는 것이 국가전략의 핵심 이슈 중의 하나임이 분명하다.

3. 빅데이터 국제규범 형성에 참여

빅데이터 분야 국제규범의 형성에 참여하는 문제도 중요한 국가전략의 사안이다. 이러한 국제규범 형성의 필요성은 빅데이터의 수집과 사용이 기본적으로 국경을 넘어서 이루어지기 때문에 발생한다. 빅데이터는 클라우드 환경을 배경으로 글로벌 차원에서 수집되기 때문에 특정 지리적 영역에 구속받지 않고 국경을 초월하여 유통된다. 실제로 빅데이터를 상업적으로 활용하는 업체들은 대부분이 초국적 인터넷 서비스 기업들이다. 이 기업들은 상이한 국가 간 규제체제 및 데이터의 유통을 막는 다양한 유·무형의 제도들이 글로벌 서비스 구현을 방해하는 요인이며 궁극적으로 데이터의 상업적 활용을 저해한다고 주장한다. 특정 국가에서 규제가 심하면 빅데이터 관련 서비스를 제공하는 초국적 기업은 다른 나라로 옮겨갈 수밖에 없다는 것이다. 이들에게 빅데이터의 자유로운 이동과 이를 보장하는 국제협력이 중요한 관심사일 수밖에 없는 이유이다.

이러한 맥락에서 미국을 중심으로 한 선진국 기업들은 국제적 차원에서 관련 논의를 적극적으로 추구하고 있으며 WTO, ITU, OECD, APEC, 사이버공간총회 등 다양한 국제포럼에서 빅데이터 거버넌스 논의를 직·간접적으로 추진하고 있다. 이러한 움직임은 규제를 최소화하고 이에 맞는 세계질서를 만들고 싶은 글로벌 패권국으로서 미국의 의도를 반영한다. 아주 민감한 분야를 제외하고는 국경 간 이동을 자유롭게 하자는 것이 빅데이터 국제규범과 관련된 미국의 주장이다. 그런데 이러한 주장은 개도국들의 입장에서는 그리 반갑지 않은 문제일 수도 있다. 개도국의 정책결정자들은 빅데이터의 자유로운 유통보다는 오히려 선진국 기업들의 침투에 의한 '빅데이터 주권'의 잠식을 우려하고 있다. 개도국의 입장에서 볼 때 빅데이터 국제규범의 논의는 선진국들이 자신의 권력을 강화하기 위해 새로운 제도적 장치를 만들어 기존의 권력구도를 공고화하려는 시도로 해석될 여지가 많기 때문이다(강하연 2013).

특히 이러한 빅데이터 주권의 문제가 논란이 되는 것은, 빅데이터 기술역량과 분석능력을 보유하고 있는 선진국들이 이를 부당하게 활용하여 권력을 행사할 가능성이 있기 때문이다. 사실 빅데이터는 단순히 정보의 초국적 흐름이나 프라이버시 침해의 문제를 넘어서, 빅데이터의 사실상 패권과 국가주권의 갈등 문제가 될 가능성을 내포하고 있다. 이러한 가능성이 최근에 여실히 드러난 분야가 바로 '에드워드 스노든 사건'과 그 뒤에서 작동하는 미국의 글로벌 감시권력 문제이다. 2013년 6월 미국 중앙정보국(CIA) 전 직원인 에드워드 스노든(Edward Snowden)이 폭로한 내용에 따르면, 미국 정부는 '프리즘'이라는 감시 프로그램을 통해서 2009년부터 장기간에 걸쳐 개인 이메일을 비롯한 각종 데이터를 감청해 온 것으로 드러났다. 프리즘과 같은 무차별 정보 수집이 가능했던 데에는 미국의 '애국법(Patriot Act)'이 큰 역할을 했다. 9.11이후 테러 의혹이라는 명분 아래 정보 수집에 법적 제약이 제거되었던 것이다.

빅데이터를 수집하여 상업적으로 활용하는 업체들은 대부분이 글로벌하게 활동하는 미국의 인터넷 기업들이다. 구글, 페이스북, 애플 같은 민간 인터넷업자들의 중앙 데이터 서버에 접근해 이용자들의 통신정보를 수집했다고 한다. 그런데 이러한 기업들이 수집하는 개인정보의 국적과 그 개인정보를 저장한 기업의 국적 사이에서 발생하는 갈등의 소지가 있다. 예를 들어, 구글이나 페이스북 내에서 한국인이 생성하는 개인정보가 국외의 서버로 가면서 개인정보 피해문제와 관할권 문제가 발생한다. 그런데 한국인들의 개인정보가 담긴 구글이나 페이스북의 서버에는 이들 업체와 미국 정부만이 접근할 수 있다는 데 갈등의 소지가 더 크다. 미국은 도·감청과 데이터 수집이 테러 방지를 위한 것이라고 주장하지만, 이를 어떻게 믿을 것인가라는 문제가 발생한다. 빅데이터를 둘러싼 신흥권력 경쟁이 벌어지는 시대에 결국 경쟁력의 핵심인 빅데이터를 미국 업체들에게 통째로 넘겨준다는 우려가 제기된다. 이러한 논란의 기저에는 '빅데이터 주권'에 대한 문제의식이 존재한다.

빅데이터 관련 개인정보보호 레짐이 각국마다 다르다는 사실도 빅데이터 국제규범 담론과 빅데이터 주권 담론이 충돌하는 원인이 된다. 실제로 이데올로기, 안보 및 상업적 이해, 개인정보 보호 등의 차이로 각국은 빅데이터 규제에 대해 입장을 달리한다. 예를 들어, 미국과 유럽의 개인정보보호정책은 철학적·제도적 차이를 바탕에 깔고 있다. 중국은 좀 더 큰 차이를 보이는데, 국가안보를 이유로 정부의 '동의 없는' 개인정보 수집 및 감청이 정당화된다. 각국마다 개인정보 주체의 동의권 행사방식에 대한 법해석과 제도운영도 다르다. 좀 더 근본적으로는 빅데이터의 중요성에 대한 각국의 인식과 제도, 언론의 자유와 개인정보의 우선순위 등에도 큰 차이가 있다. 미국이 언론의 자유를 더 중요시하는 반면, 유럽에서는 오히려 개인정보가 더 중요하다. 빅데이터 국제규범에 대한 논의가 진행되면서 빅데이터 관련 규제정책의 도입과 정책 및 관행의 표준화 필요성이 제기되는 것과 동시에 각국의 제도와 문화에 내재한 이러한 차이들이 수면 위로 떠오르고 있다.

그럼에도 최근 초국적 정보의 흐름 문제를 해결하기 위한 다양한 국제협력이 진전을 보고 있다. 예를 들어, OECD 차원에서도 공공정보의 취급원칙을 천명한 바 있으며, 미·유럽 세이프 하버 원칙, 미·일 ICT 무역원칙 등 다자 및 양자차원에서 작업들이 진행 중이다. 최근 관심의 대상이 되고 있는 것은 다자간서비스협정(Trade in Services Agreement: TISA)이다. TISA는 미국, EU, 호주, 캐나다, 일본, 뉴질랜드 등 선진국들과 이스라엘, 대만, 한국, 페루, 콜롬비아 등 개도국 그룹의 국가 등 총 22개 국가가 참여하고 있는 서비스무역 관련 지역무역협정이다. TISA는 WTO 분야의 서비스 논의가 부진하다 보니까 이를 구체화하기 위해서 진행하는 성격이 강하다. TISA에서 논의되는 '정보의 국경 간 이동 보장' 조항이 관철될 경우, 빅데이터 분석에 필요한 다량의 정보의 수집, 축적, 관리 및 유통을 제한하는 정부의 조치는 불허된다. 또한 정보의 수집과 축적을 위해 필요한 데이터센터를 자국 내에 둘 것을 요구하거나 정보의 이전과 관련하여 통상 차원에서 정당화할 수 없는 요건을 부여할 수 없게 된다(강하연 2015).

　　이러한 일련의 협상과정에서 선진국들은 데이터의 자유로운 이동을 보장하는 개방 네트워크와 규제 없는 환경을 선호하고 있는 반면, 개도국들은 인터넷에 대한 국가 차원의 관할권을 고수하려는 입장의 차이를 보이고 있다. 그러나 아직 빅데이터 관련 정보의 초국적 이동과 관련된 국제규범이 확립되기 위해서는 갈 길이 멀다. 개인정보보호정책 등은 아직도 국가단위의 규제체계를 취하고 있으며, 국가 간 규제조율 논의는 이제 초보단계이다. 빅데이터 관련 기술 및 시장이 빠르게 변화하는 상황에서 제도나 규범이 따라가기가 역부족이다. 이런 상황에서 사실상 메커니즘을 따라서 자생적으로 생겨나는 관행이 굳어지면서 제도화될 가능성이 높은데, 그렇다면 그러한 제도는 실질적으로 비즈니스를 벌이고 있는 선진국 기업과 정부의 이익을 반영하는 방향으로 형성되어 굳어질 가능성이 크다(강하연 2015). 이것이 바로 빅데이터의 국제규범 형성 문제에 대한 국가전략적 관심이 필요한 이유이다.

V. 맺음말

이 글은 국제정치학의 시각에서 빅데이터 국가전략의 방향을 모색하기 위한 개념적 성찰의 작업을 펼쳤다. 오늘날 데이터의 양이 막대하게 증가하고 이를 수집하고 분석하는 기술이 크게 발달하면서 예전의 스몰데이터 환경에서는 불가능했던 일들이 가능해지는, 이른바 빅데이터 현상이 발생하고 있다. 빅데이터 환경의 출현은 비즈니스 분야뿐만 아니라 의료, 행정, 정치 등의 다양한 분야에 영향을 미치고 있는데, 외교안보 분야도 예외는 아니다. 1990년대 후반부터 디지털 정보를 외교안보 분야에 활용하는 외교정보화 사업이 진행되어 왔지만, 인터넷과 소셜 미디어의 확산으로 인해서 양산되는 빅데이터를 외교안보 분야에 활용할 가능성을 논하게 된 것은 최근의 일이다. 이러한 빅데이터는 양, 다양성, 속도 등의 변화를 바탕으로 하여 질적인 변화를 야기하고 이로 인해 원인을 추적하기보다는 결과를 예측하는 것이 오히려 유용할 수도 있는 '인과역전'의 세상이 도래하도록 영향을 미쳤다.

　　데이터를 수집·분석하는 알고리즘 기술의 발달, 무질서한 정보에 패턴을 부여하는 정보의 데이터화, 그리고 이들을 인식하고 분류하는 인식론과 방법론의 변화 등을 바탕으로 출현한 빅데이터가 국제정치학의 시각에서 관심을 끄는 것은 그 권력적 함의가 새롭기 때문이다. 빅데이터에서 생성되는 권력은 자원권력의 의미를 넘어서 데이터 검색프로그램을 설계하는 능력과 검색된 정보들 간의 '보이지 않는 패턴'을 읽어내는 능력, 그리고 이들 능력을 바탕으로 감시와 훈육의 지배를 행한다는 의미에서 신흥권력이다. 여기서 신흥권력이라 함은 그 권력의 성격이 전통적인 국제정치의 군사력과 경제력의 의미를 넘어선다는 의미 이외에도 빅데이터 권력을 행사하는 주체가 전통적인 국가

행위자가 아니라 초국적으로 활동하는 인터넷 기업들이라는 뜻도 있다. 이른바 '데이터 브로커'로 불리는 미국의 민간 기업들이 그들이다.

　이렇게 새로운 권력적 함의를 갖는 빅데이터가 세계정치에 미치는 영향은 다양하게 나타나고 있다. 가장 눈에 띄는 것은 빅데이터 역량을 갖추기 위해서 주요 국가들이 기술개발을 지원하고 관련 정책과 제도들을 정비하는 양상의 출현이다. 그야말로 빅데이터를 둘러싼 새로운 국력 경쟁이 시작됐다. 다양한 분야에서 생성되는 빅데이터의 패턴을 읽어서 활용하는 문제가 국가전략의 중요한 사안이 되었다. 빅데이터를 분석하고 해석하는 방법을 모르면 뒤처질 수밖에 없다. 특히 공공외교 분야나 재난관리 및 구호 등의 분야에서는 이미 빅데이터의 활용이 점차로 현실화되고 있다. 이러한 와중에 태생적으로 초국경적으로 수집되고 활용되는 빅데이터의 자유로운 유통을 보장하기 위한 협력과 경쟁도 진행되고 있다. 그러나 이러한 움직임은 글로벌 감시권력 논란과 국가주권의 보장이라는 문제 등과 연결되면서 쉽게 그 돌파구를 찾지 못하고 있다. 빅데이터의 초국경 흐름을 보장하는 국제규범 마련을 위한 선진국과 개도국의 의견이 대립하는 국면이다.

　이렇듯 빅데이터 현상이 야기하는 세계정치의 변화에 직면하여 한국도 이 분야에서 새로운 국가전략을 모색하기 위해서 발 빠르게 움직여야 할 때이다. 무엇보다도, 개별 기업 차원을 넘어서 국가적 차원에서 빅데이터 역량을 갖추려는 노력을 펼쳐야 할 것이다. 최근 중견국으로서 외교적 역할을 모색하고 있는 한국의 입장에서 볼 때, 빅데이터 외교는 선진국들만의 잔치가 아님을 적시해야 한다. 정보화 시대를 맞이하여 빅데이터를 체계적으로 수집하고 관리하는 역량의 구비와 이를 지원하는 정책과 제도의 정비는 국가전략의 주요 관건이 되고 있다. 이러한 맥락에서 한국이 2012년에 〈빅데이터마스터플랜〉을 범부처 차원에서 마련하고 역량의 제고와 제도정비의 노력을 펼치기로 한 것은 매우 고무적이다(교육과학기술부 외 2012). 또한 투명하고 유능한 서비스 정부를 지향하는 전자정부3.0 프로젝트도 빅데이터를 활용하여 찾아가는 맞춤형 서비스를 펼치는 빅데이터 국가전략의 일환으로 볼 수 있다. 다만 이들 계획에 외교안보 분야에 대한 구체적인 구상이 빠져 있다는 점은 매우 아쉽다.

둘째, 단순히 빅데이터 기술역량을 갖추는 차원을 넘어서 빅데이터의 패턴을 읽는 능력을 배양하는 국가전략적 고민이 필요하다. 이러한 능력을 배양하는 문제의 핵심은 빅데이터를 분석하고 관리하는 전문 인력의 양성이다. 그런데 이는 정부가 혼자서 해결할 수 있는 문제는 아니며, 민간 기업이나 전문가들과의 파트너십을 통해서 풀어가야 하는 문제이다. 한편 가장 포괄적인 의미에서 볼 때 이러한 능력은 개인적 차원에서 데이터 처리능력을 배우는 차원을 넘어서 외교안보 분야의 '빅데이터 지성(Big Data intelligence)'을 갖추는 문제이다. 다시 말해, 시스템 차원에서 외교안보의 '디지털 지능'을 개발하고 이를 지원하는 조직지와 사회지를 정비하는 문제로 연결된다. 이러한 맥락에서 볼 때 외교안보 분야의 빅데이터를 관장하는 전문 담당관이나 '외교안보빅데이터센터' 등과 같은 제도의 설치도 고려해 봄직하다. 요컨대 빅데이터의 패턴을 읽는 능력이 지닌 가치를 인식하는 외교안보 리더십의 발상이 필요하다.

끝으로, 빅데이터의 국제규범 형성에 참여하는 국가전략의 고민이 필요하다. 현재 빅데이터의 국제규범 형성을 둘러싼 움직임을 보면, 선진국의 기업들과 정부는 초국적 정보의 흐름과 이를 지지하는 국제규범의 형성을 주장하고, 이러한 움직임에 대응해서 개도국들은 빅데이터 감시권력의 횡포와 빅데이터 주권의 침해를 우려하는 대립

구도가 형성되고 있는 모습이다. 이러한 구도에서 최근 중견국 외교를 펼치는 한국이 취할 국제규범 참여외교는 어떠한 방향으로 추진되어야 할까? 한국의 빅데이터 외교는 선진국과 개도국 진영의 입장 중에서 어느 편을 지지해야 하는 것일까? 이는 단순히 국제협력과 규범 형성을 위한 협상과정에 참여하는 문제를 넘어서 새로이 출현할 국제규범과 호환성을 갖는 국내규범을 어떻게 마련할 것이냐의 문제로 연결될 수밖에 없다. 예를 들어 개인정보의 공개나 공유 및 보호와 관련된 국내적 합의를 어떻게 가져갈 것이냐의 문제이다. 예상컨대, 여타 글로벌 거버넌스 분야에서 한국의 중견국 외교가 겪고 있는 고민이 빅데이터 분야에도 투영될 가능성이 크다.

궁극적으로는 이 글에서 살펴본 빅데이터의 세계정치에 대응하는 데 있어 지금 필요한 것은 한국의 사정에 맞는 국가전략을 모색하는 발상이다. 사실 빅데이터 전략이라고 하는 것은 초국적 거대기업들이나 일정 정도 이상의 '규모의 효과'를 발휘할 수 있는 거대국가들이 모색할 수 있는 것인지도 모른다. 다시 말해 규모가 작은 기업이나 국가는 아무리 노력해도 '빅'이 될 수는 없을 수도 있다. 그렇다면 기본적으로 데이터의 규모를 일정 수준 이상으로 확대할 수 없는 존재론적 한계를 지닌 약소국이나 중견국은 어떠한 종류의 데이터 전략을 펼쳐야 하는가? 다양한 방법을 통해서 '빅데이터'라고 하는 21세기 세계정치의 트렌드를 따라잡기 위한 국가전략을 펼쳐야 할 것인가, 아니면 비강대국의 처지에 맞는 다른 종류의 데이터 전략을 모색하야 할 것인가? 이러한 문제는 향후 한국이 21세기 국가전략을 모색해 감에 있어서 진지하게 고민해 보아야 숙제 중의 하나임이 분명하다.

참고문헌

강선주. 2014. "빅데이터 구축 현황과 외교안보적 활용 방향."『주요국제문제분석』 2014-10.
　　　국립외교원 외교안보연구소.
강하연. 2013. "ICT교역의 글로벌 거버넌스." 서울대학교 국제문제연구소 편.『커뮤니케이션
　　　세계정치』 기획특집 〈세계정치〉 33(2). 사회평론, pp.73-109.
＿＿＿. 2015. "빅데이터 시대의 권력과 질서." 빅데이터와 중장기 외교전략 세미나 발표문.
　　　서울대학교. 3월 20일.
교육과학기술부, 행정안전부, 지식경제부, 방송통신위원회, 국가과학기술위원회. 2012.
　　　『스마트 국가 구현을 위한 빅데이터 마스터플랜』 11월 18일.
김상배. 2004. "지식/네트워크의 국가전략: 외교분야를 중심으로."『국가전략』 10(1),
　　　pp.167-194.
＿＿＿. 2010.『정보혁명과 권력변환: 네트워크 정치학의 시각』 한울.
김성옥. 2014. "중국 인터넷 서비스산업의 발전과 시사점."『KISDI Premium Report』
　　　정보통신정책연구원, 14-07.
김예란. 2013. "빅데이터의 문화론적 비판: 미셸 푸코의 생정치 개념을 중심으로."
　　　『커뮤니케이션이론』 9(3), pp.166-204.
매일경제 IoT혁명 프로젝트팀. 2014.『사물인터넷』 매일경제신문사.
매일경제 기획팀·서울대빅데이터센터. 2014.『빅데이터 세상』 매일경제신문사.
박종희. 2015. "21세기 외교에서 빅데이터 활용 가능성에 대한 탐구." 한국국제정치학회
　　　하계학술대회 발표문.
배영자. 2015. "빅데이터와 외교: 미국과 한국 사례 연구." 한국국제정치학회 하계학술대회
　　　발표문.
백욱인. 2014. "빅데이터 시대의 데이터 전유와 갈등." 〈빅데이터 시대의 권력과 질서:
　　　사회과학적 연구주제의 발굴〉 기술사회연구회 10주년 기념 세미나 발표문.
송영조. 2015. "데이터기반의 미래전략기구와 정책적 함의: 싱가포르 RAHS사례 중심으로."
　　　빅데이터와 중장기 외교전략 세미나 발표문. 서울대학교. 4월 16일.
쉰버거, 빅토르 마이어·케네스 쿠키어. 2013.『빅데이터가 만드는 세상』 21세기북스.
올레타, 켄. 2010.『구글드: 우리가 알던 세상의 종말』 타임비즈.
윤미영. 2013. "주요국의 빅데이터 추진전략 분석 및 시사점"『과학기술정책』 23(3), pp.31-43.
윤홍근. 2013. "문화산업에서 빅데이터의 활용방안에 대한 연구."『글로벌문화콘텐츠』 10,
　　　pp.157-180.
이광석. 2013. "지배양식의 국면 변화와 빅데이터 감시의 형성."『사이버커뮤니케이션학보』
　　　30(2), pp.91-231.
이승주. 2015. "빅데이터와 외교정책: 영국과 싱가포르의 사례를 중심으로."
　　　한국국제정치학회 하계학술대회 발표문.
정용찬. 2013.『빅데이터』 커뮤니케이션북스.

_____. 2015. "빅데이터 산업과 데이터 브로커." *KISDI Premium Report*, 15-04. 정보통신정책연구원.

조현석 편. 2013. 『빅데이터와 위험정보사회』 커뮤니케이션북스.

채승병. 2015. "빅데이터 비즈니스의 동향과 쟁점." 빅데이터와 중장기 외교전략 세미나 발표문. 서울대학교. 4월 9일.

콘티, 그레그. 2009. 『구글은 당신을 알고 있다』 비팬북스.

Bruns, Axel. 2008. *Blogs, Wikipedia, Second Life, and Beyond: From Production to Produsage.* New York: Peter Lang.

Esposti, Sara Degli. 2014. "When Big Data Meets Dataveillance: the Hidden Side of Analytics." *Surveillance & Society*, 12(2), pp.209-225.

Executive Office of the [U.S.] President. 2014. *Big Data: Seizing Opportunities, Preserving Values.* Washington DC: The White House.

Foucault, Michel. 1979. *Discipline and Punish: The Birth of the Prison.* London: Vintage Books.

_____. 1980. *Power/Knowledge: Selected Interviews and Other Writings, 1972-1977.* New York: Pantheon Books.

_____. "Governmentality." Burchell, Graham, Colin Gordon and Peter Miller. (eds.) *The Foucault Effect: Studies in Governmentality.* Chicago, IL: The University of Chicago Press, pp.87-104.

Hansen, Hans Krause, and Tony Porter. 2015. "What do Big Data do in Transnational Governance?" Paper Presented at the International Studies Association Meetings, New Orleans, February 21 2015.

O'Reilly, Tim. 2013. "Open Data and Algorithmic Regulation." in Brett Goldstein with Lauren Dyson. (eds.) *Beyond Transparency: Open Data and the Future of Civic Innovation*, San Francisco. CA: Code for America Press, pp.289-300.

Roderick, Leanne. 2014. "Discipline and Power in the Digital Age: The Case of the US Consumer Data Broker Industry." *Critical Sociology*, 40(5), pp.729-746.

Skelly, James and Christian Eichenmüller. 2015. "Surveillance, 'Big Data,' and the Future of Global Politics." Paper Presented at the International Studies Association Meetings, New Orleans, February 21 2015.

Weinberger, David. 2007. *Everything Is Miscellaneous: The Power of the New Digital Disorder.* New York: Holt.

Whitaker, Reg. 2000. *The End of Privacy: How Total Surveillance Is Becoming a Reality.* New York: New Press.

제2장

지수(index)의 세계정치: 메타지식의 권력[*]

김상배 · 김유정

[*] 이 장은 김상배 · 김유정, 2016, "지수(index)의 세계정치: 메타지식의 생산과 지배권력
의 재생산."『국제정치논총』제56집 1호, pp.7–46을 기반으로 작성되었다.

I. 머리말

2011년 8월, 글로벌 신용평가기관인 스탠더드 앤 푸어스(Standard & Poor's)가 미국의 신용등급을 최상위 등급인 AAA에서 한 단계 낮춘 AA+로 조정했다. 미국의 신용등급 하락은 70년 만에 처음 있는 일이 었다(Paletta and Philips 2011). 이러한 지수의 하락이 글로벌 금융시장에 큰 파장을 일으켰음은 물론이다. 직접적으로는 미국 국채의 안전성과 재무 상태에 대한 평가, 더 나아가서는 세계 제일의 강대국인 미국의 경제력과 국력 전반에 대한 인식이 스탠더드 앤 푸어스라는 민간 신용평가기관의 판단 하나에 좌지우지되는 상황이 되었다. 그런데 2016년 1월 현재까지 동일한 등급평가를 고수하고 있는 스탠더드 앤 푸어스에 비해서, 무디스(Moody's)나 피치(Fitch) 등과 같은 여타 신용평가기관들은 여전히 미국에 대해 가장 높은 신용등급(각각 Aaa, AAA)을 부여하고 있어 흥미로운 대비를 이룬다.[1] 이렇게 보면 세계 제일의 경제대국인 미국의 신용등급이라는 것도 객관적 실재이라기보다는 누가 어떠한 잣대를 들이대서 보느냐에 따라서 상이하게 나타날 수 있는 주관적 현실이라고 할 수 있다.

　더욱 흥미로운 것은 이러한 위력에도 불구하고 이들 신용평가기관들은 지수들을 산출하는 과정을 공개하지 않는다는 사실이다. 대부분의 경우 이들 기관들은 어떠한 과정을 거쳐서 얼마나 정확히 대상을 측정하고 있는지에 대해서 밝히지 않는다. 평가하는 기관에 따라서, 유사한 성격의 여러 변수들 중에서 유독 다른 값 하나만 끼워 넣어도 평가결과가 달라짐에도 불구하고, 왜 그러한지에 대해서 침묵하는

1　Trading Economics, "Credit Rating," http://www.tradingeconomics.com/united-states/ rating (검색일: 2015.12.27.)

일이 다반사이다. 변수 하나의 차이로 인해서 대상이 상대적으로 과대평가되거나 또는 과소평가되는 결과가 산출되기도 함은 물론이다. 이러한 양상을 보면 지수를 매개로 하여 신용평가기관이라고 하는 '사적권력'이 '공적권력'의 담지자인 국가 행위자들을 상대로 독특한 형태의권력을 행사하고 있다고 할 수 있다(Sinclair 2005). 이렇게 신용평가기관들이 발휘하는 권력은 '지식에 대한 지식(knowledge about knowledge)', 즉 메타지식(meta-knowledge)의 생산과 유통 및 소비 과정을통제하는 데에서 비롯되는 권력이다.

2000년대 이후 다양한 분야에서 국가의 능력을 측정하고 이를 국제적으로 비교·평가하는 지수의 생산이 부쩍 증가하였다(Cooley and Snyder eds. 2015: 102). 지수(index)란 각종 지표(indicator)를 활용하여 특정한 실재(reality)를 측정하고 이를 종합·편집하여 수치의 형태로 가시화하는 메타지식이다. 이러한 지수를 통한 국제비교와 순위평가는 한 국가가 보유하고 있는 군사력·경제력 등의 물질권력을 가시화함으로써 어떤 국가가 더 많은 힘을 보유하고 있는지를 판단하는 인식의 틀을 제공한다. 특히 개별 분야에서 드러나는 물질권력의 규모를일일이 파악하는 것이 쉽지 않기 때문에, 이들을 국가 단위에서 종합적으로 이해하는 것을 돕기 위해서 다양한 지수들이 활용된다. 그런데흥미로운 것은 이러한 지수들이 단순히 국력의 실재를 객관적으로 반영하기만 하는 것이 아니라, 역으로 그 현실을 주관적으로 재구성하는힘도 발휘한다는 사실이다. 이렇게 보면 오늘날 권력게임에서는 단순히 물질권력을 양적·질적으로 더 많이 축적하는 것뿐만 아니라 이렇게 지수로 대변되는 메타지식을 누가 어떻게 장악하느냐의 여부도 중요하다고 할 수 있다.

이러한 메타지식을 장악하는 권력은 '권력에 대한 권력(power

about power)', 좀 더 풀어쓰면 '물질권력에 대한 지식권력'이라는 의미에서 메타권력(meta-power)이라고 이해할 수 있다. 이러한 메타권력은 얼마나 많은 양의 지식, 그리고 얼마나 좋은 내용의 지식을 보유하고 있느냐를 묻는 '실체지식(substantive knowledge)'에 대한 논의를 넘어선다. 오히려 그러한 실체지식을 다루는 메타지식의 생산·유통·소비 과정과 관련된다. 다시 말해, 어떤 개념적 도구를 통해서 생산된 지식이 어떤 플랫폼을 타고 유통되어, 어떤 방식으로 소비되는지를 장악하는 과정과 밀접한 관련이 있다. 메타지식의 가치는 그 자체로서 판단되기보다는 오히려 얼마나 광범위하게 유통되어 얼마나 많은 사람들이 소비하느냐에 의해서 결정되는 속성을 갖는다. 이러한 메타지식의 궁극적인 효과는 무엇을 더 당연한 것으로 받아들여 따르게 할 것인가의 문제, 즉 표준의 수립에 달려 있다. 만약에 누군가 이러한 과정을 통제할 수 있다면, 단순히 양적·질적으로 높은 수준의 지식을 보유하는 것과는 또 다른 차원에서 권력을 확보하는 것이 된다(김상배 2014: 407-410).

위와 같은 맥락에서 볼 때, 메타지식으로서 지수가 어떻게 생산되어 유통·소비되는지를 살펴보는 것은 세계정치 권력의 한 단면을 읽어내는 핵심이라고 할 수 있다. 이는 단순히 지식 영역에만 국한된 것이 아니라, 각국이 벌이고 있는 물질권력의 게임을 평가하고 그 전개 방향에도 영향을 미친다는 점에서 세계정치 전반에 관여한다. 이러한 점에서 지수의 권력은 국가 행위자가 물질권력을 기반으로 하여 행사하는 권력과는 그 성격이 질적으로 다르다. 오히려 국제기구, 신용평가기관, 싱크탱크, 대학, 연구기관 등과 같은 비국가 행위자들이 비물질적인 권력의 메커니즘을 활용하여 간접적이고 우회적으로 발휘하는 종류의 권력이다. 그렇기 때문에 지수가 행사하는 권력을 이해하기 위해서 영향력 있는 지수를 생산하는 주체의 능력과 이를 구성하는 물적·인적·조직적 역량의 내용을 묻는 것은 의미가 있다. 그러나 여기서 한 가지 유의할 점은 이러한 지수의 권력은 지수 자체를 생산하는 특정 행위자의 영향력이라는 차원을 넘어선다는 사실이다.

메타지식으로서 지수가 지닌 권력의 본질은 어느 행위사 차원이 아니라 시스템 전체가 작동하는 구조라는 차원에서 찾아야 한다. 구조 차원에서 작동하는 지수의 메타권력은 세계정치 시스템이 원활하게 작동하는 데 기여한다. 이러한 점에서 지수는 현 시스템 하에서 기득권을 가지고 있는 지배권력의 이익을 재생산하는 편향을 갖는다고 볼 수 있다. 이러한 편향은 지수 생산기관들의 의도와 관련된 것일 수도 있겠지만, 개별 기관의 의도와 상관없이 지수라는 메타지식 변수 자체가 담당하는 시스템 내의 역할에서 비롯되는 점이 크다. 이 글에서 살펴본 지수들은 거의 대부분이 미국과 서구 선진국 중심의 세계질서, 좀 더 구체적으로는 신자유주의적 지구화를 지향하는 글로벌 자본주의 질서를 확대·재생산하는 방향으로 기능하고 있다. 이러한 시각에서 보면 서두에 언급한 신용평가기관들의 사례는, 약간의 편차가 있음에도 불구하고 모두 미국과 서구 선진국들이 설계한 세계질서의 운영을 원활히 하는 데 기여하는 것으로 파악할 수 있다.

이상에서 제기한 바와 같이, 21세기 세계정치에서 지수가 차지하는 중요성이 커지고 있음에도 불구하고, 여태까지 국내외 국제정치학계에서는 지수의 세계정치에 대한 연구가 충분히 이루어지지 않아 아쉽다. 간혹 국력의 측정에 던지는 함의가 큰 분야를 중심으로 단편적인 연구가 이루어졌을 뿐이며, 지수가 세계정치 전반의 권력게임과 세계질서의 작동과정에 미치는 영향을 본격적으로 다룬 연구는 적었다.[2] 이러

2　오랫동안의 침묵을 깨고 최근 국내외 국제정치학계에서는 예외적으로 지수의 세계정치에 대한 연구의 필요성에 대한 문제제기가 일고 있다. 해외 연구로는 Kevin Davis *et al.*

한 문제의식을 바탕으로 이 글은 메타지식으로서 지수의 생산·유통·소비 과정에서 작동하는 권력의 성격과 그것이 세계정치에 미치는 영향을 살펴보는 이론적 논의를 펼쳤다. 아울러 지수의 권력적 함의를 엿보게 하는, 경제, 정치, 지식 분야의 사례들을 원용하였다. 예를 들어, 최근 가장 빈번히 거론되고 있는 지수들로서, 경제 분야에서는 세계은행(World Bank)과 신용평가기관의 지수, 정치 분야에서는 국가브랜드, 국가경쟁력 지수, 민주주의 관련 지수, 지식 분야에서는 대학순위평가, 싱크탱크 분포, 학술지 인용색인 등의 성격과 그 권력적 함의를 살펴보았다.

이 글은 크게 네 부분으로 구성되었다. II절은 메타지식과 메타권력의 개념을 원용하여 지수가 갖는 (국제)정치학적 의미와 그 성격이 무엇인지를 이론적 시각에서 검토하였다. III절은 경제 분야의 물질권력의 평가와 관련된 지수로서 세계은행의 정책지식 생산과 신용평가기관의 국가신용등급을 살펴보았다. IV절은 정치외교 분야에서 국가 이미지와 각국의 거버넌스 역량을 평가하는 지수로서 국가브랜드와 국가경쟁력 지수 및 민주주의 관련 지수들을 검토하였다. V절은 지식 분야에서 고급인력 양성과 지식생산 능력을 엿보게 하는 지수로서 대학순위평가, 싱크탱크의 분포, 학술지 인용색인 등을 검토하였다. 이들 장에 걸쳐서 이 글이 주장하고자 한 바는, 최근 상대적 쇠퇴의 논란에도 불구하고, 미국 중심의 세계질서가 여전히 유지 및 재생산되는 이면에는 이러한 지수들이 일정한 역할을 담당하고 있다는 것이다. 끝으로 맺음말에서는 이 글의 주장을 종합·요약하고, 이 글에서 제시한 사례들의 상호연계성을 살펴보면서 향후 이루어져야 할 연구의 방향성을 제시하였다.

eds. 2012; Kelly and Simmons 2015: 55-70; Cooley and Snyder eds. 2015; Cooley and Snyder 2015: 101-108 등을 참고하기 바란다. 국내 학계의 문제제기로는 김상배 외 2008을 들 수 있다.

II. 메타지식과 메타권력으로 보는 지수

1. 메타지식으로서 지수

지수는 특정한 개념에 대한 조작적 정의를 바탕으로 실재를 양적으로 측정하여 지식으로 전환하는 일련의 과정을 통해서 생산된다. 특히 어떠한 지표를 사용하는지, 그러한 지표들 간에 가중치를 어떻게 부여할 것인지 등과 같이 지수를 구성하는 방법에 따라서 동일한 실재라도 전혀 다른 지식으로 전환될 가능성이 크다. 따라서 지수의 생산과정에서는 실재를 어떠한 프레임으로 바라볼 것인가를 결정하는 가치판단이 개입하기 마련이다. 지표들을 적절히 활용하여 실재 가운데에서 강조하고자 하는 부분을 부각시키고 은폐하고자 하는 부분을 드러내지 않는 방식으로 지수를 만들 수 있다. 또는 유사한 요소를 통합하기도 하고, 그러한 요소를 미처 발견하지 못해 고려하지 않기도 한다. 실질적으로는 전혀 다른 두 요소를 함께 결합함으로써 왜곡이 일어날 가능성도 배제할 수 없다. 지표들 간의 서로 다른 가중치 역시 왜곡을 만들 수 있는 요인으로 작용한다(〈그림 1〉 참조).

실재를 구성하고 있는 다양한 요소들 가운데 어떤 이유에서건 일부분을 취사선택하고 그 부분을 지표라는 도구를 통해서 모양을 다듬어 지수로 통합하는 과정에서 실재와 지수의 불일치 현상이 발생할 여지가 있다.[3] 대부분의 지수들이 순위평가를 위해 계량적·통계적 분석을 활용하기 때문에 복잡한 평가대상에 대한 단순화 작업이 반드시 포함되기 마련인데, 이러한 과정에서 지수와 실재의 불일치가 발생할 가

---

3 지수의 생산과정에서 이러한 문제를 다루고 있는 연구로는 Davis *et al.* eds. 2012: 7-10; Gisselquist 2014: 513-531를 참조.

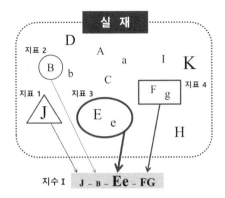

그림 1. 실재-지표-지수의 생성과정

능성이 높다. 이러한 불일치는 수많은 요인들과 복잡한 조건 가운데 무엇을 보여줄 것인가를 선택하는, 일종의 권력의 반영물이라고 할 수 있다. 피오라몬티(Lorenzo Fioramonti)는 숫자를 활용하는 작업은 근본적으로 정치적 의도를 가질 수밖에 없으며, 그렇기 때문에 공동체의 의사결정과 거버넌스에 영향을 미친다고 주장했다. 특히 "공식 통계는 사회에 명령을 내리고 권력의 구조를 뒷받침하는 데 중추적 역할을 담당"한다고 지적한다(로렌조 피오라몬티 2015: 27-28).

특히 지수의 결과 값이 숫자로 표현되는 경우, 사람들은 이를 직관적으로 좀 더 쉽게 받아들이는 경향이 있다. 즉 숫자가 지니는 고유한 특성 때문에 실재를 더욱 적나라하게 드러냄으로써 별도의 해석과정을 거쳐 비판적으로 수용하기보다는 마치 객관적인 현실을 그대로 보여주고 있다는 환상을 갖게 된다. 지수의 순위표는 이러한 환상을 만들어내기에 가장 좋은 도구로 활용된다. 해당 지수의 표준에 부합하도록 강제하는 효과를 낳을 뿐만 아니라 낮은 순위를 차지했다는 사실이 묘한 박탈감을 갖게 할 수 있다. 이러한 심리적인 영향은 자발적으로 그 순위표에서 더 높은 위치를 차지하는 노력을 벌이게 할 수도 있다. 이렇게 실재와 지수, 그리고 그 중간에서 작동하는 인간심리 간의 상호작용 구도에서 지수의 대상이 되는 인간 행위자는 지수가 만들어내는 순위에 점점 집착하게 되고, 그 결과에 집착하면 할수록 지수를 생산하는 수체는 실재-지표-지수의 생성과정에서 보이지 않는 권력을 행사하게 된다.

이러한 권력은 이른바 메타지식을 장악하는 과정에서 생성되는 권력이라고 개념화할 수 있다.[4] '지식에 대한 지식'이라는 말뜻을 지닌 메타지식이 현실적으로 의미하는 바는 '걸러내고 엮어내는 기능을 하는 지식'에 있다. 다시 말해 실재를 걸러내고 엮어서 데이터가 되고, 데이터를 걸러내고 엮어서 정보가 되고, 정보를 걸러내고 엮어서 지식이 되고, 지식을 걸러내고 엮어서 지혜가 되는 과정에 관여하는 '지식'이다(김상배 2010: 44-45). 현실에서 이러한 메타지식은 지식을 분류하고 규칙을 부여하며 지식의 의미와 담론을 규정하는 '지식'이다. 역사적으로 이러한 메타지식은 분류체계, 서지학적 지식, 기술표준, 인식론과 방법론, 통계 등의 형태로 존재해 왔으며, 이 글에서 다루는 지수도 대표적인 메타지식이다. 이러한 메타지식은 우리가 일반적으로 말하는 '내용'을 의미하는 지식이라기보다는 그 내용적 지식에 '형식'을 부여하는 '지식'이라는 특징을 지닌다. 다시 말해, 이러한 메타지식은 지식에 '질서'를 부여하는 '지식'이다. 사실 정치학의 관점에서 보면, 이렇게 '지식에 질서를 부여하는' 행위는 바로 권력이 행사되는 과정을 의미한다.[5]

---

4 이 글에서 원용하고 있는 메타지식의 개념과 그 권력적 함의에 대한 (국제)정치학적 논의로는 김상배 2010을 참조.
5 지식에 질서를 부여하는 권력에 대한 논의는 바로 미셸 푸코(Michel Foucault)의 작업이 가장 대표적이다(Michel Foucault 1970, 1972, 1980, 2007).

2. 지수의 메타권력

이 글에서 주목하는 것은 바로 이러한 권력의 함의를 지니는 메타지식으로서 지수의 역할이다. 오늘날과 같이 전 세계적으로 수많은 지수들이 생산되면서 국가들 간의 비교가 이루어지고 순위가 매겨지는 현상이 자연스럽게 받아들여지고 있다. 실제로 현존하는 지수들의 3분의 2 이상이 2001년 이후에 만들어졌고 그 중 세계 언론이 주목하는 지수의 수만 해도 95개가 넘는다(Cooley and Snyder 2015: 102). 세계질서를 규율하는 힘을 발휘하는 존재로서 지수는 국력을 분석·평가하여 국제비교 및 순위를 제공한다. 순위평가에 근거하여 국가들은 해당 지수가 담고 있는 표준에 얼마나 부합하는지의 여부를 상대적으로 인식하게 되고, 더 나아가서는 여기에 더 적합한 형태로 국내 제도와 정책을 개선하려는 노력을 기울이게 된다. 특히 다양한 국제기구나 국제투자기관 및 민간기관 등이 생성하는 지수가 물질자원을 어떻게 분배할 것인가의 기준과 연동되는 종류일 경우, 그 지수는 단순한 인식의 도구를 넘어서 실질적으로 현실의 변화에 영향력을 행사하는 권력의 수단이 된다.[6]

　이렇듯 지수는 평가대상들을 일정한 방식으로 규정할 뿐만 아니라 지수가 제공하는 표준에 더 부합하도록 유인하는 권력을 행사한다. 메타지식으로서 지수가 발휘하는 권력은 통상적으로 국제정치학에서 말하는 물질권력은 아니다. 메타지식에서 비롯되는 권력은 군사력이나 경제력과 같은 물질권력에 대한 논의의 지평을 넘어서 좀 더 복잡

6　이와 같은 문제의식을 바탕으로 다양한 지수와 지표들을 분석한 대표적인 연구로는 Cooley and Snyder eds. 2015; Davis *et al.* eds. 2012; Kelly and Simmons 2015 등이 있다.

한 구조적인 맥락에서 작동하는 21세기 권력의 한 단면을 보여준다. 이러한 지수의 권력은 주로 지식권력의 형태로 이해되고 있는데, 이는 권력을 구성하는 자원의 초점이 지식으로 옮겨가고 있다는 이른바 '권력이동'에 대한 논의와 함께, 권력이 작동하는 방식도 지식 변수나 또는 이와 관련된 커뮤니케이션 변수에 크게 의존하게 된다는 논의를 배경으로 개념화된다. 이러한 맥락에서 보면 지수의 권력에 대한 논의는 최근 한창 논의되고 있는 21세기 권력변환에 대한 논의의 한 단면을 보여준다고 할 수 있다.[7]

강조컨대, 이러한 지식권력은 단순히 얼마나 많은 지식을 보유하고 있는지의 기준만으로 보는 자원권력의 일례는 아니다. 오히려 자원의 개념으로 파악되는 지식권력에 질서를 부여하는 과정에서 발생하는 권력이다. 어떠한 지식이 존재하는지 뿐만 아니라 그러한 지식이 어떻게 생산·유통·소비되는지의 구조와 그것을 획득하고 생산하는 주체들의 분포, 그리고 이러한 인적·지식자원의 생산 전반에 영향을 미치는 권력이다. 이렇게 지식의 생산·유통·소비가 이루어지는 '게임의 규칙'에 영향을 미치는 권력이라는 의미에서 보면, 지수의 권력은 일종의 '구조적 권력'으로 보아야 할 것이다. 더군다나 글로벌 지식질서에서 지수라는 메타지식이 차지하는 구조적 위상으로부터 그 권력이 생성된다는 사실을 고려하면 이러한 구조적 권력의 발상은 더욱 힘

---

7   사실 오랫동안 국내외 국제정치학계는 보유자원에서 우러나오는 직접적 통제 차원을 넘어서는 권력의 메커니즘에 관심을 기울여왔다. 예를 들어 기존의 연구들은 구조와 제도 및 관념 등의 탈물질적 및 탈행위자 차원에서 21세기 권력을 파악하기 위해서 다양한 시도들을 벌여 왔다. 그 중에서 최근 (국제)정치학에서 진행된 대표적인 작업들만 뽑아보면, Keohane and Nye 1977; Nye 2004; Larner and Walters eds. 2004; Barnet and Duvall eds. 2005; Beck 2005; Berenskoetter and Williams. eds. 2007 등을 들 수 있다.

을 얻는다.[8]

이와 유사한 맥락에서 이 글은 지수가 발휘하는 지식권력을 메타권력(meta-power)[9]의 개념을 빌어서 이해하고자 한다. 사실 지수의 권력은 '실체권력(substantive power)'이라기보다는 기본적으로 '권력에 대한 권력,' 즉 메타권력의 모습을 하고 있는 것으로 파악된다. 여기서 메타권력은 여타 권력의 작동과정에 '질서'를 부여하는 권력 정도로 이해할 수 있다. 메타권력은 실체적인 권력처럼 항상 '현존하는(actual)' 형태는 아니고, 일종의 '버추얼한(virtual)' 형태로 존재하다가 상황의 요구에 따라서 필요한 권력자원이나 테크닉을 동원하는 방식으로 작동한다. 이러한 점에서 보면 메타권력의 개념은 최근 국내외 학계에서 관심을 끌고 있는 '네트워크 권력(network power)'의 개념과도 맥이 닿는다. 이러한 메타권력이 실체적인 권력을 무시하고 완전히 독자적으로 작동하는 것은 물론 아니다. 그럼에도 불구하고 21세기를 맞이하여 메타권력의 현상이 전례 없이 부각되고 있는 것 또한 사실이다.[10]

21세기 세계정치에서 지수를 생산하여 유통시키는 기관들은 이러한 메타권력을 발휘한다. 즉, 지수의 생산과정을 통해 다양한 형태의

---

8 글로벌 지식질서라는 맥락에서 작동하는 구조적 권력에 대한 국제정치학적 문제제기로는 김상배 외 2008; 김상배 2014를 참조하기 바란다.

9 (국제)정치학에서 '메타권력(meta-power)'이라는 용어는 스테판 크래스너(Stephen Krasner)가 사용한 바 있는데, 이 책에서 사용하는 '메타권력'과는 의미가 다르다(Krasner 1985). 크래스너는 행위자들의 권력게임이 발생하는 '게임의 규칙'으로서 국제레짐과 같은 제도적 틀 그 자체를 바꿀 수 있는 능력으로 메타권력을 규정하였다.

10 이 글에서 염두에 두는 네트워크 권력은 어느 행위자가 보유하고 있는 고정된 권력자원이 아니라 사회적 행위자들의 상호작용의 관계망 속에서 발생하는 권력을 개념화한 것이다. 학계에서 아직까지 네트워크 권력이라는 용어는 그리 흔히 사용되고 있지는 않다. 이 글에서 사용하는 맥락과 유사한 의미에서 네트워크 권력의 개념을 사용한 기존 연구로는 Castells ed. 2004; Grewal 2008; Hardt and Negri 2000; 김상배 2014 등을 들 수 있다.

평가기관들은 지수의 구성방식과 데이터의 수집과 조사방법 등을 관
장하면서 지수를 통해 글로벌 거버넌스와 관련된 표준을 설정하는 메
타권력을 발휘하게 된다. 또한 지수 산정의 대상이 되는 국가 행위자들
이 순위평가를 근거로 자발적으로 행위를 통세하고 변화시킴으로써 이
러한 평가기관들은 세계정치 무대에서, 미셸 푸코(Michel Foucault)가
말하는 의미에서의 '거버멘탤리티(governmentality)'를 구현하는 토대
를 얻게 된다.[11] 다시 말해 '무엇을 지식으로 만들 것인가', '어떤 틀로 세
상을 판단하고 무엇을 문제라고 인식하게 할 것인가', '그러한 문제를
어떻게 해결할 것인가' 등의 질문들이 메타지식으로서 지수를 생산하는
과정에 포함되기 마련이며, 이에 대해 해답을 제시하는 과정에서 지수
를 생산하는 주체의 세계관과 가치관이 긴밀하게 내포될 수밖에 없다.

III. 신자유주의적 경제질서의 확대재생산

경제력은 물질권력의 핵심이라는 점에서 근대 국제정치의 중요한 목표
로 자리매김해 왔다. 현대 세계정치에서도 물질적 경제력의 확보는 가장
중요한 국가적 목표이다. 그러나 빠르게 변화하는 세계질서에서 물질권
력을 장악하는 문제뿐만 아니라 누가 이 분야 게임의 규칙을 장악하느냐

---

11   권력/지식(power/knowledge)의 연속선상에서 푸코가 제시한 거버멘탤리티는 사물
     에 대한 지식을 바탕으로 하여 '부와 건강, 그리고 행복을 알고 다스리기 위한 모든 시
     도들에 체현된 사고방식과 행위양식'이다. 거버멘탤리티는 통치되어야 할 각각의 사물
     들의 '편의에 맞게끔' 그들을 배열하는 방식이기도 하다. 이러한 점에서 거버멘탤리티
     는 개별적이면서도 전체적인 삶을 보장하고 유지하고 개선하는 데 기여하는 권력이다
     (Gordon and Miller eds. 1991: 87-104; Cooley and Snyder eds. 2015: 17-18; 김상배
     2008: 240-241).

의 문제가 점점 더 중요해지고 있다. 이러한 점에서 경제력 확보를 놓고 벌이는 국가 간 경쟁에 영향을 미치는 메타지식에 대한 논의의 의미를 찾을 수 있다. 특히 현재의 신자유주의 세계경제질서 운영에 영향을 미치는 지수의 생산자로서 세계은행과 신용평가기관들이 담당하는 역할에 주목할 필요가 있다. 이들이 생산하는 메타지식은 미국을 비롯한 서구 선진국 중심으로 짜인 세계경제질서를 유지하고 개발도상국들로 하여금 이러한 질서에 적응케 함으로써 기성질서를 재생산하는 데 기여한다.

1. 세계은행의 지수와 정책지식 생산

1944년에 설립된 세계은행은 금융기관으로서의 기능뿐만 아니라 개발문제를 비롯한 각종 경제 관련 문제에 대한 지식을 생산하는 역할을 수행하고 있다. 세계은행은 2030년까지의 장기목표를 첫째, 1.25달러 이하의 절대 빈곤선에 해당되는 극빈층 인구를 3% 이하로 낮추고, 둘째, 모든 국가의 소득 하위 40%에 해당하는 사람들의 임금 인상을 통해 부의 재분배를 촉진하겠다는 것으로 삼고, 이를 위한 투자지원과 혁신적인 지식을 공유하는 데 노력을 기울이고 있다고 한다.[12] 이러한 '지식은행(Knowledge Bank)'으로서의 역할을 수행하는 과정에서 세계은행은 다양한 형태의 지수와 보고서 등을 생산하고 있다.

　　세계발전지표(World Development Indicator)가 대표적이며, 연차보고서(*Annual Reports*)나 기업환경평가(*Doing Business*), 글로벌 경제전망(*Global Economic Prospects*), 글로벌 금융발전 보고서(*Global Financial Development Report*), 글로벌 모니터링 보고서(*Global*

12　World Bank, "What We Do", http://www.worldbank.org/en/about/what-we-do (검색일: 2016.1.4.)

Monitoring Report) 등을 출간한다. 이와 같은 보고서들은 일견 세계 각국의 경제상황을 분석하고 유엔의 새천년개발목표(MDGs)를 달성하기 위한 실행방안을 고민하는 것으로 보인다. 그런데 이렇게 생산된 지식에 담기는 내용들을 보면, 빈곤국이나 다른 정책대상들의 상황과 요구사항을 적극적으로 반영한 결과라기보다는 신자유주의적 시각에서 내려진 선진국들의 진단과 처방이라는 인상을 지울 수 없는 것이 사실이다.

대표적인 사례로 국제노동조합연맹(International Trade Union Confederation: ITUC)을 비롯한 국제적인 노동조합 조직들이 2009년 세계은행의 기업환경평가와 고용노동자지수(Employing Workers Index: EWI)와 관련하여 문제를 제기하였으나 제대로 반영되지 않은 사례를 들 수 있다. 세계은행은 2008년 세계금융위기 이후 본격적으로 제기된 신자유주의에 대한 비판과 노동계의 반발을 표면적으로 수용하는 것 같은 태도를 보이면서도, 기업환경평가 보고서 2010년판에서는 노동계의 요구사항을 수용한 개혁이 가지는 효과에 대해서 회의적인 태도를 취하면서 신자유주의적인 관점을 견지하는 행태를 보였다(Kang 2009: 486–496).

이와 같이 신자유주의적 편향을 갖는 정책지식을 생산하는 세계은행의 활동은 '지식경영'이라는 명목하에 체계적으로 진행되고 있다. 세계은행 개발경제 부문 부총재를 중심으로 진행되는 지식경영은 세계은행 내부의 목소리를 하나로 일치시키는 효과를 낳는다. 예를 들어, 주로 영미권에서 경제학 박사학위를 취득한 인재들이 세계은행의 목표에 부합하는 성과를 내도록 유인하는 인사관리와 보상체계가 작동된다. 또한 내부에서 불협화음을 일으킬 수 있는 담론을 걸러내고, 세계은행의 입장을 뒷받침하는 데이터를 선별하는 등과 같은 지식생산 관리가 이루어진다(Broad 2007: 701-705). 과연 이러한 지식생산의 환경하에서 미국이나 일부 서구 선진국과는 다른 경제 환경에 놓인 개도국들에 적합한 정책지식 개발이 이루어질 수 있는지에 대해서는 의문이 제기될 수밖에 없다.

그럼에도 세계은행이 제공하는 지수와 정책지식은 국가들의 행위에 직접적인 영향을 미치는 위력을 발휘하고 있다. 예를 들어, 세계은행이 생산하는 지수 가운데 기업환경평가지수(Ease of Doing Business Index: DBI)는 기본적으로 이른바 워싱턴 컨센서스가 제시하는 경제정책을 얼마나 잘 수행하는지, 특히 얼마나 투자하기 좋은 거시경제 환경을 만들어놓고 있는지에 따라서 국가를 평가한다. 스탠더드 앤 푸어스 등과 같은 시장분석기관들은 이러한 DBI와 함께 세계경제포럼(World Economic Forum: WEF)이 제시하는 세계경쟁력지수(Global Competitiveness Index: GCI)를 동시에 고려하여 국가들을 평가하는데, 이렇게 생산된 지수는 특정 국가의 경제현실을 자의적으로 규정하는 메타지식의 권력을 발휘하기도 한다.

실제로 2009년에는 구 사회주의권 국가인 그루지야의 순위를 매기는 과정에서 흥미로운 일이 벌어지기도 했다. 그루지야의 2009 DBI 순위는 15위였으나, 2008/9년 GCI 순위는 90위를 기록하였다. 다른 국가들의 경우는 다소간의 차이가 있더라도 전반적으로는 큰 차이가 없었던 반면에 그루지야의 경우에는 수치상의 큰 차이가 나타났다. 이러한 일이 벌어진 것은 DBI를 근거로 한 2009년 세계은행 기업환경평가보고서에서 그 단초가 발견된다. 해당 연도에 신자유주의적 경제정책을 추진하는 규제 시스템을 갖추었다고 평가되는 국가들이 높은 순위를 기록했는데, 그루지야가 이러한 기준에 부합하는 국가들 중의 하나였던 것이다(Cooley and Snyder eds. 2015: 151-177). 과연 세계

은행의 기준에만 부합하는 개혁이 그루지야의 거시경제를 내실화하는
적절한 정책이었는지, DBI라는 개별지수에서만 높은 순위를 얻는다
고 해서 실질적으로 거시경제 상황이 나아졌다고 판단할 수 있는지의
문제는 별개임에도 불구하고, 이러한 과정에서 세계은행의 지수가 그
루지야의 정책 변화를 이끌어내는 위력을 발휘했음은 부인할 수 없다.

2. 신용평가기관의 국가신용등급 발표

스탠더스 앤 푸어스, 무디스, 피치 등과 같은 신용평가기관들이 생산
하는 지수, 즉 신용등급은 각종 국제적 비교평가를 내용으로 하는 세
계적 차원의 지수들 중 가장 먼저 개발되어 아직까지도 막강한 영향력
을 행사하고 있는 대표적인 사례이다. 싱클레어(Timothy Sinclair)는
현재 이들 신용평가기관들이 미국이라는 국가 행위자에 버금가는 힘
을 가진 세력이라고 주장한다(Sinclair 2005). 세계은행을 중심으로 한
지식생산이 공적 영역에서의 기성 경제질서를 유지하는 담론을 생산
한다면, 신용평가기관은 글로벌 금융 자본주의의 한 축을 담당하면서
신자유주의적 경제질서를 유지·강화하는 민간 영역의 지식생산자의
역할을 하고 있다는 것이다.

　이러한 맥락에서 과연 사적권력인 신용평가기관들이 생산하고 있
는 지수들이 공적영역인 세계경제를 좌우할 만큼 객관적으로 실재를
반영하고 있는지에 관한 의문도 제기된다. 예를 들어 2008년 글로벌
금융위기의 원인으로 미국 중심의 국가신용등급 평가에 기반을 두고
이루어진, 일부 기업들에 대한 신용 과대평가가 지적된 바 있다.[13] 이

13　이와 관련된 연구로는 White 2010: 170-179; Utzig 2010; Benmelech and Dlugosz
　　2010: 161-207 등을 참조.

러한 우려에도 불구하고 이들이 생산하는 국가신용등급은 각국 언론에서 중요한 관심거리이며, 거시경제에서 영향력을 행사하고 있다. 다시 말해 지수의 생산이 지니고 있는 문제에 대한 지적이 있음에도 불구하고, 신용평가기관들이 생산하는 지수의 유통과 소비는 여전히 진행되고 있다는 점은 이들 신용평가기관들이 발휘하는 영향력을 실감케 한다.

신용평가기관들은 외부에는 알려지지 않은 방법으로 각 국가들의 신용등급을 평가하고, 세계경제 행위자들은 이들 기관이 내놓은 지수를 기준으로 자산을 평가하고 금융거래를 한다. 설사 이들 신용평가기관이 상당히 정교한 방법론을 통해 국가들의 신용등급을 정확하게 판단한다고 하더라도 그 결과의 객관성에 대한 문제제기를 할 수 있다. 즉, 신용등급의 평가 내용 자체가 아니라 신용평가기관이 생산하는 지식이 가진 권위의 원천은 어디에서 비롯되며, 그것이 그러한 권위를 직접적으로 용인하지 않는 다른 국가들에게까지 절대적인 영향력을 행사하는 것이 정당하냐는 것이다.

특히 동일한 국가에 대한 신용등급이 평가기관별로 상이한 경우, 평가기준과 과정이 공개되는 않은 상황에서 어떤 신용등급을 더 신뢰해야 할 것인지의 문제가 제기된다. 만약에 현재 가장 권위 있는 것으로 받아들여지는 스탠더드 앤 푸어스, 무디스, 피치 등 3대 신용평가기관들이 내놓은 신용등급이 상이할 경우, 이를 어떻게 받아들여야 할 것인가? 각 기관들이 자신들의 신용등급 산출과정을 공개하고 있지 않은 현재의 상황에서, 단순 산술평균이나 수학적 조작만으로는 이들 기관 사이에서 나타나는 편차를 넘어서 객관적이고 정확한 신용등급을 확보하는 일은 쉽지 않다.

〈표 1〉에서 살펴보는 바와 같이, 2016년 1월 현재, 3대 기관이 모

표 1. 각 국의 신용등급 비교 (2016년 1월 기준)

등급비교		국가 (신용등급 상위 순)
세 등급이 모두 동일한 경우		룩셈부르크, 스위스, 캐나다, 덴마크, 독일, 네덜란드, 스웨덴, 노르웨이, 오스트레일리아, 싱가포르, 쿠웨이트, 아랍에미리트, 프랑스, 카타르, 라트비아, 리투아니아, 말레이시아, 태국, 파나마, 아제르바이잔, 바레인, 콜롬비아, 루마니아, 인도, 포르투갈, 헝가리, 크로아티아, 방글라데시, 조지아, 수리남, 몽골, 잠비아, 케냐 (33개국)
S&P 등급만 상이한 경우	다른 등급보다 한 단계 높음	홍콩, 영국, 에스토니아, 체코, 키프로스, 도미니카 공화국, 세르비아 (7개국)
	다른 등급보다 한 단계 낮음	핀란드, 미국, 터키, 우간다, 레바논, 모잠비크, 나이지리아 (7개국)
무디스 등급만 상이한 경우	다른 등급보다 1-2단계 높음	오스트리아, 뉴질랜드, 한국, 폴란드, 멕시코, 페루, 과테말라, 파라과이, 남아프리카공화국, 앙골라, 엘살바도르, 가봉, 에티오피아 (13개국)
	다른 등급보다 1-2단계 낮음	벨기에, 슬로바키아, 스페인, 모로코, 인도네시아, 볼리비아, 브라질, 베트남, 에콰도르, 이라크, 그리스 (11개국)
피치 등급만 상이한 경우	다른 등급보다 한 단계 높음	카자흐스탄, 아이슬란드, 코스타리카, 러시아, 스리랑카, 이집트, 가나, 파키스탄 (8개국)
	다른 등급보다 한 단계 낮음	대만, 중국, 칠레, 일본, 이스라엘, 우루과이, 필리핀 (7개국)
세 등급이 모두 상이한 경우		사우디아라비아, 말타, 아일랜드, 슬로베니아, 이탈리아, 불가리아, 콩고공화국, 자메이카, 우크라이나, 베네수엘라 (10개국)

출처: Trading Economics, "Credit Rating", http://www.tradingeconomics.com/country-list/rating (검색일: 2016.1.12.)에서 재구성

두 신용등급을 발표한 96개국 중 신용등급이 모두 동일한 국가는 33개국으로 약 34.4%에 그친다. 나머지 3분의 2에 해당하는 국가들의 신용등급은 적어도 어느 한 기관은 상이한 평가를 내리고 있다. 게다가 3대 기관이 제시한 신용등급이 모두 상이한 경우도 10개국이나 된다. 특히 우크라이나의 경우에는 가장 큰 차이를 보이고 있다. 스탠더드 앤 푸어스는 우크라이나를 '투자 주의대상국'으로 평가하고 있으나(B- 등급), 무디스는 이보다 몇 단계 더 낮은 등급의 '매우 높은 투자위험국'으로 평가하고 있으며(Caa3 등급), 피치는 '상환불능상태(RD

등급)'로 평가한다.[14]

위와 같은 결과가 나오는 것은 각 기관별로 투자고객들의 선호를 고려하여 평가항목별로 상이한 가중치를 두기 때문이다. 이러한 '자의성'은 오히려 신용평가기관들의 안목과 능력을 의미하는 것으로 볼 수도 있다. 그럼에도 신용평가기관이 생산하는 신용등급이 권위를 가지기 위해서는 그러한 등급이 평가 대상의 신용 상태를 정확히 반영한다는 신뢰가 있어야 한다. 즉, 신용평가를 받는 대상과 그것을 기반으로 판단하는 각종 경제 주체들의 신용평가기관에 대한 신뢰가 있어야만 신용등급이 의미를 지니게 된다. 피오라몬티는 민간의 신용평가기관들이 상당한 영향력을 유지할 수 있는 이유는 '시장 참가자들의 신뢰'뿐만 아니라 "국가 또한 평가 등급을 금융 규제에 통합시켜 평가를 제도화"하였기 때문이라고 지적한다(로렌조 피오라몬티 2015: 83). 게다가 이들 기관이 생산하는 신용등급의 타당성을 평가할 제3의 기관이 부재한 상황에서 신용평가기관의 영향력은 절대화될 수밖에 없다.

이러한 상황에서 미국을 비롯한 서구 선진국들이 직접 나서서 탈규제라는 구호를 외치지 않더라도, 각 국가들은 신용등급평가라는 신호를 따라서 신자유주의적 거버넌스를 수용할 수밖에 없게 되는 구조적 조건이 창출된다. 신용평가의 대상이 되는 국가들이 나서서 신용평가과정의 '자의성'과 '폐쇄성'을 지적하면서 새로운 대안을 제시하지 않는 한, 모든 국가들이 이러한 신용등급의 시스템에 의존할 수밖에 없게 되는 것이다. 국채의 가치나 투자처로서의 매력 등에 지대한 영향을 미치는 국가신용등급에 무심할 수 있는 국가는 거의 없다는 점에서 신용등급이라는 지수의 메타권력은 작동할 근거를 얻게 된다.

14   Trading Economics, "Credit Rating", http://www.tradingeconomics.com/country-
     list/rating (검색일: 2016.1.12.)

IV. 국가 이미지와 거버넌스 역량의 수치화

국가 이미지는 세계정치 무대에서 개별국가가 동원할 수 있는 매력자원 중의 하나이다. 예를 들어, 어느 나라가 보유하고 있는 이미지에서 비롯되는 호감은, 반드시 그 나라가 군사력이나 경제력 측면에서 압도적인 우위에 있지 않더라도, 효과적인 권력자원으로 작용할 수 있다. 최근 이러한 국가 이미지를 단순히 추상적이고 감성적으로 인식하는 차원을 넘어서 수치화된 지수로 구체화해서 이해하려는 시도들이 늘고 있다. 국가 이미지를 국가브랜드나 국가경쟁력의 일부로 가시화시켜 순위를 매기는 작업은 이 글에서 논하는 지수의 메타권력을 엿볼 수 있는 현상이다. 또한 각국의 거버넌스 역량을 평가하는 다양한 지수들도 국가 이미지를 규정하는 메타권력의 한 축을 담당한다.

1. 국가브랜드 및 국가경쟁력 지수

국가브랜드란, 한 국가의 자연환경, 국민, 문화, 전통, 정치체제, 경제수준, 사회 안정, 제품, 서비스 등의 유·무형 정보와 경험을 활용하여 내외국민들에게 의도적으로 해당 국가 또는 그의 집단, 제품, 서비스를 식별하고 다른 국가와 구별하도록 기획된 용어나 기호, 상징, 디자인 또는 이들의 조합, 즉 상징체계를 의미한다(차희원·정정주·이유나 2013: 26-36). 브랜드라는 용어는 경영학 분야에서 고안되었는데, 주로 자산의 개념으로 이해되며, 궁극적으로는 특정 기업이 산업 내에서 우위를 점하고 이윤을 창출하기 위한 도구로서 활용된다. 국가브랜드 역시 일차적으로는 자국 산업의 이미지를 긍정적으로 형성하게 만들어 자국산 제품의 판매 촉진과 수출 증대에 기여하고, 투자 유치와

표 2. 국가브랜드 지수들의 주요 측정요소

지수	주요 측정 요소
안홀트-Gfk 로퍼 국가브랜드 지수	국민, 관광, 문화·유산, 투자 유치, 수출, 정부
키스 디니의 국가브랜드자산모델	본래자산: 아이콘, 경치, 문화 육성자산: 내부 매입, 예술 후원, 로열티 수준 대리자산: 국가이미지, 대중문화 속 대외적 묘사 유포자산: 브랜드 대사, 브랜드 수출품, 해외 이주민
퓨처브랜드 사의 CBI (Country Brand Index)	(해당 국가의) 인지도, 친숙도, 연상, 선호도, 방문 고려, 선택·방문, 옹호

출처: 김유경 2009; 키스 디니 2009: 100을 참조하여 재구성

관광객 및 인재를 끌어들이기 위한 목적을 갖고 있다(키스 디니 2009: 34-40, 300-304). 따라서 대부분의 국가브랜드 관련 연구는 국가브랜드가 구체적으로 어떻게 형성되었는가를 추적하기보다는 그러한 국가브랜드를 경제적으로 어떻게 활용할 것인지에 대한 정책연구가 대부분이다.[15]

여기서 주목할 점은 대표적인 국가브랜드 지수들이 공통적으로 사용하는 지표들이 관광, 무역, 투자 등 국가 간 관계에서 인적·물적 교류를 통해 궁극적으로 경제적 이익을 얻을 수 있는 부분과 밀접하게 연결되어 있다는 사실이다. 대표적인 국가브랜드 지수들의 주요 측정요소를 살펴보면 〈표 2〉와 같다. 결국 이러한 틀을 통해 도출된 국가브랜드 지수와 이에 근거한 순위평가는 '얼마나 해당 국가에 경제적으로 자원·자산을 투입할 수 있는가'의 평가로 연결될 수밖에 없다. 물론 국가브랜드라는 발상 자체가 경영학적인 배경을 토대로 출발했다는 점을 고려할 때, 이러한 국가브랜드가 국가 이미지라고 하는 다소

---

15   대표적으로 사이몬 안홀트 2003; 이창현 2011; 김유경 외 2014 등을 꼽을 수 있다.

추상적이고 다원적인 개념과 일치할 수는 없을 것이다. 또한 앞서 지적한 바와 같이, 지수라는 계량화 작업의 특성상 주관적인 인식을 완벽하게 포착해내는 것은 어려울 수밖에 없다. 그럼에도 불구하고 현재 국가브랜드 지수가 경제적 투자가치라는 측면에서 그 국가를 평가하는 중요한 지수 중의 하나로 기능하는 것은 엄연한 사실이다.

한편, 국가경쟁력 지수는 좀 더 직접적으로 경제적 투자 가치라는 관점에서 개별 국가들을 평가한다. 국가경쟁력 지수 중 전 세계적으로 가장 공신력을 인정받으면서 활발히 유통·소비되는 것은 스위스 국제경영개발원(IMD)과 세계경제포럼(WEF)이 발표하는 국가경쟁력 지수들이다. 이들 지수는 국가경쟁력을 측정하는 작업의 표준과도 같은 역할을 하고 있다. IMD의 세계경쟁력지수(World Competitiveness Index)는 경제적 성과, 정부 효율성, 비즈니스 효율성, 인프라 등의 네 가지 분야에서 각각 83개, 70개, 71개, 114개의 항목으로 평가하고 있다(IMD 2014: 480). WEF의 글로벌경쟁력지수(Global Competitiveness Index)는 국가가 지니고 있는 경쟁력을 측정하기 위해 12가지 분야를 중심으로 판단하며, 이들을 그룹으로 묶어 요소, 효율성, 혁신의 범주로 분류하여 평가한다. 교육이나 보건시스템 등 제도적인 측면도 포괄하고 있기는 하지만 기본적으로는 경제적인 관점에서 국가경쟁력이라는 개념에서 접근하고 있다(World Economic Forum 2015: 3-6). 결국 국가브랜드나 국가경쟁력 지수는 국력의 다차원적인 면을 보여주기보다는 경제적 가치의 측면에서 본 국가의 능력을 강조하여 이미지화·계량화하고 있다. 이는 앞서 살펴본 신자유주의적 글로벌 경제 질서가 재생산되는 모습의 또 다른 측면을 보여주는 것이라고 할 수 있다.

2. 국가 거버넌스 역량의 평가

경제 역량을 측정하는 변수가 아닌 잣대로 어느 국가의 정치적 역량을 평가하는 국제지수로서 민주주의 관련 지수들도 살펴볼 필요가 있다. 물론 얼마나 민주화를 달성했는지 여부가 그 국가의 정치적 역량을 곧 바로 의미하는 것은 아니다. 그럼에도 지수의 소비자 입장에서 볼 때, 얼마나 더 민주적이고 자유로운 국가인지의 여부는 그 국가에 대한 이미지를 형성하는 데 있어 중요하다. 민주주의 관련 지수들 중 세계적으로 인정받고 통용되는 것으로는 폴리티 IV(Polity IV)와 이코노미스트(The Economist Intelligence Unit)의 민주주의 지수(Democracy Index), 프리덤 하우스(Freedom House)의 자유지수 등이 있다. 〈표 3〉은 각 지수가 평가대상의 정치체제를 상대로 도출된 지수 값을 통해 어떻게 분류하고 있는지를 정리하였다.

　첫째, 폴리티 IV는 170여 개국의 정치체제를 1800년부터 현재까지 얼마나 민주적인지 또는 독재에 가까운지를 판단할 수 있는 지수를 제공하고 있다(Marshall *et al.* 2014). 채점기준에 따라 민주주의 점수와 독재 점수를 매기고, 전자에서 후자를 뺀 결과 값을 기준으로 각 국가가 지니는 정치체제의 성격을 파악하는 방법을 원용하고 있다. 폴리티 IV의 채점기준으로는 대통령(정부수반) 선거의 경쟁성, 참여자 범위의 개방성, 행정부에 대한 견제 정도, 정치참여의 규제 정도, 정치참여의 경쟁성 등이 사용된다.

　둘째, 이코노미스트의 민주주의 지수의 경우 위의 세 지수 중에서 가장 늦은 2007년부터 발표되기 시작하였다. 투표과정과 다원주의, 정부의 기능, 정치 참여, 정치 문화, 정치적 자유의 다섯 가지 지표를 각각 0점에서 10점까지의 범위 내에서 점수를 부여하여, 이를 산술평

표 3. 민주주의 측정 지수 비교

폴리티 IV		EIU 민주주의 지수		프리덤하우스 지수	
+10	매우 민주적	8.0 초과	전면적 민주주의	1.0~2.5	자유로움
~		8.0 이하 ~ 6.0 초과	불완전 민주주의	3.0~5.0	부분적 자유로움
		6.0 이하 ~ 4.0 초과	혼성 레짐		
-10	매우 독재적	4.0 이하	권위주의적 레짐	5.5~7.0	자유롭지 못함

출처: Marshall *et al*. 2014; The Economist Intelligence Unit 2015; Freedom House 2015에서 재구성

균한 결과로 제시된다(The Economist Intelligence Unit 2015). 각각의 지표는 기본적으로 여론조사를 기반으로 점수화가 되며, 이를 통해서 각국의 국민들이 자국의 정치상황을 어떻게 인식하는지를 지수의 결과 값으로 연결시키는 방법을 사용하고 있다.

끝으로, 프리덤 하우스의 자유지수는 민주주의 그 자체를 측정하지는 않지만 자유의 확보가 민주주의 달성의 중요한 요소가 될 수 있다는 점에서 세계적으로 주목받고 있는 민주주의 관련 지수 중 하나라고 할 수 있다. 1972년 이후 매년 각국의 정치적 권리와 인권의 두 가지 지수를 평가하고 있으며, 0.5점 단위로 1점부터 7점까지 13점 척도로 자유로운 국가에서부터 독재국가를 분류한다(Freedom House 2015). 정치적 권리의 경우 선거 과정, 정치적 다원주의 및 참여, 정부의 기능 등을 포함하는 10개 문항을, 인권의 경우 의사표현과 신념의 자유, 집회결사의 자유, 법치주의, 개인적 자율성과 권리 등을 포함하는 15개 문항을 체크리스트 형태로 전문가 의견조사를 실시하여 평가한다.[16]

16 Freedom House, "Methodology", https://freedomhouse.org/report/freedom-world-2014/ methodology (검색일: 2015.12.5.)

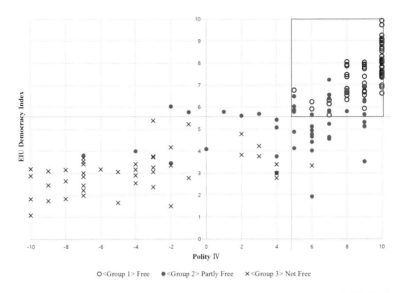

출처: INSCR Data Page; The Economist Intelligence Unit 2015; Freedom House 2015)에서 재구성

그림 2. 민주주의 지수 간 비교

　〈그림 2〉는 위에서 언급한 세 가지 지수의 2014년 결과 중에서 세
가지 지수의 데이터가 모두 확보한 156개국에 대해서 경향성을 파악
한 그래프이다. 프리덤하우스가 제시하는 세 가지의 분류에 따라서 폴
리티 IV와 이코노미스트 민주주의 지수 간에는 어떠한 상관관계가 있
는지를 살펴보고 있다. 2014년 기준 프리덤하우스의 자유지수에 따르
면, 자유로운 국가(Free)는 156개국 중에 64개국, 부분적으로 자유로
운 국가(Partly Free)는 48개국, 자유롭지 못한 국가(Not Free)는 44개
국이 해당되었다. 〈그림 2〉에서 살펴볼 수 있듯이, 전반적으로 이코노
미스트 민주주의 지수와 폴리티 IV 지수 간에 다소 간의 양(+)의 상
관관계가 발견된다. 프리덤하우스 자유지수 그룹 내에도 약한 양(+)
의 상관성이 존재하기는 하나 유의미할 정도는 아니며, 자유로운 국가

로 평가된 그룹 1의 경우만 전체적인 추세보다 상대적으로 약간 더 높은 양의 상관성을 보여준다.

이러한 지수 간 비교를 통해서, 어떠한 지표와 측정도구를 사용하는지에 따라서 동일한 국가에 대한 평가가 달라질 수 있음을 확연히 알 수 있다. 그러나 특이한 점은 산발적인 분포를 보인 부분적으로 자유로운 국가들(그룹 2)과 자유롭지 않은 국가들(그룹 3)에 비해서 자유로운 국가들(그룹 1)은 〈그림 2〉에서 우상단에 직사각형으로 표시한 일정한 범위 내에 모두 분포한다는 사실이다. 그리고 이들 64개국에는 북미(미국, 캐나다)와 유럽(서유럽, 남유럽, 러시아를 포함한 동유럽), 오세아니아의 주요 2개국(오스트레일리아와 뉴질랜드)을 아우르는 37개국이 포함되어 있으며(약 55%), 지리적으로 이들 대륙에 포함되나 그룹 1에 속하지 못한 국가는 9개국(그룹 2에서 6개국, 그룹 3에서 3개국)에 불과하다.

결국 이러한 결과는 지수들의 다양성에도 불구하고 민주화를 더 많이 달성했다고 평가되어 어느 한 지수에서건 높은 순위를 차지한 국가들은 전반적으로 긍정적인 국가 이미지를 획득하고 있다는 것으로 보여준다. 다시 말해, 민주주의 관련 지수의 경우에는 지수들 간의 일관성이 어느 정도 유지되어 어떠한 지수를 들이대더라도 상당히 안정적으로 자국의 정치적 이미지를 유지하고 있는 것으로 평가된다는 것을 의미한다. 지수들을 구성하는 지표들의 다양성에도 불구하고 이른바 서구식 민주주의에서 중요시하는 제도적 장치와 가치들이 표준의 지위를 차지하고 있는 상황에서, 비서구적 정치체제를 지닌 국가들은 이러한 국가 거버넌스 역량 평가에서 근본적으로 불리할 수밖에 없다는 지적이 나오는 것은 바로 이러한 이유 때문이다.

V. 고급인력과 지식 생산의 양적·질적 평가

21세기 정보화 시대에는 지식 그 자체가 중요한 권력자원이 된다. 그러나 단순히 지식자원을 많이 보유하기만 해서 지식권력을 가지고 있다고 보기는 어렵다. 질적으로 고급 지식에 대한 접근성이 높고, '좋은' 교육을 받아 어떠한 일을 하고 있는지, 그리고 이를 기반으로 해서 볼 때 지식질서의 어디에 위치하고 있는지를 아는 것이 지식권력의 보유 여부를 판별하는 또 다른 기준이 된다. 특히 고급인력과 지식 생산과 관련된 게임의 규칙을 정하는 능력, 즉 이 글에서 말하는 메타지식의 생산과 유통 및 소비를 통제하는 메타권력을 보유하는 것은 지식권력을 행사하는 중요한 조건이 된다. 이러한 메타권력을 지닌 기관으로서 대학과 싱크탱크, 그리고 학술지 인용색인을 관장하는 기관들의 활동에 주목할 필요가 있다.

1. 대학순위평가와 싱크탱크의 분포

전 세계 대학순위의 경우, 어떤 기관이 평가하는지와 상관없이 주로 이른바 아이비리그(Ivy League)라고 불리는 미국 대학들이 상위권을 차지해 왔다. 서구권 평가기관 이외에 중국 상해교통대학 교육대학원 세계일류대학연구센터에서 2003년 6월에 처음 발행한 세계대학학술순위(Academic Ranking of World Universities: ARWU)에서도 미국의 대학들이 상위를 차지하고 있는 점은 흥미롭다. 2015년도 세계대학학술순위에 따르면, 상위 20개 대학 가운데 4개교를 제외하고는 모두 미국 소재 대학이며, 나머지 4개교는 모두 영국과 스위스 소재 대학교이다.[17] 중국 소재 대학은 상위 100위 내에 한 군데도 없었으며, 상위 200위 이내에는 2014년도 기준으로는 9개교, 2015년도 기준으로는 10개교가 분포하고 있다.

물론 자국에서 만든 지수에서 자국의 학교가 반드시 높은 순위를 차지해야 하는 것은 아니지만, 중국 기관의 평가가 다른 서구권에서 제시되고 있는 대학순위평가와 유사한 결과를 산출하고 있다는 점은 주목할 만하다. 이러한 결과가 도출된 것은 평가기준이 미국을 중심으로 짜여있는 현재의 글로벌 지식질서의 현황을 그대로 반영하는 지표를 사용했기 때문이다. 6개의 항목의 지표로 세계 대학에 대한 순위평가를 진행하며, 구체적으로 졸업생의 노벨상 및 필즈상 수상실적, 교수의 노벨상 및 필즈상 수상실적, 인용빈도가 높은 연구자 수, 네이처(Nature)와 사이언스(Science) 학술지 논문 게재 수, 과학인용색인(SCIE)과 사회과학인용색인(SSCI)에 수록된 논문 수와 1인당 학술평가를 포함하였다.[18]

오늘날 미국의 지식패권은 상당한 정도로 축적된 연구결과물과 이를 뒷받침하는 학문적 담론들의 존재로 인해 가능했다. 미국이 실질적인 지식역량을 보유하고 있을 뿐만 아니라, 적어도 여태까지는 세계 여타 국가들로부터 이를 대체할 만한 도전이 제기되고 있지 않다. 이렇게 미국 대학이 학문 활동에 있어서 가장 유리한 여건을 제공하고 있다는 사실은 동시에 많은 사람들이 미국의 대학으로 진학하기를 원하게 되는 상황을 낳는다. 이러한 인재들의 집중은 미국 대학의 연구

17   Shanghai Ranking Consultancy, "세계대학학술순위 2015 순위통계". http://www. shanghai ranking.com/ko/ARWU-Statistics-2015.html (검색일: 2016.1.5.)

18   Shanghai Ranking Consultancy, "랭킹방법", http://www.shanghairanking.com/ko/ ARWU- Methodology-2015.html (검색일: 2016.1.5.)

결과물을 더욱 뛰어나게 만들어 미국 대학이 상위 순위를 유지할 수 있는 선순환 구조를 만들어 줄 가능성이 크다. 다시 말해, 인재들의 집중은 미국 대학의 글로벌 지식패권을 확대재생산할 가능성이 크다는 것이다. 특히 미국 대학에서 훈련받은 대다수의 유학생들로 하여금 그들이 배운 지식체계와 더불어 미국 대학이 제공한 교육과 연구 환경에 대한 일종의 도덕적 우월성을 느끼게 한다는 것이다.[19]

게다가 이러한 유학과정을 거친 인재들이 자국으로 돌아와 학위와 인맥을 바탕으로 하는 상징권력을 행사하면서 사회 내 요직을 점하고, 이들 간의 네트워크가 해당 국가 내 정책결정과 정치경제 전반에 영향력을 행사할 가능성이 커진다. 이러한 과정에서 미국이 주도하는 글로벌 지식질서에 편입되어 이를 적극적으로 수용하고 전파하는 주체로서 유학을 다녀온 인재들이 미국의 지식패권을 국내에서도 재생산하는 역할을 하게 되는 것이다(이브 드잘레이·브라이언트 가스 2007). '미국 학위'가 가지는 사회적 가치와 이를 토대로 한 계급의 재생산은 단순히 학문과 지식질서의 패권뿐만 아니라 지식질서를 구성하는 사람들의 인식 속에서 미국의 패권 질서가 자연스러운 것으로 여겨지도록 함으로써 보다 장기적이고 치밀한 패권 유지를 가능하게 한다.[20]

한편, 대학과 더불어 적극적인 지식생산의 주체로서 싱크탱크가 담당하는 역할도 역시 미국의 패권적 지식질서의 한 단면을 보여준다. 미국 펜실베이니아 대학의 싱크탱크와 시민사회 프로그램(Think Tank & Civil Societies Program)에서 제시한 글로벌 싱크탱크 지수

---

19   이러한 '도덕적 우월성'의 문제와 관련하여 김종영 2015는 미국 대학의 글로벌 패권은 '지식 격차'뿐만 아니라 '윤리적 격차'를 유발할 수 있다고 비판적 관점을 제시한다(김종영 2015: 32–33).

20   국내 사회과학계의 서구 의존성에 대한 비판적 논의로는 김경만 2015를 참조.

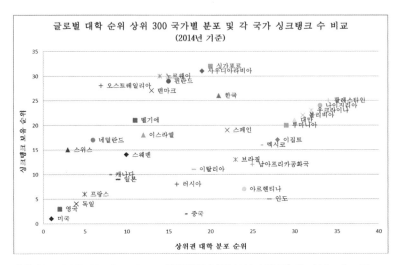

출처: Shanghai Ranking Consultancy, "세계대학학술순위 2014 순위통계"; The University of Pennsylvania TTCSP 2015를 참조하여 재가공.

그림 3. 상위권 대학 분포 순위와 싱크탱크 보유 순위 (2014년 기준)

(GGTTI)에 따르면, 미국 내에는 1,830개의 싱크탱크가 존재하며, 2위인 중국(429개)과 싱크탱크 수는 1,401개가 차이 난다. 〈그림 3〉은 2014년 지수를 기준으로 세계 상위 300위 내 대학이 많이 분포되어 있는 국가 순위와 싱크탱크 보유 수 순위를 비교한 것으로, 상위권 대학을 많이 보유하고 있는 국가일수록 싱크탱크 보유수노 대제적으로 많은 것으로 나타나고 있다.

전통적인 의미에서 지식 자체의 생산·유통·소비의 핵심적인 역할을 하는 양대 축을 이루는, 글로벌 경쟁력을 갖춘 대학과 싱크탱크의 전 세계적 분포가 유사한 경향을 보인다는 점은 주목해 볼 필요가 있다. 물론 위의 비교에서 사용된 지표가 ARWU와 단순 싱크탱크 수라는 점에서 엄밀한 비교는 어렵겠지만, 지식생산의 지리적 편향성이 나타나고 있다는 점은 분명하다. 〈그림 3〉에 표시된 34개국 중에서 유

럽 및 북아메리카 대륙에 속하는 국가가 16개국으로 약 47%를 차지하
며, 아시아 및 오세아니아 대륙은 10개국으로 약 29.4%, 중남미 대륙
은 5개국으로 약 14.7%, 아프리카 대륙은 3개국으로 약 8.8% 등으로
나타나고 있다. 유럽 및 북아메리카 대륙에 속해 있는 국가들이 대부
분 상위권을 차지하고 있다는 점에서 글로벌한 차원에서 지식생산의
주체가 얼마나 편향적으로 분포하고 있는지를 알 수 있다.

　물론 실제로 이들 싱크탱크에서 어떠한 지식이 생산되는지, 그것이
실제 정책결정과정에는 어떠한 영향을 미치며 어떠한 경로로 소비·유통
되는지는 또 다른 논의가 필요한 사항이다. 그럼에도 불구하고 압도적
인 숫자의 차이는 미국이 생산하는 지식의 양과 질이 전 세계를 압도
케 하며, 이는 미국 중심의 패권적 지식질서를 유지·재생산하는 데 중
요한 역할을 할 것으로 예견된다. 더불어 싱크탱크라는 지식생산의 형
식이 미국에서 기원하고 있으며, 이를 통해 국가경영을 위한 전략적
지식을 생산하기 위한 목적을 추구한다는 점은 미국이 이 분야를 선도
하고 있음을 보여주는 또 다른 일례이다. 예를 들어, 세계질서에 대한
구상을 외무부가 아닌 '국무부'에서 다룬다는 미국식 발상 자체에 국
제관계와 관련된 지식이 무엇을 다루어야 하는지에 대한 미국적 편향
이 내포되어 있다고 할 수 있다(강원택·박인휘·장훈 2006: 19-25).

2. 학술지의 인용색인 지수

이상에서 언급한 미국 중심의 인력배출과 지식생산 활동에 대한 평
가 과정에도 지수의 세계정치가 깊게 관여한다. 이러한 평가과정에서
'얼마나 뛰어난 학자인가'의 기준으로서 가장 중요하게 원용되는 것은
'얼마나 공신력 있는 학술지에 얼마나 많은 편수의 논문을 게재하였는

가'의 문제이다. 논문 편수의 경우 객관적인 측정이 가능하여 평가의
기준으로서 심각한 결격사유를 가지고 있다고 보기는 어렵다. 그러나
'어떤 학술지에 게재할 것인가'의 문제는, 그 학술지의 자격에 대해서
평가할 수 있는 상위의 평가기관이 존재해야만 가능하다는 점에서 이
글에서 다루고 있는 메타권력의 문제를 제기한다. 이러한 학술지와 해
당 학술지에 실린 논문의 평가기준으로서 전 세계적으로 가장 널리 유
통되고 있는 지수는 과학인용색인(SCIE), 사회과학인용색인(SSCI), 예
술·인문학인용색인(A&HCI)이다. 이들은 모두 미국 과학정보연구소
(Institute for Scientific Information: ISI)에 의해서 만들어졌으나 현재
는 글로벌 기업인 톰슨 로이터(Thomson Reuters)가 소유하고 있다.

톰슨 로이터의 ISI 데이터베이스에 속하는 저널에 출판된 저작 수
나 인용 수는 학술연구의 다양한 자원배분이나 대학들의 순위평가, 학
자 개인의 연구계획 등의 관점에서 상당히 중요하게 여겨진다(Chou
2014: vii-x v). 위에서 이미 살펴본 대학순위평가에도 SCIE, SSCI,
A&HCI 게재 논문 수가 상당히 중요한 지표가 되고 있는 것처럼 학계
의 다양한 수준의 조직들과 학자 개개인에게 이들 지수의 영향력은 상
당하다고 하겠다. 특히 앞서 살펴본 경제·정치 분야에서의 지수들과
달리 ISI 인용색인은 좀 더 미시적인 차원에서 학계에 직접적인 영향
력을 행사할 수 있다는 점에서 주목할 필요가 있다. 경제·정치 분야의
지수들은 이들의 평가와 발표가 곧바로 개인들이 인지할 수 있는 수준
의 직접적인 자원 배분으로 이어지지는 않는다. 오히려 거시적인 차원
에서 국가가 동원할 수 있는 자원에 영향을 미치는 종류의 것들이다.
이에 비해 ISI 인용색인을 중심으로 한 랭킹 게임은 학계 내의 한정된
자원배분과 밀접하게 연결되어, 누구에게 더 많은 경제적 지원과 지위
의 보장이 돌아갈 것인지, 어떤 기관이 더 많은 국가지원을 받고 더 우

수한 인재를 유치할 것인지 등의 결정에 직접적인 영향을 미친다.

이러한 ISI 인용색인 지수들은 실질적으로 신자유주의적 세계질서의 원활한 작동에 기여하는 지식생산 활동을 강화할 가능성이 있다. 다시 말해 글로벌 학계로 하여금 ISI 인용색인의 형식에 맞추어 생산된 연구결과물들을 일종의 표준으로서 자연스럽게 받아들이도록 규율하는 효과를 낳을 수 있다. 이와 관련하여 추(Chuing Prudence Chou)는 대만의 사례를 핵심적으로 지적하면서, ISI 인용색인이 글로벌 지식질서에서 차지하는 위상으로 인해 발생할 수 있는 문제점들을 다음과 같이 지적하고 있다. 즉, 영어의 패권이 강화될 수 있으며, 대학에서 연구와 교육 간에 충돌이 발생할 수 있고, 실제 연구 성과와 이를 측정하는 도구 사이에서의 괴리가 발생하며, 연구결과물의 지역적·공간적 맥락에서의 의미를 퇴색시킬 수 있다는 것이다(Chou 2014: x). 이러한 지적은 특히 교육과 연구의 정치·사회·문화적 배경이나 사용하는 언어의 특징 등과 같은 변수에 영향을 많이 받는 사회과학이나 인문학 분야에 해당된다.

〈그림 4〉는 2015년 8월 기준, ISI 인용색인에 등록된 학술지에서 채택하고 있는 공식 언어의 현황을 나타내고 있다. 세 학문분야의 인용색인은 편차가 있기는 하나 모두 영어로 출판되는 학술지의 수가 가장 많으며, 특히 SSCI의 경우는 영어 출판의 점유율이 90%에 육박한다. 또한 다국어를 공식 언어로 채택하고 있는 학술지가 그 다음 비중을 차지하고 있으며, 이를 고려할 때 실제로 영어로 출판되는 학술지 수 또는 논문편수는 압도적인 다수를 나타낼 가능성이 높다. 실제로 ISI 인용색인 지수를 중심으로 보상체계가 작동하는 연구문화하에서 이러한 지수가 발휘하는 위력을 무시할 수 없는 것이 현실이다.

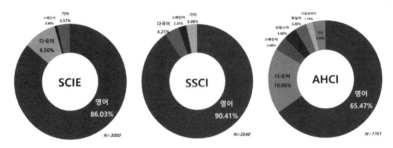

출처: Thomson Reuters 2015a, 2015b, 2015c에서 재가공

그림 4. ISI 인용색인 학술지 공식 언어 채택 현황

VI. 맺음말

이 글은 지수의 생산과 유통 및 소비의 과정이 21세기 세계정치의 권력 메커니즘에 던지는 함의를 살펴보았다. 정보화 시대를 맞이한 세계정치에서 지수가 차지하는 중요성을 인식하고 분석한 연구는 여태까지 제대로 진행되지 못했다. 해당 분야별로 구체적인 지수를 개발하고 그 의미를 살펴보는 연구가 간헐적으로 진행되었지만, 지수가 세계정치에 미치는 영향이 그 과정에서 발견되는 권력적 성격에 대한 연구는 적었다. 이러한 문제의식을 바탕으로 이 글은 메타지식으로서 지수의 의미를 이해하는 이론적 논의를 벌였으며, 그 연속선상에서 지수의 권력적 성격을 엿보게 하는 경제, 정치, 지식 분야의 경험적 사례들을 검토하였다. 경제 분야에서는 세계은행과 신용평가기관의 지수, 정치 분야에서는 국가브랜드 및 국가경쟁력 지수와 민주주의 관련 지수, 지식 분야에서는 대학순위평가와 싱크탱크 분포, 학술지 인용색인 등을 살펴보았다.

이 글에서 세 분야로 나누어 살펴본 지수들은 그 나름대로의 상호 연계성과 보완성을 지니면서 경제·정치·지식 분야 세계질서의 원활한 작동을 위해서 기능하고 있다. 경제 분야에서 생산되는 대표적인 지수들은 신자유주의적 경제질서를 강화시키는 방향으로 생산되는데, 이는 국가의 역량을 평가하는 국가브랜드나 국가경쟁력 지수와도 밀접한 연관을 가진다. 특히 주로 경제계에서 발표하는 국가경쟁력 지수는 사실상 신용평가등급과 같이 한 국가의 거시경제 상황과 기업환경을 기준으로 평가되므로 표면적인 명칭과 산정방식이 상이할 뿐, 실질적으로 생산되는 지식은 거의 유사한 패턴을 보인다고 할 수 있다.

국가 역량의 비경제적 측면을 포착하고자 하는 민주주의 관련 지수들의 경우에도, 신용평가등급이나 국가경쟁력 지수 등과는 상이한 결과 값을 보이기는 하지만, 미국 또는 넓은 의미에서 서구 중심적인 가치가 내포되어 있는 민주주의 가치와 제도를 표준으로 삼는다는 점에서 경제 분야의 지수와 그 성격이 크게 다르지 않다. 서구식 민주주의가 제대로 정착되지 않은 국가에서는 대부분 정치적 위험요인이 많기 때문에 기업 활동이나 투자환경이 열악하다는 평가를 받기 쉬우므로, 경제 분야 지수들과 민주주의 평가 지수들이 평가하는 방식은, 부분적인 상이함에도 불구하고, 대체적으로 연동되어 있다고 할 수 있다.

지수의 세계정치에 대한 논의를 펼침에 있어서 세계질서의 운영에 필요한 정치경제의 정책지식이 미국을 중심으로 하는 글로벌 지식질서하에서 잉태되어 생산되고 전파된다는 사실을 잊지 말아야 할 것이다. 미국식 교육과 연구 시스템은 세계질서의 운영을 위해서 필요한 정책 및 학술지식의 생산을 유발하는 토양이다. 특히 SCI, SSCI, A&HCI 등에 얼마나 많은 논문을 게재했는지가 해당 학자나 전문가의 역량을 평가하는 핵심적인 지표로 활용되는 평가 시스템하에서 이러한 경향은 더욱 강화된다. 뿐만 아니라 이와 같은 시스템하에서 높은 평가를 받고 성장한 인재가 자연스럽게 경제·정치 분야의 지수를 생산하는 싱크탱크나 국제기구, 민간기관 등으로 유입되는 선순환의 구조가 형성된다. 이러한 과정을 거치면서 인력의 공급과 지수의 생산은 자연스럽게 연동될 수밖에 없으며, 미국 또는 서구 중심적인 가치가 내재된 지수가 재생산되는 유통과 소비의 구조가 형성된다.

여러 지수들의 상호 연계와 보완이라는 시각에서 보면, 오늘날 지수의 세계정치는 경제·정치·지식 분야의 지수들이 서로 복합적으로 작용하고 있는 모습으로 그려진다. 이들 지수가 생산되고 유통 및 소비되는 기저에는 물질권력의 세계질서를 주도해온 미국의 글로벌 패권이 자리 잡고 있음은 물론이다. 다시 말해 이들 지수들이 담아내려고 하는 객관적 실재 또는 주관적 현실은 미국이 주도하여 만들어가고 있는 신자유주의적 경제질서의 일부이며 동시에 자유민주주의 국가들이 구성하는 정치질서의 한 부분이다. 그리고 이러한 경제·정치 질서는 미국적 토양에서 교육받고 활동하며 평가받는 인력에 의해서 운영되고, 더나아가서는 다시 평가받는다. 이상의 과정에서 지수가 행사하는 권력은 지배권력을 재생산하는 메타권력으로 개념화할 수 있다.

그러나 과연 앞으로도 이와 같은 미국 중심의 메타지식의 세계질서가 지속적으로 유지되고 확장할 것이냐에 대해서는 좀 더 조심스러운 전망이 필요하다. 이 글은 세계적으로 통용되고 있는 대표적인 지수들 중에서 기성질서를 확대·재생산하는 의미가 있는 지수들의 사례에 초점을 맞추어서 논의를 펼쳤다. 하지만 지수의 생산과 유통 그리고 소비가 반드시 물질권력(또는 자원권력으로서 지식권력)의 담지세력에 의해서만 행사된다고 볼 이유는 없다. 게다가 오늘날 지수의 세계정치에서 미국의 표준이 완벽하게 그 구조를 장악하고 있는지에 대해서도 의문의 여지가 있다. 아무리 물질권력이 부족하더라도 지수권력의 생성에 도전해 볼 수 있음은 물론이다.[21] 그렇지만 기성 지수의 편향성을 지적하면서 자기 나름의 지수를 개발한다는 것은 쉬운 일이 아니다. 특히 강대국이 아닌 국가들의 이러한 일을 벌일 경우에는 더욱 그러하다. 비강대국이 개발한 지수가 과연 얼마나 세계적으로 공신력을 얻을 수 있느냐가 관건이기 때문이다. 이는 지수가 단순한 숫자에 불과한 것이 아니라 세계정치에서 엄연히 작동하고 있는 메타권력의 한 표현이기 때문이다.

요컨대, 메타지식으로서 지수의 세계정치 이면에 작동하는 메타권력의 메커니즘을 읽어내는 것은 오늘날 매우 중요한 국가전략의 과제가 아닐 수 없다. 이러한 점에서 이 글에서 시도한 지수의 세계정치에 대한 연구는 시론(試論)의 차원을 넘어서 좀 더 본격적으로 진행되어야 할 것이다. 특히 지수의 메타지식이 단순히 지식 영역에만 국한된 것이 아니라, 세계정치에서 각국이 벌이고 있는 권력게임의 미래에도 영향을 미친다는 점에서 이러한 필요성은 더욱 커진다. 무엇보다도 지수의 세계정치는 우리가 지난 백여 년간 경험했던 근대 국제정치의 권력게임과는 그 성격상 질적으로 다른 논리로 작동하고 있다는 사실을 이해해야 한다. 지수의 메타권력게임이 발생하는 이슈영역의 성격이 다를 뿐만 아니라 이에 참여하는 행위자들의 성격도 근대 국제정치 게임에서 보던 것과는 다르다. 그야말로 지수의 세계정치는 새로이 부상하고 있는 신흥권력(emerging power) 게임의 한 자락을 엿보게 한다.

---

21   이와 유사한 문제제기로는 임도빈 2015를 참조.

참고문헌

강원택·박인휘·장훈. 2006. 『한국적 싱크탱크의 가능성』 삼성경제연구소.
김경만. 2015. 『글로벌 지식장과 상징폭력: 한국 사회과학에 대한 비판적 성찰』 문학동네.
김상배. 2010. 『정보혁명과 권력변환: 네트워크 정치학의 시각』 한울.
_____. 2014. 『아라크네의 국제정치학: 네트워크 세계정치이론의 도전』 한울.
김상배 외. 2008. 『지식질서와 동아시아: 정보화시대 세계정치의 변환』 한울.
김유경. 2009. 『국가브랜드 자산 평가 모델에 관한 연구: 브랜드자산 구성요소를 중심으로』
　　한국방송광고공사 광고연구원.
김유경 외. 2014. 『공공브랜드의 전략적 관리』 한경사.
김종영. 2015. 『지배받는 지배자: 미국 유학과 한국 엘리트의 탄생』 돌베개.
이브 드잘레이·브라이언트 가스. 김성현 역. 2007. 『궁정전투의 국제화: 국가권력을 둘러싼
　　엘리트들의 경쟁과 지식 네트워크』 그린비.
키스 디니. 김유경 역. 2009. 『글로벌 브랜드 가치제고를 위한 국가 브랜드의 전략적 관리』
　　나남.
사이몬 안홀트. 김유경 역. 2003. 『국가 브랜드, 국가 이미지』 커뮤니케이션북스.
이창현. 2011. 『국가브랜드와 한류: 한류의 분석을 통한 국가브랜드 육성방안』 한국학술정보.
임도빈. 2015. 『한국정부 왜 16위인가?: 정부경쟁력 2015 보고서』 문우사.
차희원·정정주·이유니. 2013. 『빅데이터 분서을 통한 한국의 국가브랜드 연구』
　　한국언론진흥재단.
로렌조 피오라몬티. 박지훈 역. 2015. 『숫자는 어떻게 세상을 지배하는가』 더좋은책.

Barnet, Michael and Raymond Duvall. (eds.) 2005. *Power in Global Governance.*
　　Cambridge and New York: Cambridge University Press.
Beck, Ulrich. 2005. *Power in the Global Age: A New Global Political Economy.*
　　Cambridge, UK: Polity.
Benmelech, Efraim and Jennifer Dlugosz. 2010. "The credit rating crisis," *NBER*
　　Macroeconomics Annual 2009, 24, pp.161–207.
Berenskoetter, Felix and M. J. Williams. (eds.) 2007. *Power in World Politics.* London
　　and New York: Routledge.
Broad, Robin. 2007. "'Knowledge management': a case of the World Bank's research
　　department," *Development in Practice*, 17(4–5), pp.700–708.
Castells, Manuel. (ed.) 2004. *The Network Society: A Cross-cultural Perspective.*
　　Cheltenham, UK: Edward Elgar.
Chou, Chuing Prudence. 2014. "Why the SSCI Syndrome Is a Global Phenomenon?" in
　　Chou, Chuing Prudence. (ed.) *The SSCI Syndrome in Higher Education: A Local*
　　or Global Phenomenon. Rotterdam; Boston; Taipei: Sense Publishers. pp.vii–xv.

Cooley, Alexander and Jack Snyder. 2015. "Ranking Has Its Privileges: How International Ratings Dumb Down Global Governance," *Foreign Affairs*, Nov/Dec 2015, pp.101–108.

Cooley, Alexander and Jack Snyder. (eds.) 2015. *Ranking the World: Grading States as a Tool of Global Governance*. Cambridge, UK: Cambridge University Press.

Davis, Kevin, *et al.* (eds). 2012. *Governance by Indicators: Global Power through Quantification and Rankings*. Oxford: Oxford University Press.

Foucault, Michel. 1970. *The Order of Things: An Archaeology of the Human Sciences*. New York: Vintage Books.

_____. 1972. *The Archaeology of Knowledge*. New York: Pantheon Books.

_____. 1980. *Power/Knowledge: Selected Interviews and Other Writings, 1972-1977*. New York: Pantheon Books.

_____. 1991. "Governmentality." in Graham Burchell, Colin Gordon and Peter Miller. (eds.) *The Foucault Effect: Studies in Governmentality*. Chicago, IL: The University of Chicago Press, pp.87–104.

_____. 2007. *Michel Foucault: Security, Territory, Population*. New York: Palgrave.

Freedom House. 2015. *Freedom in the World 2015*. http://www.freedomhouse.org/report/freedom-world/freedom-world-2015 (검색일: 2015.12.4.)

Freedom House. "Methodology." https://freedomhouse.org/report/freedom-world-2014/methodology (검색일: 2015.12.5.)

Gisselquist, Rachel M.. 2014. "Developing and evaluating governance indexes: 10 questions," *Policy Studies*, 35(5), pp.513–531.

Goldfarb, Zachary A.. 2011. "S&P downgrades U.S. credit rating for first time." *Washington Post*, August 6, 2011. https://www.washingtonpost.com/business/economy/sandp-considering-first-downgrade-of-us-credit-rating/2011/08/05/gIQAqKeIxI_story.html (검색일: 2015.12.27.)

Grewal, David Singh. 2008. *Network Power: The Social Dynamics of Globalization*. New Haven & London: Yale University Press.

Hardt, Michael and Antonio Negri. 2000. *Empire*. Cambridge MA: Harvard University Press.

IMD. 2014. *IMD World Competitiveness Yearbook 2014*. Lausanne. Switzerland: IMD International.

INSCR Data Page. http://www.systemicpeace.org/inscrdata.html (검색일: 2015.12.4.)

Kang, Susan L.. 2009. "Labor and The Bank: Investigating the Politics of the World Bank's Employing Workers Index," *J. Workplace Rights*, 14(4), pp.481–501.

Kelly, Judith G. and Beth A. Simmons. 2015. "Politics by Number: Indicators as Social Pressure in International Relations." *American Journal of Political Science*, 59(1), pp.55–70.

Keohane, Robert O. and Joseph S. Nye. 1977. *Power and Interdependence: World*

Politics in Transition. Boston: Little, Brown.

Krasner, Stephen D. 1985. *Structural Conflict.* Berkeley, CA: University of California Press.

Larner, Wendy, and William Walters. (eds.) 2004. *Global Governmentality: Governing International Spaces.* New York: Routledge.

Marshall, Monty G. et al. 2014. *Polity™ IV Project: Political Regime Characteristics and Transitions, 1800-2013 Dataset Users' Manual.* http://www.systemicpeace.org/inscrdata.html (검색일: 2015.12.5.)

Nye, Joseph S. 2004. *Soft Power: The Means to Success in World Politics.* New York: Public Affairs.

Paletta, Damian and Matt Phillips. 2011. "S&P Strips U.S. of Top Credit Rating." *Wall Street Journal,* August 6 2011. http://www.wsj.com/articles/SB10001424053111903 366504576490841235575386 (검색일: 2015.12.27.)

Shanghai Ranking Consultancy. "랭킹방법." http://www.shanghairanking.com/ko/ARWU-Methodology-2015.html (검색일: 2016.1.5.)

Shanghai Ranking Consultancy. "세계대학학술순위 2014 순위통계." http://www.shanghairanking.com/ko/ARWU-Statistics-2014.html (검색일: 2016.1.5.)

Shanghai Ranking Consultancy. "세계대학학술순위 2015 순위통계." http://www.shanghairanking.com/ko/ARWU-Statistics-2015.html (검색일: 2016.1.5.)

Sinclair, Timothy. 2005. *The New Masters of Capital.* Ithaca: Cornell University Press.

The Economist Intelligence Unit. 2015. *Democracy Index 2014: Democracy and its discontents.* UK: The Economist Intelligence Unit Limited.

The University of Pennsylvania TTCSP. 2015. *2014 Global Go To Think Tank Index Report.* http://gotothinktank.com/2014-global-go-to-think-tank-index-report/ (검색일: 2015.12.3.)

The World Bank. "What We Do." http://www.worldbank.org/en/about/what-we-do (검색일: 2016.1.4.)

Thompson Reuters. 2015a. *Source Publication List For Web of Science: Science Citation Index Expanded.* http://ip-science.thomsonreuters.com/mjl/ (검색일: 2016.1.12.)

_____. 2015b. *Source Publication List For Web of Science: Social Sciences Citation Index Expanded.* http://ip-science.thomsonreuters.com/mjl/ (검색일: 2016.1.12.)

_____. 2015c. *Source Publication List For Web of Science: Arts & Humanities Citation Index Expanded.* http://ip-science.thomsonreuters.com/mjl/ (검색일: 2016.1.12.)

Trading Economics. "Credit Rating." http://www.tradingeconomics.com/ united-states/rating (검색일: 2015.12.27.)

Utzig, Siegfried. 2010. "The financial crisis and the regulation of credit rating agencies: A European banking perspective," *ADBI Working Paper Series,* 188.

White, Lawrence J.. 2010. "Credit-Rating Agencies and the Financial Crisis: Less Regulation of CRAs is a Better Response," *Journal of International Banking Law,*

25(4), pp.170-179.

World Economic Forum. 2015. *Global Competitiveness Report 2015-2016*. Geneva: World Economic Forum.

제3장

인터넷 플랫폼 경쟁과 중국의 도전

박 민

I. 머리말

오늘날의 세계정치는 중화의 부흥을 꿈꾸며 21세기 닻을 올린 중국의 항배에 이목이 집중되고 있다. 막강한 경제력을 바탕으로 부상한 중국은 이제 세계권력의 재편에 앞장서면서 기존 국제질서의 변환을 유도하고 있다. 보다 주목되는 점은 지구화와 정보화 시대의 맥락에서 이러한 중국의 굴기(崛起)를 읽어야 된다는 것이다. 새로운 시대적 배경과 더불어 세계 권력의 부침 역시 과거와는 다른 양상을 보이고 있기 때문이다. 실제로 21세기 세계정치에서의 국가 간 경쟁은 정보혁명으로 기인된 지식권력의 양태에도 초점을 맞추어 복합적인 구도 속에서 이해되어야 한다. 이에 따라 기존의 근대 국제정치의 잣대와는 달리 다양한 행위자들의 구성 관계 속에서 세계권력의 복합적인 작동 메커니즘을 읽어야 될 필요성이 제기된다. 특히, 21세기 신흥영역으로 대변되는 사이버공간에서의 지식질서와 표준경쟁은 이러한 세계정치의 흐름을 잘 반영해주고 있다.

다시 말해, 21세기에는 지식력의 잣대로 보는 지식질서를 통해서 세계질서의 판세를 읽는 노력이 필요하다. 지식질서에 대한 논의는 국제정치학에서 수잔 스트레인지(Susan Strange)에 의해서 "지식구조"라는 개념으로 제시된 바 있다(Strange 1996). 이러한 관점에서 이해할 때 미국은 지식의 창출과 확산 및 공유의 과정에서 주도권을 행사함으로써 사실상 새롭게 짜이는 세계 지식질서의 패권을 장악하고 있다. 특히 미국이 사이버공간이라는 지식질서의 장을 선도적으로 이룩하면서 정보혁명 시대의 지식구조를 장악하고 있다는 증거는 여러 분야에서 발견된다. IT의 생산이라는 측면에서 볼 때, 미국은 반도체, 컴퓨터, 소프트웨어, 인터넷 등과 같은 IT산물을 최초로 개발하여 지구

적으로 전파한 나라이다. 또한 정보혁명 시대의 선두 주자로 거론되어
온 IBM, 마이크로소프트, 구글, 애플 등은 모두 미국 기반의 기업들이
다. 이들 기업들은 정보산업이나 각종 인터넷 비즈니스를 주도해왔을
뿐만 아니라 이 분야의 표준을 장악해 왔다. IT분야에 대한 구조적 지
배를 상징하는 윈텔리즘(Wintelism), 구글아키(Googlearchy), 애플혁
명 등과 같은 말들은 모두 미국의 패권을 지칭한다(하영선·남궁곤 편
2012: 384-386).

　　이처럼 미국은 IT인프라와 인터넷 서비스 기반의 사이버공간에서
선도적으로 미국 중심의 지식질서를 구축해 나가며 지식패권을 장악
해왔다. 특히 이러한 미국의 지식권력에 대한 압도적인 우위는 표준에
대한 지배를 통해 이루어지고 있다. 따라서 표준경쟁은 21세기 선도부
문으로 자리한 인터넷 서비스 중심의 정보산업과 그에 수반된 사이버
공간에서 새로운 권력게임의 양상으로 나타나고 있는 것이 사실이다.
이 과정에서 21세기 패권 도전국으로 성장한 중국은 미국의 지식패권
과 표준장악에 새롭게 도전장을 내밀고 있는 모습이다. 무엇보다 상술
한 선도부문에서 미국의 패권으로 일컬어진 구조적 지배에 대하여 중
국은 배티즘(BATism), 레드아키(REDarchy), 샤오미 열풍으로 맞불을
지피면서 견제에 나서고 있다. 미국의 표준에 대한 중국의 반격이라
할 수 있는 이러한 중국발 현상들이 바로 본고에서 논의하고 개념화하
려는 사례들이다. 이와 같은 "중국표준"에 대한 접근은 그것을 둘러싼
복합적인 구도를 읽어냄과 동시에 그에 내재된 21세기 중국의 권력 욕
구는 물론 세계정치와의 정합성을 헤아려보는데 유용하다.

　　역사적으로도 해당 시기에 선도부문에서 나타났던 경쟁력의 향배
는 세계패권의 부침과 밀접히 관련된 것으로 알려졌다. 다시 말해, 국
제정치 분야에서 발생한 패권경쟁은 이른바 선도부문(leading sector),

특히 첨단 기술 분야에서 벌어지는 주도권 경쟁의 형태로 나타났다. 선도부문에서 벌어지는 강대국들의 패권 경쟁은 국제정치 구조의 변동을 반영하는 사례라는 점에서 국제정치이론의 오래된 관심사 중 하나이기도 하다. 비근한 사례로는 20세기 전반 전기공학이나 내구소비재 산업 또는 자동차 산업 등을 둘러싸고 벌어진 영국과 미국의 패권 경쟁을 들 수 있다. 좀 더 가깝게는 20세기 후반에 가전산업과 컴퓨터 하드웨어 및 소프트웨어 산업에서 벌어진 미국과 일본의 패권 경쟁을 들 수 있다. 그리고 21세기 선도부문인 인터넷 서비스 분야에서 벌어지는 미국과 중국의 패권 경쟁도 이러한 연속선상에서 이해할 수 있다 (김상배 2014a: 406).

이와 같이, 21세기 패권경쟁의 최전선에는 인터넷 서비스라는 첨단정보산업을 위수로 한 표준경쟁이 진행되고 있다. 무엇보다 새롭게 구성되고 있는 세계 권력구도에서 인터넷을 중심으로 이루어지고 있는 정보세계의 네트워크 구조는 사이버공간을 위주로 질서화되어가는 양상을 보인다. 따라서 중국의 행보는 이러한 권력판도에서 "표준"의 형태로 도전하고 있는 모습이다. 비록 현 단계에서 중국이 지닌 국력의 모둠이 아직 미국과의 격차를 보이고 있는 것은 사실이나, 그럼에도 불구하고 중국이 G2로서의 영향력을 과시하고 있는 분야는 정치사회 제반 요소가 종합적으로 귀결되는 인터넷 서비스 중심의 정보화 영역이라 할 수 있다. 특히 이 글에서 주목하는 인터넷 서비스 기반의 경쟁력에 있어 미중 양국의 경합은 단연 돋보이고 있다. 대표적으로 이른바 "중국BAT"로 불리우는 바이두(百度, Baidu), 알리바바(阿里巴巴, Alibaba), 텐센트(騰訊, Tencent)는 미국의 인터넷 선도 기업군인 GAFA(구글·애플·페이스북·아마존)와 백중지세를 형성하며 G2의 변용인 I2의 시대를 주도하고 있음은 주지의 사실로 되었다.

그동안 미국은 자국 인터넷 플랫폼 기업들의 역량에 힘입어 사이버공간에서의 미국식 지배표준과 그에 기인한 글로벌 정보 아키텍처를 구축하면서 미국 중심의 21세기형 제국질서를 발전시켜왔다. 그러나 중국의 부상으로 야기된 국제정치경제 질서는 이제 정보세계정치의 영역으로도 확장되면서 중국모델에 이은 중국형 표준의 모색에 대한 담론을 제기하게 되었고 그 과정에서 미국적 지배질서에 대한 대항적 성격을 나타내게 되었다. 따라서 이 글에서는 윈텔리즘과 구글아키로 영속되어 온 그동안의 정보세계 판도를 배티즘과 레드아키의 대두로 인한 새판짜기의 가능성을 제기해보면서 중국형 표준의 모색과 그것의 도전적 의미를 분석해보고자 한다.

지금까지의 국제관계학 영역에서는 이러한 정보산업 분야에 관해 집중된 논의를 다수 전개하여 왔지만 경제학적·경영학적 측면이 보다 부각되어온 반면 국제정치학적 시각, 즉 3차원 표준경쟁에 대한 네트워크 세계정치학의 시각에서 이루어진 연구는 비교적 제한적으로 수행되었다고 할 수 있다. 인터넷기업과 국가의 표준경쟁을 중심으로 분석한 선행연구로는 표준경쟁의 시각에서 정보화 시대의 미중 경쟁을 다룬 연구(김상배 2012, 2014b)가 있다. 그리고 일찍이 같은 시각에서 1990년대 미국과 일본의 표순경쟁을 다룬 연구(김상배 2007)도 있다. 이밖에 IT분야의 미중경쟁을 다룬 연구들로는 배영자 2011, 沈逸2010, 2013, 蔡翠红 2012, 2013 등이 있다. 이외에 인터넷기업의 경쟁사례를 다룬 연구(최병헌 2010, 2011; 吴九香 2012)들은 주로 경제학적·경영학적 시각에서 논의를 함으로써 특정 기업의 전략 분석에 참고를 제공해준다. 따라서 인터넷 플랫폼을 위수로 한 정보산업이 글로벌 지식질서 구축에 미치는 정치적 고려는 그동안 제한적으로 논의되었다고 볼 수 있다.

특히 사이버공간에 대한 지식질서 구축과정에 대한 논의는 글로벌 인터넷 거버넌스에 국한되어 이루어져왔다. 국제정치학의 시각에서 간혹 이루어진 연구들은 사이버공간의 글로벌 지식질서를 단편적으로 또는 개괄적으로만 파악하는 한계를 안고 있었다(Manjikian 2010; Betz and Stevens 2012; Choucri 2012). 이외에 사이버공간과 관련된 글로벌 질서를 탐구한 연구들이 간간이 있었다(Deibert 1997; Steinberg and McDowell 2003; Herrera 2006; Hanson 2008). 그러나 이러한 논의들은 인터넷산업의 주체이자 사이버공간의 실질적인 행위자들인 기업과 정부가 실제적으로 엮어가는 동태적 과정은 물론 그것의 구조적 논의를 통해 파생되는 지식질서에 대한 주목은 간과하고 있다. 주로 노드 기반의 단순계 발상에 머물고 있는 기존의 주류 국제정치이론가들에게 있어서, 복잡계 현상을 기반으로 하는 사이버공간의 글로벌 지식질서의 구조와 동학에 대한 연구는 그들의 관심영역 밖에 존재하는 과제였던 것이 사실이다(김상배 2013: 77).

이에 따라 이 글은 '중국표준'에 대한 문제의식을 가지고 사이버공간의 세계질서 구축과정에서 벌어지는 표준경쟁을 고리로 하여 미중 양국의 지식경쟁을 살펴보려 한다. 기업, 정부, 국민 등 다양한 행위자들과 함께 제도, 산업, 규범, 담론 등 다층적인 구조적 논의가 결부된 지식력의 복합성에 주목하면서 사이버공간의 글로벌 지식질서 논의를 거버넌스 차원에만 제한시키는 것이 아니라 행위자-구조의 복합적인 구도에서 표준의 시각으로 읽어내고자 하는 것이다. 이를 위해, 중국의 인터넷 플랫폼 기업들의 약진에 대한 분석을 진행함과 아울러 해당 분야에서 표준이 마련되는 메커니즘을 중국의 정치경제모델과 이를 추동하는 담론 및 비전의 형성을 통해 살펴보고자 한다. 즉 '3차원 표준경쟁'의 네트워크 세계정치학의 시각에서 표준에 대한 층위적 분석을 이익(기술표준), 제도(제도표준), 관념(담론표준)의 순으로 분층화하여 이론적·실증적 분석을 제시할 것이다. 이어서 이들 간에 벌어지는 중층적 표준의 연쇄적 인과관계를 파악하여 그것의 실천적 함의를 도출하고자 하는 바이다.

이 글은 크게 네 부분으로 구성되었다. II절은 네트워크로 보는 3차원 표준경쟁의 분석틀에 대한 이론적 논의를 전개할 것이다. III절에서는 미국을 위수로 진행되는 글로벌 차원의 인터넷 서비스의 확대와 동아시아 차원에서 새롭게 대두되는 인터넷 플랫폼의 확산 사례를 설명하면서 표준경쟁의 시각으로 이러한 사이버공간의 질서 구축과정과 그것의 세계정치적 의미를 살펴보고자 한다. 그리고 이에 따른 중국의 도전을 기술경쟁으로 살펴보면서 배티즘과 레드아키의 개념적 특성을 모색한다. IV절에서는 해당 분야의 표준 설정을 가능케 한 중국의 제도적 메커니즘을 분석하여 중국적 정치경제 모델에서 드러나는 제도표준을 배티즘과 레드아키의 제도적 특성으로 살펴보았다. V절은 상술한 기술경쟁 및 제도적 논의와 결부하여 국가적 사회주의 정치담론, 민족주의담론 그리고 역사적 문명담론에 집중하여 인터넷 서비스 분야에 대한 중국형 담론표준을 살펴본다. 아울러 이러한 논의를 바탕으로 한 사이버질서에 대한 중국의 관점과 미래비전을 시진핑의 구상과 e-WTO 질서 구상을 통해 분석해보았다. 마지막으로 결론에서는 이 글을 요약·종합하면서 중국이 추구하는 독자적 표준의 복합적 함의를 지적하고, 사이버공간의 질서구축 과정에서 보여지는 "중국형 표준"의 도전을 평가하였다.

II. 3차원 표준경쟁의 시각

이 글은 인터넷 서비스 분야를 중심으로 사이버공간에서의 영향력을 확대해가고 있는 중국형 표준의 경쟁력을 이해하기 위해 표준경쟁의 국제정치학적 논의를 원용하였다. 표준경쟁은 3차원적 시각의 이론 프레임으로서 인터넷 서비스를 위수로 한 21세기 정보산업과 그것의 권력화 과정을 입체적으로 보여주는 데 유용하다. 20세기 후반 이후 정보산업에서의 성공은 국제경쟁력의 핵심으로 이해되고 있는 것이 사실이다(김상배 2004: 12). 특히 21세기 들어 정보산업의 배경을 이루고 있는 IT기술이 급격한 발전을 이루면서 인터넷을 필두로 한 정보서비스 분야는 지식력의 긴요한 일환으로서 새로운 성격을 부여받게 되었다. 이 과정에서 인터넷 서비스를 기반으로 한 인터넷 플랫폼 기업들이 두각을 나타내면서 새로운 글로벌 경쟁의 장이 마련되고 있는 것은 물론, 그 파급력이 민간 차원뿐만 아니라 국가 행위자의 참여까지 유도하게 되면서 국가 간 권력경쟁의 속성을 내재하게 되었다. 이에 따라 21세기 인터넷 서비스 산업을 기저로 하여 이루어지고 있는 사이버공간의 지식질서에 대한 분석은 3차원 표준경쟁의 분석틀로서 그것의 입체적이고 복합적인 속성을 읽어내야 하는 것이다.

실제로, 정보산업 분야를 중심으로 경쟁하는 국가 간의 권력 경합은 그 양상이 네트워크 권력의 주도권에 관한 것으로 나타난다. 인터넷이라는 네트워크 기술에 기반하여 다양한 행위자와 다차원적인 구조를 내재함과 동시에 복합적인 동태를 보이고 있는 사이버공간은 인터넷 서비스라는 첨단정보산업의 발전방향에 따라 재구성(reshaping)되는 과정에 놓여 있다. 이러한 가운데 '표준'이 발휘되는 권력은 신흥권력으로 일컬어지는 네트워크 권력의 대표적인 사례로 제기되고 있다. 사이버공간이라는 장에서 각각의 행위자들은 관계적 맥락인 네트워크를 통해 세력망을 형성하고 표준의 네트워크 권력을 취득하려는 모습을 보이고 있기 때문이다. 이에 따라 사이버공간에서 이루어지는 권력경합의 복합성을 이해하기 위해서는 표준경쟁의 시각이 요구된다.

이러한 배경을 바탕으로 본 연구에서 원용하는 표준경쟁의 구성적 제도주의 분석틀은 기술변수를 매개로 한 이익, 제도, 관념의 변수가 상호 구성되는 메커니즘으로 그려진다. 이러한 메커니즘의 과정에서 네트워크시대의 표준경쟁이 발현되기 때문이다. 표준경쟁에서 일차적으로 중요한 것은 제품개선이나 기술혁신뿐만 아니라 기술 변화에 따른 경쟁양식의 변화에 적절하게 대응하는 능력, 즉 넓은 의미의 기술경쟁력을 확보하는 일이다. 아울러 정책과 제도를 정비하여 새로운 기술에 적합한 환경을 창출하는 기술적합력의 확보도 표준경쟁에서 빼놓을 수 없는 부분이다. 나아가, 기술담론의 형성을 주도함으로써 자신들의 이익을 효과적으로 투영시키는 능력, 즉 기술창생력의 확보도 표준경쟁에서 승리하는 데 불가결한 요소이다. 오늘날 네트워크시대 표준경쟁의 승패도 바로 이러한 맥락에서 결정되는 것이다(김상배 2007: 43-53).

따라서 표준경쟁은 기술이나 산업분야에만 적용되는 논의를 넘어서 국가 간 제도표준의 경쟁양상에서도 설명된다. 제도표준경쟁은 기술표준경쟁보다 한 층위 위에서 벌어지는 제도모델의 표준을 놓고 벌이는 경쟁이다. 새로운 기술과 표준의 개발이나 이전 및 확산은 그 자체만의 독립적인 과정이라기보다는 이를 뒷받침하는 제도환경의 변수가 관여하는 사회적 과정이다. 새로운 기술과 산업에서 효과적인 경쟁을 벌이기 위해서는 민간 행위자들의 혁신뿐만 아니라 국가의 규제나 육성정책의 역할과 같은 제도환경의 조성, 즉 일종의 제도표준의 우위를 겨루는 보이지 않는 경쟁이 동시에 진행된다. 보통 국제정치학에서 제도표준에 대한 논의는 기업모델, 산업모델, 정책모델 등의 형태로 알려져 있다. 최근 워싱턴 컨센서스와 베이징 컨센서스로 불리는 미국과 중국의 정치경제 모델의 경쟁에 주목하는 것도 바로 이러한 맥락이다. 사실 이렇게 넓은 의미에서 보면 국제정치 자체가 표준경쟁이다. 특히 네트워크 세계정치학의 시각에서 볼 때, 기술표준의 개발과 수용, 정책과 제도의 도입, 규범의 전파 등은 중립적으로 이루어지는 것이 아니라 권력 현상을 수반한다(김상배 2014b: 241-242).

보다 주목되는 것은 이러한 권력의 동반을 야기하는 표준경쟁에 있어서 정치경제학적 변수와 더불어 사회문화적 요인 역시 간과할 수 없다는 점이다. 따라서 가장 추상적인 의미에서 표준경쟁은 기술과 제도의 차원을 넘어서, 생각과 담론, 더 나아가 이념과 가치관, 비전 등의 표준을 놓고 벌이는 경쟁, 통칭해서 담론표준경쟁으로 이해할 수 있다. 담론은 현실세계의 이익과 제도적 제약을 바탕으로 하여 출현하지만 역으로 미래세계를 구성 및 재구성하는 방향으로도 작동한다. 다시 말해, 담론은 현실을 바탕으로 하여 구성된 이익이나 제도의 비물질적 반영이기도 하지만, 기존의 이익에 반하거나 제도적 제약을 뛰어넘어 기성질서와는 다른 방향으로 현실의 변화를 꾀하는 계기를 제공하기도 한다. 이러한 과정에서 담론표준경쟁은 아직 구체화되지 않은 현실세계의 성격을 정의하며 그러한 과정에서 등장할 미래세계의 의미와 효과를 규정하는 경쟁을 뜻한다. 이러한 시각에서 볼 때, 담론표준경쟁은 단순히 추상적인 관념의 경쟁을 의미하는 것이 아니고, 앞서 언급한 기술표준경쟁이나 제도표준경쟁과 구체적으로 연계해서 이해할 수 있다. 이는 보통 새로운 담론의 제시를 통해서 기술혁신이나 제도조정의 반향이 설정되기 때문이다(김상배 2014b: 242-243).

이와 같이 표준경쟁의 분석틀은 일개 기술적 수준에 머물러 논의를 제한하는 것이 아니라 기술발전의 추동을 가능케 한 제도와 담론의 구성을 아우르면서 입체적으로 접근하기 때문에 그것에 내재된 정치적 동학을 살펴보는데 유용하다. 특히 정보산업 영역에서는 기술-제도-담론의 역사적 구성이 지속적으로 이루어져왔으며 질서의 구축이라는 국제정치적 변동이 수반되었다. 따라서 21세기의 정보화, 지구화라는 거시적 배경의 변화는 또 다시 세계정치의 새로운 장을 마련하게 되고 그에 따른 정보산업의 발전, 즉 인터넷이라는 정보서비스의 출현은 새로운 권력현상의 동반과 함께 신흥공간 질서에 대한 참신한 분석틀의 관찰을 요하고 있다. 중요한 것은 정보산업이 인터넷 플랫폼을 중심으로 재편되고 있음에 따라 해당 영역에서 활발히 이루어지고 있는 권력의 향배를 복합적으로 이해해야 한다는 점이다. 인터넷 서비스 기업과 정부라는 각각의 노드에 초점을 맞추는 행위자 기반의 발상을 구조적·담론적 논의와 함께 그것의 복합적인 의미를 읽어내야 한다는 것이다. 따라서 현 시점에서 이러한 정보산업과 더불어 구성된 사이버 공간은 복합 네트워크 행위자들의 권력게임으로 이해되어야 한다. 이에 따라 다양한 행위자들이 다층적인 관계적 맥락 속에서 작동하는 네트워크 간의 권력 경합에 대한 심층적 이해는 바로 상술한 3차원 표준경쟁의 시각으로 접근되어야 하는 것이다.

이처럼 네트워크 세계정치학의 3차원 표준경쟁의 시각을 원용할 때, 21세기 중국이 보여주는 표준경쟁은 바로 인터넷 서비스를 위수로 한 정보산업 분야에서 발현된다. 그 과정에는 해당 영역의 주도권을 형성하게 만드는 관련 정책과 제도의 성격, 그리고 국민적 열의가 결부된 21세기 문명비전이 내포되어 있음을 알 수 있다. 특히 중국이 추구하는 표준이 패권적 지위를 영위하는 미국적 표준에 대한 대항이라는 의미에서 그것의 경쟁적 성격은 한층 더 부각되고 있다. 이 글이 21세기 선도부분인 인터넷 서비스 영역에서 보여주는 중국 기업들의 성공적 사례에 집중하게 된 것도 해당 기업들이 글로벌 무대에서 미국 기업들과 비견될 정도의 입신을 하게 된 배경에는 그를 뒷받침한 중국 의 제도와 담론의 영향이 실재하고 있기 때문이다. 따라서 이 글에서 논의되는 기술-제도-담론의 분석틀은 중국의 특수성이 반영된 복합 적 구성에 연유하고 있다. 이러한 관점에 근거하여 이하에서는 중국의 표준경쟁에 담긴 3차원의 복합적 동학을 살펴보도록 하겠다.

III. 인터넷 서비스의 확산과 표준경쟁의 세계정치

1. 표준경쟁으로 보는 미국의 GAFA

인터넷 서비스의 세계정치적 의미의 표현은 인터넷시대에서 미국이 차지하고 있는 독점적 지위가 이른바 GAFA를 위수로 한 미국 인터넷 플랫폼 기업들의 글로벌 장악력으로 나타난다는 점에서 발견된다. 최 근 인터넷을 둘러싸고 벌어지는 정보산업 경쟁의 세계적 특징은 인터 넷이라는 네트워크 기반의 신기술질서에서 규칙을 장악하려는 표준경 쟁의 양상을 띠고 있다는 점이다. 다시 말해, 인터넷 시대의 정보산업 경쟁은 기술력의 뒷받침을 통한 인터넷 서비스의 지배표준을 확산함 으로써 인터넷 시대를 선도하는 측이 최종 승자가 된다는 것이다. 이 러한 측면에서 볼 때, 미국의 인터넷 서비스 기업군과 중국의 경쟁은 인터넷 시대의 대표적인 기술표준경쟁의 사례이다.

　　최근 몇 년간의 추이를 보면, 미국 인터넷 서비스 기업군들의 독점적인 지위가 세계적으로 확립되어감을 알 수 있다. 이러한 현상은 곧 사이버공간에서 미국 중심의 세계질서가 형성되어감을 의미한다. 사실 사이버공간의 세계질서에 대한 기존의 논의는 글로벌 인터넷 거버넌스로부터 시작되었다. 2012년 두바이 국제전기통신세계회의(WCIT)를 시작으로 인터넷 거버넌스는 조명을 받기 시작했고 미래 세계의 인터넷질서에 대한 논의를 활성화시켰다(Morgus and Maurer 2014). 이후 중국과 러시아가 사이버 안보 차원의 정책적 동조를 통해 미국의 인터넷 패권을 무너뜨리려는 시도를 보임에 따라 새로운 인터넷 세계질서 모색의 가능성이 국제정치 영역에서 이목을 끌게 되었던 것이다(Risen 2015). 그러나 이러한 차원에서 진행되는 사이버공간의 세계질서 논의는 인터넷 서비스 기업과 같은 실제적 주체들의 표준경쟁을 간과하고 있다. 이러한 논의에서 배제되는 인터넷 서비스 기업들의 움직임이 실질적으로 사이버공간에서 구현되는 세계질서의 역동적이고 가변적인 흐름을 만들어낸다는 것을 인지할 때 다양한 행위자들의 다층적인 참여에 착안한 논의가 더해져야함을 알 수 있다.

이처럼 인터넷을 기반으로 한 사이버공간의 세계질서는 그 중심적 요인으로 간주되는 기업들의 표준경쟁 논의와 결부되어 파악되어야 한다. 따라서 이러한 문제의식을 바탕으로 미국의 인터넷기업들의 경쟁력을 살펴보면 사이버공간의 세계질시 구축과정에서 보이는 미국의 인터넷패권을 설명할 수 있게 된다. 〈표 1〉의 통계와 같이 2015년 세계 인터넷기업 시가총액의 상위 5위 중 4개 기업이 미국의 인터넷 기업들로 이루어지고 있다. 애플, 구글, 페이스북, 아마존으로 대표되는 이들 미국 기업들은 나란히 인터넷 시장의 경제적 가치에서 우위를 점하면서 인터넷 서비스의 미래를 선도하고 있다. 이에 따라 해당 인터넷 서비스를 제공하는 관련 IT기업들의 기업 가치와 역할이 증대

표 1. 2015년 세계 인터넷기업 시가총액 순위

순위	기업	국가	시장가치($MM)
1	애플	미국	763,567
2	구글	미국	373,437
3	알리바바	중국	232,755
4	페이스북	미국	226,009
5	아마존	미국	199,139
6	텐센트	중국	190,110
7	이베이	미국	72,549
8	바이두	중국	71,581
9	프라이스라인그룹	미국	62,645
10	세일즈포스	미국	49,173

출처: Internet Trends 2015(KPCB)

되면서 그동안 논의가 증폭되었던 미국쇠퇴론도 감소된 것이 사실이다. 오히려 미국은 인터넷을 기반으로 다시금 세계적인 혁신선도 국가로서 패권국의 면모를 과시하게 되었다. 해당 자료의 수치가 반영하는 시가총액을 다른 의미로 볼 때, 사이버공간의 세계질서를 좌우할 수 있는 미국의 기술력과 자본력을 반영해주는 것이기도 하다.

한편, 이들 대표적인 4개 기업이 제공하는 인터넷 서비스와 시장점유율을 보더라도 인터넷시장에서의 미국의 장악력을 쉽게 엿볼 수 있다. 인터넷 검색엔진 분야에서 구글은 압도적인 우위를 차지하고 있는데, 특히 구글의 시장 점유율은 점차 세계적으로 확대되는 양상을 보이면서 그동안 유럽과 여타 국가들의 경각심을 불러 왔다. 또한 세계적인 인터넷 모바일 서비스의 시작을 알린 애플과 더불어 사회관계망서비스(SNS)의 본격적인 세계적 확장을 가능케 한 페이스북의 인터넷 서비스는 인터넷 커뮤니케이션의 미국적 가치를 입증해 주었다. 아

랍의 봄과 같은 특정 국가의 정치적 격변을 초래할 만큼 이들 서비스
가 지니는 의미는 단순한 친구 맺기를 넘어서 보다 넓은 의미의 정치
경제적 함의를 담게 된 것이다. 더불어 페이스북 서비스는 인터넷 플
랫폼의 대표 주자로서 검색엔진과 함께 데이터산업의 출현을 촉발시
켰고 그 중심에 위치한 미국에 대한 데이터 집산지 역할과 중심성을
강화시켜주면서 사이버공간에 대한 미국의 발언권과 장악력을 증가시
켰다.

   그러나 5년 전 스마트폰 시대의 개막과 함께 열렸던 'TGIF(트위
터-구글-아이폰-페이스북) 시대'가 저물면서 빅3의 시대로 재편될 조
짐을 보이고 있다고 평가되는 것이 오늘날의 시장 현실이다(탁상훈
2015). 특히 아마존은 기존의 TGIF 시대를 구글, 애플, 페이스북, 아
마존으로 이루어진 GAFA 시대로 새롭게 재편하면서 인터넷 서비스
에 대한 미국의 경쟁력을 증대시키고 있다. 무엇보다, 이들 인터넷 기
업들이 선보이고 있는 기술적 혁신과 선도석 서비스는 세계적 범위에
서 인터넷 혁신의 아메리칸 스탠더드로 자리하였다. 주목되는 점은 사
이버공간의 질서 창출과 형성과정에서 보여준 이들 미국기업들의 영
향력의 확대에 대한 우려로 여타 국가들과의 정치적 마찰이 초래되고
있다는 것이다. 특히, 중국과의 경쟁에서 GAFA로 대변되는 미국의 인
터넷 서비스 기업군들은 중국식 표준으로 자리한 중국의 기업군에 반
격당하는 한편 중국 정부의 견제를 받으면서 인터넷 시대의 미중 표준
경쟁의 양상을 불러오고 있다. 이는 다음 절에서 설명하듯이 동아시아
차원에서 대두되는 혁신역량의 등장이 있었기 때문에 가능한 현상이
라 할 수 있겠다.

2. 표준경쟁으로 보는 동아시아의 부상

최근 동아시아에서도 인터넷 플랫폼 기업들의 성장으로 인터넷 서비스 시장이 활성화되고 있다. 특히 한국, 중국, 일본 세 나라를 중심으로 인터넷 서비스가 활발히 진행되고 있는데 그 중심에는 세 나라의 대표적인 토종기업들이 자리하고 있다는 것이 특징이다. 이들 세 나라의 기업들은 자국의 시장영역에서 거의 독점적 지위를 유지하면서 자체적 표준을 확립해나가고 있다. 이는 한편으로 미국의 인터넷 서비스 기업군의 영향력을 동아시아 차원에서 상쇄시키고 있다는 성격을 지니고 있다. 이를 테면, 구글이 세계적으로 검색시장 점유율 1위를 기록하지 못한 나라는 한국을 포함해 중국, 일본 등 동아시아권 몇몇 국가에 불과하다(장동준 2009). 모바일 인터넷 환경에서도 구글이나 페이스북은 중국 내 시장진입을 하지 못하는 상황이 지속되고 있고 한국이나 일본에서도 고전을 면치 못하고 있다. 이처럼 동아시아 차원에서는 미국 인터넷 서비스 기업군들이 동아시아 지역 내 토종 기업군들에 의해 견제를 받고 있는 것이 현실이다.

　　토종 검색기업으로서 압도적인 한국 내 점유율을 차지하고 있는 네이버와 다음에 의해 구글은 한국의 PC와 모바일 검색시장에서 세계적인 점유율과 대조를 보이고 있고, 중국에서는 바이두에 의해 견제되다 결국 2009년 구글 사태로 중국시장에서 철수하기에 이른다. 바이두는 사업 초기부터 구글의 중국 진출을 경계하면서 정부와의 관계를 통해 구글의 영향력 확대를 제어시켜온 것이 사실이다. 일본에서도 구글은 소프트뱅크의 야후재팬에 밀리고 있다. 이러한 경향은 모두 검색 알고리즘에 대한 토종기업들의 국가별 경험에서 비롯된 것으로 관찰된다. 구글의 검색엔진을 따르기보다도 자국 시장의 수요에 맞는 검색엔진을 개발함으로써 자국 내에서의 점유율 확장을 가져온 전략적 기술개발의 사례로 볼 수 있다. 비록 모바일로 비중이 쏠리고 있는 현재의 환경에서 모바일 기기에서 보여지는 구글의 인터넷 영향력을 간과할 수 없다고 하지만, 여전히 동아시아 차원에서는 토종기업들의 압도적인 점유율에 비교되는 것이 사실이다.

검색엔진 영역만이 아니라 모바일 메신저와 전자상거래 영역에서도 미국은 동아시아 토종 기업들에 자리를 내주는 형편이다. 일본을 시작으로 서비스를 개시한 네이버의 라인은 일본의 모바일 메신저 시장을 장악함은 물론 태국에서도 90%를 넘는 점유율을 자랑한다. 이에 더해 카카오톡은 한국의 국민 메신저라는 우위를 바탕으로 한국에서 안방 주도권을 거머쥐고 있다. 실제로 카카오톡은 한국 내 스마트폰 보유자의 97% 이상이 이용할 정도로 높은 점유율을 자랑한다(이진영 2015). 중국에서는 텐센트의 위챗이 국민 모바일 메신저로 자리하면서 6억 명 이상의 사용자를 확보했다. 이와 더불어 중국의 전자상거래 플랫폼인 알리바바로 인해 미국의 아마존이나 이베이가 힘을 쓰지못하고 있다. 이처럼, 중국에서는 바이두, 알리바바, 텐센트 등 3대 인터넷 기업의 영문 앞 글자를 따서 일컫는 중국 BAT가 과거 미국을 추격하는데 급급했던 차원에서 이제 세계 인터넷 산업의 패권을 잡기 위한 주도권 경쟁에 나서고 있다(설성인 2015).

요컨대 인터넷 플랫폼의 비즈니스 차원에서 표준경쟁의 세계정치라는 시각으로 보았을 때, GAFA를 위수로 인터넷 서비스 시장에서 선두를 지키며 세계적으로 확장을 진행하고 있는 미국에 대해 동아시아 차원에서는 토종기업들이 미국의 글로벌 표준에 대항하고 빠르게 추격하고 있는 모습이다. 글로벌 표준을 장악한 미국에게 있어 동아시아는 사각지대가 된 것이다. 특히 중국은 정부까지 나서서 중국의 인터넷 서비스 기업을 지원하고 있는데 이는 인터넷시대에서 벌어지는 표준경쟁을 미중의 권력경쟁으로 엿볼 수 있게 하는 대목으로 비춰지고 있다. 이처럼 인터넷이라는 정보서비스 산업을 필두로 세계 권력은 새롭게 디지털화되어가고, 그 과정에서 혁신역량에 의한 질서의 구성이 담지되고 있다. 즉 사이버공간의 세계질서는 상술한 인터넷 선도 기업군의 구조적 지배와 영향력에 따라 형성되고 그에 동반한 국가적 차원의 움직임에 의해 인터넷 거버넌스와 같은 글로벌 차원의 정치적 논의가 활성화되고 있는 것이다.

위의 논의에서 알 수 있듯이 이러한 사이버공간의 세계질서에서 인터넷의 패권적 지위를 영위하는 미국에 대하여 중국이 위협적인 행위자로 부상하였다는 점은 사실로 되었다. 무엇보다 이러한 중국의 움직임에 세계의 이목이 집중되고 그것으로 인한 세계정치경제의 변환에 귀추가 주목된다. 이는 한편으로 세계정치적 권력 파동을 예고하고 있기 때문이다. 미국에 대한 실질적인 대항세력으로 성장한 중국의 인터넷 역량은 그 잠재력이 과연 어디에서 비롯된 것이고 이러한 각축의 진행여부를 현실주의적 지정학의 대륙세력과 해양세력의 주도권 싸움으로 이해할 수 있을지도 주목을 받고 있다. 중국 알리바바 마윈(馬雲) 회장의 '우리는 악어가 될 것이다'라는 표현에서 엿볼 수 있듯이 중국의 비전은 또 다른 차원에서 세계적인 해양세력인 미국에 필적할 대륙세력으로서의 중국의 굴기를 연상시킨다. 이러한 논의에 대한 답은 실제로 다음 절에서 살펴볼 중국의 배티즘과 레드아키에서 실마리를 찾을 수 있다.

3. 표준경쟁으로 보는 중국의 도전

상술하듯이 인터넷이라는 정보서비스 산업을 필두로 구축되고 있는 사이버공간의 세계질서는 미국의 패권, 동아시아의 부상, 중국의 도전으로 분층화하여 설명할 수 있다. 세계-지역-국가의 구도 속에서 미국은 GAFA와 같은 인터넷 기업군을 필두로 세계적 차원에서 인터넷패권을 형성해가고 있는 모습이다. 이와 더불어 동아시아 차원에서는 토종기업들이 주도하는 혁신역량이 부상하면서 미국의 영향력을 상쇄 또는 제어하고 있다. 이 과정에서 중국의 도전은 두 개의 개념화의 사례에서 표현된다. 즉, 본고에서 모색하고 있는 배티즘과 레드아키의 개념화에 따른 중국형 표준의 도전이라고 할 수 있다.

사실 인터넷 시대에서의 정보산업은 기술과 서비스를 중심으로 한 플랫폼 조성에서 그 역량이 발휘되고 있다. 이는 윈텔리즘과 구글아키의 논의를 떠올리게 한다. 이러한 논의의 연장에서 볼 때, 바이두, 알리바바, 텐센트를 중심으로 성장하고 있는 중국 인터넷기업들의 오늘날 영향력도 이즘(-ism)이라는 접미어를 붙여야 할 정도로 그 위력이 발휘되고 있는 것이 사실이다. 따라서 아래에서는 중국 BAT로 불리는 세 기업의 상징성을 빌어 이즘(-ism)의 논의를 전개해 봄으로써 미국의 그것과는 어떠한 차이를 보이는 것인지 살펴봄과 동시에 인터넷 시대의 대항세력으로서 이들을 정의할 수 있는지의 가능성을 모색해보려고 한다. 여기에서 배티즘은 기업이 앞장서서 중국의 환경에 맞는 프레임을 설정하는 중국형 표준의 첫 번째 사례가 된다. 실제로 배티즘은 세 기업이 중국 인터넷 서비스 산업에서 구축한 지배적 구조와 영향력을 상징한다.

중국의 구글로 불리며 중국 최대의 검색엔진으로 자리한 바이두는 중국 검색 시장의 80%에 육박하는 점유율을 보이고 있다(박순찬 2014). 이제는 '구글하다(googling)'와 같은 의미를 지니는 '바이두이샤(百度一下)'로 중국의 인터넷 검색 시장의 지배적 지위를 누린 바이두가 인터넷 시대 중국의 "국가대표"로 평가될 정도이다. 이와 함께 중국 정보산업의 대표주자로 거듭난 알리바바는 중국 전자상거래에 존재했던 불신과 전통 금융시스템에 존재한 진입장벽 문제라는 두 가지 구조적 공백을 알리페이 결제시스템과 핀테크의 기술적 방식으로 메움으로서 중국 전자상거래 사업에서의 독점적 지위를 향유하고 있다. 그리고 배티즘의 T를 담당하는 텐센트는 PC인터넷 메신저 서비스인 QQ, 모바일 인스턴트 메시징 서비스인 위챗(wechat), 인터넷(모바일) 게임 플랫폼 등에서 압도적인 우위를 차지하고 있다. 특히 온라인 게임 육성에 대한 중국 정부의 강력한 지원과 소셜네트워크서비스 분야에서 자국 정보산업을 위한 중국 내 시장 통제력이 강화되면서 텐센트의 경쟁력은 제도적으로 보다 보장받게 되었다.

이처럼 상술한 세 기업의 사례에서 알 수 있듯이 인터넷 표준경쟁을 필두로 진행되고 있는 정보화 시대의 기술표준경쟁은 검색기술, 금융결제기술, 커뮤니케이션 기술을 중심으로 전개되고 있고, 그 과정에서 중국 기업군들의 약진이 두드러짐에 따라 중국 인터넷 시장의 판도는 중국기업들에 의해 거의 독점화되었다. BAT를 중심으로 중국이라는 시장 영역에서 인터넷의 중국 표준이 형성되고 있는 것이다. 이러한 현상은 이른바 GAFA를 위시한 미국 IT기업들이 세계적으로 IT 영토를 확장해가며 영향력을 발휘하고 있지만 오히려 중국의 문턱에서 좌절하는 이유를 반증해준다. BAT가 이처럼 효과적인 지배권력으로 자리매김할 수 있었던 것은 네트워크 전략의 효과적인 작동이 있었기 때문이다. 여기에는 중국 내에서 유일하게 글로벌 경쟁력을 지녔다고 평가되는 세 기업 간 상호인식 측면에서의 유대, 정부와 네티즌에 이르는 수직적 구조가 작용하였다.

다시 말해, 세 기업 간에는 기술협력과 같은 특수한 관계설정이 없음에도 불구하고 인터넷이라는 특수한 기술기반과 다양한 국내기술 포럼을 통한 각자의 기술비전이 공유되어왔다. 이러한 수평적인 관념적 네트워크와 더불어 세 기업은 정부-BAT-국민이라는 세 층위의 복합구도를 통해 중국이라는 영역에서 거대 IT생태계의 네트워크 망을 구축해오면서 간접적인 관계결합을 이루었던 것이다. 무엇보다, 서로 다른 기술영역에서의 압도적 우위는 세 기업의 공존과 성장을 가능케 한 기술구조적 요인이라고 평가된다. 요컨대 배티즘은 인터넷 플랫폼이라는 다차원적이고 다양한 구조를 만듦으로써 자신의 표준에 섭렵되도록 공유의 전략을 보여줌과 동시에 독자적 생태계의 구축을 진행하여 중국이라는 영역에서 시장의 독과점을 노리고 있다. 즉, 기술서비스의 공유, 해당분야에 대한 구조적 독점이라는 공유와 독점의 역실적 전략을 사용하고 있는 것으로 평가된다.

이밖에 표준경쟁으로 보는 중국의 도전에서 두 번째 개념화 사례로 지목되는 레드아키를 통해 사이버공간의 세계질서에 대한 중국의 인식과 재편시도를 엿볼 수 있다. 레드아키는 구글아키에서 시작된 인터넷 질서의 논의를 중국적 환경에서 나타나는 특수성으로 정의하기 위해 제시된 개념이다. 여기서 레드는 '빨강'이라는 색상이 지니는 상징성을 활용하고자 덧붙여진 것이다. 이른바 홍색정권이라고 불리는 중국의 공산정권에 대한 이미지 표상은 물론 전통적으로 빨간색을 길조로 생각하는 중국인들의 인식적 특성을 반영하여 인터넷 시대 중국의 움직임을 구글아키의 '아키(archy)' 논의와 더불어 레드아키로 그 개념을 귀결시켰다. 무엇보다, 레드아키는 배티즘의 대항적 담론과 같은 연장에 있으면서 정부라는 직접적 참여자의 역할이 두드러진다는 점과 그것을 중심으로 수직적으로 이루어지는 메커니즘이 그 특징이라고 할 수 있다.

중국은 일찍이 정부 차원의 수직적 프레임 짜기를 시도하였는데 PC시대부터 마이크로소프트의 중국 내 영향력 확대를 우려하면서 자체 리눅스 운영체계의 개발을 장려하였다. 그 과정에서 리눅스 기반의 우분투기린 운영체계 개발에 이어 중국 정부는 독자적인 모바일 운영체계인 차이나운영체계(China Operating System: COS)를 2014년 공식 발표하여 안드로이드와 애플에 대응하는 대항마로 성장시키고자 하였다. COS는 2012년 중국 국유자본으로 설립된 상하이리안통(上海聯彤)이라는 기업이 주도하면서 가시화되었다. 이와 함께 COS의 공동개발을 추진한 중국과학원은 산하의 소프트웨어연구소에서 COS의 전체적인 설계, 오픈소스 체계의 관리와 운영을 담당하도록 하였다(新华网 2014.01.23). COS는 세계시장을 독점적 구조로 만들고 있는 안드로이드와 아이폰의 운영체계에 대한 중국 정부 차원의 대항적 조치이다. 중국 정부의 입장에서는 적어도 중국 시장만큼은 양대 미국 기업에 의해 좌지우지될 수 없다는 것이었다.

또한 빅데이터의 대두로 검색기술이 지니는 정보안전의 문제를 의식한 중국은 국가안보와 정권안보라는 측면에서 구글 검색표준에 대한 대안검색 표준을 제시하여 국가정보안전을 수호하고자 노력하였다. 즉 구글의 지배표준에 대한 대항적 의미로서 중국 정부는 정부주도의 검색엔진 개발을 지원하였던 것이다. 이러한 과정에서 중국의 언론매체와 이동통신 기업들이 앞장서게 되었는데 2010년 중국과학원과의 공동노력으로 출시한 중국검색(中國搜索)이 대표적이다. 중국검색은 구글 사태를 전후하여 사이버공간에 대한 관리의 심각성을 느낀 중국 정부 차원에서 개시한 계획적인 프로젝트이다. 중국검색은 중국의 언론매체와 통신업체들이 공동으로 협력하면서 개발한 인민검색과 판구검색에 기반하여 최종 통합된 검색엔진으로서 사이버공간에 대한 정부차원의 전략적 접근과 계획적인 설계를 엿보게 한다. 중국은 일찍이 "12.5규획"을 통해 "사이버 및 정보안전보장 강화"를 중국정보화건설의 중요한 내용으로 하였고 "신뢰가 되고, 관리가 되고, 통제가 되는 사이버공간"을 "12.5규획" 정보안전발전의 목표로 한 바 있다(张笑容 2014: 175).

이와 같이 본고에서 레드아키로 대변되는 중국 정부의 대항적 기술표준은 PC시대의 리눅스에 이어 인터넷시대의 중국 검색, 그리고 모바일 이동통신 분야의 COS까지 정보화 시대의 제반을 아우르는 정부 차원의 기술 표준을 의미한다. 이는 정부라는 최상층의 정치체가 수직적인 조직 메커니즘을 동원하여 정보화 시대의 지배질서 확립을 위한 실천사례로서 해당 분야의 주도권을 자국 중심으로 다시 재편하려는 전략적 의도가 내재되어 있는 것이다. 이를 통해 중국은 정부 차원의 지배적 질서가 인터넷 영역에서도 형성되게 함으로써 사회주의적 정치질서가 인터넷에 기반한 사이버공간이라는 제5의 공간영역으로도 확장해 중국의 정치안정과 영향력을 보장하고자 한다. 바로 이러한 점이 이른바 자유주의 질서를 상징하는 구글아키와 상치되는 중국형 질서담론의 제기를 유념하게 만드는 부분이다.

이상의 사례들과 논의들을 종합해볼 때, 중국의 기술표준에는 일종의 대항적 의미의 성격과 중국이라는 특수한 정보화 무대에 따른 정부의 관여적 역할이 자리하고 있음을 알 수 있다. 이러한 현상들은 자연스럽게 미국의 모델과 비교되면서 중국만의 특수성으로 나타난다. 이에 따라 본고에서도 중국형 기술표준의 특성을 기존의 윈텔리즘과 구글아키에 등치된 상태에서의 상반된 입장이 아니라, 그것의 성격을 차용하여 중국형 표준의 이즘(-ism)과 아키(-archy) 논의를 전개한 것이다. 요컨대, 기술적으로 배티즘은 미국의 선도적 기술표준을 따르면서도 모든 서비스를 중국적 환경에서 발현되는 특수성에 맞게 변환시켜 중국 시장에 대한 선점을 진행한 구조적인 지배였다. 여기에 중국의 인터넷 정책이 함께 더해지면서 경계가 있는 영토국가 모델의 지배구조를 마련한 것인데, 이는 일종의 독점적 지배를 통한 영향력 확장이다. 아울러 레드아키는 계획적이고 집중적이며 수직적인 성격을 지니는 것으로서 기술혁신체제의 중국적 특수성을 전형적으로 반영해주고 있다. 특히 이러한 점은 아래에서 논의될 제도모델에서 잘 나타난다.

IV. 인터넷 서비스 산업과 중국의 제도표준

1. 중국형 표준의 모색과 배티즘

인터넷 서비스 분야에서 나타난 중국형 표준의 제도적 속성은 인터넷 검열 정책과 법 제도를 둘러싼 일련의 규제적 장치에서 잘 드러난다. 미국의 IT기업들과 갈등이 불거지는 와중에 중국 정부는 국가보안에 위협이 될 외래 기술들을 차단하고 인터넷상의 불건전하고 유해한 정보를 검열하는 것은 주권 국가의 정부가 취할 수 있는 법적 권리라는 태도를 보여왔다. 바로 이러한 맥락에서 배티즘의 제도적 특성을 이해할 수 있는데 2010년의 구글 사태, 2011년의 알리페이 사건 등은 그것을 반증해주는 사례이다.

2010년 중국 정부와 구글의 갈등 사태는 바이두로 하여금 보다

확고한 중국 내 지배력을 다지게 해주었다. 여기에서 주목되는 점은
여타 국가에서 자주 문제시된 중국 정부의 인터넷규제와 사전심사제
도가 바이두에게는 긍정적으로 작용했다는 것이다. 바이두는 그동안
지속적으로 중국 정부의 성책적 심의를 지켜오면서 정부와의 신뢰를
쌓아올렸고, 따라서 중국 정부 역시 민영기업 바이두를 국가적·민족
적 기업으로 포장하여 기업 활동에 적극적인 지지를 보내주었다. 이러
한 정부와의 전략적 유대 형성은 창업자 리엔훙(李彦宏)의 언급에서도
잘 나타나는데 그는 중국에서 기업의 성공을 위해서는 정부와의 타협
이 중요하다고 강조하였다(网易财经 2010.9.13.).[1]

바이두와 마찬가지로 중국의 3대 인터넷기업의 하나로 자리한 텐
센트 역시 중국 정부의 제도적 비호가 있었기 때문에 중국 내의 영향
력을 지속해 나갈 수 있었다. QQ, 위챗 등 SNS분야에서 여타 외국기
업의 추격을 불허하고 있는 텐센트에게 정부의 제도적 장벽은 다분히
순기능으로 작용해 왔다. 따라서 페이스북, 트위터와 같이 세계적 범
위에서 SNS 혁명을 선도해가고 있는 기업들이 경쟁사로조차 중국 내
접근이 불가능해지면서 텐센트가 중국의 커뮤니케이션 변혁을 주도하
게 되었던 것이다.

이러한 정부의 관여는 2011년 "알리페이 사건"에서도 제도표준의
문제로서 극명하게 드러났다. 중국 정부는 알리페이가 국가금융정보
안전에 긍정적인 역할을 한다고 인식하여 2010년 6월 중국인민은행을
통해『비금융기구지불서비스관리판법(非金融機構支付服務管理辦法)』

---

1 2010년 구글 사태 이후 처음으로 미국 언론과 진행된 인터뷰에서 리엔훙은 다음과 같이
말했다. "중국 정부는 여전히 미국 인터넷 기업들의 중국 시장개척을 희망하고 있다. 다
만 그들이 중국의 법률을 준수할 의향이 있다면 말이다." "한 기업의 마지노선은 국가와
의 대항을 피해야 되는 것이다. 특히 중국과 같이 크고 강하며 공세적인 정부와 대항하
는 것은 바람직하지 않다. 이 점은 존중해주어야 될 부분이다."

을 반포하였다. 이는 외국투자자를 의식하여 투자자의 업무범위, 투자 자격조건, 출자비례 등을 명시적으로 규정함으로써 알리페이에 대한 규범적 제도장치를 마련해 준 것이다. 중국 국무원에서도『정신관리조례(征信管理条例)』를 공포하여 일반회사와 달리 결제업무를 행사하는 회사는 대량의 사용자 정보를 확보하고 있으며 사용자의 일상적 결제행위 또한 대량의 데이터를 양산하고 있으므로, 이는 모두 정보안전의 범주에 속한다고 밝혔다. 이에 따라 마윈 알리바바 회장은 스스로 알리바바를 진정한 중국인이 소유한 "국유기업"이라고 여러 차례 언급하며 정부와의 보조를 맞추는 모습을 보였는데, 여기에서 정부의 비호와 마윈 전략의 일치성이 극명하게 나타난다(钱江晚报 2011.5.13.).

마윈은 정부가 규율한 관련조례의 요구에 따라 알리페이와 알리바바를 분리하여 외국 투자자의 영향력을 축소시키는 지배구조를 형성하였고(The Wall Street Journal 2014.9.19.), 이 과정에서 알리바바는 대량의 지분을 확보하고 있던 야후에 대하여 정부가 배경에 있는 자본유입을 통해 야후 주식을 매입하고 회사의 지분구조를 조율하였다. 여기에는 중국공산당 엘리트 자제들도 참여하면서 이익배분에 관여하였다(Hsueh 2014). 그동안 마윈이 외쳐왔던 팀차이나(中國隊, Team China)의 대표인 알리바바가 세계무대에서 막강한 존재감을 과시할 수 있었던 데에는 바로 이러한 강력한 정부의 힘이 투영되고 있었음과 동시에 중국 특유의 정치경제가 작동하고 있었기 때문이다. 이는 중국이 원하는 법률상 표준에 대한 지향을 보여주는 것으로 표준설정에 대한 중국 특유의 관상(官商)결합의 정치경제적 단면을 지각하게 만든다.

무엇보다, 이렇게 성장한 기업들이 정부보다 더 적극적으로 관련 분야에 대한 정책적 메시지를 던짐에 따라 해당 분야의 제도방향 설정에 중요한 영향력을 발휘하고 있는 것도 사실이다. 정부가 기업을 자체적 체제의 틀로 수렴시키려는 것과 동시에 기업 역시 정부에 대한 반감이 아니라 정부와의 관계 형성을 통해 발언권을 높이고 있는 것이다. 특히 BAT 3사의 기업 수장 모두가 중국 정부 정책의 참여자라는 점을 간과해서는 안 된다. 전국인민정치협상회의 위원인 바이두의 리옌홍은 물론 전국인민대표대회의 인민대표인 텐센트의 마화텅(馬化騰)을 비롯하여 연례 정부보고서의 검토에도 참여했던 마윈에 이르기까지 모두 정치적 신분을 지니고 있거나 정치적 과정에 영향을 미치고 있다. 이러한 특수성 또한 배티즘의 지배적 질서에 정치적 의미를 부여하는 대목이 되고 있는 바이다.

2. 중국형 표준의 모색과 레드아키

상술한 사례와 같이 정부와의 연대를 통한 기업의 성공적 안착은 중국 정부의 구조적 영향력을 단적으로 표현해주고 있다. BAT는 정부에 수렴되는 과정을 통해 외부의 강력한 경쟁자들을 제거하고 자사의 역량을 보다 공고히 할 수 있었다. 동시에 정부 또한 세계적 역량을 지닌 이들 인터넷 기업들에 대한 정치적 수렴을 통해 체제 차원으로 끌어들임으로서 경제질서의 거시적 운영과 정치적 목적의 달성을 이루고자 하였다. 이러한 지배질서 확립의 과정이 이른바 '이즘'적 논의와 결부되는 지점이라면, '아키'적 논의는 상술한 유화적 차원의 수렴구조와는 달리 보다 강력한 정부의 힘이 반영되는 집중적인 관리구조로 나타나고 있다. 아래에서는 중국 정부의 직접적인 개입으로 인한 레드아키의 출현을 제도적 시각의 접근으로 그 특징을 논해보고자 한다.

　앞장의 논의에서도 알 수 있듯이, 중국 정부는 리눅스 개발 계획과 같이 지속적으로 집중적인 자원투입을 통한 자체적 표준개발을 시도하였다. 사실 COS이전에도 일찍이 중국 정부는 2009년 국유통신기업인 중국이동회사의 추진 하에 안드로이드 개정판인 OPhone을 출시하기도 하였다(人民網 2014.08.26.). 비록 얼마 가지 않아 자취를 감추었지만 중국 정부의 이러한 일련의 노력들은 결국 인터넷 모바일 생태계의 핵심인 운영체계의 개발에 보다 분명한 문제의식을 가지게 만들었다. 이와 같은 정부 차원의 직접적이고 집중적인 투자와 관리양식은 인터넷 서비스 분야인 검색엔진 개발에서도 잘 나타났다. 3장에서 언급된 중국검색이 바로 그것이다.

2010년의 구글 사태로 구글 검색서비스가 중국 시장에서 철수하는 즈음을 전후하여 중국 인민일보사는 인민검색(人民搜索)을 개발하여 2010년 6월 30일에 서비스를 개시하였다. 이와 동시에 2011년 2월 22일에는 중국 신화사(新華社)와 중국이동통신(中國移動)사가 공동 개발한 판구검색(盤古搜索)이 서비스를 시작하면서 구글의 빈자리를 보완 및 대체하려고 하였다. 특히 해당 두 검색엔진의 출현배경에는 중국이 검색엔진을 국가소프트파워 구축 전략의 일환으로 2009년에 승격시킨 데 있다(新华网 2014.03.03.). 그러나 결과적으로 시장의 외면을 받아오면서 중국 정부는 2014년에 두 검색엔진을 통합하여 국가급 검색 플랫폼인 중국검색(中國搜索) 서비스를 새롭게 개통하고 chinaso.com을 출범시켰다(新华每日电讯 2014.03.22.).[2]

중국검색 출범에 대한 중국 정부의 목적은 2010년 당시 인민검색의 사장이었던 덩야핑(鄧亞萍)의 언급에서부터 알 수 있다. "중국은 국

---

2   중국검색은 중국인민일보사, 신화통신사, 중앙TV방송국(CCTV), 광명일보사, 경제일보사, 중국일보사, 중국신문사 등이 연합하여 공동 설립한 중국검색정보과학기술주식유한회사(中國搜索信息科技股份有限公司)가 운영하고 있다.

제 인터넷 무대에서 발언권이 아직 강하지 않으므로 세계 최대 인터넷 국가라는 신분과 어울리지 않는다. 구글 등 인터넷 거대기업들이 세계를 제패하려는 오늘날, 그리고 외국기업들이 정보산업의 규칙제정권을 주도하는 오늘날, 우리는 검색엔진의 높은 고지를 선점하여 자주적 지적재산권의 기술로서 국가권익을 수호해야 된다." 이와 더불어 인민일보사 사장 장앤눙(張研農) 역시 "정보시대에서 국가정보안전 문제가 나날이 제기되는 오늘날 자체적 검색엔진을 보유한 자만이 발언권을 획득하는 것으로서 중국은 인터넷정보 주도권을 잡아야 한다"라는 입장을 밝혔다. 바로 이러한 목표의식을 바탕으로 중국 정부는 일찍이 2008년부터 자주적 지적재산권의 검색엔진 개발을 결정하고 이를 국제전파능력건설 및 중앙중점신문사이트건설규획(國際傳播能力建設和中央重點新聞網站建設規劃)에 포함시켰던 것이다(人民网 2010.10.28.).

이렇듯 중국 정부는 개입과 관여의 시각으로 정보화 분야에서 이루어지는 일련의 기술혁신을 바라봄에 따라 정부를 중심으로 형성되는 중국의 기술혁신체제는 수직적인 단선적 구조를 보임과 동시에 집중적인 관리양식을 나타내면서 경직된 일방향성의 성격을 보여주고 있다. 결국 정부라는 상층구조의 관리를 통해 위계적인 지배질서를 인터넷 시대의 국가영역에서 이룩하고자 함에 따라 지배구조의 단일화로 귀착하려는 의도인 것이다. 여기에 외부적 기술표준에 대한 강한 배타성과 불신감이 자리함에 따라 정부적 차원의 관리구조는 결국 일방적 투입-산출 식으로 표현되고 있다. 이러한 체계를 통해 획득한 일련의 기술표준으로 중국 정부는 국내의 사이버질서 운영을 주도하고자 도모하면서 내부적인 질서의 제도화를 모색하였던 것이다.

3. 중국형 표준의 제도모델과 관리구조

위에서 제시한 중국의 정부-기업 사례를 놓고 보면 아직은 이렇다 할 중국식의 인터넷 산업모델을 도출해내기는 어려운 것이 사실이다. 즉, 기존의 발전국가모델의 모습만이 표출되고 있는 것뿐만 아니라 ICT 분야의 특성이 그대로 반영되면서 중국적 요소가 농후하게 반영된 특수성을 엿볼 수 있어 모델을 단순하게 정의내리기에는 다소 어폐가 있을 수도 있다. 여기에는 아직 진행형에 있는 정보화의 과정적 요인과 이른바 중국특색의 사회주의 시장경제를 표방한 중국의 제도적 요인이 상호 정합과 불화의 경과적 단계를 거치면서 합리적 절충의 모색을 하고 있기 때문이다. 그러면서 동시에 자발적 추동을 시작으로 성공적 소산을 거두게 된 중국의 IT기업들이 여타 세계적 기업들과 비견되면서도 그 특성의 모호함을 지니고 있기 때문에 계설하기 어려운 점이 연유하고 있다. 그럼에도 불구하고 사회주의 권위적 체제에서 기인하는 정보산업에 대한 정부의 강력한 지향이 여전히 핵심적으로 반영되고 있어 여타 국가들과의 제도적 장치와는 차이를 보여주고 있는 것은 사실이다.

　이러한 제도적 장치에 대한 논의의 선상에서 2010년 구글 사건이 주는 의미를 다시 되새겨보면, 이는 단순히 미국의 IT 기업과 중국 정부의 갈등이라는 차원을 넘어서, 양국의 정치경제 모델의 차이를 보여주고 있음을 알 수 있다. 이 사건에서 나타난 구글의 행보가 미국 실리콘밸리에 기원을 두는 기업-정부 관계를 바탕에 깔고 있다면, 이를 견제한 중국 정부의 태도는 중국의 국가정책 모델에 기반을 둔다. 미국 내에서 IT 기업들이 상대적으로 정부의 간섭을 받지 않고 사실상 표준을 장악하기 위한 경쟁을 벌인다면, 중국에서는 아무리 잘나가는 기업이라도 정부가 정하는 법률상 표준을 따르지 않을 수 없는 상황이다. 이러한 점에서 구글 사건은 워싱턴 컨센서스와 베이징 컨센서스로 알려져 있는 미국과 중국의 정치경제 모델의 경쟁 또는 제도표준의 경쟁적 성격을 바탕에 깔고 있는 것이다(김상배 2014b: 247-248).

흔히 중국모델로도 불리는 중국의 발전모델은 그동안 많은 논의를 배태하였다. 중국모델에서 주목되는 점은 중국의 국가 관료와 사적 자본가 간의 관계가 불분명한 것인데, 혹자는 이를 혼성적인 국가-자본가(hybrid state-capitalist)의 형태라고 규정하기도 한다. 왜냐하면 중국에선 정부 또는 관료가 직접 기업을 경영하는 식의 '기업가적 국가(entrepreneurial state)' 행태를 보이기 때문이다. 소위 국가가 시장에 대해 간섭뿐만 아니라 경제 주체로서 참여까지 하는 이중적 신분과 역할은 관료와 기업가 간의 경계를 모호하게 한다. 따라서 중국에서의 국가-시장 관계는 시장과 계획이 단순히 병존하는 것이 아니라 국가의 경제 활동을 시장이 포괄하는 형태이기도 하다. 또한 국가 정책적으로 신자유주의적 성격과 국가주의적 성격을 조화시켜 그것이 각기 상이한 기능을 발휘하도록 노력해왔다고 볼 수 있다. 이는 중국 개혁과 발전의 전 과정에서 나타나는 특징이라고 할 수 있는바, 그것의 핵심은 바로 '모순의 공존'을 통해 발전과 안정을 동시에 추구하는 데 있다(전성흥 2008: 55-67).

이러한 중국모델의 특징은 인터넷 시대에서 발현되는 중국의 특수성에도 어느 정도 반영되어 본고에서 논의된 배티즘과 레드아키의 조합과 일정한 맥락을 같이함을 알 수 있다. 이처럼 인터넷 서비스 분야라는 선도부문의 경쟁영역에서 중국의 막강한 경쟁력은 단순히 혁신기업의 성공으로만 귀결되는 것이 아니라 특수한 제도적 표준을 투사하고 있는 국가를 포함하여 다각적으로 고려되어야 한다. 이러한 면

에서 인터넷 산업에 대한 중국의 제도적 접근은 기존의 전통 산업분야
에 대한 강제적 자원분배의 수단이라는 보수적 수법의 사용이 아니라
보다 유연한 모습을 보여주고 있는 것이 사실이다. 국내적으로는 기업
의 창의성과 자율성을 확보해주면서도 국가적 고려에서 여겨지는 위
협적인 외부적 요소는 제거하고자 법적·정책적 조치를 적극 활용하고
있다는 것이다.

현재 중국의 제도장치는 인터넷 감시와 규제관리라는 차원에서
전형적으로 나타난다. 국무원신문판공실의 인터넷신문선전관리국에
서는 인터넷 뉴스에 대한 관리를 핵심으로 진행하고 있고, 중국 공안
부의 공공정보인터넷안전감찰국에서는 전국 컴퓨터 정보시스템의 안
전보호와 인터넷상의 범죄활동적발 기능을 담당하고 있다. 그리고 정
보산업부(信息産業部)의 전신관리국(電信管理局)에서는 관련 인터넷
감시와 관리 업무를 담당하고 있다. 2004년 6월에는 인터넷위법및불
량정보신고센터가 설립되어 관련 업계에 인터넷 정보관리에 대한 중
국 정부의 요구를 자율적으로 준수하도록 지침을 정하였다. 여기에서
가리키는 위법정보와 불량정보는 『중화인민공화국헌법』과 「전국인민
대표대회 상무위원회의 인터넷안전에 관한 결정」, 그리고 『인터넷정
보서비스관리판법』에서 명시되어 있는 금지되어야 할 정보와 기타 법
률법규에서 전파의 금지를 명시하고 있는 정보내용을 의미한다(吳九香
2012: 93).

이렇듯 인터넷 시대의 표준경쟁을 위한 실제적 역량의 배후에는
국가의 제도적 경합이 존재하고 있음을 알 수 있다. 제도는 힘(power)
과 아울러 힘에 대한 제어(control) 또한 생산하는 것으로, 실패자의
실패는 제도가 충분한 힘을 생산하지 못하거나 제어능력이 부재하게
됨에서 초래되는 것이다. 단순히 힘이 양적으로 증가한다는 것만이 중

요한 것이 아니라 힘에 대한 제어가 없다면 아무리 큰 힘이라도 결코 강대하다고 말할 수 없고, 아무리 작은 힘이라도 통제적 능력이 확보 되면 그에 일치되는 목표를 찾게 되고 실패에서 벗어날 수 있게 되는 법이다(張劍荊 2005: 206). 바로 이 점이 사이버공간에 대한 중국식 제 도표준을 반추하게 해주는 대목이다. 그리고 중국은 인터넷 시대의 중 국형 표준의 설정을 이미 조용하게 실행해 옮기고 있는 와중이다.

배티즘과 레드아키를 인터넷 시대의 중국형 표준의 실현을 위한 제도적 실천으로 개념화시키는 데에는 이상의 사례들에서 나타난 바 와 같이 중층적인 복합관리구조가 엿보이고 있기 때문이기도 하다. 총 체적으로 기업의 요구를 들어주면서도 기업을 통제하여 함께 나아가 는 방식으로 귀결되는 모습이지만, 민영과 국영이라는 시장 주체의 성 격 차이와 인터넷 시대의 혁신 환경의 조성이라는 시대적 특성의 상이 성에 기인하여 중국 정부 역시 기존의 산업발전모델로 접근하려는 방 식은 지양하고 있다. 시장에서는 민영 인터넷 기업들의 역량을 활성화 시키면서 정부의 정책에 따르도록 길들이는 모습이다. 동시에 기업들 의 요구를 수렴하여 함께 산업구조의 활성화를 이끌어나가려는 노력 을 기울이고 있는 것이다. 아울러 정부가 국가적 자원을 집중적으로 동원하여 해당 산업의 방향 설정과 감독을 진행함으로써 집중적인 관 리양식을 동시에 보이고 있다.

V. 인터넷 질서 비전과 중국의 담론표준

1. 발전국가적 인터넷 정체성과 민족이념

가장 추상적인 차원에서 볼 때, 관념변수가 기술변수의 매개를 통해 이익변수에 대한 구성적 메커니즘을 형성한다는 이른바 기술담론의 생성적 측면에서도 인터넷 분야에서 나타나는 중국의 대항적 전략을 설명해볼 수 있다. 인터넷 질서화의 과정에서 중국에게 일차적으로 중요했던 것은 기술경쟁력을 확보하는 일이었고 이와 더불어 정책과 제도의 정비로 기술적합력의 확보 역시 불가결한 요소였다. 더 나아가 인터넷산업에 대한 기술담론의 형성을 주도하여 이익의 효과적인 투영을 가져오는 규범적 지배담론에 대한 확보 또한 중국의 표준 경쟁력 강화를 가져오는 핵심적 요인으로 작용하였다. 이러한 측면에서 중국의 기술창생력, 즉 인터넷 분야의 발전에 있어서 중국이 주장하고 또 주도하고자 하는 담론에는 국가안보와 정권안보, 그리고 민족주의 및 문명표준에 대한 이념이 담겨져 있다고 볼 수 있다.

　　먼저, 인터넷분야에서 제기되는 안보담론의 구성이 "정치안전"에 대한 관념프레임 짜기에 있음을 알 수 있다. 2010년 구글 사건은 미국과 중국의 인터넷 정책의 차이를 넘어서 인터넷에 담긴 정치담론의 차이, 즉 자유롭고 개방된 인터넷의 담론과 통제되고 폐쇄된 인터넷의 담론을 놓고 벌어진 표준경쟁의 성격을 갖고 있다. 당시 구글로 대변되는 미국의 IT 기업들이 중국 정부를 상대로 해서 반론을 제기한 핵심 문제는 인터넷 자유라는 보편적 이념의 전파를 거스르는 중국 정치사회체제의 특성이었다. 이러한 점에서 구글 사건은 '정치이념의 표준경쟁'이기도 했다. 양국 간에 이러한 차이가 발생한 것은, 양국 국내체제의 제도와 정책, 그리고 역사·문화적 전통과 연관되겠지만, 미국과 중국이 세계체제에서 각각 패권국과 개도국 또는 패권국과 도전국으로서 차지하고 있는 국가적 위상과도 관련이 있다(김상배 2014b: 253-254). 다시 말해, 자유주의 세계의 패권적 질서에 사회주의적 이념으로 대항해나가는 모습을 중국이 보이고 있는 것이다.

다시 시선을 바이두로 돌려볼 때, 바이두는 단순히 중국내에서 독점적 지위를 향유하는 검색엔진이 아니라 중국 민족자긍심의 원천(source of national pride)으로 되었음을 알 수 있다(Lococo and Womack 2014). 2005년 6월, 구글이 상하이 중국지사를 설립하고 본격적으로 중국시장 진출을 선언하였을 때 바이두는 자신들의 브랜드에 '민족'이라는 개념을 덧붙여 브랜드를 강조하기 시작했다(장유엔창 2010: 413-414). 바이두와 마찬가지로 알리바바 역시 초기 이베이와의 경쟁에서 바이두와 비슷한 전략을 구사하여 중국적 프레임을 설정하였다. 또한 2011년의 '알리페이 사건'을 계기로 알리바바가 "딤차이나"라는 기업적 프레임을 제시한 것에서도 다분히 애국주의적 민족주의가 중국의 국가와 국민의 저변에 자리하고 있음을 감지하게 만든다. 이러한 점에서 인터넷 산업의 경쟁력 우열의 가늠 또한 '민족이념의 표준경쟁'이라고 볼 수 있다. 서구 중심의 탈근대적인 사이버 공동체의 가치와 중국의 근현대적 민족주의 이데올로기의 대립이었던 것이다.

아울러 중국몽(中國夢)의 실현으로 중화의 부흥을 실천하고자 모든 국가적 역량을 집중하고 있는 중국은 인터넷세계에서 중국 중심의 천하질서를 희망하고 있는 것으로 진단할 수 있다. 마치 한자문명권의 성립과 활자 인쇄술의 발명으로 중국 중심의 지식유통이 이루어졌던 역사와 같이 인터넷 시대의 기술표준에 대한 장악으로 정보화의 흐름을 자율적으로 지배하고 그 공간에서의 설계자로 자리하려는 것으로 분석된다. COS 운영체계의 홍보동영상에서 COS의 개발을 한자의 창조, 중국 활자 인쇄술의 발명과 함께 문명적 발명이자 역사적 사명으로 소개하였듯이 인터넷에 대한 중국의 담론 성격은 문명 비전의 차원에서 거시적으로 해석되어야 함이 타당하다. 여기에는 전통적으로 중심국으로 자리한 역사적 경험과 새로운 시대의 중심국으로 다시 복귀하려는 중국의 정치적 포부가 전략적으로 반영되고 있는 것이다. 바로 이와 같은 문명재현의 의식적 노력이 인터넷 시대와 함께 이루어지면서 인터넷 영역에 대한 국가적·국민적 열의가 강하게 표출되고 그에 따라 선도부문의 경쟁력이 지니는 중요성이 각성되어져간 것이다.

요컨대, 정보산업의 담론 구성과정에서 중국은 세 가지 표준의 흐름을 보여주고 있다. 즉, 중국의 담론은 인터넷 상에서 유통되는 데이터 및 콘텐츠에 대한 안보적 차원의 정치적 담론을 중심으로 사회주의의 통제적 속성이 내재된 체제적 정치담론, 민족기업으로 대표되는 자국기업의 정치적 표상이 국민적 자긍심으로 이어지는 애국주의적 민족주의 담론, 그리고 마지막으로 정보화라는 거시적 환경의 변천에 따른 시대적 과제가 국가적 의무가 되어 가면서 보다 거시적인 문명국가 담론이 주안점으로 되고 있다. 이와 같은 복합적인 담론 구성이 중국 인터넷 경쟁력의 핵심적 일환으로 작용하여 중국으로 하여금 정보화 시대의 표준경쟁에 임하게 만드는 것이다. 더욱이, 이러한 담론은 중국의 선도적 대외지향을 가능케 한 내부적 결집력으로 역할하면서 사이버공간의 중국표준을 세계에 주장할 수 있게 추동하였다.

2. 선도국가적 인터넷 지향과 e-WTO

인터넷 서비스를 중심으로 진행되고 있는 정보화시대에 있어 중국의 담론 구성이 보다 주목을 받는 부분은 사이버질서 구축에 대한 전략적 접근과 규범의 선도적 제창이다. 중국은 위에서 언급한 담론 표준을 국내적으로 확립하면서 국민적 기대와 국가적 의무라는 틀로서 중국의 특수성을 강조하고 내부적 지지를 얻어내고 있다. 그리고 이를 바탕으로 대외적인 규범의 호소를 할 수 있게 되었던 것이다. 즉, 중국이 주장하는 인터넷 규범의 정당성을 요구하고 국제사회의 규칙을 선도적으로 제정하고자 하는 움직임이 나타나고 있다. 이를 위해 중국은 세계인터넷대회, 미중인터넷산업포럼, 세계인터넷공업대회와 같은 국제무대를 적극적으로 마련하고 활용하면서 국제 여론의 향배에 영향을 미치고자 함은 물론 중국이 요구하는 인터넷 규범의 확립을 가져오기 위해 다차원적으로 노력하는 보습이다.

특히 2014년 중국의 주도로 시작하게 된 세계인터넷대회는 인터넷 영역에 대한 중국의 입장을 전 세계에 효과적으로 전달할 수 있게 되었다. 2014년을 기점으로 시작된 세계인터넷대회는 인터넷국의 면모를 과시하기 위해 중국 당국이 공들여 만든 자리이다(김경빈 2014).[3] 제1회 세계인터넷대회에선 시진핑 국가주석이 서면 축사를 하고 리커창(李克强) 총리가 개막사를 발표하였다. 중국 최고 지도자가 번갈아가면서 참여하는 보아오포럼 수준으로 격상시켜 세계인터넷대회를 치르려는 당국의 의지를 읽을 수 있는 대목이다. 제1차 대회 개최를 통해 '인터넷

---

3   대회가 열린 우전(烏鎭)은 중국 강남 지역의 대표적 수향(水鄕) 마을로 독특한 전통과 문화를 갖고 있다. 이에 따라 행사 주최 측인 중국국가인터넷정보판공실은 세계인터넷대회를 스위스의 작은 시골마을 다보스를 빗대 '중국판 다보스'라고 설명하기도 했다.

대국'의 면모를 보여주었다면 중국의 다음 방향은 '인터넷 강국'이었다. 2015년 제2차 대회에서 시진핑 중국 국가주석이 직접 개막사를 통해 인터넷 강국 전략을 피력한 것은 이를 증명해준다(오광진 2015).

다시 말해, 중국은 세계인터넷대회를 주도함으로서 대외적으로는 중국의 인터넷 강국 이미지를 확산시켜 중국의 요구와 입지를 공고히 함과 동시에 중국의 미래 비전에 대한 세계의 이목을 인터넷이라는 영역에 집중시켜 중국이 선도적으로 제시하는 국제인터넷규범의 영향력을 세계적으로 확산시키고자 하는 것이다. 제2회 세계인터넷대회 개막 연설에서 시 주석은 "인터넷 기초시설 건설에 협력을 강화하고 국제사회가 보편적으로 받아들일 수 있는 인터넷 국제 규칙과 반테러 공약 제정을 희망하며 인터넷 범죄를 막는 사법 협조체제를 구축하자"고 했다. 시 주석의 이 같은 발언은 세계 최대 네티즌을 보유한 중국이 초고속 인터넷 인프라를 구축해 국제 인터넷 정책과 질서를 주도하겠다는 포석으로 풀이된다. 세계 각국에 초고속 인터넷이 구축되면 중국 주도의 인터넷 비즈니스를 확산시킬 수 있다는 판단에서다(최형규 2015). 나아가 사이버공간의 질서 구축 과정에서 선도적으로 중국의 요구를 관철시키려는 의도임을 알 수 있다.

이렇듯 중국의 선도적인 인터넷 지향은 정부의 전략적 접근의 산물이다. 무엇보다 이를 가능케 한 중국 인터넷 서비스 기업들의 노력도 간과해서는 안 된다. 무서운 기세로 굴기하고 있는 중국 IT 업체들의 창업자들은 각자의 비전을 토해내며 중국 IT 산업의 장밋빛 청사진을 제시하곤 하는데, 이는 인터넷 영역에 대한 중국의 역량과 사이버공간에 대한 질서 주도의 가능성을 엿보게 하고 있다(조용성 2015).[4]

---

4   마윈 회장은 제2차 세계인터넷대회에서 중국에 '소비의 시대'가 도래할 것이라고 역설했다. '소비의 시대'란 소비가 중국경제를 이끌어가는 시대를 뜻한다. 마화텅 텐센트 회

여기에는 마윈의 e-WTO구상이 대표적이다. 2015년 APEC회의에서 마윈은 자신이 제시한 e-WTO(또는 WTO 2.0) 구상을 강조하였다. 마윈은 과거 20년 동안 WTO가 대기업들을 위한 것이었다면 e-WTO는 중소기업을 위한 것이어야 된다고 하면서 세계는 현재의 무역체계에서 e-WTO와 같은 승격된 질서를 가져와야 한다고 언급하였다. WTO가 국가 간의 협정이라면 진정한 협정은 기업 간의 협정에서 출발해야 되는 것으로 e-WTO와 같이 기업이 협상하면 정부가 따라와야 한다고 주장하기도 하였다(环球网 2015.11.19.).

특히 그동안 선진국과 대기업을 중심으로 게임의 규칙이 결정되어옴에 따라 그들이 주도하는 글로벌화는 "절반의 글로벌화(半球化)"라고 지적하면서 미래의 글로벌 무역에서 시장화와 글로벌화를 새롭게 정의해야 된다고 강조하였다. 이러한 마윈의 구상은 2015년 연초의 다보스포럼을 시작으로 제시되기 시작하였다. 2015년 스위스 다보스 세계경제포럼(WEF)에서 찰리 로즈의 "마윈과의 대화, 통찰력과 새로운 사고"라는 주제 대담에서 알리바바는 e-WTO의 구상을 처음으로 피력하였다(新浪财经 2015.01.23.). 이어 하계 세계경제포럼에서 마윈은 e-WTO의 구상을 진일보한 것으로 보이는데 여기에서 그는 인터넷 거버넌스에 대해 "동물원식 관리"가 아니라 "농장식 경영"을 해야 된다는 논리로 다양한 관련 이익행위자들의 참여를 주장하였다. 이는 정부 간의 WTO 사례와 같은 맥락으로서 e-WTO에서는 기업들의 참여활성화를 강조한 것으로 볼 수 있다(凤凰网 2015.09.09.).

장은 SNS를 기반으로 다양한 업종간 협력을 통해 인터넷공간을 무한 확대시켜야 한다고 역설했다. 바이두의 리옌훙 회장은 인공지능에 대한 비전을 밝혔다. 그는 "인터넷융합을 가능케 하기 위해서는 인공지능이 핵심키를 쥐고 있다"며 "O2O 플랫폼 구축이나 무인자동차 등은 모두 인공지능을 기반으로 하고 있다"고 말했다.

이러한 구상과 주장이 제시될 수 있는 배경을 살펴보면 거기에는 WTO가 표상하는 미국 중심의 선진국 주도라는 세계질서가 자리하고 있기 때문에 그것에 대한 대항(anti) 또는 넘어서려는(beyond) 의미에서 '반-서양질서'라는 인식이 자리하고 있음을 알 수 있다. 또한 WTO에 대한 편입을 통해 막대한 이익을 본 중국으로서는 세계무역체제의 전복 또는 새로운 대안을 내놓을 수 없는 입장에서 오히려 인터넷이라는 기술적 수단을 이용하여 WTO와 동일한 파장을 낳을 수 있는 세계적 차원의 질서 구축을 모색하는 과정이라고 볼 수 있다. 이는 사이버공간의 세계질서 구축 과정에서도 강대국으로서 설계자의 역할을 적극적으로 일임하려는 강대국의 속성을 그대로 보여주는 대목이라고 할 수 있다. 또한 마윈의 구상이 시진핑의 국가전략과 어느 정도 함께하는 모습이라고도 평가될 수 있다. 비록 국내외적으로 많은 논쟁을 낳고 있는 주장이기는 하지만 무엇보다 이러한 구상이 제기된 것은 본 장의 I절에서 설명한 바와 같이 중국의 특수한 정치적·사회적·문화적 인식의 복합적 담론에 기인한다는 것에 더욱 주목할 필요가 있다.

3. 중국의 인터넷 아키텍처와 복합담론

앞장에서 설명한 바와 같이 배티즘이 강조하는 기업의 첨병 역할과 레드아키에서 보여지는 정부의 관여 역할은 모두 국가의 제도적·정책적·법리적 뒷받침을 기반으로 한 기술-제도 모델이다. 무엇보다 이러한 구조적 메커니즘이 가능했던 것은 그에 상응하는 중국의 미래 비전과 관념 구상이 전제되었기 때문에 가능하였음을 간과해서는 안 된다. 특히 이들 기업을 중심으로 중국은 세계적 차원의 사이버 질서 구축 과정에서 새롭게 국가적 위상을 정립해 나가면서 중국 중심의 네트워크 아키텍처를 그리고 있다. 결국 중국은 양외안내(攘外安內)의 전략을 통해 사이버공간에서 구성되는 대내외적 질서를 효과적으로 통제하려 하고 있는 것이다. 즉, 내부적인 네트워킹 과정에서 글로벌 네트워킹과 연계하는 모습이다. 이를 위해 발전국가적 인터넷 정체성과 선도국가적 인터넷 지향이라는 양자 담론의 복합적 구도가 중국의 인터넷 아키텍처 구성을 마련하는 관념적 자산으로 활용되었다.

요컨대 중국의 인터넷 아키텍처는 배티즘의 사례와 같이 자국의 인터넷 서비스 기업들을 국민기업화시킴과 동시에 제도적 장치로 국가의 이념과 정책에 순응하게 함으로써 대내외의 전략적 자산으로 만드는 것을 일차적 목표로 한다. 또한 이들 기업의 역량을 빌어 정부가 직접 사이버공간에 대한 아키텍처 구성의 참여자로 관여하는 레드아키 사례와 같이 구조적 지배를 공고히 하기 위한 다차원의 설계도를 구성하고 있다. 이를 위해 중국은 국내적 담론의 형성과 대외석 규범의 구성을 선도적으로 주도하면서 관념의 우위를 선점함으로써 국가 행위의 정당성을 확보하려는 노력을 기울이고 있다. 여기에는 내부적으로 인터넷 역량의 결속을 다지는 일환으로 타국 인터넷 기업들의 영향력을 최소화하려는 정치적 계산도 존재한다. 이른바 인터넷 보호주의를 통한 내부적 인터넷 아키텍처 구성이라고 할 수 있는데, 이러한 제도적 장치와 더불어 담론적 차원의 관념지배도 자리하고 있는 것이 관찰된다.

실제로 인터넷 아키텍처를 설계함에 있어서 중국은 인터넷 주권과 인터넷에 대한 정부의 관제(管制)를 강조하여 왔고 이에 중국의 비국가행위자들도 관념적 동조를 하여 왔다. '인터넷 주권'을 강조한 시 주석은 인터넷 세상에서 질서유지를 위한 규제 역시 필요하다고 주장했다(헤럴드경제 2015.12.19.). 이에 대해 인터넷 거물인 마윈 알리바바 회장도 시 주석의 인터넷 구상과 온라인 규제 필요성에 동조해왔다. 마윈은 "우리가 인터넷의 발전경로에 체계적인 지배구조 체제를 적용하지 않으면 인류에 큰 위협요인이 될 것"이라고 말했다. 그는 중국의 BAT 인터넷 기업의 등장과 수많은 인터넷 혁신이 이루어진 것은 국가의 관리가 반드시 혁신을 옥죄는 것만은 아니며 발전에 걸림돌이 되는 것도 아니라는 사실을 보여준다고 말했다(정주호 2015). 여기에 더해 유엔 산하기관인 국제전기통신연합(ITU) 자오허우린(趙厚麟) 사무차장은 "모든 국가가 따라야 하는 단 하나의 인터넷 서비스 구현 방식은 없다"며 "각국 환경에 맞는 인터넷 서비스를 개발하도록 장려해야 한다"라고 주장하기도 했다(김온유 2015).

　이러한 주장들은 다른 한편으로 키신저(Henry Kissinger)의 주장과 맥을 같이 한다. 예외주의(exceptionalism)의 중국 버전을 들여다보면, 중국은 자신들의 사상을 해외로 퍼뜨리는 게 아니라 다른 사람들로 하여금 자기네 사상을 찾아오도록 만들었다. 또한 자신들의 문화와 체제가 보편적인 타당성을 지녔다고 주장하면서도 타인을 개종시키려 하는 않는 것이다(Henry Kssinger 2012: 39-55). 이는 사이버공간에서 미국이 보편적 가치를 내세우며 선교사적 행태로 담론을 주도하고자 하는 것에 맞서 중국이 보여준 대항적 담론표준이라 할 수 있다. 즉, 특정 나라의 국정과 환경에 맞는 인터넷 규범과 사이버공간을 만들 필요가 있는 것이지 미국에서 제시한 것을 그대로 받아들이는 것은 합리적이지 않다는 것이다. 나아가 마윈은 인터넷 질서에서 행해지는 이념대결에서 사회주의 경제이념인 계획경제를 옹호하기도 하였다. "2030년 세계는 시장경제(market economy)와 계획경제(planned economy)를 놓고 대논쟁을 다시 벌이게 될 것"이며 "계획경제가 더 우월한 시스템이 될 것"이라고 말했다(박수련 2015). 즉, 인터넷 패권은 앞으로 데이터 패권에 기반하는 것으로 여기에서 중국형 표준의 우위가 발현된다는 것이다. 이는 중국의 제도-담론 표준이 미래 글로벌 스탠더드에 가깝다는 자신감이기도 하다.

이와 같이 중국은 인터넷 아키텍처의 구축 과정에서 중국적 특수성에서 발현되는 체제적 이념담론, 민족주의적 국가담론, 문명화의 거시역사담론이라는 발전국가형 인터넷 정체성을 설정하며 대내적 인터넷 담론을 구성해 왔다. 아울러 대외적으로는 규칙 설정자(rule maker)로 적극 나서며 세계적 차원의 인터넷 규범담론과 사이버 질서담론을 제시하면서 선도국가적 인터넷 지향을 보여주고 있다. 결국 이러한 움직임은 사이버공간의 세계질서 구축 과정에서 주도권을 잡으려는 전략적인 정치적 고려가 바탕하고 있는 것이다. 즉, 밖과 안을 잇는 복합규범의 형성으로 중국발 담론의 표준 세우기를 진행하고 있다고 볼 수 있다. 이처럼 중국의 인터넷 아키텍처는 기술-제도적 차원의 배티즘 및 레드아키의 구조적 행태와 더불어 상술한 국가 안팎의 복합담론으로 이루어지고 있는 모습이다. 이를 위해 중국은 다양한 행위자와 담론 구성에 기반한 네트워크 망제전략을 시도하고 있는 것이다.

VI. 맺음말

21세기 선도부문으로 자리한 인터넷 서비스 중심의 정보산업은 글로벌 사이버공간에서의 지식질서 확립을 도모하고 있음은 물론 국가 간 권력경쟁의 양상도 내재해가고 있다. 특히 인터넷을 기반으로 한 사이버공간에서의 권력게임은 기업 간, 그리고 국가 간에 벌어지는 표준경쟁을 기본으로 하면서도 그와 더불어 규범과 질서에 대한 제도와 담론의 표준을 내포하고 있기 때문에 21세기 세계 권력의 입체적 동학을 살펴볼 수 있는 핵심적 영역이다. 이러한 배경에 착안하여 본고는 인터넷이라는 정보화 영역에 집중하여 중국의 인터넷 표준을 표준경쟁의 국제정치학적 시각에서 살펴보았다. 현 시점의 유일한 패권 도전국으로 성장한 중국이 해당 분야에서 취하고 있는 대내외적 행태를 살펴보는 것은 상당히 중요한 국제정치적 의미를 지니고 있기 때문이다. 따라서 이 글은 기술, 제도, 담론의 세 가지 차원에서 벌어지는 3차원 표준경쟁의 시각으로 중국의 전략적인 경쟁력 향상과 그 대항적 프레임, 그리고 국가-기업의 복합적 네트워크가 형성되는 과정을 이론적, 경험적으로 조명해보았다.

인터넷 플랫폼을 중심으로 펼치고 있는 오늘날 중국의 정보산업 경쟁력의 강화는 서구 국가들이 장악한 기술패권에 수동적으로 반응하여 대항하는 전통적 면모를 넘어서고 있다. 오히려 자국기업들을 첨병으로 하여 인터넷 발전 방향의 패러다임을 변화시켜 자신의 표준으로 유도하고자 하는 선도적인 모습을 보이고 있다. 중국이 이처럼 앞서가는 행태를 보이며 지배적 지위를 획득하고자 하는 데에는 그와 관련된 중국의 인터넷 정책과 제도 및 글로벌 차원의 규범 논쟁의 경합도 존재하고 있음을 간과할 수 없다. 이 과정에서 미국 IT 기업들은 기술표준 분야의 도전에서 비록 글로벌 표준을 장악하고는 있으나 제한적으로 중국의 아성에 밀리는 모습을 보여주고 있고, 동시에 제도표준의 분야에서도 중국의 장벽에 가로막히는 역공세를 당하고 있다. 중국 시장 진입에 있어 중국이 설정한 제도표준을 수용하지 않고서는 중국의 막대한 경제규모로부터 얻을 수 있는 실리를 결코 챙길 수 없게 된다는 현실적 고려가 대두하게 되었던 것도 같은 이유다. 결국 중국의 사이버 전략은 이러한 측면에서 알 수 있듯이 인터넷 보호주의를 중심으로 구성되고 있다.

  이와 같이 표준경쟁을 둘러싼 관점과 접근방식의 차이는 궁극적으로 표준에 대한 경합의 치열함을 한층 더 부각시키고 있다. 이상의 논의를 통해 알 수 있듯이 미국의 글로벌 표준에 비해 사실상의 표준으로 자리한 중국형 표준은 결국 일련의 기술-제도모델에 기반하고 있음을 증명해주고 있다. 여기에 체제적·민족적·문명적 차원의 의식적 경향을 보이고 있는 중국의 담론은 자국 산업과 기업의 발전, 나아가 국가의 미래 비전을 효과적으로 추동하는 추진체로 작용하면서 강력한 대외 견제적인 역할을 하게 되었던 것이다. 무엇보다 이러한 중국의 특수성은 본고에서 논의한 배티즘과 레드아키로 귀결되어 양자의 복합적인 결합으로 나타나고 있는 것이 사실이다. 이러한 두 논의는 사이버공간이라는 21세기 신흥공간에서 드러나고 있는 중국의 지배적 질서를 가장 대표적으로 반영하고 있다.

  이렇듯 본고에서 설명하고 있는 인터넷 서비스 중심의 21세기 사이버공간에서는 중국의 독보적인 발전양상이 귀추를 기울이게 하고 있다. 특히 미국의 패권, 동아시아의 부상, 중국의 도전이라는 세 가지 구조적 층위에서 분석될 수 있는 현실적 권력경합은 점차 질서를 구축해가고 있는 사이버공간의 정치적 동학을 구조화시키는 모습을 띠고 있어 중국의 시도가 가일층 조명을 받고 있는 실정이다. 따라서 이 과정에서 중국은 주도권을 잡기 위한 경쟁으로 중국형 표준의 인터넷 굴기를 보여주고 있고 사이버공간이라는 신흥영역에서 질서의 주도자로 자리하고자 노력하고 있다. 바로 이러한 권력의 각축을 이해하기 위해 이 글에서는 네트워크 세계정치학의 표준경쟁의 시각을 원용하여 분석하면서 배티즘, 레드아키, 복합담론 등 중국에서 이루어지고 있는 지배구조의 형성과 구성을 설명하였다. 그리고 이를 궁극적으로 표준의 중국형이라는 개념으로 귀결시키면서 사이버공간의 세계질서 구축에 대한 중국의 움직임을 "도전"으로 평가하였다.

기술-제도-담론의 구성적 분석틀로 중국형 표준의 개념화를 정리해보면, 기술적으로는 여전히 선도적 지위에 있는 미국의 기술 변화를 따르는 모습으로서, 즉 아메리칸 스탠더드를 쫓는 표준 따라잡기로 설명된다. 그러나 다른 한편으로, 자체적 기술표준을 설정하려는 노력을 부단히 진행하고 있음도 알 수 있다. 제도적 측면에서는 중국의 실정과 인터넷 환경에 맞는 기술서비스를 제공하면서 제도적으로 중국 정부의 정책 방향에 따라 기술과 제도의 정합성을 기반으로 차이나 스탠더드를 설정하는 방향으로 나아가고 있다. 아울러 이러한 정치적 색채가 다분한 기술-제도 프레임과 함께, 민족중흥·선도국가·문명창조라는 담론을 구성하면서 사이버공간의 세계질서에서 중국의 입지를 공고히 함과 동시에 새롭게 구축되고 있는 사이버 질서 속에서 자체적 역량의 대외적 확대를 노리고자 하는 모습이다. 이러한 흐름에서 중국의 노력은 기술-제도-담론의 구성을 글로벌 스탠더드로 발돋움시키기 위한 과정으로 평가된다. 요컨대, 중국형 표준이라는 것은 단순한 의미에서의 (기술)표준을 설정한다는 의미를 넘어선다. 상술하듯이 아메리칸 스탠더드와 차이나 스탠더드의 경합, 그리고 글로벌 스탠더드라는 복합적인 표준 프레임이 투사되는 측면을 포착해야 하며, 이 속에서 중국적 특수성이 발현되는 표준 세우기라는 점을 유의해야 한다.

무엇보다 이러한 표준 세우기에서 발현되는 중국의 특수성이 과연 앞으로도 계속하여 지속될 것인지, 아니면 새로운 모습으로 변환할 것인지, 또는 더욱 진보된 모습으로 진화할 것인지는 지켜보아야 할 부분이다. 특히 주목되는 점은 변화된 환경에서 과연 중국의 제도모델과 담론구성이 효과적으로 정보화영역에서 발휘될 수 있는 것인가 하는 의문이다. 그럼에도 불구하고 현 시점에서 나타나는 중국의 전략적 접근을 위에서 상술한 배티즘과 레드아키의 기술-제도의 기업-정부 모델에 더해 복합적 담론이 구성되어지는 다층적인 모습으로 이해되어야 하는 것은 틀림없다. 석어도 현 시점에서는 긍정적인 반향을 일으키고 있는 것은 사실이다. 그렇지만 한편에서는 기술의 가변성과 가속성으로 특징 지어지는 정보화영역에서 상술한 양태를 특정짓기에는 아직 이르다는 판단도 있다. 특히 불확실한 요소가 다수 내재하고 있는 사이버공간의 세계질서 구축 과정에서 중국의 표준이 장기적으로 글로벌 표준으로 상정되거나 효과적으로 작동될 수 있을지 여부는 더욱 유의하여 지켜보는 것이 필요하다.

이처럼, 3차원 표준경쟁의 시각에서 볼 때 중국이 상정하는 새로운 국제정치의 권력 경합은 이미 전통적 패권경쟁과는 달리 새로운 환경과 무대 위에서 진행되고 있으며, 그에 따른 복합적인 권력게임을 염두에 두면서 대항적 역량을 마련하고 있는 것으로 이해되어야 한다. 경쟁에 참여하는 행위자들의 성격 자체가 비대칭적이고 다양화되는 추세 속에서 중국 역시 세계적 기업으로 부상한 자국의 기업을 선두에 세워 대외적으로는 국가의 그림자를 희석시키고자 노력하고 있는 모습을 보이고 있다. 게다가 이들이 벌이게 되는 경쟁의 양상노 물리석인 충돌보다는 시장에서의 사실상의 표준과 국가의 정책 및 제도의 우열, 그리고 이를 둘러싼 담론 논쟁의 복합적인 동학으로 나타나고 있다. 이런 점에서 국가 및 비국가 행위자들이 벌이는 경합을 다층적 표준의 네트워크 세계정치 게임으로 이해해야 하며, 사이버공간의 세계질서에 대한 도전을 이루어나가는 중국의 망제정치 전략을 복합적으로 검토하려는 논의가 더욱 필요해지고 있다.

참고문헌

김경민. 2014. "중국, 첫 세계인터넷대회… 'BAT 거물' 총출동."『이데일리』 2014/11/19.
　　http://www.edaily.co.kr/news/NewsRead.edy?SCD=JH21&newsid=03411206606
　　287360&DCD=A00802&OutLnkChk=Y (검색일: 2015.12.27.)
김상배. 2004. "IT시대의 국가주권의 변화와 글로벌 정치질서의 형성."『IT의 사회·문화적
　　영향 연구』 2004(45). 정보통신정책연구원.
＿＿＿＿. 2007.『정보화시대의 표준경쟁: 윈텔리즘과 일본의 컴퓨터산업』한울.
＿＿＿＿. 2010.『정보혁명과 권력변환: 네트워크 정치학의 시각』한울.
＿＿＿＿. 2012a. "표준 경쟁으로 보는 세계패권 경쟁: 미국의 패권, 일본의 좌절, 중국의 도전."
　　『아시아리뷰』 2(2).
＿＿＿＿. 2012b. "정보화시대의 미중 표준경쟁: 네트워크 세계정치이론의 시각."
　　『한국정치학회보』 46(1).
＿＿＿＿. 2013. "사이버공간의 글로벌 지식질서: 네트워크 이론으로 보는 구조와 동학의 이해."
　　『국가전략』 19(3).
＿＿＿＿. 2014a.『아라크네의 국제정치학: 네트워크 세계정치이론의 도전』한울.
＿＿＿＿. 2014b. "사이버 안보 분야의 미중표준경쟁: 네트워크 세계정치학의 시각."
　　『국가정책연구』 28(3).
김온유. 2015. "中 '세계 시장에 중국 인터넷 문 열겠다' 재차 강조."『아주경제』 2015/12/16.
　　http://www.ajunews.com/view/20151216091618727 (검색일: 2015.12.27.)
박수련. 2015. "마윈 '빅데이터 시대, 계획경제 우월해질 것'."『중앙일보』 2015/09/21. http://
　　news.joins.com/article/18709072 (검색일: 2015.12.27)
박순찬. 2014. "중국 포털, 이제 세계를 검색한다."『조선비즈』 2014/11/14. http://biz.
　　chosun.com/site/data/html_dir/2014/11/13/2014111302620.html (검색일:
　　2014.12.20.)
배영자. 2011. "미국과 중국의 IT협력과 갈등: 반도체 산업과 인터넷 규제 사례."
　　『사이버커뮤니케이션학보』 28(1).
설성인. 2015. "'구글·페이스북 나와라' 중국 龍들의 포효."『조선비즈』 2015/09/14. http://
　　biz.chosun.com/site/data/html_dir/2015/09/14/2015091400737.html (검색일:
　　2015.11.2.)
오광진. 2015. "中 인터넷 굴기… '차량 IoT 표준도 주도'."『조선비즈』 2015/12/16. http://
　　biz.chosun.com/site/data/html_dir/2015/12/16/2015121602707.html (검색일:
　　2015.12.27.)
이민자. 2004. "중국 온라인 공간의 주도권 쟁탈전: 국가-사회의 경쟁."『한국과 국제정치』
　　20(4).
이진영. 2015. "해외정보 박차 네이버 '라인' vs 안방 주도권 집중 '카카오톡'."
　　『이투데이』 2015/10/26. http://www.etoday.co.kr/news/section/newsview.

php?idxno=1222021 (검색일: 2015.11.2.)

장동준. 2009. "구글사이트, 한국식으로 '바꿔 바꿔'."『전자신문』 2009/11/20. http://www.
etnews.com/200911190201 (검색일: 2015.10.15.)

장유엔창. 하진이 역. 2010.『창조경영 구글』 머니플러스.

전성홍 편. 2008.『중국모델론: 개혁과 발전의 비교 역사적 탐구』 도서출판 부키.

정주호. 2015. "中 "인터넷세상 룰메이커 되겠다"… '사이버 굴기' 도전."『연합뉴스』
2015/12/19. http://www.yonhapnews.co.kr/bulletin/2015/12/19/0200000000A
KR20151219021200089.HTML?input=1195m (검색일: 2015.12.27.)

조용성. 2015. "매서운 경쟁력, 중국 IT 5대천왕의 육성 비전."『아주경제』 2015/12/21.
http://www.ajunews.com/view/20151221104902986 (검색일: 2015.12.27.)

조화순. 2005. "정보화시대 국가주권과 사이버공간의 세계정치."『정보화정책』 12(4).

최병헌. 2010. "바이두(Baidu)의 블루오션 전략 연구."『中國學硏究』 第51輯.

_____. 2011. "온라인 공간에서 중국 기업들의 비즈니스 모델 차별성 연구." 제91차
중국학연구회 정기 학술발표회.

_____. 2013. "바이두(Baidu)의 블루오션 전략 연구."『中國學硏究』 51.

최형규. 2015. "중국 5년내 5G개발… 시진핑 '전국에 초고속 인터넷'."『중앙일보』
2015.12.17. http://news.joins.com/article/19261388 (검색일: 2015.12.27.)

탁상훈. 2015. "저무는 TGIF시대… '빅3'의 시대로."『조선일보』 2015/10/17. http://news.
chosun.com/site/data/html_dir/2015/10/17/2015101701071.html (검색일:
2015.10.21.)

하영선·남궁곤 편. 2012.『변환의 세계정치』 을유문화사.

헤럴드경제. 2015. "中, 사이버세상서도 G2되나 '인터넷 패권경쟁 뛰어들겠다'." 2015/12/19.
http://news.heraldcorp.com/view.php?ud=20151219000060 (검색일: 2015.12.27.)

헨리 키신저. 권기대 역. 2012.『헨리 키신저의 중국이야기』 민음사.

Betz, David J. and Timothy C. Stevens. 2012. *Cyberspace and the State: Towards a
Strategy for Cyberpower.* London and New York: Routledge.

Blanchard, Jean-Marc F. 2007. "China, Multinational Corporations, And Globalization:
Beijing and Microsoft Battle over the Opening of China's." *Asian Perspective*, 31(3).

_____. 2007. "Multinational Versus State Power in an Era of Globalization: The Case of
Microsoft in China, 1987–2004." *International Financial Review*, 7.

Borrus, Michael and John Zysman. 1997. "Globalization with Borders: The Rise of
Wintelism as the Future of Global Competition." *Industry and Innovation*, 4(2).

Cao, Junwei. 2009. *Cyberinfrastructure Technologies and Applications.* New York: Nova
Science Publishers.

Choucri, Mazli. 2012. *Cyberpolitics in International Relations.* Cambridge and London:
MIT Press.

Corrales, Javier and Frank Westhoff. 2006. "Information Technology Adoption and
Political Regimes," *International Studies Quarterly*, 50(4).

Deibert, Ronald J. 1997. *Parchment, Printing, and Hypermedia: Communication in World Order Transformation.* New York: Columbia University Press.

Deibert, Ronald et al. 2008. *Access Denied: The Practice and Policy of Global Internet Filtering.* Cambridge, MA: The MIT Press.

_____. 2010. *Access Controlled: The Shaping of Power, Rights, and Rule in Cyberspace.* Cambridge, MA: The MIT Press.

Drezner, Daniel W. 2004. "The Global Governance of the Internet: Bringing the Great Powers Back In." *Political Science Quarterly*, 119(3).

Goddard, Stacie E. 2009. "Brokering Change: Networks and Entrepreneurs in International Politics." *International Theory*, 1(2)

Hanson, Elizabeth C. 2008. *The Information Revolution and World Politics.* Lanham, ML: Rowman & Littlefield.

Harwit, Eric. 2014. "The Rise and Influence of Weibo (Microblogs) in China," *Asian Survey*, 54(6).

Harwit, Eric and Duncan Clark. 2001. "SHAPING THE INTERNET IN CHINA. Evolution of Political Control over Network Infrastructure and Content," *Asian Survey*, 41(3).

Herrera, Geoffrey L. 2006. *Technology and International Transformation: The Railroad, the Atom Bomb, and the Politics of Technological Change.* Albany, NY: SUNY Press.

Hiner, Jason. 2007. "Sanity Check: How Microsoft beat Linux in China and What It Means for Freedom, Justice, and the Price of Software." *TechRepublic*, July 27.

Hsueh, Roselyn. 2014. "Alibaba, the Golden Child of China's Globalization Strategy." *The World Post*, 2014/10/15. http://www.huffingtonpost.com/roselyn-hsueh/alibaba-the-golden-child-_b_5990116.html (검색일: 2014.12.21.)

Lee Kangbae and Yu Sungyeol. 2008. The Analysis of the Network Effect of the Internet Portals in Competitive Environment, *Entrue Journal of Information Technology*, 7(2).

Lococo, Edmond and Brian Womack. 2014. "Baidu Embraces Artificial Intelligence to Build a Better Search Engine." *Bloomberg Business*, 2014/10/16. http://www.bloomberg.com/news/articles/2014-10-16/baidu-embraces-artificial-intelligence-to-build-a-better-search-engine (검색일: 2016.5.9.)

Main, Linda. 2001. "The Global Information Infrastructure: Empowerment or Imperialism?" *Third World Quarterly*, 22(1).

Manjikian, Mary McEvoy. 2010. "From Global Village to Virtual Battlespace: The Colonizing of the Internet and the Extension of Realpolitik." *International Studies Quarterly*, 54(2), pp.381-401.

Mengin, Françoise. 2004. *Cyber China : reshaping national identities in the age of information.* New York: Palagrave Macmillan.

Morgus, Robert and Tim Maurer. 2014. "The Future Internet World Order." *TIME*, 2014/07/13. http://time.com/2976926/internet-governance/ (검색일: 2015.12.30.)

Risen, Tom. 2015. "China, Russia Seek New Internet World Order." *U.S.News*, 2015/05/14.

http://www.usnews.com/news/articles/2015/05/14/china-russia-seek-new-internet-world-order (검색일: 2015.12.30.)

Shen, Xiaobai. 2005. "Developing Country Perspectives on Software: Intellectual Property and Open Source: A Case Study of Microsoft and Linux in China." *International Journal of IT Standards & Standardization Research*, 3(1).

So, Sherman and J. Christopher Westland. 2010. *Red Wired: China's Internet Revolution.* London and Singapore: Marshall Cavendish.

Steinberg, Philip E. and Stephen D. McDowell. 2003. "Global Communication and the Post-Statism of Cyberspace; A Spatial Constructivist View." *Review of International Political Economy.* 10(2), pp.196–221.

Strange, Susan. 1996. *The Retreat of the State: The Diffusion of Power in the World Economy.* Cambridge: Cambridge University Press.

The Wall Street Journal. 2014. "Alibaba's Political Risk." 2014/09/19. http://www.wsj.com/articles/alibabas-political-risk-1411059836 (검색일: 2014.12.21.)

Tow, William and Richard Rig. 2011. "CHINA'S PRAGMATIC SECURITY POLICY: THE MIDDLE-POWER FACTOR." *The China Journal*, 65.

Zheng, Yongnian. 2008. *Technological Empowerment: The Internet, State, and Society in China.* Stanford: Stanford University Press.

Internet Trends 2015 (KPCB) http://www.kpcb.com/internet-trends

蔡翠红. 2012. "网络空间的中美关系竞争, 冲突与合作." 『美国研究』 3.
_____. 2013. "国家-市场-社会互动中网络空间的全球治理." 『世界经济与政治』 9.
_____. 2014. "国际关系中的大数据变革及其挑战." 『世界经济与政治』 5.
曹方. 2005. "Linux软件9-发展战略和政策支撑体系研究." 『中国科技产业』 2.
刘少华·张文珊. 2015. "国家安全视角下社交网络监管研究." 『中国管理信息化』 1.
沈逸. 2010. "数字空间的认知, 竞争与合作-中美战略关系框架下的网络安全关系." 『外交评论』 2.
_____. 2013. "以实力保安全, 还是以治理谋安全? — 两种网络安全战略与中国的战略选择." 『外交评论』 3.
王军. 2013. "观念政治视野下的网络空间国家安全." 『世界经济与政治』 3.
吴九香. 2012. "互联网企业信用与政府管制的思考——百度网站推广链接事件分析." 『广州广播电视大学学报』 5.
谢平·邹传伟·刘海二. 2014. "互联网金融监管的必要性与核心原则." 『国际金融研究』 8.
张剑荆. 2005. 『中国崛起』 新华出版社.
张笑容. 2014. 『第五空间战略: 大国间的网络博弈』 机械工业出版社.
周殷华·范璐. 2008. "我国Linux发展的成功模式: 政府引导的产学研战略合作联盟——以中科红旗公司为例." 『中国软科学』 8.

人民网. 2010/10/28. "走近搜索引擎'国家队'." http://ip.people.com.cn/GB/13596286.html

(검색일: 2015.5.10.)

_____. 2014/08/26. "外媒：中国欲推出国产桌面操作系统 挑战微软." http://world.people.
　　com.cn/n/2014/0826/c1002-25544348-2.html (검색일: 2015.6.22.)

新华网. 2014/01/23. "COS发布方回应七质疑：系统由中科院牵头研发." http://news.
　　xinhuanet.com/info/2014-01/23/c_133068882.htm 검색일: 2015.6.22.)

_____. 2014/03/03. "整合盘古搜索和即刻搜索 中国搜索悄然上线." http://news.xinhuanet.
　　com/fortune/2014-03/03/c_126210908.htm (검색일: 2015.5.10.)

新华每日电讯. 2014/03/22. "国家级搜索平台中国搜索正式开通." http://news.xinhuanet.com/
　　mrdx/2014-03/22/c_133205181.htm (검색일: 2015.5.10.)

新浪财经. 2015/01/23. "马云：阿里巴巴要创建eWTO." http://finance.sina.com.cn/stock/
　　usstock/c/20150123/234321385980.shtml (검색일: 2015.11.19.)

凤凰网. 2015/09/09. "马云：WTO过去二十年做得不错 但现在需要EWTO." http://finance.
　　ifeng.com/a/20150909/13963360_0.shtml (검색일: 2015.11.19.)

网易财经. 2010/09/13. "李彦宏：想成功就和政府合作." http://money.163.
　　com/10/0913/00/6GDVI29H00253B0H.html (검색일: 2014.12.20.)

环球网. 2015/11/19. "马云APEC会场推销'e-WTO'设想." http://finance.huanqiu.com/
　　roll/2015-11/8008843.html (검색일: 2015.11.19.)

钱江晚报. 2011/05/13. "'中国'支付宝有利于国家金融信息安全." http://qjwb.zjol.com.cn/
　　html/2011-05/13/content_834335.htm?div=-1 (검색일: 2016.1.21.)

中共中央办公厅·国务院办公厅. 中办发[2006]11号. 『2006-2020年国家信息化发展战略』

国务院. 国发[2012]28号. 『"十二五"国家战略性新兴产业发展规划』

中共中央·国务院. 2012年9月. 『关于深化科技体制改革加快国家创新体系建设的意见』

科学技术部. 2011年7月. 『国家"十二五"科学和技术发展规划』

国家标准化管理委员会. 2011年12月. 『标准化事业发展"十二五"规划』

中国互联网络信息中心. 2015年1月. 『第35次中国互联网络发展状况统计报告』

제4장

미·중 지적재산권 갈등의 세계정치

채나예

I. 머리말

저렴한 가격과 높은 성능으로 인해 '대륙의 실수'라고 불리는 샤오미
(XiaoMi)는 미국 진출을 앞두고 있다. 샤오미가 미국에 출원하여 등
록하고 있는 특허권은 PCT 특허권을 제외하고 총 2건이고, 이 중 한
건이 모바일 보조 배터리와 관련된 것이다(Bischoff 2015). 이와 같은
샤오미의 지적재산권 보유 현황은 샤오미가 미국 진출시 어떤 분야에
주력할 것인지 예측 가능하게 하고, 실제로 2015년 2월 12일 샌프란
시스코 언론행사에서 빈 린 공동창업자 겸 사장과 휴고 바라 부사장은
샤오미의 스마트폰 주변 기기를 통해 미국 진출을 할 것을 선언한 바
있다. 스마트폰 주변 기기를 시작으로 스마트폰, 기타 모바일 기기 및
PC 등으로 저변을 확대해나갈 전략인 것이다. 샤오미는 같은 해 12월
미 반도체 회사인 퀄컴과 통신 관련 특허권 사용 계약을 체결하며 원
활한 미국 진출을 전망하는 듯하였으나, 그로부터 4일 후 미국 특허전
문기업인 블루스파이크로부터 주소 공간 무작위 배치(ASLR) 소프트
웨어와 관련한 정보보호방법 및 기기 특허를 침해했다는 이유로 제소
당하며 앞으로 미국 정부 및 민간기업과의 긴장을 예고하고 있다(정선
언 2015). 이처럼 지적재산권은 국제정치에서 21세기 선도부문(lead-
ing sector)인 IT 산업의 미래를 예측가능하게 하는 지표이자 동시에
21세기 미중 간 세계정치 패권경쟁이 예견되는 세계정치의 신흥공간
으로 부상하고 있다.

　국제정치의 역사에서 지적재산권 분야 내 패권국과 도전국 간의
경쟁은 지적재산권 제도의 국제화가 시작되었던 산업혁명 이후로까지
거슬러 올라간다. 후발공업국이었던 네덜란드와 스위스는 선진공업국
에 대항하여 특허의 경제적 효과에 의문을 제기하고 지식재산의 인위

적 독점을 반대하는 반(反)특허운동을 19세기 말부터 20세기 초에 걸쳐 전개하였다. 선진공업국이었던 영국과 프랑스 등을 주도로 18세기 후반 국제적 지적재산권 제도를 확립하자 후발공업국들은 반특허운동을 통해 이들과의 기술격차를 줄이고자 했다(윤성식 2001). 시적새산권 제도의 지구화가 시작되는 계기가 된 TRIPs(agreement on Trade-Related Aspects of Intellectual Property Rights) 체결에서도 패권국과 도전국 간 경쟁 양상을 살펴볼 수 있다. 선진국들은 TRIPs의 체결이 전 세계적 경제 후생을 증가시키며 개발도상국으로의 기술 확산을 촉진시킬 것이라고 주장했다(수전 셀 2009). 특히 미국은 1980년대 최대의 경상수지 적자 상황에 처하며 개발도상국으로부터 패권을 잃지 않기 위한 수단으로 지적재산권을 등장시켰다. 반면, 개발도상국들은 기술력 차이가 존재하는 국가들에게 일괄적 제도를 적용하는 것은 불평등한 처사이며, 1980년대 전 세계 특허의 84%를 소유하고 있는 선진국이 독점적 지위를 누릴 것이며, 그 중 약 5~10%만이 개발도상국 생산에 사용된다는 실시율을 근거로 기술파급은 없을 것이라고 주장하며 TRIPs 체결을 반대했다(윤성식 2001).

　지적재산권이라는 신흥공간 속 패권국과 도전국의 경쟁은 21세기 지식이 신흥권력의 자원으로 부상하며 더욱 두드러졌다. 이에 따라 세계패권을 놓고 미국과 중국이 경쟁할 것이라고 예측되는 현재, 미중은 지적재산권 분야에서도 뚜렷한 갈등 양상을 보이고 있다. 그런데 지식의 내용이 점차 복잡해짐에 따라, 지적재산권을 구성하는 주체들이 다양해지고 이들 간의 네트워크가 형성되며 복합적인 양상으로 협력과 갈등을 지속하게 된다. 즉, 미국과 중국은 국민국가라는 단일 행위자라기보다 국가, 민간 기업, 사회 등이 복합되어 있는 하나의 네트워크 단위로서 활동하고 있다. 또한 앞서 살펴본 영국 및 프랑스에 대항하여 네덜란드 및 스위스가 일으킨 반특허운동이 전통적ㆍ물질적 자원과 관련된 지적재산권 갈등이었던 것과 달리, 21세기 미국과 중국은 비전통적이고 복합적인 신흥권력의 표준경쟁 양상을 보이고 있다. 예컨대, 중국이 세계무역기구(WTO) 가입 이후 TRIPs의 영향력하에 놓이게 되자 미국 정부는 중국 국내법이 국제규범을 위반하는 지적재산권 조항을 포함하고 있다는 주장을 제기하며 WTO 제소하고, 미국의 민간 기업을 대변하여 337조사를 실시하였다. 또한 미국은 중국과 쌍무 혹은 다자 통상 협상시 지적재산권 침해 사례에 대한 강력한 단속과 처벌을 요구하며, 중국을 제외한 아시아 태평양 국가들과 높은 수준의 지적재산권 규범이 포함된 환태평양경제동반자협정(Trans-Pacific Strategic Economic Partnership: TPP)을 체결함으로써 개방과 소유의 네트워크 전략[1]을 펼치고 있다. 한편 중국 정부는 지적재산권과 관련하여 범지구적 표준에 규합하는 법제도적인 개혁을 실시하고 있지만 지방과 중앙 정부 간 괴리 속에서 토종 기업의 성장을 위한 미국 민간 기업의 지재권 침해를 묵인하기도 이를 보호하기도 하는 복합적 양상을 보여왔다.

지적재산권에 관한 기존 국내 연구는 경영학ㆍ경제학 분야에서 기업을 주요 행위자로 설정하여 기업 간 분쟁으로 인한 손익 변화 혹은 경영전략에 관해 논의되고 있고, 법학 분야에서는 추상적인 지적재산권 제도의 한계와 대안에 대한 논의가 주를 이루고 있다. 하지만 기존의 연구는 더 이상 단일한 행위자가 아닌 미국과 중국이 벌이는 지적재산권이라는 신흥공간 속 신흥권력 비대칭적 게임 양상을 면밀히 포착하는 데 한계가 있다. 지구화 시대에 이르러 하나의 갈등 사례에도

---

1   개방과 소유(open-but-owned)의 전략이란 높은 개방성과 낮은 호환성, 낮은 유연성을 교묘하게 복합하여 표준에 대한 소유와 통제를 주장하는 설계권력 작동 방법 중 하나이다.

각국의 국내법, 국제규범, 민간 행위자의 이해관계, 사회문화적 관념 등이 복합적으로 작용하고 있기 때문이다. 이에 따라 본 연구에서는 제도, 이익, 관념의 구성적 제도주의의 틀 속에서 미중 복합 행위자 간 갈등을 행위자별로 나누어 논의를 전개한다. 그리고 국제성치 신흥공간의 주요한 행위자인 기업, 국가, 사회 중에서도 갈등의 주체가 되는 정부와 민간 기업에 초점을 맞춘다. 이에 따라 미중 복합 행위자 간 지적재산권 갈등을 미국 민간 기업과 중국 민간 기업 간의 갈등, 미국 민간 기업과 중국 정부 간의 갈등, 미국 정부와 중국 민간 기업 간의 갈등, 미중 정부 간 갈등의 네 가지 차원에서 살펴본다.

　지적재산권 영역의 부상은 민간 기업만이 유력한 행위자만이 아니라, 기존의 국가권력이 지배의 메커니즘을 좀 더 정교하고 교묘하게 작용할 수 있는 여지를 부여한다. 이때 국가 행위자는 민간기업과 달리 공공성을 대변하는 메커니즘을 구축하는 행위자이며, 따라서 중국 정부는 카피라이트(copy-right)에 대항하는 중국형 카피레프트(copy-left)를 통해 미국을 추격하는 동시에 국제적 규범 하에서 미국 기업들의 지적재산권 침해를 묵인할 수만은 없는 복합적인 상황에 대처하고자 한다. 하지만 이러한 중국형 지적재산권 메커니즘은 앞서 언급했던 샤오미와 같은 중국 민간 기업들이 전지구적 행위자로 성장하여 서구 시장에 진출하는 상황에서 자충수적 한계가 예견되고 있으며, 이는 중국 외 선진국 추격형(catch-up) 개발도상국들에게 보편적 함의를 가져다준다.

　II절에서는 행위자별로 구분하여 미중 지적재산권 갈등의 네 가지 유형에 대해 살펴본 후, 지적재산권과 국제정치에 관해 구성주의적 제도주의 시각에서 역사적 흐름을 다룬다. III절과 IV절에서는 각각 미국 민간기업과 중국 정부와의 갈등, 미국 정부와 중국 민간 기업과의 갈등을 살펴보고, V절에서는 미중 정부가 국제규범을 설립하기 위해 경쟁하는 모습과 이에 근거해 있는 사회문화적 관념에 대해 다룸으로써, 중국형 카피레프트를 구체화하고 중국 정부 메커니즘의 의의와 한계를 밝히는 것으로 마무리한다.

II. 이론 및 개념적 고찰

1. 지적재산권과 세계정치

지식과 정보는 비경쟁적 자원으로 분류되기 쉽지만 이를 소유하고 있는 자는 소유하고 있지 못한 자보다 더 큰 이익을 창출할 수 있고, 한 사람이 독점할 수도 있다는 점에서 '경쟁적'인 자원의 성격을 갖는다. 이러한 지식과 정보의 적용 가능성은 이를 거래할 수 있는 시장을 창출시켰고, 시장 속에서 생산자는 지식과 정보를 소유할 수 있다는 관념을 형성하게 된다. 이 때 제도적으로 지식과 정보에 관한 소유권자의 이익을 보호한 권리가 바로 지적재산권(intellectual property rights)이다. 관념적으로 지적재산권은 크게 세 가지 권리를 포함하고 있다. 소유하고 있는 지식과 정보의 사용에 대한 대가를 받을 권리, 손실에 대한 보상을 받을 권리, 그리고 시장에서 다른 행위자에게 양도할 때 그에 상응하는 가치의 대가를 받을 권리가 그것이다.

  이후 지적재산권 보호의 역사에 관한 수전 셀(Susan K. Sell)의 구분에 따라, 법이 제공하는 보호가 국경을 넘지 않았던 '국내 단계', 조약 체결을 통해 일부 조항을 공유하되 각국의 개발 수준 차이를 인정했던 '국제화 단계'를 거쳐 지적재산권 보호의 보편화를 추구하는 '지구화 단계'가 도래하게 된다(May 2006). 지적재산권을 관리하는 근대적 제도의 출발점은 15세기 베니스라고 볼 수 있다. 1474년 베니스에서는 최초의 근대적 특허권 개념이 생겼고, 이후 저작권과 상표권도 잇달아 등장하게 되었다. 최초의 근대적 지적재산권은 생산자의 사적 권리를 보장하고 출판세를 거두는 국부를 증진하기 위해서 설립되었다. 하지만 이후 500년간 지적재산권은 생산자의 보상을 추구하는 사적권리와, 지식의 사회적 역할을 강조하는 공적 이익의 갈등의 역사로 점철된다. 그러나 실질적으로 이후 16세기까지 한 건의 특허권 소송도 취하되지 않았고, 국가는 길드와 법률가의 이익을 대표하는 조합주의적 정치체제하에서 지적재산권 침해 업자들을 처벌하며 사적 권리를 옹호하는 흐름을 보였다.

이후 지식이 점점 '개별화'되면서 조합주의적 정치체제하에서 제도화하기에 상황이 복잡해졌고, 19세기에 이르면 지적재산권은 제도적으로 정착되어 일반적으로 '산업지재권(특허)'와 '문학적 예술적 지재권(저작권)'으로 구분되어 정착되었다. 이 때 지적재산권은 물질적 재산권과 달리 '일시적'이기에, 특히 '시간적 한계(time limit)'를 두고 사적 보상(이익)과 공적 이익이 대결하고 균형을 이루는 과정을 망라하고 있다(May 2006). 이러한 지적재산권의 역사가 냉혹하게 TRIPs로 곧장 이끌어졌던 것은 아니고, '국내 단계'에서 법적 보호를 하지 않았던 타국의 지적재산권에 관한 침해사례가 무역 분쟁으로 나타나자 국제규범의 필요성이 제기되었다. 이에 따라 선진국들 사이에서는 1883년 파리협약과 1886년 베른협약을 체결하며 각각 특허 및 상표권, 저작권에 관한 국제적 규범 즉, 하나의 표준을 생산하는 '국제화 단계'에 이르렀다. 이후 19세기 후반부터 20세기 중반까지 시장 경쟁이 심화되고 미국에서 카르텔의 비합법화가 승인되면서 자유, 민주주의, 경쟁을 강조하는 지적재산권의 암흑기가 찾아왔다. 지적재산 소유자들에게 인센티브를 부여해서 지재권을 확대할 것을 주장하는 카피라이트의 관념이 약화되고 파리협약과 베른협약이라는 느슨한 표준과 국제법하에서 지적재산의 공유를 허용하는 카피레프트의 관념이 더욱 강화되었던 것이다.

하지만 1952년 미국의 특허법(Patent Act)을 계기로 국면이 전환되었다. 미국 비국가행위자들은 20년간 강화된 지적재산권 법률을 위해 로비했고 국가행위자인 대법원에서는 자유경쟁을 강조하기보다는 특허권을 지지하는 쪽으로 태세를 전환했다. 이로써 반독점의 시대가 종결되었고, 미국은 CAFC라는 특허권을 제도화할 수 있는 기구를 설치했고, 저작권도 특허권과 마찬가지로 사적 부문의 로비로 인해 확대되었다. 20세기 중반 이후 미국을 필두로 세계는 전반적으로 공적 이용을 강조하는 카피레프트보다는 사적권리를 강조하는 카피라이트의 관념이 팽배하게 되었다. 여기에는 미국의 국내정치 외에도 정보혁명이라는 변수가 큰 영향을 미쳤다. 정보혁명 이후 지적재산의 복제와 유통경로가 다양해지자 국제정치경제적으로 지적재산의 공유와 침해가 용이해지는 경향을 보였다. 이로 인해 1967년 UN 산하기구로서 WIPO(World Intellectual Property Organization)라는 다국적 협정체가 성립되어 지적재산권의 국제적 보호와 감시를 담당하였다. 하지만 정보혁명으로 인한 비국가행위자들의 등장과 이들의 협정 위반으로 인해 실질적 효력을 보이지 못했고, 결국 1980년대 미국 비국가행위자들은 새로운 다자적 지적재산권 표준을 세우고자 하는 움직임을 보인다.

1986년 우루과이 라운드에서 마침내 선진국들은 지적재산권을 하나의 어젠다로 삼고, 그 사용과 보호를 이후 국제무역의 중대한 이슈로 논하게 된다. 초기 국제규범을 설립하기 위한 논쟁은 남북 간 갈 등으로 나타났으나, 갈수록 미·영·일본에 반해 개도국들이 대항하는 형세를 띄게 되었다. 미국의 IPC는 개도국들의 반대에도 불구하고 TRIPs 초안을 만들었고, 이는 24가지의 나사적 조항을 포함하고 있었다. 개도국들의 참여를 강제하기 위해 미국 무역대표부(U.S. Trade Representative: USTR)는 TRIPs협정에 거부하는 개도국들에게 양자적 무역 제재라는 카드를 꺼냈다. 이렇게 체결된 초국가적 제도는 자유무역의 일환이 아니며, 도리어 부유하고 발전된 국가들 내 지재권 소유자들의 보호를 위한 도구였다. 조약 체결을 했던 1995년 이후 지적재산권은 WTO의 감시를 받는 TRIPs 협정에 의해 처리되었다. 마침내, 지적재산권 보호가 강력한 국제적 표준으로 수립된 '지구화 단계'에 이르렀던 것이다(May 2006).

이처럼 TRIPs 협정 이후 사적 권리를 존중해주고 보호 및 배제에 관한 독점적 함의를 담은 카피라이트의 관념이 우세해지는 듯 했다. 하지만 이후에도 카피라이트와 카피레프트라는 대립적 관념을 기저에 두고 국가 행위자와 비국가행위자들은 끊임없이 TRIPs 이후로 되돌아가고자 하거나 강화하고자 했다. 21세기는 주도산업 분야에서의 경제적 집중과, 광범위한 재산권 인정으로 특징지어진다. 각국은 WTO에 가입하기 위해 TRIPs 구조에 반드시 따라야 한다. 강력한 양자적 경제 압력으로 인해 많은 개도국들은 TRIPs협정에서 체결된 보호 수준보다 더 높은 수준을 요구하는 양자 투자 협정을 맺기도 했다. TRIPs는 더 이상 지재권 글로벌 거버넌스의 최종 단계를 의미하지 않게 되었다. 그 과정에서 대중들의 접근보다는 사적인 보상을 강조하는 흐름이 지속되어 왔고, 특권과 예외로 특징지어지는 '권리'가 '의무'를 앞서게 되었다. 예컨대, 개도국 대표들이 이전보다 지적재산권 거버넌스를 이해하고 있는 전문가들이 많아졌음에도 불구하고 현재 WIPO에서 국제적 지재권 규범을 강화시키려는 협정에서 여전히 선진국들의 요구에 맞게 흘러가고 있는 상황이다.

2. 미중 지적재산권 갈등의 네 유형

표준(標準)이란 기준을 제시하고 평균을 재는 행위에서 우러나오는 권력의 의미를 내포하는 개념이다. 기준에 부합하는 것은 선택하고 평균에 미치지 못하는 것을 배제하는 것 자체를 하나의 '권력'으로 볼 수 있기 때문이다(김상배 2014). 21세기 세계정치 패권을 놓고 경합을 벌일 것으로 예견되는 미국과 중국은 선도부문으로서 세계정치의 신흥공간인 지적재산권 부분에서 각기 다른 담론과 이익, 제도의 표준을 제시하며 경쟁하고 있다. 이때 지적재산권과 국제정치를 바라보는 시각 중 현실주의는 국가정치경제의 주체로서 국가 행위자만을 상정한다. 그리고 민간 기업 등 비국가행위자에 대해서는 제한된 레버리지(leverage)만을 허용하여, 지적재산권은 국가의 입법과정에 철저히 의존해야 한다고 주장한다. 한편, 기능주의의 시각에서는 지적재산권이란 시장의 요구에 의해 경제적 행위자들의 효율적 조화를 유지하는 합리적 발전의 결과물이며, 지적재산권 제도는 생산관계라는 하부구조에 의해 작동되는 상부구조라고 본다(May 2006). 하지만 현실주의의 시각처럼 국가가 최우선적인 행위자인지 분명하지 않으며, 미시적 층위와 거시적 층위가 조화를 이룰 필요가 있다. 기능주의 역시 태초에 시장과 지적재산권 제도를 수립한 국가 행위자의 역할을 간과하고 있다는 점에서 한계를 보인다. 특히 지적재산권이라는 신흥공간은 객관적으로 관찰되는 차원을 넘어 주관적이고 비가시적인 속성을 가지고 있으며, 이러한 공간 속에서의 국가, 기업, 사회 등이 함께 주요한 행위자가 되는 복합적 속성을 지니고 있다. 비물질적인 자원인 지적재산권을 기반으로 이들이 구성하는 권력게임 즉, 표준경쟁하에서 미중은 더 많은 지지 세력을 모아 중심적인 위치를 차지하고, 명시적 제도와 암묵적 규범을 포함한 규칙을 설득력 있게 구성하고자 한다.

따라서 본 연구에서는 신흥공간인 지적재산권 영역에서의 미중 신흥권력 경쟁 양상을 포착하기 위해 이익(interests)−제도(institutions)−관념(ideas)이라는 구성적 제도주의의 삼각 틀을 적용하여 논의를 전개한다(김상배 2007). 지속되는 현재를 상정한 후 일련의 변화 과정으로서 과거, 현재, 미래를 조망하는 이론인 구성주의적 제도주의의 틀을 차용함으로써, 국제정치체제의 이익, 제도, 관념의 역사적 형성과 변화과정을 다루고, 한 국가의 지적재산권 표준이 전파되고 이에 대해 순응하거나 저항하는 상황에 대해 고찰해보며, 미국과 중국의 질서와 공동체적 특성에 대한 역사적 비교를 하고자 한다. 이 때 선진국이자 선도국인 복합적 행위자로서 미국이 지적재산권의 보호와 배타적 이용을 강조하는 카피라이트 표준을 세웠다면, 개발도상국이자 추격국인 중국은 지적재산권의 자유로운 사용과 배포를 강조하는 카피레프트로 대항하고 있다. 그런데 중국형 카피레프트는 리처드 스톨만이 설립한 자유소프트웨어 재단에서처럼 모든 지식과 정보의 공개를 표방하는 카피레프트와는 달리, 미국을 추격하기 위해 카피라이트에 대항하는 의미로서의 카피레프트라는 점에서 차이를 보인다. 즉, 온전한 지식과 정보의 개방이 아닌 전략적 메커니즘하에서 미국이라는 특정 행위자에 대항하여 발생하는 표준이라는 한계를 내재하고 있다. 이 때, 미국과 중국이라는 복합적 행위자들 중에서 지적재산권 갈등의 직접적 주체인 정부와 기업에 초점을 맞추어 이들 간의 상호작용을 단순

표 1. 미중 지적재산권 갈등의 네 가지 유형

중국 미국	기업	정부
기업	(1) 시장 내 이익에 관한 미중 기업 간 갈등	(2) 미국으로 확장하는 중국 기업과 미국 정부 간 이익과 제도에 관한 갈등
정부	(3) 중국 진출을 한 미국 기업과 중국 정부 간 이익과 제도에 관한 갈등	(4) 국제체제 내 제도에 관한 미중 정부 간 갈등

한 전략적 이익의 차원을 넘어 미중 복합 행위자 간 갈등을 행위자별 네 유형으로 구분한다. 이때 정부란 행정부만이 아니라 입법부, 사법부를 모두 포함한 광의의 정부를 지칭한다. 〈표 1〉은 정부와 기업을 기준으로 미국과 중국 내 행위자별 지적재산권 갈등을 각각 4가지 형태의 상호작용으로 도식화해놓은 것이다.

(1)에 해당되는 것은 미국 기업과 중국 기업 간의 지적재산권 갈등이다. 지적재산권을 생산·유통·소비하는 행위자들 간의 경쟁으로서, 지적재산권의 불균등한 배분을 둘러싸고 벌어지는 행위자들 간의 '이익'의 갈등을 보여주는 상호작용의 형태이다. (1)의 갈등 형태는 기존의 지적재산권에 관한 연구의 주류를 이루었던 경제학과 경영학 분야에서 다루어졌으며, 주로 지적재산권으로 인한 기업 간 이해관계의 변화를 분석하고 지적재산권과 관련하여 손실을 최소화하거나 수익을 최대화할 수 있는 기업의 경영전략을 세우는 것을 목적으로 하였다. 하지만 국제정치의 신흥공간으로서 지적재산권 영역의 부상은 반드시 기업만이 더 이상 유력한 행위자가 아니라 정부가 보다 정교하고 복합적인 활동을 할 수 있는 가능성을 가져다준다. 이 때 정부는 기업의 사적 이익의 극대화를 목표로 하는 민간 기업과 달리 국가

전반적 이익인 공공성을 달성하고자 하는 행위자이다. 따라서 정부는 기업과의 혹은 다른 정부와의 상호작용에서 공공성에 입각하여 지배의 메커니즘을 구축하게 된다. 이를 보여주고 있는 것이 (2), (3), (4)이며, 이것이 국제정치학의 시각에서 본 연구가 다루고자 하는 상호작용의 형태이다.

(2)와 (3)은 모두 민간 기업과 정부 간의 상호작용을 다루고 있다. 한 나라의 민간 기업이 국경을 넘어서 진입하거나 국경 밖으로 빠져나올 때 서로 다른 지적재산권 표준을 가지고 있는 상대국 정부와 지적재산권 갈등이 발생하게 된다. 2004년 주중미국상공회의소가 발간한 중국기업백서에 따르면, 중국에 진출한 미국 기업의 약 75%는 지적재산권을 침해당한 경험이 있으며, 이 수는 시간의 흐름에 따라 점차 증가하는 추세를 보인다. 복합적 행위자로서 중국은 선도자인 미국을 추격하는 비대칭적 경쟁을 벌이게 된다. 이 때 기업이 주된 행위자로 등장하게 되므로 지적재산권 갈등은 '이익'의 측면에서 바라볼 여지가 생긴다. 실제로 구성적 제도주의에서도 국제체제의 구조가 이익이라는 물질적 요소에 의해 규정되고 있는 현실을 부인하지 않았다. 하지만 그럼에도 불구하고 웬트가 권력, 이익이 핵심요소인 동시에 제도라는 간주관적 구조가 국제정치를 경쟁적으로 만든다고 주장했듯, 이때 또 다른 행위자인 정부는 국내 지적재산권법의 적용을 통해 자국의 이익을 옹호하기도 하지만 동시에 국제 지적재산권 규범으로부터 자유로울 수 없는 '제도'와 관련된 메커니즘을 구축한다. 그중에서도 (2)는 미국의 민간 기업과 중국 정부 간의 지적재산권 갈등을 가리킨다. 주로 미국의 비국가행위자인 민간 기업이 중국 국경을 넘어서서 진입할 때 지적재산권 갈등이 표면화된다. 내수를 바탕으로 성장한 중국 민간 기업이 국경 밖으로 빠져나가 미국 시장으로 확장해갈 때 발생하는 중

국 민간 기업과 미국 정부 간 갈등을 보여주는 것은 (3)이다.

마지막으로 (4)는 미국 정부와 중국 정부 간 지적재산권 갈등의 형태이다. 국제정치체제 내에서 선도국의 지위를 가지고 있는 미국과 추격국의 지위를 가지고 있는 중국은 국제 지적재산권 질서를 구성하고 이것이 변화할 때 서로 다른 지적재산권 메커니즘을 취하며 경쟁하게 된다. (2), (3)과 달리 이 상호작용은 법률상(de jure) 표준을 획득하기 위한 경쟁이라고 볼 수 있다. 무정부 상태의 국제체제 수준에서 국가들 간 새로운 간주관성을 창출하는 과정을 통해 초국가적 권위체를 만들어내는 과정이기도 하다. 이때 한 국가의 정체성을 구성하는 원리를 이해함으로써 그 국가가 자신의 이익을 규정하는 방식에 대한 좀 더 명확한 이해를 할 수 있다(Bukovansky 1996). 내재적으로 형성된 국가의 집합적 정체성이나 다양한 수준의 문화적 상징, 전통에 대한 이해가 국가 행위자 간의 상호작용에 중요하기 때문이다(Lapid and Kratochwil 1996). 그래서 미국 정부와 중국 정부가 국제 지적재산권 제도에 입각하여 갈등을 빚는 상호작용을 살펴봄과 동시에, 각 국가 행위자의 이익을 규정하는 정체성의 구성 원리에 관한 논의를 전개한다. 이때 중국형 카피레프트의 기저에는 네덜란드와 스위스의 반특허운동 등 서구 국가들끼리의 갈등과는 다른 축에 존재하는 새로운 세계관이 개입되어 있다. 이러한 중국만의 지식관념 메커니즘은 미국 정부와의 지적재산권 갈등하에서 새로운 담론을 구상하고 신흥권력 관계의 경쟁 양상을 구성하게 된다.

이익-제도-관념의 삼각틀하에서 바라본 미중 지적재산권 갈등을 통해 (1)의 상호작용에만 치우쳐 있던 기존 지적재산권 연구의 한계에서 벗어나, 보편적 이익의 대변자인 정부가 구축하는 메커니즘을 통한 미중 지적재산권 표준경쟁을 복합적으로 살펴보고자 한다. 특히 비대칭적 표준경쟁 상황에서 국제적 규범의 영향력하에 놓여 미국 기업들의 지적재산권 침해를 묵인할 수만은 없는 동시에 중국 기업들의 성장으로 인해 미국 정부와의 갈등을 일으키고 변화의 필요성을 보이고 있는 중국형 카피레프트에 초점을 맞추어 추격형 개발도상국들에게 가져다주는 의의와 한계를 예측해본다. 개발도상국이 관념의 변화만을 통해서 다자적 상호성을 획득하고 국제정치체제에서 구조적 변화를 이끌 가능성이 희박하다는 현실을 포착하지 못하는 한계를 지니기도 한다. 이와 관련해서 본 연구에서는 관념과 더불어 관념이 구성하는 정부 및 기업 행위자들의 이익과 제도를 복합적으로 살펴봄으로써, 미중 지적재산권 갈등과 신흥공간 내 신흥권력 재구성 현상을 면밀히 포착할 수 있다.

III. 미국 기업과 중국 정부 간 갈등

1. 미국 화이자의 중국 내 특허권 피해

미국 민간 기업인 제약회사 화이자(Pfizer)는 전 세계적 규모의 시장을 가진 거대기업이다. 화이자는 1990년대 중국 개혁개방 이후 미국 국경을 넘어 중국에 진출하여 발기부전 개선제인 비아그라를 수출하기 시작했다. 중국 진출 직후인 1994년 화이자는 중국 공상국에 비아그라 전용 특허권과 상표권을 출원하여 등록하였고, 2000년 7월에는 내수 판매 허가를 획득하여 대중 수출을 본격화하였다(김익수 2014). 이때 개혁 개방 이후 소득이 증대하고 성에 대한 개방적 관념이 보편화되어가고 있으며 주 수요층인 중장년층의 인구가 증가하고 있는 상황에서 화이자는 초기에 폭발적인 수요를 통해 중국이라는 새로운 시장에서 고수익을 올릴 수 있었다. 이 덕분에 화이자는 중국 내 아시아 지역본부, 지주회사, 제약법인 등을 건립하고 2011년까지 총 10억 달러를 투자하는 계획을 세우며 흑자를 이어갈 것으로 전망했다(김익수 2014).

하지만 국경을 넘어 중국으로 들어온 화이자는 곧 중국 정부와 지적재산권 갈등에 부딪히게 된다. 개혁 개방 직후 외국계 회사가 자국 시장 점유율을 높여가는 것에 대한 두려움을 가지고 있던 중국 정부는 자국 제네릭 업체들 이익의 대변자로서 화이자의 지적재산권인 특허권과 상표권 침해를 묵인하는 메커니즘을 펼쳤기 때문이다. 먼저 특허권과 관련하여 중국 전리국은 12개 중국 제네릭 업체들이 대부분의 시장점유율을 차지하고 있는 화이자에 관해 비아그라 특허권 경위조사와 이의제기를 신청한 것을 수용하였고, 이에 따라 화이자는 정당하게 취득한 특허권에 대해 2년간 정지처분을 받고 2004년 7월에 이르러서는 화이자의 중국 내 비아그라 전용 특허권 등록이 취소되는 데 이르렀다.(김익수 2014) 화이자가 1994년 특허권 출원을 한 후 7년의 심사를 거쳐 2001년이 되어서야 등록이 되었는데, 이 사이 국내법의 개정으로 인해 임상자료의 제출조건이 강화되었고 화이자는 강화된 법률에 따라 주요 성분인 실데나필의 임상실험 자료를 제출하지 않았다는 것이 취소의 명분이었다. 이 때 중국 전리국 국가행위자는 12개 중국 제네릭 업체의 개발생산 투자자본의 손실을 막고 자국 시장이 미국에 의해 취약해지는 것을 막고자 하는 공공성의 달성을 위해 미국 카피라이트 표준에 대항하는 중국형 카피레프트를 구축했다.

화이자는 특허권 외에도 브랜드의 가치를 제고하는 상표권과 관련해서도 중국 정부와 갈등을 피해갈 수 없었다. 화이자의 중국 진출

이전부터 중국에서는 비아그라를 '웨이거(Weige, 偉哥)'라는 별칭으로 부르며 보통명사화되어 있었고, 화이자는 웨이거라는 명칭으로 중국 시장에 비아그라를 발매하기 시작했다. 하지만 얼마 지나지 않아 광저우의 제네릭 업체인 웰먼(Welman)이 웨이거라는 상표권을 등록하였고 상표 마크 역시 유사하게 복제하여 판매하자, 화이자는 '완아이커(萬艾可)'라는 상표로 바꾸어 판매할 수밖에 없었다. 이에 따라 화이자는 베이징 제1인민중재법원에 보통명사화된 명칭을 자동적으로 상품명으로 사용할 권리를 주장하며 웰먼의 독점적인 상표권 사용을 금지할 것을 청원했다. 하지만 중국 법원은 화이자가 이에 대한 충분한 근거를 입증하지 못했고 웰먼이 적법한 절차를 거쳐 상표권을 출원했다는 이유로 화이자는 웨이거라는 상품명을 사용할 수 없다는 판결을 내렸다(이덕규 2007). 즉, 법원은 미국의 지적재산의 배타적 사용과 보호에 반하여 특허권과 상표권을 자유롭게 복제하고 침해하는 행위를 공식적으로 용인했다. 문제는 화이자가 부당하게 침해받은 '웨이거'라는 상표는 초기 대중들에게 널리 알려지면서 엄청난 브랜드 가치를 가지고 있었던 반면, '완아이커'는 특별한 의미가 없는 표현이어서 화이자는 이후 급속도로 중국 소비자들의 지지기반을 잃을 수밖에 없었다. 중국 전리국과 인민중재법원은 국익의 증대를 위해 국내 지적재산권법을 화이자에 불리하지만 제네릭 업체에 유리하게끔 적용하는 양상을 보였다. 이 때 국익이란 구체적으로 미국 기업의 선진기술을 불법적으로 모방함에 따라 중국은 라이선싱(licensing)이나 합작의 과정 없이 낮은 비용으로 빠르게 기술 이전 효과를 누릴 수 있고, 유사 제품의 생산을 통해서 시장과 산업 기반을 확대시키고 상품을 다양화시킬 수 있음을 의미한다.

이에 더하여 2004년 중국 정부는 유사 비아그라에 대한 처방전

규제를 완화했고 약국 판매를 허용하면서 중국 제네릭 업체가 제조하는 비아그라는 한 해에 약 5,000만 달러가 넘는 수익을 챙길 수 있었고, 그에 반해 화이자는 당연히 1,000만 달러에도 못 미치는 판매고를 올리게 되었다. 중국 제네릭 업체들은 미국에서 판매를 개시한 지 한 달 후이자 중국에는 아직 수출이 본격화되기 이전이었던 1998년부터 불법적으로 미국에서 출시된 화이자 비아그라를 유출시켜 이를 분석하고 중국 내 여러 지역에서 대량으로 복제하여 생산하였고, 중국형 카피레프트의 지지에 더불어 화이자의 전쟁에서 우세를 점할 수 있었다. 중국 제네릭 업체의 상품은 의사의 처방전 없이 도매상, 소매약국, 개인 약국 등에서 쉽게 구할 수 있으며, 한 알당 가격이 98위안이었던 화이자의 비아그라 가격의 40%에 그쳐 가격경쟁력을 바탕으로 시장 점유율을 높여갈 수 있었다(김대기 2015). 이에 따라 화이자는 초기의 급격한 상승세에도 불구하고, 2000년대에 들어서자 발기부전 치료제 중국 시장 점유율이 3%밖에 미치지 못했고 판매액은 전체 0.5%에 그쳤으며, 2005년 전체 의약품 판매 비중의 97%는 유사 의약품이 차지하게 되었다. 보다 구체적으로 2002년 화이자의 추정 매출액이 970만 달러였다면, 위조 비아그라 추정 매출액은 4,830만 달러에 달했고, 2년 후인 2004년 화이자 추정 매출액은 1,210만 달러, 위조 제품 매출액은 두 배가 넘는 2억 4,150만 달러에 달했다. 그 중에서도 중국판 비아그라인 '진거'는 한 해 7억 위안의 판매액을 거두어들였으며, 같은 기간 동안 화이자의 비아그라보다 훨씬 많은 양을 판매했다(김대기 2015).

　화이자는 잇따른 적자로 인해 베이징 제1중급인민법원에 비아그라를 모방해서 제조 판매해온 중국 제약사를 제소하였고, 2004년 6월 법원은 2개의 중국 제네릭 업체인 렌환약업과 신개념공사 관해 생산을 중단하고 배상금을 지급하라고 판결했다(상하이저널 2006.12.30.).
이는 화이자의 특허권을 취소했던 전리국의 판결을 뒤집는 것이었다.
이후 2005년 화이자는 베이징 인민법원에 특허 등록 취소 무효화 및
특허권 원상 복구를 요구하는 소를 제기하여 특허권을 회복했고(界面
2015), 웰먼과의 민사 재판에서도 법원은 화이자의 남색 마름모꼴 마
크를 유사하게 도용한 웰먼이 입체상표권을 침해했으며 이에 관해 상
표 침해 중지 및 100위안의 손해배상액을 청구하는 판결을 내렸다(조
주현 2006). 이처럼 화이자는 중국정부로부터 침해받았던 지적재산권
에 대한 보호를 인정받으며 중국 시장에서 재기를 시작했다. 이 때 중
국 정부의 이러한 변화는 공공의 이익을 수호하는 보편적 이익의 대변
자로서의 복합적 메커니즘을 보여준다(이중희 2011). 지적재산권 갈등
의 행위자로서의 정부는 민간 기업들과는 달리 공공성의 달성을 위해
자국 기업의 성장을 도모해야 하지만 동시에 국제규범을 준수해야 하
는 의무도 지니고 있다. 따라서 카피레프트하에서도 중국 정부는 화이
자가 정당하게 취득한 지적재산권의 불법적 복제 및 침해를 항상 용인
할 수는 없었고, 베이징 인민법원은 전리국의 판결을 번복하게 된다.

그럼에도 불구하고 가장 중요했던 '웨이거'라는 상표권 침해 소송
에서는 화이자가 패소하였다는 점에서 중국 본토 하에서 끝내 미국 기
업의 지적재산권이 온전하게 보호받지 못했음을 시사하는 바이다. 화
이자는 입체상표 소송에서는 승소했지만, 중국 고등법원은 끝내 웰먼,
렌환약업 등이 사용하는 웨이거에 관해 상표권 침해를 인정하지 않았
다(新浪财经 2015a). 이로써 향후 복합적 행위자인 중국 정부의 메커니
즘 하에서 국제규범의 수호자와 국내 기업의 대변자로서 역할 긴장은
지속될 것임을 알 수 있다. 실제로 2015년 중국 제네릭 업체 백운산
(Baiyunshan) 사가 개발한 유사 비아그라는 기존 비아그라 1/4 가격

으로 출시하여 한 해 38%의 성장률을 보이며 시장 점유율을 확대해가고 있고, 이 기업의 중국 시장 내 잠재적 규모는 일억 위안을 호가한다고 평가받고 있다(新浪财经 2015b).

2. 미국 애플의 중국 내 상표권 피해

2010년 미국 IT 기업인 애플(Apple)이 중국 시장에 아이패드 판매 기일을 확정하고자 하는 과정에서 상표권 갈등이 대두되었다. 애플은 2012년 6월 광둥성 고급인민법원의 조정 합의안을 받아들이기까지 중국계 IT 기업인 심천 프로뷰(深圳 Proview)를 상대로 3년간 '아이패드(iPAD)'의 상표권 침해소송을 치른 바 있다. 심천 프로뷰의 모회사인 프로뷰 테크놀로지(Proview Technology)는 애플이 중국 시장 진입을 하기 이전 세계 10여 곳에서 아이패드 상표권을 이미 등록하고 해당 상표로 태블릿 PC를 판매하고 있었고, 동시에 중국 내 자회사인 심천 프로뷰는 2001년 관할 공사행정관리국에 아이패드 상표권을 등록했었다(김익수 2014). 문제는 2009년 프로뷰 테크놀로지가 영국의 IP Application Development를 매개로 애플에 아이패드의 포괄적 상표권을 재매각하는 계약을 체결하면서 발생했다(김병철 2015). 애플은 대만 본사와 포괄적 상표권 양수도 계약을 맺은 후 중국에서의 상표권 역시 문제가 해결되었다고 생각했다. 하지만 심천 프로뷰가 중국 아이패드 측에 보낸 공개서한에 따르면 본사와 체결한 양수도 계약은 중국 내 현지 법인인 자회사와의 합의 절차 혹은 보상 없이 이루어졌기에 애플이 심천 프로뷰의 허가 없이 아이패드 상표를 사용하는 것은 중화인민공화국 상표법 제52조와 50조를 침해하는 것이라고 주장했다(北京译言传媒 2012). 이에 대해 애플은 2010년 심천 프로뷰를 상대로 iPAD 상표권 사용 취소 심판을 제기했고, 같은 해 4월 심천 프로뷰도 심천, 후이저우 인민법원에 애플을 상대로 상표권 귀속, 침해 및 손해배상 민사 소송을 제기하며 미국 기업과 중국 정부 간 지적재산권 갈등이 표면화되었다(김병철 2015).

그리고 2011년 2월, 8월, 10월 세 차례에 걸쳐 중국의 1심 인민법원은 상표권 불인정의 패소 판결을 내렸고(김익수 2014), 12월 심천 중급인민법원은 대만 프로뷰와의 상표권 양도계약은 심천 프로뷰에 법적 효력이 없다고 판결을 내렸다. 중국 정부는 1996년 이후 저명상표권 보호제도를 통해 제도상 저명상표를 보호하고 있다. 하지만 사법 권력과 행정 권력 간, 그리고 중앙 정부와 지방 정부 간의 괴리로 인해 실질적인 집행과정에서 저명상표를 엄격히 보호하고 있지 못하다. 특히 2009년 금융위기 이후 경영난으로 인해 사업을 중단하고 적자를 이어오고 있던 자국 기업인 심천 프로뷰의 이익을 대변하고자 중국 정부는 아이패드가 비록 저명한 상표임에도 불구하고 양수도 계약을 소급하며 심천 프로뷰가 자유로운 상표권을 사용할 수 있는 카피레프트를 제시했다. 이를 통해 중국 내 거대 IT 기업인 애플에 대항하여 자국 제품의 판매고를 올릴 수 있으며 소송 기간 동안 다국적 기업의 침투를 막고 개발도상국의 IT 기업이 시장점유율을 높일 수 있는 기회를 부여했다.

2012년 1월 애플은 광둥성 고급인민법원에 제소하고 심천중급법원 판결에 불복하고 항소하였지만 2심 진행과정에서 베이징 시 공상국이 애플 직영대리점에 2억 4000만 위안의 과태료를 부과하고, 2012년 2월 아이패드 소매 판매 금지 판결이 내려지자 중국 내 판매가 불투명해지고 있었다. 이후 심천 프로뷰는 더 나아가 중국 세관 당국에 아이패드 수출입 통과금지를 요청하고 미국 시장에 대해서도 소송을 제기하며 자국 사법 집행과정에서의 유연성을 적극적으로 활용하는 모습을 보이며 중국 정부의 지적재산권 전략 내에서 경제적 이익을 취하는 모습을 보였다. 마침내 광둥성 고급인민법원의 개정심리 시작 후 법원은 두 당사자 간 합의를 촉구하는 판결을 내렸다(21CN新聞 2012). 지속되는 분쟁을 중재하기 위해 이러한 판결을 내렸지만 실질적으로 당시 광둥고등법원의 재판관은 "중국 국내법에 따르면 심천 프로뷰는 여전히 iPAD 상표권 소유자"라고 공표했다(中国经济网 2012). 즉, 여전히 중국 정부는 미국 기업과의 지적재산권 분쟁에서 자국 기업의 이익의 대변자로서 국내법을 적용하는 메커니즘을 표방했다. 2012년 6월 25일 법원 중재절차를 통해 애플은 심천 프로뷰 측에 6,000만 달러의 상표 양도대금을 지급하고 아이패드 상표권을 매입하는 조정합의안을 제출하였고, 합의를 통해 사건은 종료되었다(박민희 2012).

월스트리트저널(The Wall Street Journal)은 "6월 25일의 합의를 통해 애플이 중국이라는 미국 다음으로 큰 시장에서 어려움을 이겨냈다"라고 평가한 바 있다(박민희 2012). 실제로 미국 기업인 애플의 입장에서도 온전히 손해를 보는 전략만은 아니었다. 심천 프로뷰의 저렴하고 대량으로 공급되는 유사 제품을 통해 시장에서 소비자에게 친밀감을 형성하고 자체적인 광고 효과를 누릴 수 있었기 때문이다. 그래서 일시적으로 미국 기업이 중국 국가행위자와 갈등을 빚지 않고 지적재산권 침해 행위에 묵인하는 경우도 존재한다. 하지만 장기적으로 이러한 현상이 지속되면 화이자의 사례와 같이 막대한 개발 비용을 들이고도 유사 제품이 시장의 대부분을 점유하는 손실을 보기 때문에 미국 기업의 지적재산권 표준은 지적재산권을 배타적으로 소유하는 카피라이트일 수밖에 없다. 그럼에도 불구하고 애플에게 중국은 미국 다음으로 큰 시장이며, 실제로 2010년 3분기 아이패드를 출시한 후 애플은 중국 본토에서 600만 대 이상을 판매했고(박민희 2012), 상표권 분쟁 이후 기타 지역보다 4개월 늦게 출시되었음에도 불구하고 아이패드의 판매량을 급속히 올릴 수 있었다(김익수 2014). 중국이라는 복합행위 자의 이러한 양적 특성이 미국 기업으로 하여금 지적재산권이 제대로 보장받지 못하는 비대칭 경쟁 속에서도 배상액을 지급하여 상표권을 매입할지언정 수출입 금지 처분을 받아 거대한 시장을 놓치지 않게 하는 것이다.

이 때 중국 정부는 자국의 이익을 증진시킬 수 있는 방향으로 국내 지적재산권법을 해석하여 여전히 심천 프로뷰가 상표권의 소유자 임에는 변함없다고 주장했으나, 국가의 발전과 안정을 목표로 하는 보편적 이익의 옹호자로서 애플과 심천 프로뷰 간의 합의를 촉진하는 판결을 내렸다. 이처럼 공공성의 문제하에서 복합적 카피레프트 메커니즘을 구축하는 정부 행위자의 등장은 지적재산권이라는 신흥공간 속에서 중국 정부와 미국 기업 간의 갈등을 복합적으로 전개시켰고, 이러한 갈등 양상은 현재에도 지속되고 있다.

IV. 미국 정부와 중국 기업 간 갈등

1. 중국 샤오미의 미국 트레이드 드레스 및 특허권 침해 의혹

애플의 디자인 수석 부사장인 조니 아이브(Jony Ive)는 2014년 10월 중국의 샤오미에 관해 애플의 지적재산권을 훔치는 게으른 도둑이라고 칭했고, 많은 소비자들은 샤오미를 종종 "중국의 애플"이라고 일컫기도 한다(Wakabayashi 2014). 'MIUI'라는 자체 안드로이드를 기반으로 스마트폰, 태블릿 PC, 스마트 TV 등의 IT 제품을 생산하는 중국 기업 샤오미는 높은 성능에 비해 저렴한 가격으로 인해 2000년 창업 이후 2015년 현재 중국 내 시장 점유율 1위의 기업으로 성장하였고 세계적으로도 애플과 삼성전자 다음으로 세계 점유율 3위의 회사로 인정받고 있다. 하지만 앞서 말했듯이 샤오미는 애플의 지적재산권을 도용하여 저가생산을 유지하고 있다는 카피캣(copycat) 의혹을 받고 있으며, 이로 인해 미국 정부와의 지적재산권 갈등이 언제 표면화되어도 이상하지 않은 시한폭탄을 안고 있는 상황이다.

샤오미는 크게 외적 디자인과 내적 유저 인터페이스(UI)라는 두 측면에서 미국 국내 지적재산권법을 침해하는 갈등의 요소를 내재하고 있다고 추측된다. 보다 구체적으로 미국 국내 지적재산권 제도 중에서도 특허법과 트레이드 드레스를 침해하고 있다고 판단되는데, 이때 트레이드 드레스란 2012년 삼성전자와 애플 간 소송에서 삼성전자가 침해했다고 제소당한 제도이다. 이는 1989년 개정된 미국 특허법에 지적재산권의 하나로서 규정되어 있으며 "상품의 전체적인 이미지로서 크기, 모양, 색채의 결합, 구성, 도해, 판매기법 등의 특성"을 의미한다(손현덕 2012). 이 때 트레이드 드레스가 지적재산으로서 보호받기 위해서는 식별력, 비기능성, 혼동가능성, 희석 가능성이라는 네 가지 조건을 갖추어야 한다(조영탁 2015).

외적 디자인의 측면에서 2014년 샤오미에서 출시한 스마트폰인 'Mi4'는 애플의 'iPhone'과, 태블릿 PC인 'Mi Pad'는 애플의 'iPad mini'와 제품 모양, 색채 등 시각적 측면에서 상당히 유사하다. 스테인리스 재질에 앞면과 뒷면의 가장자리가 곡선으로 처리되어 있고 안테나와 프레임 사이에 이음매가 없는 iPhone의 디자인적 특성들은 미국

국내법상 특허로 등록되어 있다(조영탁 2015). iPad mini의 재질, 스
크린 외관, 영상비 역시 마찬가지다. 따라서 어떠한 상호실시권[2]의 획
득 없이 출시한 Mi4는 특허권을 침해하였다고 판단된다. 동시에 '상
품의 전체적인 이미지로서 크기, 모양, 색채의 결합, 구성, 도해' 등을
포함하고 있다는 미국 트레이드 드레스의 규정에 따르면 샤오미 제품
의 외적 디자인상 유사성과 관해서 트레이드 드레스의 침해 역시 인
정될 것으로 보이며, 지적재산권 갈등의 요소를 내재하고 있다. 외적
디자인 외에 샤오미의 모든 IT 제품들이 기반으로 하고 있는 내적 유
저 인터페이스로서 MIUI라는 운영체제 역시 특허권 침해 의혹을 받
는다. MIUI는 신속하고 유연한 업그레이드 기능과 깔끔한 디자인으
로 안드로이드와 iOS의 장점을 혼합하였다는 호평을 받고 있다. 샤오
미는 GPLv2(General Public License version)의 적용을 받아 MIUI의
소스코드를 공개해야 하지만 이를 미루고 있는데, 전문가들은 이것이
MIUI의 소스코드가 애플의 iOS를 불법적으로 모방했기 때문이라고
예측한다. MIUI가 특허권 침해의 갈등요소를 내재하고 있음과 동시에
소스코드의 공개를 지속해서 거부하게 되면 GPLv2의 국제 지적재산
권 규범을 침해하여 소프트웨어자유법률센터와의 지적재산권 갈등도
피할 수 없다(강현주 2015). 특히 새롭게 발표한 MIUI6는 카메라, 캘
린더, 계산기, 나침반 등의 전반적인 어플리케이션 이미지가 iOS7과

---

2   기술이 복합화·고도화되면서 모든 기술을 개발하고 소유하기보다 양자에서 서로에게
필요한 기술을 제공함으로써 기술을 보완하고 기술료를 절감하기 위해 생겨난 제도이
다. 특정 산업재산권에 대해 실시권자 간 상호 교환사용이 필요하다고 인정되는 경우 상
호실시권을 허여한다. 이 때 양측의 재산권의 경제적 가치가 동등할 경우 상호 무상으로
사용하게 되지만, 어느 한 쪽의 경제적 가치가 더 높을 경우 낮은 쪽에서 차액만큼 보상
을 해주고 실시권을 허여 받는 것이 일반적이다. 상대방 특허의 경제적 가치를 평가하기
위해서는 특허의 수, 특허의 권리기간, 특허의 권리범위 및 기술적 가치(발명이 제품에
차지하는 비중 등), 특허의 유효성 등을 검토하게 된다.

상당히 유사했고 아이콘의 모양 역시 유사했기에 또 다시 논란에 휩싸이고 있다. 눈에 보이지 않는 형체 없는 내적 유저 소프트웨어가 트레이드 드레스의 대상이 될 수 있는지는 다소 불분명하다(조영탁 2015). 이 외에도 샤오미의 오프라인 스토어의 디스플레이와 인테리어, CEO 레이쥔의 판매 기법 역시 애플 스토어와 CEO 스티브 잡스의 트레이드 드레스를 침해했다고 판단 가능하다.

아직 명확히 밝혀진 바가 없고 샤오미가 특허권 소송에 제소된 사례가 없으므로 명시적으로 판단할 수는 없지만, 낮은 가격대의 비결은 앞서 말한 미국 특허권 및 트레이드 드레스의 암묵적 침해라는 갈등 요소에 근거해 있다. 중국 기업인 샤오미는 카피레프트 메커니즘을 통해 특허권 등록비 등을 지불하지 않음으로써 연구 개발비를 절약하여 높은 가격경쟁력을 갖출 수 있었고, 애플 제품들과 유사한 기능을 갖췄음에도 불구하고 낮은 가격을 제시하였던 샤오미는 짧은 시간 안에 급속한 성장을 이룰 수 있었다. 이러한 표준 메커니즘을 통해 중국 내수와 동남아 등 신흥개발국 시장을 중심으로 현재까지 세를 펼쳐나갈 수 있었으나, 카피라이트 표준이 지배하고 있는 미국 시장으로 진입하는 데에는 제약을 받고 있다.

지적재산권 중에서도 특허권은 라이센스 비용을 절감하고 특허권 침해 소송을 방지하는 수단으로써 선도분야인 IT 산업 내 떠오르는 신흥 경쟁공간이다. 크로스 라이센싱 협약을 체결하여 협약 당사자 간 특허권의 사용을 공유하는 것은 특허권 분쟁을 해결하는 주요한 방법이기 때문이다. 그런데 자국 민간 기업들과 비교하였을 때 2013년 기준 화웨이는 36,511건, ZTE는 17,000건의 특허를 가지고 있고, 애플, 에릭슨, 블랙베리 등은 6,000건의 특허권을 공유하는 협정을 체결한 반면 샤오미는 카피레프트 하에서 특허권 분야에서 시장 점유율에 걸맞은 위상을 갖고 있지 못하다(Bloomberg News 2014.12.13.). 실제로 샤오미가 2014년까지 출원한 특허권의 수는 2,318개로 이는 삼성전자가 오직 중국에서 보유하고 있는 특허의 수인 11,877건의 1/5밖에 미치지 못한다(Kass 2015).

문제는 샤오미가 세계 시장 점유율의 측면에서 앞서 있는 애플과 삼성전자를 추월하기 위해서 카피라이트 표준을 구축하고 있는 미국 시장에 진입해야 한다는 것이다. 실제로 2015년 2월 샤오미의 부사장 휴고 바라는 스마트폰 부속기기를 시작으로 미국 시장에 진입할 것을 선언한 바 있다(Bischoff 2015). 하지만 미국에 두 건의 특허권을 보유하고 있으며 제한된 특허권 포트폴리오만을 갖춘 채 해외 시장에 진입하는 것은 예견된 위험이다(Bloomberg News 2014.12.13.). 특허 포트폴리오는 IT 산업에서 빈번한 특허 분쟁을 방지함으로써 기업을 보호하기 때문이다(Rodriguez 2015). 현재까지 샤오미는 미국 퀄컴과 크로스 라이선싱 협정을 통해 득허권 갈등을 일으키지 않고 성장할 수 있었지만, 2013년 이 협정에 대한 반독점 조사가 제기되었고 향후 협정이 무력화된다면 미국 시장으로의 진입은 미국 기업과 특허괴물들과의 특허권 분쟁을 필연적으로 불러일으킬 것이며 미국 진출을 통해 원하는 목표를 달성할 수 없다(Tian 2014). 중국 기업이 성장하면서 중국 국경을 넘어 미국과의 비대칭 경쟁을 해야 하는 상황에서 중국 정부가 묵인해줌으로써 그동안의 성장 동력이 되었던 중국형 카피레프트는 중국 기업의 발목을 잡는 자충수적 한계를 야기했다.

이에 따라 휴고 바라는 미국 진입을 앞두고 전 세계적으로 조직적인 방법으로 특허를 출원하고, 샤오미만의 특허 포트폴리오를 구성하는 것을 새로운 목표로서 천명하였다(Kass 2015). 결국 샤오미는 성장 및 확장을 위해 기존의 카피레프트와는 다른 새로운 메커니즘을 수립할 필요성이 생긴 것이다. 샤오미는 2013년 전 세계적으로 600 건의 특허를 출원하였고, 이듬해인 2014년까지 1,000건, 2016년까지는 2,000건, 2018년까지는 8,000건을 출원할 것을 목표로 하고 있다(Bloomberg News 2014.12.13.). 하지만 홍콩 DLA Piper 로펌의 파트너 변호사 에드 채터톤(Ed Chatterton)이 말하듯, 특허 포트폴리오의 양만큼이나 질에 관해서 주목을 할 필요가 있다(Bischoff 2015). 이처럼 중국형 카피레프트의 한계를 극복하기 위한 샤오미의 카피라이트식 메커니즘으로 인해 샤오미가 잃을 게 많은 것만은 결코 아니며, 도리어 특허권 등록과 더불어 지적재산권 강화 정책을 통해 새로운 시장에서의 이익을 보전할 수 있다(IT World 2014.12.15.). 앞으로의 문제는 중국형 카피레프트의 변화가 성장 속도에 걸맞은 수준의 속도로 진행될 수 있는지의 여부일 것이다.

2. USTR의 악명 높은 시장 리스트에 오른 알리바바

알리바바(Alibaba)는 항저우 시에 본사를 둔 세계 최대 규모의 온라인 쇼핑몰로 중국의 중소기업이 전 세계의 기업 등 비국가행위자들을 상대로 상품을 판매할 수 있도록 중개해주는 B2B 온라인 쇼핑몰이다. 타오바오(Taobao)라는 온라인 쇼핑몰은 알리바바 닷컴과 유사한 시스템이지만 중국의 중소기업과 소비자를 직접적으로 중개해주는 오픈 마켓 서비스이며, '티몰'은 소비자 중에서도 부유층을 타겟으로 설정하고 있다. 비슷한 시스템의 온라인 쇼핑몰인 이베이(eBay)는 알리바바의 등장으로 인해 중국 시장에서 큰 수익을 얻지 못하고 철수하게되었고, 저임금 노동을 활용한 알리바바는 계열사를 포함한 거래총액이 중국 온라인 거래의 80%를 차지하는 성공을 거두게 된다. 문제는 알리바바에서 중개하여 판매되는 중국 중소기업의 물품들이 미국의 지적재산을 침해하는 소위 짝퉁 제품들이 많다는 점이다. 알리바바는 2015년 1월 중국 국가행위자로부터까지도 가짜 담배와 술, 가짜 명품 핸드백은 물론 무기 등 각종 금지 물품을 파는 행위를 눈감아주고 있다는 비판을 들은 바 있다. 알리바바는 2014년 5월 구찌와 이브 생로랑 등 명품 브랜드를 보유한 프랑스 패션기업 케링으로부터 짝퉁 제품을 전 세계에 팔리도록 고의로 방조했다는 이유로 미국 뉴욕 맨해튼 연방법원에 제소당한 상태다. 이에 대응하여 알리바바 CEO 마윈은 "배상을 할지언정 절대 화해하지 않겠다(宁可赔钱, 决不和解)"고 발언한 바 있다. 이에 따라 알리바바는 경제적 이익을 위해 지적재산권 침해 물품을 용인하고 있다는 의혹을 받는 동시에 미국 국가행위자와 알리바바와 갈등을 지속하고 있는 상황이다.

미 무역대표부(USTR)는 매년 저작권 위반이나 위조 상품 혹은 모소품 판매로 악명 높은 기업을 선정하여 명단을 발표한다. 알리바바와 알리바바에서 운영하는 타오바오는 지적재산권을 침해한 상품을 판매했다는 혐의로 2008년 악명 높은 리스트에 오른 바 있다(권상희 2015). 미국 정부가 이 명단을 발표함으로써 중국 민간 기업 등의 지적재산권 침해 행위를 직접적인 사법적 분쟁으로 표면화하지는 않지만, 주가 및 판매실적 등 수익에 타격을 미친다는 점에서 간접적이지만 지적재산권 갈등을 불러일으킨다. 이 때문에 알리바바가 2011년에 타오바오가 2012년에 명단에서 제외된 이후 현재까지 명단에 재포함되지 않기 위해 알리바바는 미국 정부와 꾸준히 접촉을 이어오고 있다(권상희 2015). 2015년 알리바바가 USTR에 보낸 공개서한에 따르면 모조 제품들을 감시하는 무역 플랫폼을 구축하는 과정에 있기에 해당 명단에서 제외할 것을 직접적으로 드러내고 있다(Huddleston, Jr.

2015). 실제로 2015년 악명 높은 리스트에 알리바바와 타오바오는 모두 선정되지 않았고, USTR은 모조제품과 관련한 민원을 처리하는 알리바바의 메커니즘이 이전보다 진일보하였음을 인정했다. 하지만 이후 미국 기업협의체인 AAFA(American Apparel & Footwear Association)가 서면 의견을 통해 타오바오와 알리바바 사이트에서 위조 상품의 판매가 만연해있으며 위조 상품 퇴출을 위한 이해 가능하고 조속한 프로그램 개발을 요구했지만 받아들여지지 않고 있다는 의견을 제시하기도 하며(Shukla 2015), 다시 한 번 미국 정부와의 갈등을 예고했다. AAFA는 지적재산권을 침해하는 위조제품들로 인해 이들의 판매 수익이 악영향을 받으며 알리바바가 지적재산권 위반 업체에 관해 삼진아웃제를 신설하고 중국 정부와 협력할 것을 요청했다. 이에 따라 미국 국가행위자인 무역대표부(USTR)는 알리바바에 대해 '짝퉁' 유통 문제에 대해 적극적인 노력을 기울이지 않는다면 '악명 높은 시장 리스트'에 포함시키며, 인터넷 사이트를 통해 판매하는 짝퉁 상품 단속에 대대적 노력을 촉구하기도 했다. 이들은 이후 알리바바의 짝퉁 단속과 신고처리 문제 등이 개선되고 있는지를 관리 감독하겠다는 입장을 밝혔다(이황 2015).

알리바바가 계속해서 성장함에 따라 미국과의 지적재산권 갈등 상황을 유지하는 카피레프트를 고수하는 것은 장기적인 이익의 차원에서 불리하며, 자충수적 한계로 작용될 것으로 예측된다. 실제로 알리바바는 2014년 9월 뉴욕 증시에 상장된 이후 성장을 거듭해 나가기 위해 미국과의 충돌을 일으키지 않고 지적재산권을 보호하는 메커니즘으로 변화해가는 모습을 보이고 있다. 알리바바는 뉴욕 증시 상장 직전, 로이터 통신의 이메일 성명을 통해 지적재산권 보호를 위해 노력하고 있다고 표방하였고, 2015년 간 알리바바는 지적재산권을 위반한 것으로 의심되는 제품 1억 개를 사이트에서 삭제하고 짝퉁 사건 77 건에서 중국 법집행당국과 협력해 51개 범죄 집단을 체포하였다. 마 윈 역시 일전에 구찌와의 논란에 관해 화해하지 않겠다는 입장을 표명 하였으나, 2015년 11월 공식 발언을 통해 자사의 온라인 쇼핑몰에 입 점한 판매업체와 브랜드를 포함해 모든 관련자의 권리가 보호받아야 한다고 주장하며 브랜드기업을 포함한 협력 업체와 소비자 권익 증진 에 힘쓸 것을 강조했다. 즉, 그 역시 알리바바의 성장을 위해서는 중소 기업의 지적재산권 침해 행위 권리만을 보장하는 전략만이 전부가 아 니라 거대 브랜드와의 협력을 통해서 세를 넓혀갈 필요가 있다는 점을 인식하고 있음을 알 수 있다.

　마윈이 처음 알리바바를 창립했을 때의 가치인 '중소기업이 날아 오를 수 있는 플랫폼'을 구축하기 위해서 기존의 지적재산권을 자유 롭게 공유하는 카피레프트에 입각한 메커니즘을 우회하였다. 중국 기 업 알리바바가 성장함에 따라 복합행위자 미국과의 지적재산권 갈등 을 해소하고 방지하기 위해 세운 장기적 계획을 보다 구체적으로 살 펴보면 다음과 같다. 2012년부터 알리바바는 해외 지재권자와 협력 하고 미국에서 글로벌 산업회의 및 지재권자 심포지움을 개최하며 지 적재산권 보호 의지를 천명하였다. 이후 자체적으로는 빅데이터에 근 거한 온라인 위조품 단속 및 오프라인 단속을 강화했고 UN회의에 참 여하고 BAS 협력양해각서를 체결하며 비국가행위자로서 지재권 거 버넌스에 적극적으로 참여하는 모습을 보였다. 또한 가장 대표적으로 는 AAFA가 요구한 대로 신의성실 원칙에 따라 2015년부터 짝퉁 제품 에 대한 민원이 3번 이상 접수되면 더 이상 알리바바 계열사를 통해 판매할 수 없도록 하는 '삼진아웃제'를 신설하였다. 알리바바는 소비 자의 권익을 보호하고, 지재권자와 판매자의 권리를 모두 보호하는 전략을 수립하여 이전과의 미국 복합행위자들과의 지적재산권 침해 갈등 문제를 해소하고 더 큰 시장으로 도약할 준비를 하고 있다(Shukla 2015). 선진국과 선진기업의 지적재산권을 공유하는 메커니즘을 통해 내수시장과 동아시아 시장 내에서 학습하고 추격한 이후에는, 세계 규모의 시장에서 장기적인 이익을 획득하기 위해서 미국과의 지적재산권 갈등을 해소하거나 방지할 필요성이 대두된다. 양적 성장으로부터 질적 성장으로 나아가고 있는 중국 기업들이 이익의 측면에서 기존의 표준에서 우회하여 지적재산권을 보호하는 방향의 새로운 메커니즘을 수립하고 다국적 기업으로서 도약을 도모하는 모습을 발견할 수 있다.

V. 미국 정부와 중국 정부 간 갈등

1. 2007년 미국의 중국 WTO 제소

TRIPs 협정이 체결되는 과정은 카피라이트 표준을 강화하고자 하는 선진국 정부와 지적재산권의 과잉보호로 인해 선진국으로부터의 기술 이전이 어렵다는 개도국 정부 간의 대립으로 표방될 수 있다. 1883년 파리협약(The Paris Convention for the Protection of Industrial Property)과 1886년 베른협약(The Bern Convention for the Protection of Literacy and Artistic Works)은 최초의 제도적 세계표준의 창립을 의미한다. 하지만 이들 협약은 당사국들 간에 부여한 준수 의무가 미미했고, 보다 전통적이고 강제성을 지닌 보편화된 표준을 수립해야 할 필요성이 미국에 의해 제기되었다(May 2006). 이에 따라 1970년 발효된 협약으로 인해 최초의 다국적 지적재산권 협의체인 세계지적재산권기구(WIPO)에서 파리협약과 베른협약보다 훨씬 넓은 범위의 지적재산을 인정하게 되었다. 이후 20세기 중반에 이르러 정보혁명이 등장하자 지적재산권 침해 방식도 보편화·다양화되었고 새로운 환경에서 보다 구속력 있는 지적재산권 국제표준을 수립하려는 움직임이 미국을 중심으로 다시 한 번 제기되었다(May 2006). 포괄적 무역협상 내에서 초국가적 지재권 협의체를 만들고자 하는 선진국들의 의도대로 GATT 협정의 우루과이 라운드에 지적재산권이 어젠다로 상정되었고, WTO에 속한 국가들 간에 TRIPs가 체결되었다. 하지만 TRIPs를 타결할 때에도, 새로운 기술의 발전에 따라 현재 협정의 해석을 통해 협정내용을 강화하고자 할 때에도, 카피레프트하의 개발도상국들과 카피라이트 표준하의 선진국들의 입장은 첨예할 수밖에 없었다. 비록 TRIPs를 적용할 때 개발도상국들에게는 유연성(flexibility)을 인정하여 형평성을 갖추고자 했지만, 이들에겐 국내정치적으로 국제적 수준에 상응하는 IP 제도를 시행(implementation)하려는 노력이 추가적으로 요구되었다. TRIPs는 회원국에게 포괄적 집행체제의 수립을 의무화하되 국가 간 법제도 차이를 고려하여 각 회원국이 협정의 규정에 관한 이행방법을 자유롭게 결정하도록 규정하고 있다(박덕영 2003). 즉, 집행절차를 규정하고 국내법에 반영함을 의무화했던 것이다.

1949년 공산당 정부가 무너지고 중화인민공화국이 들어서면서 저작권 보호 제도를 처음으로 수립했던 중국은 TRIPs 수립 과정에서는 개도국의 입장에 동조하면서도 설계권력을 통한 제도적 표준 수립 게임에서는 철저히 배제되어 있을 수밖에 없었다. 1957년 마침내 국내법적으로 '출판물의 저작권 보장에 관한 잠정규정'이라는 초안을 설계하여 '국내 단계'가 늦게나마 도래하는 듯했으나 곧 1966년부터 1976년까지의 문화 대혁명으로 인해 국내법은 유명무실해졌다. 이후 개혁개방을 하면서 중국은 베른협약과 파리협약에 가입하기 위해 1970년대 말부터 저작권법을 다시 설계하고자 했고 20차례의 수정을 거쳐 1991년 6월 1일 정식으로 발효되었다(박덕영 2003). 즉, 이때서야 중국은 베른협약과 파리협약이라는 표준에 충실히 기초한 국내법을 도입함으로써 '국제화 단계'로 진입했다고 볼 수 있다. TRIPs 체결 이후 지적재산권이 '지구화 단계'로 나아갈 때에도 중국은 WTO에 가입하지 않은 상태였기에 글로벌 제도표준게임에 참여하지 못했다. 대신 WTO 가입을 앞두고 저작권 보호 입법을 TRIPs 협정 보호수준에 부합시키기 위해 2001년 10월 27일 제9기 전국인민대표대회 상무위원회 제24차 회의에서 저작권법을 개정하여 공포 당일부터 발효되었다(박덕영 2003). 2000년에는 특허권을 개정하여 소송 전 임시조치를 신설하고 배상규정을 수정하며 특허출원에 대한 최종결정을 사법기관에 넘겨 TRIPs 협정과 일치시켰다. 마지막으로 저작권법이 개정된 제9회 전국인민대표대회에서 소비자뿐 아니라 생산자와 경영자의 이익을 고려하는 TRIPs 협정에 의거하여 상표법을 개정하는 것으로 지구화 단계를 맞이할 준비를 모두 마무리하였다. 이처럼 중국은 세계적 흐름의 국내 단계, 국제화 단계, 지구화 단계의 시기를 놓쳤기에 각각의 제도적 표준경쟁 게임에서 배제되어 있을 수밖에 없었다.

중국의 WTO 가입 이후 중국에게 TRIPs 협정은 곧 지적재산권 보호수준을 강화하려는 자체적 노력을 해야 함을 의미했다. 하지만 미국과 중국의 지재권 갈등은 계속되었고, 무역 불균형이 심화되자 미국은 2007년 최초로 중국을 지적재산권 침해와 모조행위를 이유로 WTO에 제소하기에 이르렀다. 즉, 이는 미국과 중국 정부 간 지재권 갈등이 제도적 차원에서 드러나는 대표적인 사례인 것이다. 2007년 4월 10일 미국은 중국의 지적재산권보호조치 및 이행방식이 TRIPs 협정과 베른협약의 내용에 위반된다고 WTO에 통보하며 중국과의 협의를 요청하며 제소하였다. 이 때 미국은 중국『저작권법』제4조의 제1항, 중국 세관 당국의「지적재산권 침해 상품에 대한 조치」, 지적재산권 침해범에 대한 중국 형법에 대해 위반사항을 지적했다. 먼저, 중국 저작권법 제4조 제1항은 법에 의거하여 출판 및 배급이 금지된 저작물은 본 저작권법에 의해 보호받을 수 없다고 규정되어 있으나, 미국은 이 조항이 베른협약 제5조 제1항의 저작권자의 독점권을 인정한다는 조항과 TRIPs 협정 제14조의 실연자 음반제작자 및 방송권자의 보호 규정을 위반하고 있다고 주장했다. 이에 대해 중국은 저작권법 제4조는 제한적으로 적용되며 저작권법 자체를 부정하는 것이 결코 아니라고 주장했다. 또한 중국 역시 제도적 표준에 의거하여 반론을 제기하기도 했는데, 베른협약 제17조에 따르면 "회원국이 이 협약의 규정은 어떠한 경우에도 권한 있는 기관이 필요하다고 인정한 경우에 각 동맹국이 법령으로 어떠한 저작물이나 제작물의 유통 실연 또는 전시를 허용 및 통제하거나 또는 금지할 권리에 영향을 미치지 아니한다"라고 규정되어 있다는 내용을 근거로 제4조의 타당성을 옹호했다(오미영 2005). 미국은 또한 중국「지적재산권 세관 보호 조례」제27조,「지적재산권 세관 보호조례 실행조치」제30조에서 규정하는 세관의 재량권이 TRIPs 규정의 권한을 능가하기에 위배된다고 주장했다. TRIPs는 침해물품을 보상 없이 상거래 밖에서 처분하도록 하고 있는 반면, 중국의 위 조례에서는 침해물품을 지적재산권 권리자에게 유료로 양도할 수 있다고 규정되어 있기 때문이다. 마지막으로 미국은 중국이 지적재산권 침해범에 대해 일정 수준 이상의 심각한 법위반 행위에 대해서만 형법을 적용하고 있기에 "고의로 상표, 저작권을 상업적 규모로 침해한 경우 형사절차에 따라 처벌을 규정해야 한다"라는 내용의 TRIPs 제61조를 위반하고 있다고 고발했다.

　이러한 미국의 제소 내용과 그에 대한 중국의 반론에 관해 DSB 위원회에서 2009년 3월 20일 분쟁조절 패널의 최종보고서를 승인하였다. 결론적으로 최종보고서에서는 첫 번째와 두 번째 주장에 관해 미국의 위반 사항 제소 내용을 인정하며 중국의 위반을 승인했고 마지막 주장에 관해서만 TRIPs 제61조의 '상업적 규모'의 유동적 해석을 인정하고 미국의 주장이 정확하지 못하다는 결론을 내렸다(오미영 2005). 비록 마지막 주장에 관해서는 DSB 위원회에서 미국의 주장을 인용하지 않았지만 분쟁의 패널단계에서 대부분의 미국 주장이 인용되는 결론을 살펴볼 수 있다. 이에 따라 중국은 저작권 관련 국내제도를 변경해야 하는 의무가 가해졌고 그렇지 않을 경우 미국은 합법적인 보복조치를 가할 수 있게 되었다. 중국은 이에 따라 2010년 관련 법률들에 관한 2차 개정을 실시하면서 제소 사건은 마무리되었다. 글로벌 제도표준게임에 참여하지 못했던 중국이 WTO에 가입하여 TRIPs의 영향력 아래 놓이게 되자, 선도국 미국과 추격국 중국 간의 국제 지적재산권 질서에 관한 표준경쟁이 이 사건으로 표면화되었다.

　비록 미국 정부가 중국을 제소함으로써 실체가 있는 초국가적 권위체를 만들어내고자 하진 않았지만, 미국 정부와 중국 정부 간 새로운 간주관성을 창출한다는 점에서 법률상(de jure) 표준을 획득하기 위한 경쟁이라고 볼 수 있다. 이 때 중국 정부는 국제체제 속에서 추격국으로서 선도국인 미국의 지식기술을 학습하고 모방하기 위해 지적재산의 자유로운 사용과 공유를 추구하는 카피레프트 메커니즘을 구동한다. 하지만 글로벌 제도표준의 성립과정에 참여하지 않은 중국은 중국 지적재산권의 국내단계에서 국제화 단계로 진입하기 위해 실시한 1차 개정과, 미국의 WTO 제소 이후 DSB의 권고와 판정으로 인해 실시한 2차 개정 모두 이미 수립된 제도적 표준경쟁의 결과를 그대로 수용하는 태도를 보였다. WTO 가입 이후 드러난 제도적 차원의 미중 지적재산권 갈등은 지배 표준의 설계권력을 쥐고 있던 미국의 우세가 당연한 결과였다. WTO 제소 사건에서도 지배표준 성립의 설계권력을 쥐고 있는 미국과의 제도적 분쟁에서 비대칭적 위치에 있었고 실질적으로 패배할 수밖에 없었다. 그럼에도 불구하고 2009년 DSB에 의해서 중국은 「지적재산권 세관 보호 조례」 제27조, 「지적재산권 세관 보호조례 실행조치」 제30조에서 규정하는 세관의 재량권이 국제적 지배표준을 위반하는 것이 아님을 인정받았다는 점에서 온전한 패배라고 평가하기 어려운 측면이 존재한다. 즉, 지배표준과의 호환성을 간접적으로 인정받았다고 볼 수 있기 때문이다. 이를 토대로 개인의 권리보호라는 사법적 차원이 아닌 국가 및 사회의 이익 수호라는 공법적 차원에서 지적재산권 제도가 수립되었다는 점에 착안하여 국제질서와 관련한 미국과의 비대칭경쟁 속 하나의 대항적 제도적 표준으로 나아갈 수 있는 전략을 모색해볼 수 있다. 하지만 중앙과 지방 간의 통일되지 못한 메커니즘은 여전히 중국형 카피레프트의 한계로 작용하게 된다(호우 2013).

2. 미국 국제무역위원회의 337 조사와 중국의 대응

미국 연방 국제무역위원회는 『1930 관세법』 제337조[3]에 의거하여, 미국에서 등록한 지적소유권 권리침해와 불공정무역행위에 대한 조사

---

3 미국의 무역구제제도 중 하나로 특정 제품의 미국 수입 시 불공정한 경쟁방법과 불공정한 행위를 금지할 뿐만 아니라 미국의 지적재산권을 침해한 제품의 수입을 불법으로 규정하고 있다.

를 실시했다. 이는 미국과 중국 국가행위자 간의 지재권 분쟁은 양국 간의 무역 거래가 늘어나면서, 중국의 지재권 침해 행위 역시 함께 증가함에 따라 미국 정부가 대응적 메커니즘을 구축한 것이다. 1972년부터 2008년까지 실시된 이 조사에서 근 몇 년간의 지적소유권 침해 여부를 조사하게 되었는데, 이 기간 동안 미국이 총 실시한 조사는 669건이며 이 때 중국이 대상이 되는 조사는 90건으로 전체 조사에서 13.5%를 차지하며 최대 조사국 중 하나가 되었다. 특히 미국의 대중국 조사는 1986~1995년 3건(총 143건), 1996~2005년 43건(총 177건)이었으며, 2006년, 2007년, 2008년에는 각각 13건(총 33건), 18건(총 36건), 13건(총 41건)으로 중국의 WTO 가입 이후 급속히 증가하는 모습을 보이고 있고, 산업·제품별로는 1986~2008년 총 90건 중 전자제품 35건(38.9%), 경공업제품 25건(27.7%), 기계제품 14건(15.6%) 등이 대부분을 차지하였다.

337조사는 개시 전 절차는 제소 접수와 함께 시작되며 서명이 된 원본과 필요 수량의 사본을 장관에게 제출함으로써 시작된다. 또한 기소된 사람에게 비밀자료와 비밀 이외의 자료, 그리고 그들이 속하는 각 외국 정보를 제출해야 한다. 이후 미국 기업들에 의해 제소가 접수되면 정부는 위원회를 결성하여 제소 심사, 비공식적 조사, 공식 조사, 청원의 순서대로 진행된다. 이처럼 미국은 상당히 간략한 제소 절차를 마련함으로써, 지재권에 관한 미국의 이익을 적극적으로 수호하려는 움직임을 보였다. 이에 대해 제소된 당사자는 조사 통지가 송부된 지 20일 이내에 답변을 할 것을 요청받으며, 이를 불이행하거나 이외 태만한 반응을 보일 경우 수입금지 및 제한조치 등의 제재가 가해질 수 있다. 특히, 소송을 통해 특허침해사실이 없음을 입증한다 할지라도 제재가 가해지게 되면 민간 기업들의 이익을 침해할 수밖에 없는 강력한 조사였다.

　337조사의 결과 일부 대규모 중국 기업들은 한 해에 6건 이상의 분쟁을 겪기도 했지만, 일부 적극적 대응을 통해 3건 정도 미국 국가행위자에 대해 승소판결을 받아내기도 했다. 하지만 중국 정부는 이러한 미국 정부의 제도적 분쟁에 피해를 입기만 한 것은 아니며, 제도적 차원에서 미국이 주도하는 표준에 대항하고자 하는 움직임을 보였던 것에 주목해볼 필요가 있다. 중국 상무부 국제무역경제합작연구원(国际贸易经济合作研究院)에서는 중국은 반드시 국가적인 차원에서 전면적인 방안을 수립하여 무역마찰에 대응하는 완전한 메커니즘을 형성해야 함을 주장했고, 미국이 주도하고 있는 WTO의 무역보호주의를 반대하며 국가와 산업의 이익을 지킬 것이라고 언급했다. 구체적 방법으로는 대외적으로 대화·교류·협상을 강화하여 무역상대국의 이익을 동시에 고려하는 윈-윈(win-win) 전략을 내세웠다. 동시에 대내적으로는 지식의 나침반이라는 뜻의 '지남침(智南针)'이라는 최초의 지적재산권 플랫폼을 마련하여 세계 각국의 지적재산권 관련 제도에 대한 이해를 높이고자 하는 움직임을 보였다. 실제로 지남침은 오픈된 지 하루만에 70여 개 기업들의 가입신청을 받기도 하였다. 중국 국가행위자는 이처럼 대외적으로 설득의 기술을 통해 소수자가 세를 모으는 네트워크 전략을 통해 미국이 주도하는 지적재산권 지배적 제도표준에 대항해나가고자 하는 전략을 세웠던 것이다.

　국제제도하에서 갈등하는 미국과 중국 정부는 현재까지 국제정치의 역사 속 서국 국가들 간의 갈등과는 다른 양상으로 전개된다. 기존 서구 국가들에게서 발견되지 않은 중국만의 지식관념 메커니즘이 국제질서 속 중국 국가행위자의 메커니즘을 구성하고 있고, 이 지식관념 메커니즘은 미국의 것과 다른 새로운 담론을 구성하여 신흥공간에서의 미중경쟁에 투영되고 있기 때문이다. 복합행위자 미국은 제도적으로는 공공의 이익과 자적권자의 사적 이익을 모두 인정한다고 천명했지만, 지적재산권 소유자의 배타적 이익에 편중된 관념을 전통적으로 고수해왔다. 이는 민주혁명 없이 국가를 형성한 미국이 개인의 자유와 자기실현을 최우선의 목표로 보장하는 개인주의적 관념과 자유방임주의적 생활방식이 기저에 놓여있다. 한편 중국은 개인의 저작물은 곧 공공의 이익을 위해 공유하는 것이 당연시되는 유교공동체적 관념과 사회주의 체제를 거치며 개인의 사유재산권을 인정하지 않고 무형자산에 대한 관심이 미미한 마르크스–레닌주의적 유물사관이라는 지식담론이 국가 메커니즘을 구성해왔다(김익수 2014). 이에 더하여 국민적 차원에서 산짜이(山寨)를 통해서라도 과시하고 싶어 사회적 체면(面子) 중시관념과 혈연, 지연, 학연 등의 인맥을 강조하여 관료가 특정 기업의 지적재산권 침해를 눈감아주는 식의 꽌시(關系) 관념 역시 기저에 존재한다(김익수 2014). 이처럼 미국의 개인주의적, 자유방임주의적 관념과 중국의 유교적 공유사상과 마르크스–레닌주의적 유물사관은 내재적으로 미국과 중국 복합행위자의 집합적 정체성을 대표하고 있고 이러한 문화적 상징은 미국의 337조사와 이에 대한 중국의 대응이라는 국가행위자 간 상호작용에 중요한 영향을 미친다.

VI. 맺음말

21세기 세계정치에서 지적재산권이라는 신흥공간에서의 미중 간 신흥권력게임 양상을 살펴보았다. 신흥공간에서 미국과 중국은 복합행위자로서 각각 지적재산권 표준하에서 메커니즘을 구축한다. 이 때 미

국을 중심으로 하는 지적재산권 보호의 움직임을 카피라이트, 중국을
중심으로 지적재산권의 자유로운 공유와 사용을 중시하는 표준을 카
피레프트라고 설정하여, 두 표준이 비대칭적으로 경쟁하는 지적재산권
갈등 상황을 이익-제도-관념 틀 속에서 바라보았다. 현실주의와 기능
주의가 포착하지 못하는 국가와 시장 간의 관계적 맥락을 포착하기 위
해 그들 간의 복합적인 갈등 양상을 보고자 했다. 이렇게 살펴본 미중
지재권 갈등을 통해 과거 갈등 양상을 추적하고, 현재 상황을 포착한
후, 미중의 비대칭적인 구도 속에서 미중과 모두 긴밀하게 연결되어 있
는 한국이 미래에 취할 수 있는 역할이 무엇일지 구상하고 있다.

　　기존 지적재산권 연구들이 초점을 맞추고 있는 미국 기업과 중국
기업 간의 갈등에서 벗어나서, 공공성을 표방하며 복합적인 표준 메
커니즘을 구축하는 정부라는 새로운 행위자의 등장에 주목하여 정부
와 기업 간의 갈등, 정부와 정부 간의 갈등 상황을 포착하였다. III절
의 미국 기업과 중국 정부 간의 갈등 유형에서, 중국 정부가 국익을 수
호하고 증진시키기 위해 자국 토종 기업들이 중국에 진출한 미국 기업
의 지적재산권을 부당하게 침해하는 행위를 묵인하고 국내법을 곡해
하여 적용하는 중국 정부의 중국형 카피레프트를 포착했다. 하지만 중
국 정부는 공공성을 추구하는 행위자로서 미국 기업의 지적재산권 침
해상황을 한없이 묵인하는 것이 아니라 국제 규범의 준수를 통해 국가
위상을 고려하는 복합적인 표준을 구축했다. IV절의 미국 정부와 중국
기업 간 갈등 유형을 통해 이러한 중국형 카피레프트가 중국 기업들
이 양적 성장으로부터 질적 증대로 나아가는 기점에서 자충수적 한계
로 작용함을 확인했다. 결국 카피라이트형 표준을 갖고 있는 미국 시
장에 진입하기 위해서 중국 국가와 기업은 기존의 카피레프트로부터
변화하려는 움직임을 보여야 했다. 하지만 중국형 카피레프트가 자충

수적 한계에 부딪혔다고 해서 이후 카피라이트 표준에 동화되었던 것
은 아니며, 중국만의 고유한 정체성을 바탕으로 미국과의 비대칭경쟁
에서 대항하려는 움직임도 지속했다. V절의 미국 정부와 중국 정부 간
국제 규범을 둘러싼 갈등 유형에서 중국 정부가 소규모 개발도상국들
의 세를 모아 법률적 표준을 획득하려는 중국형 카피레프트의 또 다른
모습을 포착했고, 동시에 중앙정부와 지방정부 간의 괴리라는 한계점
도 잔존하고 있음을 발견했다. 이처럼 지적재산권이라는 신흥공간 속
에서 이익, 제도, 관념의 권력 메커니즘은 끊임없이 변화를 겪으며 국
제질서에 영향을 미치게 된다. 즉, 지식질서로서 국제질서는 동태적인
범주로 설정되는 것이다.

　　보다 거시적인 전지구적인 시각에서 현재 지적재산권 글로벌 거
버넌스에 필요한 것은 다시금 '균형'을 되찾는 것이다(May 2006). 정
당한 글로벌 지적재산권 표준을 세우기 위해서는 대내외적으로 다양
한 행위자들의 입장을 반영하는 것이다. 하지만 다양한 정치경제적 발
전단계에 처해있는 WTO 가입국들, 더 나아가 비국가행위자들을 포
함한 글로벌 행위자들 간에 지적재산권 표준의 조화를 이루는 것은 결
코 쉬운 일이 아니다. 그럼에도 불구하고 끊임없이 지속되는 선진국과
개도국 간의 지적재산권 갈등 속에서 조화를 모색하는 것은 중요한 과
제임이 분명하다. 이를 위해 국가들은 각국의 발전단계에 상응하게 지
적재산권 제도, 집행, 인식을 변화시켜나갈 수 있는 유연성을 갖추어
야 하며, 글로벌 표준과 상충하는 이해관계를 갖는 국내 행위자들의
요구에도 민감하게 반응할 필요가 있다.

　　신흥권력의 부상으로 대변되는 21세기 세계정치 변화 속에서 한
국의 미래전략은 무엇인가? 복합행위자 미중이 비대칭경쟁을 이루는
상황에서 한국은 중견국으로서 세를 점할 수 있는 미중과는 또다른 메

커니즘을 구축해야 한다. 미중 지적재산권 갈등 속에서 한국은 TRIPs-PLUS 조항들을 포함한 한미 FTA를 체결하고 TRIPs보다 높은 수준의 지적재산권 규범을 포함한 TPP에 가입의사 표명을 한 상태에서 지배적 표준과의 연결성을 갖추고 있다. 동시에 한중 FTA를 통해서 중국과의 연결성을 갖춤으로써 불균등한 미중 구도 속 주요한 위치에 놓여 있게 되었다. 이 때 한국은 중국이 실시하는 대화와 협력을 통한 설득과 매력의 기술로 개도국 소수자들의 세 모으기 전략을 전망함과 동시에, 중국 복합 행위자의 표준을 이해해야 한다. 또한 중국이 인정하는 지적재산권을 등록·출원함으로써 경제적으로 미중 양측 시장에서 상품, 서비스, 정보의 흐름의 중개자로서 역할을 모색해야 한다(김상배 2014). 마지막으로 과거 중국과 유사하게 유교적 공유사상, 국가 중심주의적 카피레프트 관념을 공유했던 한국은 한미 FTA와 1970년대 시장주의적 개혁 이후 카피라이트 관념을 주도하는 국가가 되었다. 이러한 독특한 역사적 경험을 통해 미중 간 문화적 공백을 매개하며 미중 간 호환성을 증대하는 역할로의 도약도 구상해 볼 수 있다. 즉, 카피라이트와 카피레프트라는 서로 다른 이데올로기를 상징적 차원에서 번역하면서, 있는 그대로 의미를 전달하는 것이 아니라 국익에 맞추어 의미를 조작하고 의미 변화를 수반할 수 있다는 점에서 '카피미들(copy-middle)'적인 한국만의 역할을 모색하는 것이다.

참고문헌

강철승. 2013. "한중일 FTA 당위성과 선결과제." 한국경영교육학회.

강현주. 2015. "샤오미 '오픈소스 공개 위반' 해외시장 진출 길 막혔다." 『스포츠서울』
　　　 2015/03/31. http://www.sportsseoul.com/news/read/192665 (검색일: 2016.5.12.)

권상희. 2015. "중 알리바바, 짝퉁 판매 '악명 높은 시장'에 포함 안됐다." 『전자신문』
　　　 2015/12/20. http://www.etnews.com/20151220000091 (검색일: 2016.5.12.)

권인희. 2009. "FTA와 지적재산권." 『한양법학』 25, pp.3-18.

김대기. 2015. "中 비아그라 판매량…짝퉁 〉 원조." 『매일경제』 2015/11/17. http://news.
　　　 mk.co.kr/newsRead.php?year=2015&no=1090955 (검색일: 2016.5.12.)

김병철. 2015. 『중화민족의 위대한 부흥』 한국중소출판협회.

김상배. 2002. "지적재산권의 세계정치경제: 미 일 마이크로프로세서 분쟁을 중심으로."
　　　 『국제정치논총』 42(2).

_____. 2007. 『정보화시대의 표준경쟁: 윈텔리즘과 일본의 컴퓨터산업』. 한울.

_____. 2010. 『정보혁명과 권력변환』. 한울.

_____. 2014. 『아라크네의 국제정치학』. 한울.

김익수. 2014. 『중국 내 지적재산: 침해실태, 원인 배경 및 대응전략』. 아연출판부.

김익수·김병구. 2013. "중국의 지적재산권 정책에 관한 연구: 중앙정부의 보호의지, 성과,
　　　 한계점을 중심으로." 『동북아경영연구』 25(3).

김종욱·김희숙. 2013. "WTO/TRIPs 위반 분쟁 사례에 관한 연구: 미중 지적재산권 분쟁을
　　　 중심으로." 『무역보험연구』 14(2).

김형근. 2011. "한중 FTA에서의 지적재산권 분야 협상에 관한 연구: 지리적 표시 제도를
　　　 중심으로." 『중국학연구』 57, pp.335-362.

노현수·우광명. 2010. "중국의 지적재산권 침해와 기업의 대응방안에 관한 연구." 『국제상학』
　　　 25(1).

대외경제정책연구원. 2010. 『대중국 무역구제조사 추이와 중국의 반응』. KIEP 북경사무소.

박덕영. 2003. "WTO TRIPs 협정상의 저작권 보호 체계와 최근 동향." 『국제법학회논총』
　　　 48(2).

박민희. 2012. "애플, 아이패드 상표권 분쟁 6000만 달러로 해결." 『한겨레』 2012/07/02.
　　　 http://www.hani.co.kr/arti/international/international_general/540576.html
　　　 (검색일: 2016.5.12.)

박지현. 2008. "한미 FTA 속의 TRIPs-PLUS." 『국제법학회논총』 53(2).

상하이저널. 2006/12/30. "中 법원 비아그라 특허권 인정." http://www.shanghaibang.net/
　　　 shanghai/news.php?code=&mode=view&num=6844 (검색일: 2016.5.12.)

손현덕. 2012. "삼성-애플 소송의 핵, 트레이드 드레스." 『매일경제』 2012/09/26. http://
　　　 news.mk.co.kr/v3/view.php?no=545095&year=2012 (검색일: 2016.5.12.)

수전 K. 셀. 남희석 역. 2009. 『초국적 기업에 의한 법의 지배: 지재권의 세계화』 후마니타스.

오미영. 2005. "WTO TRIPs 협정상의 특허보호 분쟁사례 연구: 비위반제소 문제를 중심으로."『비교사법』12(4).

유예리. 2013. "중국의 유전자원 및 전통지식에 대한 지적재산권 보호제도의 TRIPs 협정과정과의 합치성에 관한 연구."『국제경제법연구』11(2).

윤선희. 2013.『한중 FTA를 대비한 양국의 지적재산권법제 비교연구』. 한국법제연구원.

윤성식. 2001. "지적재산권 제도의 역사적 배경과 사회적 역할에 관한 비판적 고찰." 고려대학교.

이덕규. 2007. "화이자, 비아그라 중국 상품명 소송서 고배."『약업신문』2007/02/06. http://old.yakup.com/opdb/index.php?dbt=article&cate=1%7C16&cmd=view&code=87440&page=3743&sel=&key=&rgn=&term= (검색일: 2016.5.12.)

이윤주. 2007. "특허권과 개발도상국에서의 의약품에 대한 접근과의 조화를 위한 모색: TRIPs 협정과 그 이후."『산업재산권』24, pp.189-234.

이중희. 2011. "중국 산자이 열풍과 지적재산권 문제: 국가와 이해당사자."『아시아연구』14(2).

이황. 2015. "USTR, 알리바바에 '짝퉁상품' 유통 문제 해결 촉구."『라디오코리아』 2015/12/19. http://m.radiokorea.com/news/article.php?uid=202594 (검색일: 2016.5.12.)

장동식. 2006. "중국의 지적재산권 보호제도 운용에 관한 연구."『경제연구』24(3).

장호준. 2013. "중국의 모방 복제 관행과 지적재산권의 문화정치."『담론201』16(1).

정선언. 2015. "애플의 카피캣 샤오미가 퀄컴의 특허권 계약 맺은 까닭은."『중앙일보』 2015/12/04. http://news.joins.com/article/19189700 (검색일: 2016.5.12.)

정재환·이봉수. 2013. "TRIPs 협정의 성립과 진전에 관한 연구."『무역학회지』38(1).

조영탁·홍세준·조숙현. 2015. "샤오미의 스마트폰 경영전략에 대한 트레이드 드레스 분석."『2015년 한국경영정보학회 추계학술대회』한국경영정보학회, pp.387-393.

조미진·엄부영·박현정. 2007.『한중 FTA 지적재산권 분야의 이슈 점검』. 대외경제정책연구원.

조주현. 2006. "中, 지재권 외국기업 손 들어줬다."『한국경제』2006/12/29. http://www. hankyung.com/news/app/newsview.php?aid=2006122857911 (검색일: 2016.5.12.)

특허청. 2005.『해외지재권보호 가이드북』

표호건. 2006. "중국에서의 지재권침해에 대한 사법상 구제."『민사소송』10(2).

한국지식재산연구원. 2013.『GLOBAL IP TREND 2013』

허문일. 2009. "한중 FTA 추진에 따른 중국에서의 비밀유지명령제도 도입에 대한 고찰."『법학연구』19(1).

호우. 2013. "TRIPs 협정이 중국의 지적재산권법제에 미치는 영향과 개선방안에 관한 연구." 충남대학교 법학대학원 석사학위논문.

홍덕화. 2015. "중국 비아그라, 미국 비아그라에 도전한다."『연합뉴스』2015/11/16. http://www.yonhapnews.co.kr/bulletin/2015/11/16/0200000000A KR20151116076400009.HTML (검색일: 2016.5.12.)

IT World. 2014/12/15. "샤오미 해외 진출, 특허 전쟁에 발목 잡히나." http://www.itworld. co.kr/news/91017 (검색일: 2016.5.12.)

Bischoff, Paul. 2015. "How Xiaomi's patent portfolio stacks up against competitors, in two charts." *Tech In Asia*, 2015/03/05. https://www.techinasia.com/xiaomis-patent-portfolio-stacks-competitors-charts (검색일: 2016.5.12.)

Bloomberg News. 2014/12/13. "Xiaomi Finds Patent Problem in Chase of Samsung, Apple." http://www.bloomberg.com/news/articles/2014-12-22/xiaomi-finds-patent-problem-in-chase-of-samsung-apple (검색일: 2016.5.12.)

Bukovansky, M., 1996. *Identity and Agency in the International System*. KAIS.

Carlon Deere. 2008. *The Implementation Game: The TRIPs Agreement and the Global Politics in Intellectual Property Reform in Developing Countries*. Oxford Universtiy Press.

Donahue, Bill. 2015. "Alibaba Site Belongs On 'Notorious Markets' List, USTR Told." *Law360*, 2015/10/06. http://www.law360.com/articles/711374/alibaba-site-belongs-on-notorious-markets-list-ustr-told (검색일: 2016.5.12.)

Huddleston, Jr., Tom. 2015. "Alibaba is lobbying the U.S. government to stay off piracy blacklist." *Fortune*, 2015/10/19. http://fortune.com/2015/10/19/alibaba-lobbying-piracy/ (검색일: 2016.5.12.)

Kass, DH. 2015. "Xiaomi Preps for U.S., Europe Market Launch with Patent Stockpile." *The Var Guy*, 2015/07/20. http://thevarguy.com/business-technology-solution-sales/072015/xiaomi-preps-us-europe-market-launch-patent-stockpile (검색일: 2016.5.12.)

Lapid, Y. and Kratochwil, F., 1996. *Revisiting the 'National': Toward an Identity Agenda in Neorealism?* Lynne Rienner Publishers.

Long, Pamela O., 2001. *Openness, Secrecy, Authorship*. Johns Hopkins University Press.

May, Christopher and Susan Sell. 2006. *Intellectual Property Rights: a Critical History*. Lynne Rienner Publishers.

Rodriguez, Salvador. 2015. "Why Xiaomi Is Not Coming To America Anytime Soon: It Only Has 2 US Patents." *IBTimes*, 2015/03/30. http://www.ibtimes.com/why-xiaomi-not-coming-america-anytime-soon-it-only-has-2-us-patents-1863838 (검색일: 2016.5.12.)

Sell, Susan. 2013. "Revenge of the 'Nerds': Collective Action against Intellectual Property Maximalism in the Global Information Age." *International Studies Review*, 15(1).

Sell, Susan and Christopher May. 2001. "Moments in Law: Contestation and Settlement in the History of Intellectual Property." *Review of International Political Economy*, 8(3).

Shukla, Vikas. 2015. "Relist Alibaba's Taobao To 'Notorious' List, US Trade Group Asks USTR." *Value Walk*, 2015/10/06. http://www.valuewalk.com/2015/10/alibabas-taobao-notorious-list-ustr/ (검색일: 2016.5.12.)

Tian, Major. 2014. "Can patents disrupt xiaomi's disrupt run?" *CKGSB Knowldege*, 2014/12/17. http://knowledge.ckgsb.edu.cn/2014/12/17/technology/can-patents-disrupt-xiaomis-dream-run/ (검색일: 2016.5.12.)

Wakabayashi, Daisuke. 2014. "Xiaomi Defends Its Smartphone Business Model." *The Wall Street Journal*, 2014/10/28. http://www.wsj.com/articles/xiaomi-defends-its-smartphone-business-model-1414521120 (검색일: 2016.5.12.)

界面. 2015. "辉瑞违规推销'伟哥'被没收296万并罚款10万."

北京译言传媒. 2012. "报道: Proview 寄公开信给中国的Ipad经销商."

21CN新闻. 2012. "国家版权局副局长阎晓宏:深圳唯冠拥有iPad商标."

中国经济网. 2012. "广东高法积极调停 iPad商标纠纷或庭外和解"

新浪财经. 2008. "辉瑞'伟哥'商标之争再败一局."

_____. 2015a. "国产伟哥金戈逼宫辉瑞万艾可 借渠道扩大铺货."

_____. 2015b. "国产仿制伟哥一年卖7亿 万艾可依然坚挺销量增加."

제5장

반(反)지적재산권 운동의 세계정치

최정훈

I. 머리말

한때 출판업자들의 권익 보호를 위해 만들어진 개념이었던 지적재산권은 오늘날에 이르러 사양각색의 행위사들이 자신의 영향력을 투사하기 위해 첨예하게 각축을 벌이는 논쟁의 장으로 떠오르고 있다. 지식이 산업의 주요 기반으로 부상하고, 지적재산권이 포괄하는 범위가 넓어지면서, 의약품부터 음악, 영화, 전통문화 등 이전에는 서로 동떨어진 것으로 여겨지던 영역의 이슈들이 지적재산권의 관할권하에 놓이게 되었다. 이에 따라 지적재산권이 어디까지, 그리고 어떻게 적용되어야 하는지에 대해 각종 정치적·경제적·사회적 갈등이 두드러지고 있다.

지적재산권 이슈에 관한 기존의 많은 국제정치학 연구들은 주로 TRIPs(Agreement on Trade-Related Aspects of Intellectual Property Rights)로 대표되는 현재의 지석재산권 국제레짐하에서 어떻게 신진국과 개도국이 경합을 벌이고 있는지에 주목하고 있다. 이에 따르면, 현재 지적재산권을 둘러싸고 벌어지고 있는 경쟁은 선진국과 개도국 정부 간의 게임으로 이해할 수 있다. 즉 지적재산권의 세계화를 통해 이윤을 극대화하려는 대기업과, 지적재산권 국제레짐의 수용이 가져올 비용과 효용에 따라 때로는 협조를, 또 때로는 저항을 선택하는 개도국 간의 관계로 지적재산권 이슈를 볼 수 있다는 것이다.

그러나 이런 기존의 연구들은 지적재산권을 둘러싼 국가들 간의 관계를 파악하는 데는 대단히 성공적이었지만, TRIPs 체제에 대한 대응의 다양성에 관해서는 제한적인 통찰만을 제공할 뿐이다(Deere 2008). 그런 접근의 기저에는, 지적재산권 게임이 본질적으로 지구적 남북문제의 맥락에서 형성된, 지적재산권의 세계화와 그에 대한 저항으로 구성되는 1차원적 경쟁이라는 인식이 있다. 물론 그런 관점은 지적재산권의 몇몇 전선(戰線)에서 나타나는 정치적 현상을 파악하는 데 있어 충분히 설득력이 있기는 하지만, 반(反)지적재산권 운동이 가진 다양성과 그 다양성이 지닌 함의를 완전히 파악하지는 못하고 있다.

반지적재산권 운동이란, 다양한 분야에서 TRIPs의 아성에 도전하는 저항운동을 묶어 부르는 이름이다. 국제 NGO부터 개발도상국 정부, 선진국의 신흥 IT 기업, 그리고 인터넷 해적들까지 아우르는 수많은 행위자들이 관여하고 있는 이 저항운동은, 지적재산권이 새로이 포함하게 된 광활한 영역의 곳곳에서 수면 위로 떠오르고 있다. 오늘날의 반지적재산권 운동은 1980~1990년대를 거치면서 시작된 카피레프트/오픈소스 운동, TRIPs 발효 이후 지적재산권이 지구적 남북문제의 뜨거운 이슈로 부상하면서 출현한 이른바 '접근권 운동', 그리고 2000년대 IT 기술의 급격한 대중화와 함께 사이버공간을 중심으로 세를 모은 '자유문화 운동' 등 상이한 맥락과 배경을 가진 여러 운동을 포함한다.

반지적재산권 운동은 지적재산권의 넓은 관할권 곳곳에 형성된 '권위의 공백'을 배경으로 하고 있다. 정보화가 진전되면서 지식이 생산·유통·소비되는 방식은 끊임없이 복잡해지면서 분화하고 있는 반면, 그런 변화에 익숙지 못한 국가는 여기에 발맞춰 대응하지 못하고 있다. 국가의 권위가 미치지 못하고, 또 그렇기 때문에 아직 TRIPs가 완전히 발을 붙이지 못한 영역에서 반지적재산권 운동은 지적재산권의 일관적이고 강력한 적용에 불만을 품은 행위자들을 한데 규합하고 자신만의 목소리를 낼 수 있다.

하지만 권위의 공백에 자리를 잡는다 해서 반지적재산권 운동이 성공을 거둘 수 있는 것은 아니다. 국가가 지적재산권의 복잡하고 새로운 각종 이슈들을 효과적으로 다룰 수 있을 만한 전문성과 경험을 갖추지 못하고 있기는 하지만, 국가를 대신해 지적재산권을 지키고 그 실질적인 적용 범위를 넓혀나가려 하는 지적재산권의 옹호자들 또한 엄연히 존재하기 때문이다.

지적재산권을 놓고 형성된 세력구도는 전통적인 관점하에서는 매우 비대칭적이라 할 수 있다. 반지적재산권 행위자들은 대항 또는 경쟁의 대상인 지적재산권의 옹호자들에 비해 훨씬 불리한 입지에 놓여 있다. 얼핏 보기에 반지적재산권 운동은 "물질적·제도적으로 뒷받침되는" 대항세력이라기보다는 "담론만 무성한 반대 전략"에 가까워 보인다(김상배 2005). 재산권보다 다른 가치가 먼저 보장되어야 한다고 주장하는 몇몇 개인과 NGO, 그리고 이들의 입장을 지지하는 몇몇 개발도상국 정부들이 상대해야 하는 대상은 지적재산권을 통해 국내의 지식기반산업을 발전시키려 하는 선진국 정부와 현재의 지적재산권 국제레짐을 지탱하는 국제기구 및 제도, 그리고 영리활동의 결과물에 대한 경제적 권리를 보장받으려 하는 선진국의 대기업들이다. 그러나 동원 가능한 자원과 의사결정 과정에 대한 영향력 모두에서 철저하게 열세에 있는 반지적재산권 세력은, 전통적 국제정치의 구도하에서라면 불가능했을 '승리'를 몇 차례 거둬냈으며 지적재산권 국제레짐에 유의미한 변화를 가져오고 있다.

이러한 현상을 국제정치학적으로 어떻게 이해할 수 있는가? 반지적재산권 운동들은 언제, 어떤 전략을 바탕으로 이루어지는가? 그리고 그것이 지니는 함의는 무엇인가? 기존의 연구들이 완전한 답을 제공해주지 못하는 이러한 질문에 대한 답을 얻기 위해 대표적인 반지적재산권 운동의 사례들을 살펴보는 것이 필요하다. 이들이 성공할 수 있었던 이유는 기성 권위가 미처 채우지 못한 공백을 지적재산권과 다른 이슈의 연결을 통해 다양한 행위자들의 관심과 동참을 이끌어냄으로써 채우고, 또 그렇게 얻은 세력을 바탕으로 국가의 권위를 빌릴 수 있었기 때문임을 알 수 있다.

이 글에서는 먼저 오늘날 반지적재산권 운동이 있기까지 지적재산권이 밟아온 길을 살펴보고, 지적재산권에 반대하는 행위자들이 선진국 정부와 대기업들에 대항할 수 있게 된 정치적 맥락을 소개하고 있다(II절). 그 다음으로는 반지적재산권 세력이 아직 국가의 권위와 TRIPs의 영향력이 미치지 못한 곳에서 TRIPs의 적용을 성공적으로 막아낸 세 가지 사례를 제시하고, 각각의 사례에서 반지적재산권 측이 채택한 전략을 분석하려 한다. 즉 1990년대 말부터 2000년대 초까지 이어졌던 HIV/AIDS 의약품 접근권 논쟁(III절)과 2000년대 중반 EU를 달궜던 소프트웨어 특허법 논쟁(IV절), 그리고 비교적 최근인 2011년~2012년 미국에서 벌어진 SOPA 논쟁(V절)이 그것이다. 이들 논쟁은 서로 다른 시기, 서로 다른 분야에서 벌어졌으며 참여한 행위자들도 각양각색이었지만, 오히려 그렇기 때문에 반지적재산권 운동의 다양성과 그 뒤에 있는 일관적인 전략을 잘 보여준다 할 수 있다. 결론에 해당하는 VI절에서는 세 가지 사례의 공통점을 바탕으로 반지적재산권 운동의 성격과 전략을 논의하고, 그 한계와 함의는 무엇인지를 다룬다.

II. 반지적재산권 운동의 세계정치적 맥락

지적재산권은, 'rights'라는 복수 표현이 보여주듯, 단일한 개념이라기보다는 특허권, 저작권, 상표권 등 유사한 여러 개념의 집합에 가깝다. 이들 권리의 대상이 되는 지적재산은 처음 개발하는 데 필요한 비용은 높은 반면, 복제 비용은 매우 낮다는 공통점을 가지고 있다. 그렇기 때문에 기업들은 투자를 통해 획득한 재산을 보호받기 위해, 국가는 정보와 관념의 흐름을 통제하기 위해 별도의 법제를 마련해 지적재산을 관리하려는 유인을 가지게 된다. 1474년 베네치아에서 최초의 근대적 특허권 개념이 등장했을 때부터 이런 지적재산권의 특수성은 이미 널리 인식되고 있었다.[1] 인쇄술이라는 새로운 기술이 빠르게 지식의 생산과 유통의 질서를 변모시키는 상황에서 각국 정부 및 출판업자들의 이해관계가 맞물리면서, 이후 유럽의 다른 지역에서도 특허를 보호하기 위한 법적 장치들이 등장하였다(May 2002). 19세기에 들어설 무렵이면 저작권과 특허권, 상표권이라는 개념이 모두 제도적으로 정착되어 법의 보호를 받게 되었으며, 1883년 파리협약으로 특허와 상표, 산업디자인에 대한 보호가, 1886년 베른협약으로 저작권에 대한 보호가 각각 국제규범으로 자리를 잡으면서 지적재산권은 국제사회의 표준으로 자리 잡게 되었다.[2]

정보혁명은 지적재산권의 중요성과 침해 방법의 다양성을 동시에 높였다. 이에 미국의 대기업들을 필두로 한 선진국의 산업계에서는 보다 적극적으로 지적재산권을 보호해야 한다는 인식이 퍼지기 시작했다. 1967년에 이미 국제지적재산권기구(World Intellectual Property Organization: WIPO)가 수립되어 1974년 공식적으로 UN 산하기구로

---

1   물론 여기서 말하는 공익의 증진은 형평성과 무관함을 염두에 두어야 한다. 즉 지적재산권은, 적어도 그 출발점에서는, 사회 구성원 전체에게 돌아가는 이익이 아니라 사회의 이익 총합(보다 정확히는 출판업자와 출판세를 거두는 국가)의 제고를 목표로 하고 있었다. 지식 생산으로 인한 긍정적인 사회적 효과(학문 진흥 등)는 엄밀한 정의하에서는 경제적 외부성(externality), 즉 부수효과에 속한다.
2   지적재산권이 국제규범으로 자리를 잡아간 과정에 대해서는 Sell and May 2001에 보다 상세하게 설명되어 있다.

자리를 잡기는 했으나, WIPO에 의한 보호는 권장안(가이드라인) 수
준이었으며 법적 구속력은 전무했다. 이러한 보호 수준에 만족하지 못
한 선진국, 특히 미국의 기업은 보다 강력한 보호를 요구했으며, 1980
년대를 거치면서 그런 주장은 점차 더 많은 선진국 기업을 결집시키
는 한편 선진국 정부와 사법부, 그리고 국제기구의 정책결정자들에게
도 강력한 영향력을 행사하기 시작했다. 그리고 이런 추세는 1994년
TRIPs가 WTO 체제에 포함된 채 국제무역의 규범으로 등장하면서 정
점에 도달했다.

　　TRIPs는 지적재산권의 범위나 보호의 방법을 결정하는 것을 각국
의 재량에 맡기던 기존의 국제레짐과는 달리, 무엇이 어떻게 보호되어
야 하는지를 명확히 정의하고 그것을 회원국의 보편적 의무로서 부과
한다(Lea 2008). 또한 특허권, 저작권, 상표권 등 상이한 비(非)자연적
권리가 점층적으로 누적되어 형성된 TRIPs 이전의 지적재산권 국제레
짐과는 달리, TRIPs하에서는 개인의 창조적 노력을 바탕으로 만들어
진 지식 또는 지식 기반 상품이라면 종류와 특성을 불문하고 일괄적인
보호가 보장된다. TRIPs는 어떤 기술과 지식이든 자신의 것이 아니라
면 정당한 비용을 통해 사용해야 함을 명시함으로써, 지식산업의 혁신
이 기존의 틀 밖에서 일어나는 것을 규제하고 기득권의 보유자에게 경
제적 이익을 보장한다(수전 셀 2009).[3]

　　그런데 지적재산권은 국가의 권위 없이는 성립할 수 없는 개념
이다. 일반적인 재화와는 달리 자연적인 소유를 체감할 수 없는 지적
재산은, 위에서 다룬 바와 같이 공익 증진을 위해 근대국가라는 절대

3　　하지만 트립스의 등장에도 불구하고 여전히 지적재산권 국제레짐은 서로 복잡하게 얽혀
　　있는 법적 개념과 규범의 집합체라 할 수 있다. 현행 지적재산권 국제레짐의 이러한 복잡
　　성에 대해서는 Pires de Carvalho 2010, Muzaka 2012 등의 연구를 참조하면 좋다.

적 권위에 의해 기업 또는 개인에게 부여되는 성격이 강하다(Kobrin 2009). 즉, 지적재산은 궁극적으로 국가에 의한 법의 보호하에서만 권리로서 존재할 수 있다. TRIPs도 여기에 있어서는 크게 다르지 않다. TRIPs는 분명 강력하고 보편적인 지적재산권 국제레짐을 만들어내기는 했지만, 실효성을 가지기 위해서는 여전히 WTO 회원국에 의존해야 한다.

하지만 20세기 말 이후 세계화와 정보화의 흐름 속에서 국가가 정책결정 과정에 예전만큼 강력한 영향력을 행사하지 못하는 이슈들이 속속 등장하고 있으며, 국가의 강력한 권위는 그 바탕이 되는 정당성을 이전에 비해서 인정받지 못하고 있다. 권력을 정책결정 과정에 대한 영향력이라고 정의한다면, 권위는 그런 권력이 정당성과 결합된 것이라 할 수 있다. 다시 말해, 어떤 행위자가 가진 권력이 정당한 것으로 널리 인식되어 그에 대한 자발적 순응이 폭넓게 이루어진다면 그 행위자에게 권위가 있다고 할 수 있는 것이다(Hurd 1999). 반대로 행위자가 의사결정에 대한 영향력을 행사할 수 없거나, 행사하더라도 그것이 강압을 통한 복종을 전제로 한다면 이는 권위가 있는 것이라 보기 어렵다. 그런데 이런 관점에서 보았을 때 오늘날의 국가는 점차 권위를 상실하고 있다.

이러한 경향은 90년대부터 여러 학자들에 의해 관찰된 바 있다. 일례로, 수잔 스트레인지(Susan Strange)는 점차 복잡해지고 다원화가 일어나는 오늘날의 세계에서 국가가 권력을 행사할 수 있는 적절한 대상은 감소하고 있으며, 그 효율성 역시 감퇴하고 있다고 주장한다(Strange 1996). 그에 따르면, 비록 절대적 의미에서 국가의 권력은 그대로 남아 있거나 오히려 강화되고 있지만, 그럼에도 불구하고 정치현상의 결과를 결정하는 실질적 능력은 국가의 손을 점차 벗어나 시장에서 재화와 서비스를 주고받는 비국가행위자의 손에 놓이고 있다. 확고하게 구분된 국경 안에서 절대적 권위를 행사하는 근대국가들로 구성되던 국제사회에서 다양한 초국경적 비국가행위자들이 등장하면서 '국가의 후퇴(retreat of the state)'가 일어나고 있는 것이다.

만약 그렇다고 해도 기존 제도에 대한 '관습적 순응(habitual compliance)'의 행태가 사회 전반에서 지속된다면 국가는 (비록 실질적으로 행사할 수 있는 권력에 제약이 있더라도) 이전과 같이 가장 강력한 권위를 행사할 수 있을 것이다. 그러나 이 또한 실제와는 거리가 멀다. 점차 복잡해지는 세계정치 속에서 국가의 권위는 효과적으로 행사되기 어려우며, 그런 권위를 뒷받침하던 정당성은 의심의 대상이 되고 있다(Rosenau 2003).

여기에는 탈냉전으로 인한 전통적 안보위협의 감소, 산업화 이후 꾸준히 감소한 국가의 시장 장악력 등 여러 요인이 있지만, 가장 근본적 원인은 정보화와 세계화로 인해 비국가행위자가 가진 능력이 비약적으로 향상된 것이라 할 수 있다. 즉, 언제 국가의 권위에 순응하고 언제 저항할지를 자신의 의지에 따라 판단하고 그에 맞게 행동할 수 있는 여건이 조성된 것이다. 정보혁명으로 인해 기성 권위의 정당성에 회의를 가진 행위자들은 쉽게 협력 대상을 찾을 수 있게 되었으며, 빠르게 정보를 공유하거나 다른 행위자들을 동원함으로써 기성 권위에 대항할 수 있는 역량을 갖추게 되었다.[4]

국가들에게 있어 나날이 새롭게 떠오르는 국제사회의 이슈들 중 상당수는 제때 적절히 대응하기 벅찰 정도로 복잡하고 또 낯설다. 그

---

4 특히 이 글에서 다루고 있는 지적재산권은 정보화와 세계화라는 두 가지 경향과 직접적인 관련이 있기 때문에 이러한 정치적 변화가 두드러지는 이슈 영역이라 할 수 있다(Haunss 2011: 131-137).

로 인해 발생하는 공식적 권위의 공백에는 국가에 비하면 부족하지만 전문성이나 도덕성, 공정성, 경험이나 지식 등을 인정받아 다른 행위자들의 자발적 순응을 이끌어낼 수 있는, 즉 나름대로의 권위를 가지고 있는 비국가행위자들이 출현하고 있다(Rosenau 2007). 이들이 가진 권위는 영역의 경계도, 위계질서도 명확하지 않은 수평적 네트워크를 통해 구성되며 본질적으로 그 지지자들이 가진 인식에 기반을 두고 있는 유동적이고 취약한 권위다. 그러나 기존의 국가행위자와 그 권위를 주춧돌로 삼은 규범이 덮지 못하는 균열의 지점에서 이런 비국가행위자들은 국가와 협력함으로써 그러한 한계를 극복하고 새로운 규범을 만들어나갈 수 있게 된다.

자신이 다루어야 할 이슈와 그 이슈에 대한 결정이 가져올 파급효과에 대해 정보와 경험이 모두 부족한 경우, 국가행위자는 결정 과정의 상당 부분을 이러한 비국가행위자에게 위임할 수 있다. 아기온과 티롤(Philippe Aghion and Jean Tirole)에 따르면, 결정을 위해 고려해야 할 사안이 기존의 처리 능력을 뛰어넘을 만큼 복잡해 '과부하'가 발생할 때, 결정권자는 자신의 권위를 하급자에게 위임하고자 하는 유인을 가지게 된다(Aghion and Tirole 1997). 아기온과 티롤의 모델은 결정권자인 상급자와 조언자인 하급자로 이루어진 조직이 새로운 결정을 내려야 하는 상황을 가정하고 있다. 이때 하급자는 (원칙대로라면 결정을 전담하는) 상급자에게 가능한 여러 방안을 제시하고, 그 중 자신에게 가장 바람직한 결과를 낼 것으로 예상되는 것을 추천할 수 있다. 상급자는 제시된 방안 중 자신(=조직)에 가장 바람직하다고 여겨지는 대안을 선택한다. 만약 가장 바람직한 결과가 무엇인지 자체적으로 결정하기 어렵다면, 상급자는 하급자의 판단을 신뢰하고 추천방안을 그대로 받아들이고자 하는 유인을 가지게 된다. 즉, 결과적으로 하급자가 상급자의 권위를 빌려 결정 과정에 영향력을 행사하게 되는 것이다.

물론 아기온과 티롤의 연구는 어디까지나 상하관계가 명료한 기업조직을 염두에 두고 이루어진 것이지만, 상급자 대신 국가를, 하급자 대신 비국가행위자의 집합을 대입할 때도 충분히 성립할 수 있다. 권위의 위기로 인해 국가는 새로운 정책을 필요로 하게 되었지만, 정보의 부족으로 인해 섣불리 새 정책을 선택하기는 어렵다. 이때 하급자(기업, NGO 등 비국가행위자)는 정책을 조언함으로써 실질적 권위를 양도받을 수 있다. 특히 하급자 본인의 행위로 인해 국가가 쉽게 결정을 내리기 어려운 조건이 형성된다면, 하급자에 해당하는 행위자(들)은 국가와의 협력관계 속에서 자기 나름대로 규범을 만들어나가거나 변화시킬 수 있는 능력을 획득할 수 있다.

지적재산권 국제레짐의 경우 결정권자는 국가들, 그리고 하급자는 비국가행위자들에 각각 대입해 생각해볼 수 있다. 과부하의 상황에서 결정권자에게 보다 신뢰성·전문성을 가지고 있으며 더 나은 대안을 제시한다는 인식을 줄 수 있는 비국가행위자는 성공적으로 권위를 '빌림'으로써 자신이 원하는 대로 이슈에 대해 영향력을 행사할 수 있게 된다.

국가의 권위(그리고 그로부터 도출되는 WTO의 초국가적 권위)에 강하게 의존하는 지적재산권은 역설적으로 '국가의 후퇴'가 가장 강하게 나타나는 이슈 영역에 속한다. 단적인 예로 지적재산권의 국제레짐인 TRIPs가 만들어지는 과정에서 국가는 정보 수집부터 의사결정에 이르기까지 거의 대부분의 과정에서 기업에 의존했다(수전 셀 2009). TRIPs의 체결과 발효 과정에서 기업들이 행사한 강력한 권위는 본디 국가로부터 빌려온 것이라 할 수 있는 셈이다. 지적재산권은 국가에게 낯설고 복잡한 주제이기에, 국가는 전문성과 경험을 가진 다국적기업의 네트워크에 권위를 위임했고, 기업은 자신에게 유리한 국제레짐을 형성하기 위해 영향력을 발휘할 수 있었다.

그런데 국가나 친(親)지적재산권 세력에 비해 자체적으로 보유하고 있는 자원이 현저히 부족한 반지적재산권 운동이 국가행위자로부터 권위를 위임받기에 적합한 조건을 조성하는 것은 결코 쉬운 일이 아니다. 아래에서 살펴볼 반지적재산권 운동의 대표적인 세 가지 성공 사례들은 이들이 그런 악조건 속에서 어떻게 국가행위자들의 관심을 끌고 그들로부터 권위를 위임받을 수 있었는지를 잘 보여준다.

III. HIV/AIDS 의약품 논쟁

1. NGO와 제약업계의 대결

1981년 후천성면역결핍증후군(AIDS)이 미국에서 처음으로 확진된 이후, 1990년대에 이르러 인간면역결핍바이러스(HIV)는 사하라 이남 아프리카 전체로 빠르게 확산되기 시작했으며, 그 외에도 브라질, 태국 등 많은 개발도상국으로 유행의 범위가 급속히 넓어졌다. 그러나 다른 한편으로는 HIV/AIDS에 대한 연구가 본격적으로 성과를 거두기 시작하면서 항레트로바이러스 약제를 조합해 투여하는 칵테일 요법과 같은 치료법이 하나씩 개발·보급되고 있었다.

한편, 1995년 1월부터 WTO의 발족과 함께 TRIPs가 발효되면서, 의약품 자체에 대한 특허를 최소 20년 이상 보장해야 하는 의무가 부과되었다. 20세기 후반을 거치면서 여러 개발도상국에서는 느슨한 특

허법 체계를 이용한 제네릭 의약품 산업[5]이 빠르게 성장하고 있었는
데, 항레트로바이러스 약제는 제네릭 약품이 아니고서는 개발도상국
의 일반적인 소득 수준으로 구매하기 어려울 정도로 가격이 높았다.
TRIPs의 의무보호 적용까지 개발도상국에게 주어진 10년의 유예기간
이 끝나게 되면 HIV/AIDS의 확산을 막기 위해 국가가 취할 수 있는
방도가 사실상 전무하게 되는 것이었다.[6]

TRIPs 발효를 전후해 미국에서는 TRIPs가 의약품의 시장가
격을 미국 내 저소득층이 감당할 수 없을 정도로 높인다는 비판이
CPTech(Consumer Project for Technology) 등 소비자단체를 중심으
로 제기되고 있었다. 이들은 의약품 개발이 이루어지는 데는 기업의
투자뿐 아니라 국가와 시민의 기여도 필요함을 지적하면서 신약 개발
의 경제적 이익이 온전히 제약회사에만 돌아가는 것은 불공정하다는
주장을 펼쳤다.

미국 내의 시민단체 운동으로 끝났을 수 있었을 이들의 움직임이
더 큰 국제정치적 현상으로 비약하게 된 것은 1996년부터였다. 150
여 개 보건단체의 네트워크 HAI(Health Action International)가 미
국 소비자단체와 협력하기 시작했으며, 이미 상당한 규모의 국내 제네
릭 의약품 시장을 가지고 있던 인도 정부도 이에 관심을 보이기 시작
한 것이다. 1999년 이후로는 여러 개발도상국 정부와 WHO, 국경 없
는 의사회(Médecins Sans Frontière: MSF), 옥스팜(Oxfam), 선진국 내
HIV 보균자 단체의 네트워크인 ACT UP 등 다채로운 행위자들이 의

---

5   제네릭 의약품이란 그 약을 개발하지 않은 제약회사에서 조제하는 약품의 통칭으로, 개
     발비용을 거의 부담하지 않는 특성상 가격경쟁력이 높다는 특성을 가지고 있다.
6   트립스가 개도국의 제네릭 의약품 산업과 공중보건에 미치는 영향에 대해서는 Lanoszka
     2003에 보다 자세히 서술되어 있다.

약품에 대한 특허의 완화를 요구하는 움직임에 동참하게 되었다. 이
처럼 반지적재산권 진영이 세력을 늘려나가면서 처음으로 '의약품 접
근권(access to medicine)'이라는 명칭이 등장하게 되었다. 그동안 미
국의 제약업계를 중심으로 TRIPs 수준의 의약품 특허 보호를 관철시
키려는 움직임도 나타나기 시작했다.[7] 미국제약협회(Pharmaceutical
Research and Manufactures of America: PhRMA)와 국제제약연맹협
회(International Federation of Pharmaceutical Manufacturers & As-
sociations)는 주로 로비활동을 통해 공공보건의 목적으로 특허권을
제약(강제실시, compulsory license)하는 법안을 마련하려 한 태국과
남아공에 강력한 압박(특히 미국의 통상압력)을 간접적으로 가했으며,
1998년 국제보건총회(World Health Assembly)에서 '필수약품에 대한
접근권을 보장'하기 위해 무역협정을 준수할 것을 명시한 결의안을 채
택시키는 등 상당한 성과를 거두었다(Haunss 2013).

그러나 2000년에 이르면 미국의 클린턴 행정부를 시작으로 보건
의료 분야에서 TRIPs가 요구하는 수준보다 더 완화된 지적재산권 보
호를 허용해야 한다는 입장이 선진국 정부 및 주요 국제기구 내에서
도 나타나기 시작했다. 결국 2001년 11월 카타르 도하에서 열린 WTO
총회에서 HIV/AIDS, 말라리아 등 전염병이 창궐할 경우 공중보건을
위해 TRIPs의 원칙을 무시할 수 있다는 요지의 선언(Doha Declara-
tion on TRIPS and Public Health, 이하 도하 선언)이 발표되면서 HIV/
AIDS 의약품 접근권 논쟁은 일단락되었다.

---

7   이러한 움직임이 발생한 데는 다음과 같은 배경이 있었다. 1970년대 이후 약품 자체의
     기술적 복잡성과 신약 실험과 관련된 각종 규제로 인해 신약 개발 비용이 크게 상승했
     고, 그 결과 글로벌 제약회사들이 신약에 대한 특허 보호에 보다 민감해진 것이다. (Sci-
     entific American 2014.11.24, Mullin).

2. 지적재산권과 보건의 연결

이 논쟁에서 반지적재산권 세력은 그 규모와 성격, 관심 분야가 모두
다른 각양각색의 비국가행위자들로 구성되어 있었다. 그럼에도 불구
하고 CPTech과 HAI, MSF 등의 NGO를 중심으로 결집함으로써 이들
은 보건위기에 직면한 개도국 정부들, 나아가서는 선진국 정부들과 제
약회사 연합에까지 정책결정 과정의 한 축으로 인정받을 수 있었다.

 그러나 이런 비국가권위권들이 HIV/AIDS 문제에 대해 처음부터
반지적재산권 운동을 펼쳐나갔던 것은 아니다. 이들은 TRIPs로 인해
의약품의 가격이 높아지게 되었을 때 이에 반발할 나름대로의 충분한
이유를 가지고 있었지만, 그것이 바로 협력으로 이어지지는 않았다.
HIV/AIDS와 의약품 접근권에 대한 관점 역시 상이하거나 아예 문제
인식이 없는 경우까지 있었다. NGO 연합에서 가장 활발한 활동을 보
였던 CPTech은, "기술에 대한 소비자 프로젝트"라는 단체의 이름이
보여주듯, 본디 차량안전이나 IT 분야의 독점문제 등 광범위한 이슈를
다루는 소비자단체에 가까웠다. CPTech과 가장 먼저 제휴한 HAI 역
시 본래 집중하고 있던 문제는 개발도상국 제약업계에서 횡행하고 있
는 불량 약품 조제 및 유통 문제였다. 제약회사에 대한 비판으로 시작
한 CPTech의 활동이 HAI와 MSF 같은 다른 NGO, 나아가서는 WHO
와 WTO의 관계자부터 심지어 UN의 퀘이커 사무소(Quaker United
Nations Office)까지 다양한 행위자들이 반지적재산권 운동에 동참하
는 결과로 이어진 것은, 보건과 지적재산권이라는 두 이슈 간에 새로
운 연결이 구성되어 성공적으로 다른 행위자들을 끌어들였기 때문이
라 할 수 있다.

 CPTech의 랄프 네이더(Ralph Nader), 제임스 러브(James Love)

와 같은 '정책 기업가(policy entrepreneur)'들은 HAI와 같이 이전에
는 보건이슈에만 집중하던 행위자에 접근해 지적재산권이 문제의 원
인임을 설득하는 한편, 왕성한 제네릭 제약산업으로 인해 이 이슈에
민감했던 인도의 정책결정자들에게는 반대로 지적재산권은 인도 내
산업보호의 측면뿐 아니라 보건의료의 측면에서도 보아야 함을 설득
했다. 이처럼 몇몇 개인과 소수 NGO를 중심으로 지적재산권과 보건
이슈의 연결이 시도된 결과, 반지적재산권 측에서는 "특허＝이익＝연
구＝치료"라는 친지적재산권적 인식 틀 대신 "복제＝생명"이라는 새로
운 인식 틀[8]을 내세울 수 있었다(Sell and Prakash 2004). 이러한 새로
운 인식 틀은 활동 범위와 영역이 상이한 비국가행위자 간에 새로운
협력 관계가 형성될 수 있는 바탕을 마련했으며, 두 행위자 간의 협력
이 제3자를 연쇄적으로 끌어들이는 양성되먹임(positive feedback)을
유도했다.

　　특히 CPTech과 HAI가 HIV/AIDS 의약품 문제에 공동으로 대응
하기로 한 결정은 양측 모두 예측하지 못했을 규모의 파급효과를 일
으켰다. 대표적인 예로, 1996년 10월 빌레펠트에서 열린 HAI 학회에
는 MSF의 정책 담당 중역 엘렌 또엥(Ellen 't Hoen)과 WHO의 바스
반 데어 하이데(Bas van der Heide) 등이 참석했고, 이들은 이후 의약
품 접근권 운동에 해당 행위자가 참여하는 데 있어 중요한 역할을 하
게 되었다. 학회를 주관한 스리랑카 출신의 쿠마리아 발라수브라마니
암(Kumariah Balasubramaniam)은 자신의 발표를 통해 실제 개발도
상국의 의약품 수가에 대해 세밀한 데이터를 제시함으로써 지적재산
권과 보건 간의 강한 관계를 입증했다(Love 2011). 1999년 세계보건

8　'Copy＝Life'라는 구호는, 실제로 ACT UP의 파리 지부가 사용한 슬로건으로, 이후 널
　리 퍼졌다.

총회를 앞두고 CPTech와 HAI는 공동으로 개도국과 NGO의 입장에 우호적인 대표 70여 명을 초청해 선진국 대표와의 협상 전략을 마련했는데, 그 대표 중 한 명이었던 남아공 보건복지부 장관 올리브 시사나(Olive Shisana)는 총회에서 러브가 제공한 데이터를 바탕으로 미국 측의 의견을 성공적으로 반박할 수 있었다.

참여가 더 많은 참여를 부르는 또 다른 사례로 ACT UP의 합류를 들 수 있다. HAI의 활동에 관심을 가지게 된 미 보건복지부 관료 그렉 파파스(Greg Pappas)는 ACT UP 필라델피아 지부와 접촉해 CPTech의 러브를 회의에 초청할 것을 권유했다. 이를 계기로 반지적재산권 운동에 합류한 ACT UP은 1999년 PhRMA에 우호적이던 당시 부통령 앨 고어(Al Gore)가 대선 출마를 발표한 현장—미국 전역에 생방송되고 있었다—에서 "고어의 욕심이 죽음을 부른다(Gore's Greed Kills)"라는 구호를 내걸어 의약품 접근권 문제가 주요 언론의 주목을 받게 되는 계기를 마련했다.

이처럼 의약품 접근권 논쟁에서 반지적재산권 운동이 성장해나간 과정에서는 이슈의 연결로 여러 행위자들이 뭉치기 시작하자 다시 이것이 더 많은 연대로 이어지고, 이슈의 연결 역시 강화되는 추세가 뚜렷이 나타난다. 지적재산권과 공중보건의 연결은 소비자단체와 보건 NGO의 이색적 조합을 가능케 하면서 다양한 비국가행위자들을 결집시켰고, 반지적재산권 운동이 '권위 빌리기' 게임에서 상대를 압도할 수 있는 강력한 세력을 얻을 수 있게 했다.

3. 반지적재산권 운동의 전략과 도하 선언

HIV/AIDS 이슈의 전개 과정에서 반지적재산권 운동은 '권위 빌리기'

에 성공했다. 한 번은 개발도상국, 다른 한 번은 선진국(특히 미국)을 대상으로 벌어진 이 임차 작업으로 인해, 정부의 역할은 반지적재산권 연합이 추천하는 정책을 승인하는 정도로 국한되었다. 먼저 반지적재산권 운동은 석극석으로 자신들과 같은 이해관계를 가진 개발도상국의 정책결정자들을 끌어들임으로써 큰 갈등 없이 개발도상국 정부의 권위를 위임받을 수 있었다. 대표적으로 1998년 1월에 열린 세계보건총회에서 개도국들이 제시한 의약품 전략 수정안은 HAI와 CPTech에 의해 작성되었으며, 이때 작성된 수정안은 도하 선언에까지 영향을 미쳤다(수전 셀 2009).

그러나 선진국의 경우에는 넘어야 할 장애물이 조금 더 높았다. 여기에는 PhRMA와 같은, 지적재산권을 옹호하는 세력이 이미 존재하고 있었고 이들은 이미 TRIPs 체결과정과 그 이후의 무역분쟁에서 권위를 양도받아 행사해본 전력이 있었다. 하지만 HIV/AIDS 문제에 있어 반지적재산권 세력은 그러한 장애물을 넘어서는 데 싱공했다.

먼저, 다양한 비국가행위자들이 각자의 방식으로 반지적재산권 활동에 참여함에 따라, 그만큼 다양한 경로로 영향력을 모으고 행사할 수 있게 되었다. 반지적재산권 운동에 동참한 옥스팜, MSF 등 국제NGO들은 WTO 외에도 WHO와 세계은행, 유엔개발개획(UNDP) 등 다양한 국제기구를 대상으로 활발한 설득과 로비 활동을 벌였으며(He and Murphy 2007), 다른 한편으로 ACT UP은 시위를 통해 지적재산권(그리고 그것을 지지하는 앨 고어)을 인권, 나아가 유색인종에 대한 차별로 묘사하여 많은 관심과 공감을 얻었다. 미 의회의 흑인 코커스(Black Caucus)를 앞둔 클린턴 행정부는 ACT UP 시위로부터 일주일이 지나지 않아 남아공의 강제실시 정책에 대한 반대를 철회하게 되었다(Sell and Prakash 2004).

또한 반지적재산권 세력은 의약품 독점으로 선진국의 거대 제약 회사들이 폭리를 취하고 있다는 인식을 확산시킴으로써 경쟁자인 친지적재산권 세력보다 유리한 입지를 점하려 노력했다. 일례로 2000년 5월 제임스 러브는 제네릭 의약품 제약사인 시플라(Cipla)의 대표 유수프 하미에드(Yusuf Hamied)를 설득해 환자 1인당 연간 350달러의 가격으로 MSF에 약품을 공급하겠다는 약속을 얻어냈다. (당시 TRIPs 의 보호 하에서 다국적 제약회사들의 약품을 구매하려면 연간 최대 1만 5천 달러에 이르는 비용이 필요했다.) 이는 당시 『뉴욕타임스(The New York Times)』지에 따르면 "의약품 접근의 장애물을 제거하는 조치" 없이는 (많은 이가) "불필요하게 죽게 된다"라는 점을 많은 이의 뇌리에 각인시킨 사건이었다(수전 셀 2009). 이러한 인식이 선진국 내에서 광범위하게 확산되면서, 정책결정자들은 이전과 같이 기업이 추천하는 정책을 그대로 수용하기 어려운 환경에 처했다.

또한 반지적재산권의 핵심 행위자들은 지적재산권과 보건의 연결을 통해 HIV/AIDS 위기가 오직 의약품에 대한 접근을 (현행 지적재산권 레짐을 변화시킴으로써) 확대할 수 있을 때만 비로소 해결될 수 있다는 관념을 형성했고, 이는 반지적재산권 세력 전체에 공유되었다 (Haunss 2013a). 처음 반지적재산권 운동에 동참한 행위자들의 다양성에도 불구하고, 이러한 공통의 인식이 수용되면서 반지적재산권 세력은 단결을 유지할 수 있었다. 일례로 1999년과 2000년 사이, 정부를 통해 개발도상국에 압력을 행사하는 것이 사회적 정서에 지나치게 어긋나는 행동임을 인지한 미국 제약회사들은 내수시장에서의 자발적 가격 인하를 통해 불만을 가라앉히려 했으나 기대한 호응을 전혀 얻지 못했다.

이처럼 이슈의 연결을 통해 반지적재산권 행위자들은 친지적재산권과의 경쟁에서 우위를 점할 수 있었고, 그러한 우위는 반지적재산권 운동의 큰 성과인 도하 선언으로 이어졌다. 물론 도하 선언은 미국의 반대로 끝내 법적 구속력이 있는 합의로 이어지지 못했다는 한계를 가지고 있고, 지금까지도 미국과 유럽 선진국들은 여전히 의약품에 대해 TRIPs 또는 그 이상의 보호를 지지하고 있는 실정이다. 실제로 2001년 말 발생한 한국과 노바티스 사이에 백혈병 치료제 글리벡의 수가를 놓고 발생한 분쟁에서 미국은 노바티스를 지원했고, 결국 한국 특허청은 강제실시 청구를 기각했다(수전 셀 2009).

그럼에도 불구하고 도하 선언은 (HIV/AIDS 위기 당시 동참했던 개도국에게는 아닐 수 있겠지만) 반지적재산권 운동의 '승리'라 볼 수 있다. 반지적재산권 운동은 의약품의 가격을 낮추고 개도국 국민에게도 의약품에 대한 접근을 보장하겠다는 당초의 목표를 달성했다. 그러나 HIV/AIDS 의약품 접근권 논쟁이 반지적재산권 운동에게 유리한 결과를 가져왔다고 볼 수 있는 더 근본적인 이유는, 지적재산권을 옹호하는 제약회사들만큼이나 접근권을 옹호하는 NGO들도 새로운 정책을 조언·추천할 수 있는 근거가 마련되었다는 데 있다. 적어도 의약품과 관련된 지구적 거버넌스에서 NGO들은 정책결정 과정에 대한 영향력을 반영구적으로 확보했다. 이 논쟁을 통해 반지적재산권 운동은 국가의 권위를 빌려 지적재산권 국제레짐에 영향력을 행사할 수 있는 주체로 인정을 받았으며, 실제로 지적재산권을 통한 간접적 보상 대신 연구에 대한 상금 지급을 통한 직접적 보상을 보장하는 방안 등 새로운 관념과 제도를 오늘날까지도 꾸준히 구상·제안하고 있다 (Haunss 2013a; He and Murphy 2007).[9]

---

9   한편, 이 논쟁에서 등장한 의약품 접근권 개념은 이후 '지식에 대한 접근권(Access to Knowledge: A2K)'이라는 개념으로 발전해 지적재산권법에 대한 새로운 관점으로 부

IV. EU 소프트웨어 특허권 논쟁

1. 유럽 의회를 뒤흔든 오픈소스 운동가들

1997년부터 2005년까지 이어진 유럽의 소프트웨어 특허법 논쟁은 반
지적재산권 운동의 또 다른 좋은 사례다. IT 기술의 초창기에는 소프
트웨어의 지적재산권을 저작권법을 통해 보장하는 것이 관행이었다.
즉, 소프트웨어 개발을 위해 필요한 코딩 작업을 일종의 저술 행위로
간주하고, 그에 해당하는 재산권과 인격권을 보장하는 것이다(남희섭
2010). 그러나 TRIPs는 이러한 암묵적 합의를 뒤집을 수 있는 근거를
마련했다. TRIPs에 따르면, 특허는 기술의 분야에 무관하게 상업적으
로 이용될 수 있는 발명이라면 모두 특허법에 의한 보호의 대상이 될
수 있기 때문이다.

　　논쟁은 1997년 6월, 유럽연합 집행위원회에서 EU 차원의 특허법
을 제정하기 위한 예비절차를 밟으면서 시작되었다. 이전부터 유럽특
허청(European Patent Office: EPO)이 주관하는 유럽특허 제도가 있
기는 했지만, 이는 EU 회원국 각각에 특허를 출원하는 것과 사실상
같은 수준이었다. 이에 집행위원회에서는 EU 전체를 포괄하는 새로
운 특허법을 제정하려 하고 있었다. 그러나 유럽특허협정(European
Patent Convention: EPC)에 따르면 소프트웨어는 경영 노하우의 일종
으로 간주되어 유럽특허의 인정 대상에서 제외되어 있었다. 이에 기업
집단과 EPO를 중심으로 EPC를 개정해 '컴퓨터에서 실행될 수 있는
모든 것'을 특허 대상으로 인정받으려는 움직임이 나타나기 시작했다.

　　각되고 있다. 이에 관하여서는 Kapczynski 2008을 참고하면 좋다.

2000년 15개국 대표가 모인 뮌헨 회의에서는 14대 1로 새로운 소프트웨어 특허법이 초안이 마련되어 유럽의회에서 통과될 경우 EPC의 제한조항을 무효화하기로 결정이 내려졌다.

한편, EU 집행위원회가 소프트웨어에 대한 보편적 특허법 적용에 관한 녹서(綠書)를 발표하면서 이 문제는 프리웨어/오픈소스(F/OSS)[10] 커뮤니티의 관심을 끌기 시작했다. 1999년 2월, 뮌헨에서 자유로운 정보 인프라를 위한 연맹(Federation for a Free Information Infrastructure: FFII)이 결성되었다. FFII는 이후 유럽 각국의 오픈소스 커뮤니티(특히 리눅스 이용자 모임)를 중심으로 적극적인 홍보에 나섰고, 곧이어 FFII를 중핵으로 하는 유로리눅스 동맹(EuroLinux Alliance)이 결성되었다. 유로리눅스는 2000년 후반기부터 적극적으로 온라인 서명운동과 홍보활동을 펼치면서 오픈소스 커뮤니티 바깥에서의 지지를 얻기 위해 노력했다. EPO와 집행위원회가 기업의 의견을 반영해 소프트웨어 특허법 초안을 작성하는 동안 오픈소스 담론도 서서히 세를 모으고 있었다. 2003년 4월, 유로리눅스는 14만 명 이상의 반대 서명을 유럽의회(European Parliament)에 제출했다. 2000년의 반대 서명에 6만 명이 서명했던 것을 감안하면 상당한 증가였다.

같은 해 9월 유럽의회에서 소프트웨어 특허법 초안에 대한 표결이 이루어질 때까지 유로리눅스와 다른 시민단체들은 온·오프라인 홍보부터 유럽의회 의원의 이메일로 수천 통의 반대 의견을 보내는 것까지 다양한 방식으로 특허법에 대한 항의를 표출했다. 그 결과, 집행위

---

10   F/OSS(Free and Open Source Software)는 흔히 오픈소스로 함께 분류되는 다양한 종류의 소프트웨어의 통칭이다. 그러나 프리웨어와 카피레프트, 오픈소스와 같이 F/OSS를 구성하는 사상은 실제로는 매우 상이하다. 다만 소프트웨어의 개발과 유통에 대해 마이크로소프트, 애플 등 거대 기업과는 다른 관점을 취한다는 점에서 최소한의 공통점을 가질 뿐이다(Coleman 2004).

원회와 EPO의 강한 반발에도 불구하고, 특허로 보호 가능한 대상을 하드웨어에 적용된 혁신적 기술로 한정하는, 오픈소스 측의 의사를 더 많이 반영한 초안이 채택되었다.

특허권 이슈가 유럽 사회 전반의 이목을 끌게 되자, 다양한 비국가행위자들이 반지적재산권 활동에 동참하기 시작했다. 오픈소스 기업 및 활동가들 외에도 선 마이크로시스템즈(Sun Microsystems) 같은 유명 IT기업이 지지를 표명했으며, 유럽중소기업협회연맹(Confédération Européenne des Associations de Petites et Moyennes Entreprises: CEA-PME), 유럽공예·중소기업연합(Union Européenne de l'Artisanat et des Petites et Moyennes Enterprises: UEAPME) 같은 중소기업 단체들, 심지어 캠팩트(Campact), 금융거래 과세와 시민행동을 위한 연합(Association pour la Taxation des Transactions financières et pour l'Action Citoyenne: ATTAC) 같은 사회주의 계열 단체들까지 합류하기에 이르렀다.

오픈소스 진영의 역량을 체감한 기업들 역시 경각심을 가지고 전통적인 로비부터 인터넷을 통한 홍보까지 다양한 전략을 동원해 소프트웨어 특허권의 필요성을 설득시키려 노력했다. 지멘스, 노키아, 애플, 인텔, 어도비(Adobe Systems), 시만텍(Symantec) 등 국제적으로 강력한 영향력을 가지고 있는 여러 기업들은 소프트웨어 특허권이 경제적 혁신을 자극해 IT 산업의 발전을 이끌 수 있다는 주장을 내세웠다.

그러나 이러한 노력에도 불구하고 소프트웨어 특허법 논쟁은 반지적재산권 진영의 압도적인 승리로 막을 내렸다. 2005년 6월, 지적재산권을 옹호하는 측과 비판하는 측이 동시에 가두시위를 벌이는 가운데, 유럽의회는 648 대 14 표(기권 18표)라는 압도적인 반대로 소프트웨어 특허법 초안을 기각한 것이다.

2. 지적재산권과 혁신의 연결

지적재산권 국제레짐이 고지를 선점하고 반지적재산권의 대항담론에 대해 자신의 위치를 고수하는 입장에 있던 HIV/AIDS 논쟁의 경우와 는 달리, 소프트웨어 특허권 논쟁에서는 지적재산권 진영과 반지적재 산권 진영 사이에 치열한 경쟁이 벌어졌다. 소프트웨어 특허권 논쟁 초기의 반대파들은 그 수나 경험에 있어 특허권을 옹호하는 측에 훨씬 못 미쳤다. 일부 프로그래머와 해커를 제외하면 소프트웨어의 특허권 이 가지는 의미를 이해하고 진지하게 여기에 반대하는 이들은 그리 많 지 않았던 것이다.

이때 반지적재산권 운동을 크게 확장시킨 것은 바로 혁신 담론과 지적재산권의 연결이었다. 유럽의 오픈소스 커뮤니티 내에서 FFII가 광범위한 지지를 확보하자 오픈소스와 직접 관련이 있는 기업들(오픈 소스 데이터베이스 관리 시스템으로 유명한 MySQL, 리눅스 개발에 참여 하는 기업 중 최대의 규모를 가진 레드 햇(Red Hat), 프로그래밍 언어 자 바(JAVA)의 개발로 유명한 선 마이크로시스템 등)이 반지적재산권 운동 에 참여하게 되었고, 그 결과 2003년을 전후해 학계와 기업들을 중심 으로 소프트웨어 특허권이 다국적 IT 대기업의 이익을 보장하는 한편, 유럽의 IT 중소기업의 혁신은 가로막는다는 논리가 등장하기 시작했 다. 한편 반지적재산권 세력을 경계하게 된 기업들은 "창의성을 위한 캠페인(Campaign for Creativity)" 등의 집단적 활동을 통해, "특허 = 혁신"이라는 인식 틀, 즉 특허법의 제정이 기업의 연구 활동을 촉진시 켜 혁신에 유리한 환경을 조성하고, 이는 유럽 경제의 활성화로 이어 진다는 관념을 확산시키려 노력했다. 이는 역설적으로 소프트웨어 특 허가 IT뿐 아니라 산업 전반에서의 혁신과 관련되어 있다는 인식을 퍼뜨렸다.

혁신이라는 경제적 관념과 지적재산권의 연결은 HIV/AIDS 사례에서 나타난 것과 같은 확장의 되먹임으로 이어졌다. 오픈소스 IT 기업들이 반지적재산권 운동에 합류한 이후 IT산업 간의 연락과 협조를 매개하는 일로 잔뼈가 굵은 전문가이자 로비스트였던 플로리안 뮐러(Florian Müller) 등의 IT 활동가들도 함께 합류하기 시작했다. IT와 오픈소스에 모두 얽혀 있던 기업과 개인의 참여가 늘어나자 이에 자극을 받은 다른 기업들 역시 이에 자극을 받아 직접 동참하거나 지지를 표명했고, 본래 지적재산권이나 IT가 주 관심사가 아니었던 CEA-PME, UEAPME 같은 중소기업 단체들, 2005년부터 운동에 동참한 독일의 캠팩트, '경제적 다수(economic-majority.com)' 등 좌파 시민단체들—물론 2003년 이전부터 FFII를 지지한 ATTAC 독일 지부나 웹사이트 '특허 없는 독일(patentfrei.de)' 같은 예외도 있었다—도 논쟁에 참여하게 되었다. FFII 활동가들은 CEA-PME, UEAPME와 제휴해 법의 제약을 덜 받는 개발환경하에서 오히려 경제적 혁신이 더 활발히 일어날 수 있다는 공동의 논리를 펼칠 수 있었으며(Haunss 2013), 이와 같은 대등한 대립구도를 기반으로 오픈소스 세력의 입장을 일반인들에게도 널리 지지를 받을 수 있는 실질적 대안으로 재구성할 수 있었다.

3. 다양성의 확보와 반지적재산권 운동의 성공

IT 기업 연합에 비해 반지적재산권 진영은 동원할 수 있는 자원이 현저히 적었다. 유럽정보통신기술산업협회(European Information and Communications Technology Industry Association: EICTA), 상업소프

트웨어연맹(Business Software Alliance) 등 유럽에 본사 또는 지사가 있는 여러 기업의 네트워크들은 오픈소스 진영의 역량을 체감한 2003년 이후 전통적인 로비부터 인터넷을 통한 홍보까지 다양한 전략을 동원해 소프트웨어 특허권의 필요성을 설득시키려 노력했다. 그럼에도 불구하고 권위 빌리기 경쟁에서 반지적재산권 측은 대등 또는 다소 우세한 입지를 차지했으며, 결국 목표하던 바를 이루었다.

소프트웨어 특허권의 반대파들은 지적재산권과 혁신이라는 이슈를 묶음으로써 충분히 다양한 행위자들을 포섭하였다. 다양한 비국가 행위자들이 하나의 입장을 표명하게끔 함으로써 반지적재산권 운동은 다방면으로 영향력을 투사할 수 있었다(Haunss and Leifeld 2012). 지적재산권과 혁신의 연결이 완성되기 이전까지 논쟁에 참여하지 않던 UEAPME와 CEA-PME는 2005년 대기업들이 중심이 되어 이끌고 있던 "특허＝혁신" 담론에 강한 이의를 제기함으로써 친(親)중소기업적 입장을 가지고 있던 유럽의회 보수파의 일부가 특허법에 대한 지지를 철회하게 만들었다(Aigrain 2010). ATTAC과 다른 좌파 시민단체는 유럽의회의 녹색당과 협력하는 한편, 사민주의 정당의 인사들을 적극적으로 설득함으로써 자신의 영향력을 보여주었다. 특히, 가장 먼저 특허권 반대 운동에 합류한 ATTAC 독일 지부는 다른 정치단체들의 동참을 촉구하는 역할을 수행했다. ATTAC의 주선으로 반지적재산권 운동에 참여하게 된 시민단체 캠팩트는 백만 명이 넘는 회원을 통해 2005년 특허권 문제가 사회 전체의 '핫 토픽'으로 부상하는 과정에서 강한 영향력을 발휘했다. 이와 같이 반지적재산권 진영은 각양각색의 행위자들을 동참시켜 다양한 방면에서 영향력을 행사할 수 있게 되었고, 그러한 전략의 다양성 덕택에 동원 가능한 자원의 절대량이 부족한 데서 오는 불리함을 충분히 상쇄할 수 있었다.

당초 예상된 바와 달리 특허법 초안을 개정하는 방향 대신 완전히 초안을 기각하는 방침이 정해진 것은, 겉으로 보면 확실히 반지적재산권의 압승이라 할 수 있다. 그러나 그런 표결이 나타난 속사정을 감안하면, 꼭 그렇다고만 할 수는 없다. 본래 2차 표결 이전 유럽의회의 중의는, 1차 표결 때와 마찬가지로 반지적재산권 진영의 입장을 어느 정도 반영하는 개정안을 2006년까지 완성하는 것이었다. 그러나 정확히 무엇을 얼마나 반영해야 하는지에 대해서는 입장차를 좁히지 못했고, 결국 누구의 편도 들지 않고 입안을 포기해 버리는 선택이 가장 안전하다고 인식된 것이다(Haunss 2013b). 승패의 여부를 목표의 달성 여부 대신 그 달성 과정에 행사한 실질적 영향력의 크기로 판단한다면, 이 사례는 완승이라기보다는 무승부 내지는 판정승에 가깝다 할 수 있다.

그럼에도 불구하고 특허권 논쟁을 통해 반지적재산권 운동은 EU의 정책결정자들로부터 정책을 조언할 만한 자격이 있는 동반자로 인정받았다. 일례로 2008년 EU에서 저작권의 적용을 놓고 발생한 "텔레콤 패키지(Telecoms Package)" 논쟁이 발생했을 때, 정책결정자들에게 반지적재산권 활동가들은 신뢰할만한 조언자 중 하나로, 기업 집단에게는 정책결정자와 여론 양측에서 경쟁해야 하는 대상으로 인식되고 있었다(Breindl and Briatte 2013). 특허권 논쟁이 막 시작되었을 때 기업과 정책결정자들에게 무시당했던 것을 상기해보면 확실히 큰 변화가 일어난 것이다.

V. SOPA 논쟁

1. "유사 이래 최대의 온라인 시위"

앞의 두 사례에 비하면, SOPA/PIPA(Stop Online Piracy Act/Protect Intellectual Property Act, 이하 SOPA) 논쟁은 상당히 빠른 속도로 전개되었다. PIPA[11]는 2011년 5월 12일 미 상원에서, SOPA는 2011년 10월 26일 미 하원에서 각각 발의되었다. 두 법안은 저작권에 저촉되는 내용을 게재한 웹사이트에 대해 저작권 보호 목적으로 접속을 차단할 수 있도록 하는 것을 그 골자로 했다. 법의 실효성을 위해 설령 서버가 외국에 있다 하더라도 차단 조치를 내릴 수 있음을 명시했으며, 또한 검색 서비스나 스트리밍 서비스, 페이팔(PayPal)과 같은 인터넷 금융 서비스 등 다른 웹사이트의 기능을 도울 수 있는 모든 종류의 서비스 공급자들에 대해 저작권을 침해하는 사이트를 차단할 것을 의무화했다.

1990년대 이후 꾸준히 저작권 침해로 인한 피해를 호소해 왔던 미국 문화산업계에서는 보다 강력한 지적재산권법 제정을 위한 로비 활동을 적극적으로 벌여왔다. 특히 그 중심에 있는 것은 문화산업계의 주요 기업들의 모임인 미국영화협회(Motion Picture Association of America: MPAA)와 미국음반산업협회(Recording Industry Association of America: RIAA)였다. 오랜 기간 동안 지속된 로비 활동은 미국 의회 내에 전반적으로 친지적재산권적인 분위기를 조성했고, 그 덕에 SOPA와 PIPA는 민주당과 공화당 양측의 고른 후원을 받을 수 있었

---

11   공식 명칭은 'Preventing Real Online Threats to Economic Creativity and Theft of Intellectual Property Act'이다.

다. 그러나 의회 내의 친지적재산권적 분위기와는 달리, 인터넷 상에
서는 반대 여론이 나타나 지지를 모으기 시작했다.

PIPA 발의 이후 꾸준히 형성되어온 반대 여론은 이윽고 SOPA까
지 발의되자 한층 증폭되었다. 11월 16일 하원 사법위원회의 SOPA
공청회가 열리자, 이에 반대하는 뜻으로 크리에이티브 커먼즈(Crea-
tive Commons) 재단과 자유 소프트웨어 재단, 모질라(Mozilla) 재단
등 오픈소스 계열 단체들은 '미국 검열기념일(American Censorship
Day)' 행사를 조직했으며, 보잉보잉(BoingBoing), 테크더트(Tech-
Dirt) 같은 영향력 있는 인터넷 언론과 레딧(Reddit), 4챈(4chan), 텀
블러(Tumblr) 등 미국의 주요 커뮤니티 사이트에서는 SOPA에 반대하
는 여론이 비등했다.

SOPA/PIPA에 대한 반대 여론의 강도는 연말연초 무렵까지도 계속
유지되었다. 한 가지 예로, 12월 22일 커뮤니티 사이트 레딧에 웹호스
팅 서비스를 제공하는 고대디닷컴(GoDaddy.com)이 SOPA에 지지 의
사를 밝혔다는 소식이 게시되자, 24시간 만에 8만여 개의 도메인 주소
가 이전된 사건이 있었다. 결국 일주일만인 29일, 고대디닷컴은 SOPA
에 대한 지지 표명을 철회했다. 해가 바뀐 뒤 2012년 1월 13일에는 미
래를 위한 투쟁(Fight for the Future) 재단을 중심(www.sopastrike.
com)으로 SOPA에 반대하는 대규모 온라인 시위가 기획되기 시작했다.

SOPA 반대 시위가 정점에 도달한 것은 1월 18일이었다. 지지자
들에 의해 "유사 이래 최대의 온라인 시위"로 명명된 이 시위에는 위
키피디아,[12] 구글, 레딧, 핀터레스트(Pinterest), 플리커(Flickr), 아마

---

12   특히 1월 18일 위키피디아는 '블랙아웃(blackout)'을 실시했다. 영문판 위키피디아의
      메인 페이지를 '자유로운 지식이 없는 세상을 상상해보라(Imagine a World without
      Free Knowledge)'라는 구호가 적힌 검은 화면으로 교체했던 것이다. 당시의 화면은

존 등의 대형 사이트가 동참했으며, 페이스북은 시위에 동참하지는 않았지만 지지 의사를 표명했다. 시위 주관 측의 통계에 따르면 이날 SOPA 반대 의사를 표명한 트윗 개수는 3백만 개를 돌파했으며, 또한 법안에 반대하는 온라인 서명에는 하루만에 7백만 개의 서명이 추가되었다. 뒤이어 1월 19일에는 해커 그룹 어나니머스(Anonymous)가 SOPA를 지지하는 단체의 웹사이트에 디도스(DDos, 분산서비스거부) 공격을 가했다고 발표했다.

이미 1월 상순부터 상하원을 통틀어 법안에 회의적인 의원이 늘고 있었던 경향이 나타나고 있던 중이었기에 이처럼 대규모로 발생한 반대 시위는 SOPA/PIPA에 치명적이었다. 결국 1월 20일 PIPA와 SOPA에 대한 의결이 모두 무기한 연기되면서 논쟁은 반지적재산권 운동의 승리로 일단락되었다.

2. 지적재산권과 자유의 연결

SOPA 논쟁이 발발하기 전부터 인터넷에는 사이버 공간에서 (그리고 경우에 따라서는 현실에서도 마찬가지로) 지적재산권의 영역과 범위가 제한되어야 함을 주장하는 전문가 네트워크가 존재했다. 리처드 스톨만의 FSF나 파이어폭스(Firefox)로 유명한 모질라 재단, 크리에이티브 커먼즈 라이선스(Creative Commons License: CCL)를 관리·배포하는 크리에이티브 커먼즈(Creative Commons) 재단 등은 정보의 자유로운 흐름을 주장하고 지지해왔다.[13]

---

en.wikipedia.org/wiki/File:History_Wikipedia_English_SOPA_2012_Blackout2.jpg (검색일 2015.5.12.)에서 확인할 수 있다.

13 사이버공간 내 정보의 자유를 지지하는 전문가 네트워크들의 활동과 주장은 특히 2000

그러나 이처럼 상당한 영향력을 가진 비국가행위자인 크리에이티브 커먼즈나 오픈소스 운동조차도 이슈의 연결을 통한 동원 없이는 고장난명(孤掌難鳴)의 난국을 모면하기 어려웠다. SOPA/PIPA 논쟁 초기만 해도 반지적재산권 운동은 큰 세력을 모으지 못했다. 자유소프트웨어 재단, 크리에이티브 커먼즈 재단 등의 카피레프트 운동 관련 행위자들과 여기에 관심을 가진 몇몇 개인이 반응을 보이기는 했으나, 여전히 인터넷 공간에 있는 대부분의 행위자들은 이 문제에 큰 관심을 가지고 있지 않았다.

그러나 2011년 11월 무렵 반지적재산권 운동은 지적재산권 이슈와 '인터넷 공간의 자유'라는 관념 사이에 효과적인 연결을 설정하는 데 성공했다. SOPA 반대 여론이 인터넷상에서 빠르게 번지는 계기가 된 미국 검열기념일 행사는 그러한 연결을 확고하게 만들었다. 검열이라는 인터넷 공간에서의 자유에 대한 위협을 지적재산권 이슈와 연결함으로써 반지적재산권 운동은 이전보다 훨씬 다양한 온라인 공간 내의 행위자들을 한데 묶을 수 있게 되었다(Sell 2013). 이러한 이슈의 연결은 다른 사례에서와 마찬가지로 세력이 빠르게 확장되는 양의 되먹임으로 이어졌다. 특히 2000년대 후반을 거치면서 크게 발전한 각종 커뮤니티 사이트는 빠른 확산의 플랫폼이 되었다.

또한 이 과정에서 영향력 있는 개인들의 움직임이 중요한 요인으로 작용했다. SOPA 논쟁에서 반지적재산권 운동을 이끈 개인들로는 미국 내 주요 커뮤니티 사이트 중 하나인 레딧의 공동 설립자 아론 스워츠(Aaron Swartz), 인기 웹툰 「xkcd」의 저자 랜달 먼로(Randall

---

년대 이후 크리에이티브 커먼즈 재단의 등장으로 많은 관심을 끌었다. 이들이 기존의 지적재산권에 반대하는 이유와 그 대안으로 제시하고 있는 각종 관념 및 제도에 관해서는 Apter 2008, Goss 2007, Guadamuz 2002 등의 연구가 있다.

Munroe), 웹진 보잉보잉의 공동 주필인 동시에 유명 블로거인 코리 닥터로우(Cory Doctorow), 위키피디아의 설립자 지미 웨일스(Jimmy Wales) 등이 있었다. 이들은 평소 인터넷 상에서 높은 지명도를 가진 인사로, SOPA의 "인터넷 검열"에 맞서 인터넷의 자유를 지켜야 한다는 주장을 통해 자신과 친숙한 인터넷 상의 집단들을 성공적으로 동원했다. 특히 스워츠와 웨일스는 각각 레딧과 위키피디아 토론방에 게시물을 남겨 SOPA에 맞서 집단행동에 나설 것을 촉구했고,[14] 그 결과 실제로 두 사이트는 1월 18일의 시위에서 가장 활발한 활동을 보였다 (Benkler *et al.* 2013).

오픈소스 단체가 인터넷 유명 인사들의 관심을 끌고, 그 유명 인사들이 다시 자기 주변의 커뮤니티를 동원하여 그 커뮤니티를 통해 확산된 정보가 다시 더 많은 행위자의 참여를 유발하는 식으로 4chan, 레딧, 텀블러, 위키피디아 등의 거대 커뮤니티는 반지적재산권에 지지자를 공급하는 한편 세력이 모여들 수 있는 발판을 마련했다. 득히 '검열'이라는 키워드는 커뮤니티 내에 빠른 속도로 위기의식을 확산시키고 이들을 SOPA에 반대하는 진영으로 결집하는 효과를 낳았다.

뿐만 아니라, 인터넷상의 자유라는 관념과의 연결은 사이버 공간에서의 지적재산권 문제에 큰 관심이 없던 개인과 집단까지 반지적재산권 진영에 동원하는 계기가 되었다. 인터넷 상에서 개인의 권리(익명성, 표현의 자유 등)를 옹호하는 데 주안점을 둔 '미래를 위한 투쟁(Fight for the Future)' 부터 온라인 뉴스 협회(Online News Association), 심지어 그린피스에 이르기까지 각양각색의 시민단체와 이익단체가 반지적재산권 운동에 합류하면서, SOPA 논쟁은 인터넷

---

14   특히 파급력이 컸던 위키피디아의 집단행동에 대해서는 Konieczny 2014에서 보다 자세히 분석하고 있다.

공간 바깥으로까지 확대될 수 있었다.

　한편, 검열과 자유라는 키워드로의 연결이 미처 이어주지 못한 행위자도 있었다. 지적재산권에 대한 과대보호가 IT 기업의 경제적 혁신을 심각하게 저해하리라는 주장이 이미 PIPA 입안 초기에 제기되었는데, 검열과 자유의 프레임에 집중이 이루어지면서 혁신이라는 키워드는 상대적으로 운동의 주 관심사에서 소외되었다. 논쟁이 지속되는 동안 구글과 마이크로소프트, 이베이(eBay) 등이 SOPA에 반대하는 입장을 표명하면서도 반지적재산권운동의 일원으로서 적극적인 활동을 펼치지는 않는 식의 미온적인 움직임을 취했던 것은 그 결과로 해석할 수 있다.

3. 인터넷 공간의 동원을 통한 과부하 작전

SOPA 사례에서 반지적재산권 운동은 지적재산권과 인터넷 자유라는 두 상이한 이슈의 연결을 통해 무수히 많은 잠재적 지지자를 확보했으며, 폭발적으로 불어난 반지적재산권의 세력은 정책결정의 과정에 말 그대로 과부하를 걸게 되었다. 특히 2012년 1월 18일의 온라인 시위에서 반지적재산권 운동은 말 그대로 정책결정자에게 DDos 공격을 방불케 하는 방식으로 과부하를 유발했다. 일례로, 1월 18일의 블랙아웃에 대한 위키피디아의 공식 통계에 따르면, 블랙아웃이 진행된 24시간 동안 위키피디아의 SOPA/PIPA 항목은 1억 6,200만 회 조회되었으며, *wikipediablackout* 태그가 사용된 트윗은 한때 전세계에서 작성된 트윗 중 1%를 차지하기도 했다(Wikipedia 2015). 영문판 위키피디아는 블랙아웃의 첫 화면에 미국 내 IP로 접속할 시 자신의 선거구 출신의 상·하원 의원의 연락처를 검색할 수 있게 하는 기능을 넣어 놓았는데, 24시간 동안 8백만 명 이상이 검색창을 이용했고, 그 결과 미국의 많은 의원들은 엄청난 양의 항의성 이메일과 전화를 받게 되었다. 일부 의원의 경우 홈페이지가 다운되어 버리기도 했다(Ingraham 2012). 결국 블랙아웃 이후 상하원 양쪽에서 SOPA/PIPA에 대한 지지를 철회하는 의원이 속출했으며, 아직 입장이 불분명하던 의원들도 반대쪽으로 돌아서기 시작했다. 의회를 대상으로 한 청원에도 많은 참여가 이루어져, 논쟁이 끝날 때까지 총 1,400만 명의 서명이 청원을 통해 의회에 제출되었다(Wiseman 2012).

인터넷 공간에 대한 성공적인 동원은 의회뿐 아니라 다른 행위자들에게도 영향을 미쳤다. 단적인 예로 온라인 청원 시스템 'We the People'을 통해 10만여 명에 달하는 미국인들이 오바마 행정부에 인터넷의 자유를 침해하는 법안에 거부권을 행사할 것을 청원했고, 이는 후술할 1월 14일의 백악관 발표로 이어졌다. 비록 의회에 대한 과부하 작전에 묻혀 수복을 덜 받기는 했으나, 이러한 전략 역시 상하원 의원들이 반지적재산권의 주장을 수용하게 하는 한 가지 계기를 만들었다고 할 수 있다.

반면 관습화된 로비 활동을 통해 바로 정책결정자들과 상호작용을 할 수 있던 RIAA, MPAA 등의 기업집단은 자신들의 정당성을 인정받을 필요성을 경험한 적이 없었고, 그 결과 반지적재산권 세력과의 경쟁에 적극적으로 나서지 못했다. 논쟁이 일단락된 이후 MPAA 측의 인사들이 자신들의 결정적인 패인으로 꼽았던 것이 바로 이 점이었다(Verrier 2012).

예상치 못하게 강력한 힘을 보인 반지적재산권 운동은 적어도 미국 내 지적재산권 정책에 있어 비공식적인 정책파트너로 자리를 잡을 수 있었다. 실제로 2012년 1월 14일의 백악관 발표에서는 SOPA 대신 새롭게 지적재산권을 관리할 수 있는 체제를 마련해야 한다고 주장하면서 이 점을 다음과 같이 명시하고 있다.

> (⋯) 이는 입법부만의 일이 아닙니다. (⋯) 그러니 어떻게 입법부를 저지할 지 고민하는 대신, 스스로에게 질문해 보십시오. 이제 우리는 어디로 가야 하나? 무엇이 잘못된 일인지에 대해서만 의견을 국한하지 말고, 무엇이 옳은 일일지에 대해서도 자문해 보십시오. 이미 의회의 많은 구성원들은 이 이슈에 대해 민간의 의견을 들어보려 하고 있으며, 우리 역시 그런 기회에 주목하고 있습니다(Espinel, Chopra, and Schmidt 2012).

운동의 성공으로 인해 개인과 NGO, 인터넷 커뮤니티의 느슨한 연합으로 시작한 반지적재산권 운동이 새로운 거버넌스를 만들어나갈 동반자로 인정받았음을 위 글을 통해 짐작할 수 있다.[15]

다만 이 경우 운동의 동원 과정이 지나치게 유동적이었다는 점은 향후 새로운 거버넌스를 만들어나가는 데 차질을 유발하는 원인이 될 수 있다. 어느 정도 실체가 있는 국제 NGO나 시민단체, 정부 기관 또는 정당이 관여했던 앞의 두 사례와 달리, SOPA 논쟁에서 반지적재산권 세력으로 묶인 것은 매우 가변적인 인터넷 언론과 커뮤니티이기 때문이다. 공동의 투쟁 대상이 사라진 현재, 다양한 비국가행위자들을 계속 붙잡아두는 것은 그 자체로도 상당한 도전이 될 것이다.

---

15 PIPA/SOPA 논쟁을 전후한 지적재산권 레짐의 변화에 대한 보다 상세한 분석으로는 Yoder 2012가 있다.

VI. 맺음말

국가행위자와 같은 강력한 권위도, TRIPs를 옹호하는 다국적기업들과 같은 물질적 자원도 없는 비국가행위자들이 지적재산권 국제레짐에 유의미한 영향력을 행사한 위의 세 가지 사례에서는 몇 가지 공통적인 특징을 찾아볼 수 있다. 첫째로, 세 가지 사례 모두 기존의 국가행위자들이 경험하지 못해 TRIPs의 지적재산권 국제레짐이 미처 완전히 덮지 못한 '균열'에 해당하는 지점에서 나타났다는 점을 들 수 있다. 정보와 경험의 부족으로 인해 지적재산권 이슈가 정치화되는 과정에서 기성 행위자들은 권위를 행사하기 어려운 상황에 처해 있었다. HIV/AIDS는 긴 잠복기로 인해 이전의 범유행성 전염병과는 확연히 다른 성격을 가지고 있었다. 개발도상국의 제네릭 의약산업시장의 대두와 그에 대한 선진국 기업의 반발 역시 기존의 국제사회가 일찍이 경험하지 못했던 것이었다. 이처럼 여러모로 새로운 현상이었던 HIV/AIDS 이슈는, 갓 태어난 TRIPs의 지적재산권 국제레짐이 미처 완전히 덮지 못한 '균열'에 해당하는 지점이었다. EU 소프트웨어 특허권 문제 또한 기존의 정책결정자들에게는 익숙지 못한 이슈였다. 논쟁이 시작될 무렵에는, 유럽연합과 그 구성국의 주요 정책결정자들 대부분이 전문가의 해설 없이는 소프트웨어 특허권의 의미와 함의를 이해할 수 없어 공식적으로 자문을 구해야 했을 정도였다(Aigrain 2010). 이는 SOPA와 PIPA의 경우에도 마찬가지로, 저작권 보호에 대한 정책을 결정하는 행위자 대부분이 사이버 공간에서의 지적재산권에 대해 익숙하지 못한 상황이었다. 단적인 예로 SOPA를 발의한 라마 스미스(Lamar Smith) 미 하원의원조차도 저작권을 위배하고 있었다는 사실이 SOPA 논쟁 도중 폭로된 일이 있었는데, 그의 홈페이지 배경에 사용된 사진이 사진가의 동의 없이 무단으로 사용되었다는 사실이 인터넷 언론을 통해 공개된 것이다(Taete 2012).

반지적재산권 운동의 세 가지 사례들로부터 찾아볼 수 있는 두 번째 공통점은, 지적재산권과 다른 이슈를 연결해 최대한 많은 행위자들의 관심을 끌고 이를 바탕으로 다양한 행위자를 자신의 진영으로 모으려는 전략이 사용되었다는 데서 찾을 수 있다. 반지적재산권 세력은 HIV/AIDS와 의약품 접근권 논쟁에서는 공중보건을, EU 소프트웨어 특허권 논쟁에서는 경제적 혁신을, 그리고 SOPA 논쟁에서는 인터넷 공간에서의 자유를 각각 지적재산권과 연결했고, 상이한 관념이 연결됨으로써 이전에는 지적재산권에 관심이 없던 다양한 행위자들을 한데 모을 수 있었다. HIV/AIDS 사례에서 CPTech의 몇몇 운동가들이 국경 없는 의사회와 옥스팜, 나아가서는 WHO까지 반지적재산권 진영으로 끌어들였던 것이나, EU 소프트웨어 특허권 사례에서 오픈소스 커뮤니티 밖에서는 큰 영향력을 가지지 못했던 F/OSS의 해커와 프로그래머들이 CEA-PME, UEAPME, 캠팩트 같은 거대한 단체를 한데 모았던 것, SOPA 사례에서 소수 전문가들의 네트워크가 정치적인 성향이나 영향력을 보이지 않던 사이버 공간의 거대 커뮤니티들을 성공적으로 결집시켰던 것은 모두 이슈의 성공적 연결에 기인한다. 또한 세 가지 사례에서는 이러한 연결로 충분히 다양한 행위자들이 모이게 되면 이것이 다시 더 많은 행위자의 동참으로 이어지는 양성되먹임 현상을 볼 수 있다. 물론 SOPA 논쟁에서 반지적재산권 세력이 IT 기업들의 참여를 이끌어내지 못한 데서 확인할 수 있듯, 이슈의 연결 과정에서 잠재적 협력자들의 동참이 배제되는 경우도 없지 않았다.

셋째로, 이슈의 연결로 충분한 규모와 다양성을 확보한 반지적재산권 세력은 다양한 경로로 영향력을 행사하여 권위를 가진 행위자들이 자신에게 권위를 '빌려주도록' 유도하려고 노력하였다. 운동의 성패는 궁극적으로는 기성 권위에 의존한다. 의약품에 대한 접근권 운동의 경우, 선진국의 시민단체와 각종 NGO의 활약이 분명 일익을 담당하기는 했지만 '승리'를 가능케 한 것은 결국 개발도상국 정부들의 협력과 집단행동이었다. 유럽에서 소프트웨어 특허권을 놓고 발생한 분쟁에서도 반지적재산권 진영의 손을 들어준 것은 유럽 의회의 표결이었으며, SOPA 논쟁에서도 인터넷 시위를 주도한 활동가들이 (온라인) 축포를 울리게끔 한 계기는 SOPA에 부정적인 태도를 표명한 백악관의 공식입장 발표였다.

반지적재산권 운동은 정부와 같이 지적재산권 국제레짐에 직접적인 영향을 미칠 수 있는 행위자들이 자의적으로 의사결정을 내리기 어려운 복잡한 상황을 조성한다. HIV/AIDS 논쟁에서 반지적재산권 세력의 활동으로 인해 의약품 접근권이라는 이슈가 경제적 불평등뿐 아니라 윤리적 문제, 심지어 인종차별의 문제까지 포괄하게 되면서 클린턴 행정부는 이전에 그러했듯 쉽게 제약업계의 입장을 옹호하기 어렵게 되었다. 이는 EU 소프트웨어 특허권 논쟁에서도 마찬가지로, IT 업계의 입장만 고려하면 되었을 이슈가 반지적재산권 운동으로 인해 유럽의 사회주의 운동과 중소기업계까지 촉각을 곤두세우는 문제로 불거지게 되었다. SOPA 논쟁의 경우에는 반지적재산권 운동이 직접 정책결정자들에게 '과부하'를 걸어 이들이 쉽게 친지적재산권의 입장을 표명하지 못하게 만들었다. 이처럼 다양한 방식을 동원해 반지적재산권 세력은 기성 권위를 부분적으로 위임받고 적극적으로 정책을 제안할 수 있는 정책결정의 동반자로 발돋움하게 되며, 지적재산권 국제레짐을 완전히 바꾸지는 못하더라도 최소한 예전처럼 일방적인 의사결정이 이루어지는 상황은 어느 정도 예방할 수 있게 된다.

그렇다면 반지적재산권의 세계정치는 어디로 나아갈 것인가? 일단 앞으로 지적재산권 국제레짐에 더 많은 균열이 발생하리라는 것은 분명하다. 예를 들어 빠르게 발전하고 있는 3D 프린팅은 제약산업과 IT 산업, 디지털 문화산업을 넘어서 제조업에도 영향을 미칠 것이다. 또한 소유에 있어 서구와는 다른 관념을 가진 국가들—특히 중국— 의 영향력이 증가하면서 더 복잡하고 많은 갈등이 발생할 것이다. 이러한 전망을 바탕으로 장차 반지적재산권 운동이 기존 지적재산권을 완전히 대체할 가능성은 희박하지만, 상황에 따라 국가와 협력하면서 지적재산권의 균열이 발생한 곳에 따라 나름대로 새로운 국소적 거버넌스를 실천해 나갈 가능성은 충분히 농후하다는 결론을 내릴 수 있다.

그러나 재산권 개념 자체가 혁신적으로 변화하지 않는 한, 지적재산권의 주도권이 국가행위자와 기업의 손을 떠날 가능성은 높지 않다. 물론 지금까지 살펴본 세 가지 사례에서 볼 수 있듯, 기업과 국가행위자의 주도로 TRIPs 수준 혹은 그 이상의 지적재산권 보호를 적용하려는 시도가 항상 성공하는 것은 아니며, 논쟁 끝에 반지적재산권 측의 요구를 일부 혹은 전부 수용하는 경우도 없지 않다. 하지만 위의 세 가지 성공 사례와 같은 극적인 결과는 권위의 공백에서 반지적재산권 운동을 이끄는 행위자들이 효과적으로 이슈를 연결하고 세력을 결집할 수 있을 때만 비로소 나타날 수 있음을 염두에 둘 필요가 있다. 즉, 해당 분야에서 이미 국가나 기업이 충분한 경험과 전문성을 쌓았거나 비국가행위자의 절대적인 수와 규모, 다양성이 불충분한 경우, 반지적재산권 측은 불리한 초기 조건을 극복하기 어렵다. 세 가지 성공 사례 뒤에는 수면 위로 떠오르지 않은 수많은 실패의 사례가 있는 것이다. 뿐만 아니라, SOPA 사례에서와 같이 반지적재산권의 네트워크는 수평적이고 유동적인 만큼 지속적으로 해당 이슈에서 영향력을 발휘하기 어렵다. 국가행위자가 이들을 의사결정 과정의 일부로 공인해주지 않는 이상 친지적재산권 세력과의 경쟁은 계속될 수밖에 없다.

하지만 권위 빌리기 게임의 지형이 완전히 반지적재산권 측에 불리한 것만은 아니다. 반지적재산권 측에서는 지적재산권 국제레짐에 대한 대항담론이 존재하며, 이들이 제시하는 대안이 (설령 자신의 반대파만큼은 못할지라도) 나름대로의 논리와 장점을 갖추고 있음을 정책 결정자들에게 알리는 것만으로도 어느 정도 성과를 거둘 수 있기 때문이다. 국가와 지적재산권을 옹호하는 비국가행위자(대개는 기업 및 기업 연합)의 양자관계가 하나의 상급자와 서로 자신의 제안을 내세우려 경쟁하는 두 하급자로 이루어진 삼각관계로 변화하기만 해도 반지적재산권 입장에서는 충분한 소득이라 할 수 있는 것이다. '잇고, 모으고, 빌리는' 반지적재산권의 전략은 비록 완전한 성공을 거두기는 어렵고 그 조건도 까다롭기는 하지만, 압도적으로 불리한 세력구도를 뛰어넘을 하나의 방편이 된다는 점에서 충분히 의미가 있다고 볼 수 있다.

이처럼 비국가행위자가 국가행위자가 압도적인 권위를 행사하던 이슈 영역에서 자신의 목소리를 내고 나아가 국가행위자의 동반자로서 권위를 위임받게 되는 현상은, 점차 복잡해지고 유동성이 높아지는 탈근대의 세계에서 개인과 NGO, 기업과 이익단체들이 국가에 견줄 만한 영향력을 가지게 되리라는 스트레인지, 로즈노 등 연구자들의 예측에 부합하는 좋은 예시가 된다. 이러한 변화는 지적재산권뿐 아니라 국가와 비국가행위자를 포함한 다양한 세력이 경쟁을 벌이는 다른 이슈에서도 충분히 나타날 수 있다. 비국가행위자들이 세력을 모아 국가행위자의 권위를 함께 행사하는 것이 조만간 결코 낯선 모습이 아니게 될 수 있는 것이다. 이러한 변화는 한국과 같은 중견국에도 외교의 폭을 넓힐 수 있는 기회로 작용할 수 있다. 적극적으로 비국가행위자들

과 협력함으로써 새로이 출현하는 국제정치의 이슈들에 대해 능동적
으로 대응하는 한편 강대국이 주도하는 세계정치에서 새로운 목소리
를 낼 수 있을 것이기 때문이다.

참고문헌

김상배. 2005. "공개 소프트웨어와 표준경쟁의 세계정치: 리눅스(Linux)를 중심으로."
『한국정치학회보』 39(1).

남희섭. 2008. 『컴퓨터 프로그램을 보호하는 법적 장치들 – 그 내용과 문제점』 정보공유연대.

수전 K. 셀. 남희석 역. 2009. 『초국적 기업에 의한 법의 지배』 후마니타스.

Aghion, Philippe and Jean Tirole. 1997. "Formal and Real Authority in Organizations." *Journal of Political Economy*, 105(1).

Aigrain, Philippe. 2010. "An Uncertain Victory: The 2005 Reject in Software Patents by the European Parliament" in Gaëlle Krikorian and Amy Kapczynski. (eds.) *Access to Knowledge in the Age of Intellectual Property*. New York: Zone Books.

Apter, Emily. 2008. "What Is Yours, Ours, and Mine: Authorial Ownership and the Creative Commons." *October*, 126 (Fall).

Benkler, Yochai and Hal Roberts, Robert Faris, Alicia Solow-Niederman, Bruce Etling. 2013. *Social Mobilization and the Networked Public Sphere: Mapping the SOPA-PIPA Debate*. Berkman Center Research Publication.

Breindl, Yana and François Briatte. 2013. "Digital Protest Skills and Online Activism Against Copyright Reform in France and the European Union." *Policy & Internet*, 5(1).

Chorev, Nitsan. 2012. "Changing Global Norms through Reactive Diffusion: The Case of Intellectual Property Protection of AIDS Drugs." *American Sociological Review*, 77(5).

Coleman, Gabriella. 2004. "The Political Agnosticism of Free and Open Source Software and the Inadvertent Politics of Contrast," *Anthropoligical Quarterly*, 77(3).

Deere, Carolyn. 2008. *Implementation Game: the TRIPS Agreement and the Global Politics of Intellectual Property Reform in Developing Countries*, Oxford: Oxford University Press.

Espinel, Victoria, Aneesh Chopra and Howard Schmidt. 2012. "Combating Online Piracy while Protecting an Open and Innovative Internet." *We the People* 2012/01/13.

Goss, Adrienne K. 2007. "Codifying a Commons: Copyright, Copyleft, and the Creative Commons Project." *Chicago-Kent Law Review*, 82(2).

Guadamuz, Andrés. 2002. "The New Sharing Ethic in Cyberspace," *Journal of World Intellectual Property*, 5(1).

Haunss, Sebastian. 2011. "The Politicisation of Intellectual Property: IP Conflicts and Social Change." *WIPO Journal*, 3(1).

_____. 2013a. "Enforcement vs. Access: Wrestling with Intellectual Property on the Internet." *Internet Policy Review*, 2(2).

_____. 2013b. *Conflicts in the Knowledge Society: The Contentious Politics of Intellectual Property*. Cambridge: Cambridge University Press.

Haunss, Sebastian and Philip Leifeld. 2012. "Political Discourse Networks and the Conflict over Software Patents in Europe," *European Journal of Political Research*, 51(3).

He, Baogong and Hannah Murphy. 2007. "Global Social Justice at the WTO? The Role of NGOs in Constructing Global Social Contracts," *International Affairs*, 83(4). Royal Institute of International Affairs.

Hurd, Ian. 1999. "Legitimacy and Authority in International Politics," *International Organization*, 53(2).

Ingraham, Nathan. 2012. "On SOPA blackout day, Senate Web sites experience technical difficulties'." *The Washington Post*, 2012/01/18.

Kapczynski, Amy. 2008. "The Access to Knowledge Mobilization and the New Politics of Intellectual Property." *The Yale Law Journal*, 117(5).

_____. 2010. "Access to Knowledge: A Conceptual Geneology" in Gaëlle Krikorian and Amy Kapczynski. (eds.) *Access to Knowledge in the Age of Intellectual Property*. New York: Zone Books.

Kobrin, Stephen J. 2009. "Private Political Authority and Public Responsibility: Transnational Politics, Transnational Firms, and Human Rights." *Business Ethics Quarterly*, 19(3).

Konieczny, Piotr. 2014. "The Day Wikipedia Stood Still: Wikipedia's editors' participation in the 2012 anti-SOPA protests as a case study of online organization empowering international and national political opportunity structures," *Current Sociology*, 62(7).

Lake, David A. 2010. "Rightful Rules: Authority, Order, and the Foundations of Global Governance." *International Studies Quarterly*, 54(3).

Lanoszka, Anna. 2003. "The Global Politics of Intellectual Property Rights and Pharmaceutical Drug Policies in Developing Countries," *International Political Science Review/Revue internationale de Science Politique*, 24(2).

Lea, David. 2008. "The Expansion and Reconstructuring of Intellectual Property and Its Implications for the Developing World." *Ethical Theory and Moral Practice*, 11(1).

Love, James. 2011. "Dr K. Balasubramaniam Will Be Missed." *The Huffington Post*, 2011/05/05.

May, Christopher. 2002. "The Venetian Moment: New Technologies, Legal Innovation and the Institutional Origins of Intellectual Property." *Prometheus*, 20(2).

Mullin, Rick. 2014. "Cost to Develop New Pharmaceutical Drug Now Exceeds $2.5B." *Scientific American*, 2014/11/24.

Muzaka, Valbona. 2010. "Linkages, Contests, and Overlaps in the Global Intellectual Property Rights Regime." *European Journal of International Relations*, 17(4).

Pires de Carvalho, Nuno. 2012. "Toward a Unified Theory of Intellectual Property: The Differentiating Capacity (and Function) as the Thread That Unites All its

Components." *The Journal of World Intellectual Property*, 15(4).

Rosenau, James N. 2003. *Distant Proximities: Dynamics beyond Globalization*. Princeton: Princeton University Press.

_____. 2007. "Governing the Ungovernable: The Challenge of a Global Disaggregation of Authority." *Regulation & Governance*, 1(1).

Sell, Susan K. 2013. "Revenge of the 'Nerds': Collective Action aginast Intellectual Property Maximalism in the Global Information Age." *International Studies Review*, 15(1).

Sell, Susan K. and Aseem Prakash. 2004. "Using Ideas Strategically: The Contest between Business and NGO Networks in Intellectual Property Rights." *International Studies Quarterly*, 48(1).

Sell, Susan K. and Christopher May. 2001. "Moments in Law: Contestation and Settlement in the History of Intellectual Property." *Review of International Political Economy*, 8(3).

Strange, Susan. 1996. *The Retreat of the State: The Diffusion of Power in the World Economy*. Cambridge: Cambridge University Press.

Taete, Jamie Lee Curtis. 2012. "The Author of SOPA is a Copyright Violator." *VICE*, 2012/01/12.

Verrier, Richard. 2012. "Hollywood regroups after losing battle over anti-piracy bills", *The Los Angeles Times*, 2012/01/21.

Wikipedia. 2015. "Wikipedia: SOPA Initiative." updated on 2015/06/08. https://en.wikipedia.org/wiki/Wikipedia:SOPA_initiative (검색일: 2015.5.12.)

Wiseman, Jonathan. 2012. "After an Online Firestorm, Congress Shelves Antipiracy Bills." *The New York Times*, 2012/01/20.

Yoder, Christian. 2012. "A Post-SOPA (Stop Online Piracy Act) Shift in International Intellectual Property Norm Creation." *The Journal of World Intellectual Property*, 15(5-6).

제2부

신흥안보의 세계정치

제6장

중국의 사이버 안보 전략: 안보화 이론의 시각

고은송

I. 머리말

중국의 괄목할만한 성장으로 미국과 중국의 대결구도가 형성되었고 경쟁 범위는 경제·군사 분야에서 새로이 부상하는 신흥안보 분야로까지 확산되고 있다. 이와 같이 양강이 냉전과 열전 사이에서 아슬아슬하게 줄다리기를 하고 있는 여러 무대 중 최근 국제사회의 이목을 끄는 무대는 사이버 안보이다. 사실 사이버공간은 전 세계 국민들이 모두 한데 모여 있는 공간으로 분명한 국경을 갖지 않으며, 사이버범죄가 빈번히 발생하고 있음에도 불구하고 범죄자를 특정할 수 없다는 특징을 가지고 있기 때문에 이에 대한 전방위적인 관리권을 획득하는 것이 양국이 공통으로 지향하는 목표라 하겠다. 나아가 이 같은 사이버 안보 경쟁은 미국은 기존에 가져왔던 '사이버권력'을 수호하고 증대시키고자, 중국은 국가의 영역인 '사이버주권'이라는 자국이 만들어낸 가치를 수호하고자 함이다.

당초 사이버 안보가 새롭게 부상하는 국제정치 이슈로 등장했을 때, 미국은 이슈로 부상하기도 전에 사이버 안보를 국가안보로 격상시키면서 세밀한 전략을 구축해나갔다. 반면, 중국은 전통적인 군사안보에 온 신경이 집중되어 있었을 뿐 아니라, 중국 내부에도 사이버 안보에 대한 인식이 자리 잡지 않았으며 기본적인 방어체계조차 갖추어지지 않은 상태에서 미국의 대결을 받아들여야 했다. 이 때문에 중국은 종종 미국이 중국을 견제한 사이버 안보 강화 태세를 갖출 때마다 이를 세계 공통의 공간인 사이버공간을 미국이 독차지하려는 이기적인 발상이라며 비판하고, 자신들을 미국에게 당하고만 있는 피해자로 칭하기도 했다. 그러나 최근 시진핑 1인 체제가 확립되면서 사이버 안보를 바라보는 중국의 시각, 그리고 그를 다루는 중국의 행보가 심상치 않다. 전례 없는 공격적인 태세로 사이버 안보 전략구축, 제도화, 컨트롤타워 구성 등 사이버 안보 강화 국면을 형성해나가고 있는 것이다.

뿐만 아니라 중국 지도자 시진핑, 그리고 사이버 안보 관련 정부 부처의 간부들의 발언도 과거 후진타오 정부가 사이버 안보를 말할 때보다 더 힘이 실린 듯하다. 여느 국가가 그렇듯 일국 리더와 참모들의 발언은 국내외적으로 크고 작은 파급효과를 낳기도 하며 이내 담론으로 발전되기도 한다. 특히 중국의 언론들은 국가원수나 참모들의 발언을 유달리 귀담아 듣고 이를 담론화시키는 데 큰 역할을 해낸다. 일례로 중국 중앙사이버 안보및정보화영도소조(中央网络安全与信息化领导小组, 이하 사이버 안보영도소조) 첫 회의에서 시진핑의 발언이 중국 사이버 안보정책의 슬로건이 되었듯 이처럼 영향력 있는 리더들의 발언을 통해 특정 이슈가 안보화(securitization)될 수 있었다. 이러한 현상을 코펜하겐 학파는 발화행위(speech act)에서 시작된 안보화 현상이라고 본다. 그렇지만 지도자의 공개적인 발언은 일순간 타올랐다가 잠식될 수도 있고, 주변의 지지를 받지 못하면 담론으로 발전되지 못할 수도 있다. 즉, 그저 말뿐인 것이 아니라 발언에 따르는 행동변화가 존재할 때 진정으로 국가가 위협을 인식하고 대비하고 있음을 증명해 보일 수 있는 것이다.

따라서 본 연구는 중국 내 지도자의 사이버 안보 관련발언들을 중심으로 중국의 사이버 안보 전략을 추적해보고, 발화행위에 따른 안보화 현상을 분석하는 데서 진일보하여 그러한 발언들이 국가의 행동으로 이어졌는가, 다시 말해 중국 정부가 사이버 안보 전략을 구축함에 있어 언(言)과 행(行)을 일치시키고 있는지에 대해 일련의 사례를 통해 되짚어본다.

중국의 사이버 안보 전략에 대한 이해가 본 연구의 배경이 되는

데, 본 연구의 상당부분은 중국의 학술연구자료, 언론, 정부발간자료 등에 의존할 것임을 밝힌다. 지금까지 중국에서 진행되어온 사이버 안보 관련 연구는 미국의 그것에 비해 양적으로 빈약한 편이다. 그럼에도 불구하고 후진타오가 신안보관을 제창하며 안보에 대한 새로운 개념이 중국내에서 확산되기 시작한 때부터 현재까지 중국 내 사이버 안보에 대한 연구는 발전을 거듭해왔다.

국내외 중국 사이버 안보 관련연구로는 안보화 이론(Buzan 1991)을 배경으로 하여 미중 사이버 안보 경쟁에 대한 안보화 이론적 접근(김상배 2015)에 대한 연구가 진행된 바 있다. 또한 후술할 개념인 신안보관에 대한 연구(刘国新 2006; 孙宁 2010; 任晶晶 2012; 惠志斌 2012; 김성한 2005)도 진행되었다. 그리고 과거에는 중국의 사이버 안보 전략에 대한 구체적인 내용은 공개되지 않은 부분이 많아 접근하기 어려웠으나, 최근 중국 관련 당국과 학자들의 사이버 안보에 많은 관심을 보이면서 중국 내 씽크탱크, 학술회의를 통해 사이버 안보와 관련된 다방면의 분석과 전략이 제시되고 있다. 그 중, 사이버 안보 전략에 대한 연구(严考亮 2008; 沈逸 2010; 奕文莉 2012 등)와 중국 내에서 진행된 미국과 기타 국가들의 사이버 안보 전략에 대한 연구(程群 2010; 蔡尚伟·曹旭 2010; 周琪·王晓风 2013 등)가 진행된 바 있다. 또한 국내외에서 중국의 사이버 안보 전략은 정보보안, 미중경쟁(김관욱 2015), 국제정치이론 등 다방면의 아이디어에서 출발하여 연구되어왔다.

앞서 진행된 중국 사이버 안보 관련 연구들은 관념, 제도, 이익과 같은 쟁점 혹은 변수를 중심으로 문제를 제기하고 해결방안을 모색하는 방식이었으며 중국의 연구 자료들은 대체로 현 상황 분석, 전략구축의 필요성, 전략제시 등의 내용이 주를 이루었다. 본 연구는 향후 중국의 전략만을 제시하는 기존연구의 틀에서 벗어나 결과론적으로 지금까지 중국에서 어떻게 사이버 안보 전략이 체계화되고 제도화에 이르기까지 어떠한 과정을 거쳤는지에 대한 의문에서 출발한다. 그리하여 안보화 이론의 발화행위가 중국의 사이버 안보 위협에 대한 인식을 정착하게 하고, 또한 중국 내에서 점진적으로 사이버 안보가 제도화된 현상에 대한 논의를 개진한다.

II절에서는 안보화이론 일반에 대한 논의를 통해 코펜하겐 학파의 안보화 이론의 개략적인 내용을 소개하고, 안보화는 발화행위에서 시작된다는 논의에 초점을 맞추어 중국 사이버 안보와의 연관성에 대해 논의한다. III절은 사이버 안보 논의가 대두된 후진타오 체제부터 시진핑 체제까지 관념적 틀의 변화를 살펴볼 것이다. IV절에서 중국에게 위협이 되는 것은 미국의 기술패권임을 전제로 하여 중국이 사이버 안보 강화를 통해 획득하고자 하는 바가 무엇인지를 추적해보고, 그에 따른 행동변화 여부를 논의한다. V절은 중국의 위협대응 주체인 국가의 대응방식과 사이버 안보 강화의 파급효과로써 중국 중심 사이버 안보 진영 내 국제협력을 유도하고 있는 상황에 대해 논의한다. 끝으로 이상 논의를 종합하고 중국 사이버 안보 전망과 주변국이자 전략적 이해상관자인 한국의 고려사항에 대한 논의로써 결론을 대신한다.

II. 안보화 이론과 발화행위[1]

2010년, 중국이 냉전종식 후 지속되었던 미국 중심 단극체제를 조심스럽게 타파하기 시작하면서, 미국과 중국은 서로의 크고 작은 행동

---

1   안보화 이론의 논의는 김상배 2015, Does 2013의 단행본에서 "Securitization theory" 챕터를 참고했다.

하나하나를 예의주시해왔다. 미국과 미국을 위시한 동맹국들은 중국 위협론을 제시하고 중국은 이에 중국포위론으로 대응하면서 대립각을 세우기도 했다. 이 때문에 미중 당사자뿐 아니라 제3자인 다른 국가들도 양국의 사소한 모든 행동을 쉽게 '경쟁'이라 표현하게 되었다. 이처럼 하루가 멀다 하고 언론과 연구 자료에서 '미중경쟁'이라는 말을 찾아볼 수 있는 이유는 안보담론의 형성이 국가들로 하여금 상대의 행동을 위협으로 인식하게 한다는 논의를 개진한 안보화 이론을 통한 분석이 가장 적실성 있는 것으로 보인다. 특히, 미중 '사이버 안보' 경쟁을 설명하기에 안보화 이론이 유용한 이유는, 경계가 모호한 사이버공간, 주체와 객체를 분명히 할 수 없는 사이버테러, 그리고 이에 따라 형성되는 위협 등이 담론 수준에 머물러있을 뿐 실재하는 것인지 밝혀내기 어렵기 때문이다. 다시 말해 해킹, 바이러스로 인한 정보의 유출은 국제정치적 문제로 발전해 있지만, 여전히 일국이 사이버공격을 받았다고 해도 그 직접적인 주체가 어떤 장소의 '컴퓨터'인 경우, 해당 컴퓨터를 국제사법재판소 재판장에 피고로 앉힐 수는 없는 노릇이다. 이러한 한계 때문에 사이버 위협은 실재하는가, 정말로 누군가를 겨냥하는 것인가 하는 의문들이 안보담론으로 떠돌고 있다.

　구성주의 이론에 뿌리를 두고 있는 코펜하겐 학파는 이와 같은 사회현상을 안보화 이론을 통해 분석한다. 구체적으로 한센과 니쎈바움(Hansen and Nissenbaum)은 안보화 이론을 통해 사이버 안보 담론이 갖는 특성을 세 가지로 정의하였는바, 첫째, 사이버 안보는 아직 발생하지 않았지만 다방면에서 위협이 존재하고 그 파급효과가 엄청날 것임을 과장하는 듯한 과잉안보화(hyper-securitization)의 성격을 가진다. 또한 과잉안보화된 사이버 안보를 대중들로 하여금 실감하게 만들기 위해 대중들의 경험, 느낌, 요구, 이익 등과 연관지어 위협이 존재함을 호소하는 경향이 있다. 다시 말해, 종종 사이버 안보가 대중들의 '일상적인 안보관행(everyday security practices)'과 연관지어 나타난다는 특징이 있다. 마지막으로, 사이버 안보는 일반 대중들이 쉽게 접근할 수 없는 비밀정보와 알려지지 않은 전문지식을 독점한 전문가들에 의해 '기술전문적 담론(technical, expert discourse)'의 공간을 형성하는 방식으로 생성된다(Hansen and Nissenbaum 2009).

그리고 사이버 안보가 위와 같은 담론의 성격을 가질 때 주목할만한 부분은 발화행위이다. 즉, 보통의 경우라면 위협으로 상정하지 않을 문제가 발화행위를 거치면서 위협으로 정의되고 이 과정에서 사이버 이슈의 안보화가 나타난다고 볼 수 있다. 코펜하겐 학파는 발화행위가 안보화의 시작임을 강조한다. 발화행위는 애머스(Ralf Emmers)에 의해 두 단계로 정의되었다(Emmers 2007). 그에 따르면, 우선 행위자가 특정 문제를 공개적으로 이슈화하게 되면, 다음 단계에서 이를 받아들이는 수용자는 그의 말에 설득되면서 이를 실재하는 위협처럼 인식하게 되어 안보화가 실현된다는 것이다. 웨버(Ole Wæver)는 안보와 발화행위는 같은 의미로 볼 수 있으며 안보화는 곧 특정 이슈를 실재하는 위협처럼 언어적으로 묘사되는 과정이라고 분석했다(Wæver 1995). 부잔(Barry Buzan)은 발화행위부터 안보화까지의 과정에서 유권자의 역할을 강조하는데, 정치인의 발화행위에 대한 유권자의 지지가 있을 때 안보화가 가능해진다면서, 유권자들의 지지는 간주관적인 안보의 구성요소라고 보았다(Buzan 1998). 이들의 안보화에 대한 정의는, 발화행위를 거쳐 안보화가 진행되고 그렇게 만들어진 위협은 발화행위로써 생성된 과장된 위협임을 전제하고 있기도 하다.

이처럼 조금은 과장스럽게 느껴지는 사이버 안보는 국가들마다 정의할 수 있는 성격도 제각각이라 할 수 있는데 받아들임의 정도에 따라 심각하거나 경미한 위협이 될 수 있으며, 안보의 성격도 달라질 수 있다. 사이버 안보의 경우, 위협의 대상이 자국의 정보인지, 이념과 사상인지 혹은 물리적 기술인지에 따라서도 중요도가 달라질 수 있다 (Deibert 2002).

이 같은 현상은 신 현실주의이론의 안보딜레마(security dilemma) 와도 아주 관련이 없지 않은데, 안보화 이론은 안보딜레마에서 한발 더 나아가는 양상을 분석해낸 것으로도 해석할 수 있다. 예를 들면, 미국과 중국 간에는 현재 일국의 사이버기술의 발전이 타국의 사이버위협이 되는 '사이버 안보딜레마'가 존재한다. 그러나 해당 딜레마는 가시적으로 나타나는 것이 아니라 당사자들만 느낄 수 있으며, 때로는 스스로가 필요 이상으로 딜레마가 존재함을 인정하고 고민하며 정치적으로 쟁점화되는 과정이 바로 안보화의 과정이라 할 수 있겠다.

안보화의 내부적인 파급효과도 상당한데, 발화행위가 위협으로 발전되면 국가는 위협에 대응하기 위한 경성·연성 권력의 강화를 꾀하게 되고 이는 사회 전반의 변화를 야기하기도 한다. 이와 같은 발화행위에 따른 위협의 형성, 그리고 사회적 변화라는 일종의 정치적 현상은 동아시아 국제정치의 다양한 쟁역(issue area)에서 드물지 않게 발견된다. 가장 근접한 예로 한국의 경우, 객관적으로 신경 쓸 정도가 아닌 북한의 작은 변화라도 국내 정치인들의 발화행위를 통해 과잉안보화될 수 있다. 일본의 경우에는 아베가 정치적 도구로써 정상국가화나 우경화를 주장할지라도, 이는 곧 국민들로 하여금 국익과 연관지어 인식하게 하고 결과적으로 현재 일본은 국민들의 지지를 받으며 정상국가화를 위한 적극적인 움직임을 보이고 있다. 주지하듯 북한은 독재체제 특성상 지도자의 말 한마디가 하루아침에 북한의 정치·군사적 변화를 가능케 하는데, 이러한 현상 역시 안보화의 과정으로 이해하기 좋은 사례라 하겠다.

거듭 강조하지만, 사이버 안보가 중국뿐 아니라 세계 주요국들에게 중요한 안보자산으로 인식되고 매년 수차례 크고 작은 국제행사에서 발표되는 국제정치 요인들의 발언들만 모아 봐도 국가들은 사이버 안보 이슈를 좌시하지 않음을 알 수 있다. 특히 중국의 리더가 과거와 달리 적극적으로 사이버 안보를 강조하며 변혁을 일으키고 있는 지금, 상기와 같이 안보화 이론의 개략적인 내용을 학습하고 이를 중국 사례에 적용시켜보는 것은 중국의 부상에 이목이 집중된 현 시점에서 중국의 또 다른 면면을 파악할 수 있는 나름의 의미 있는 시도라 하겠다.

III. 중국의 신안보관과 사이버 안보관

1. 중국의 신안보관

2015년 개최된 전승절 열병식 행사만 보더라도 중국은 여전히 전통적 군사안보에 상당한 공을 들이고 있음은 공공연한 사실이다. 열병식 행사에서 중국의 현대화된 군사무기가 첫 선을 보였는데, 시진핑은 인민해방군의 감축을 통한 군축에 힘쓰겠다는 태도를 보였으나, 사실상 병력감축 선언은 전력의 질적 강화를 위한 것이며, 그동안 추진해온 군 현대화 사업의 연장선상에 있는 것이다. 또한 시 주석이 발표한 군 인원 감축은 사실상 군사력을 더 키우겠다는 의미라며, 병력 유지비용을 최첨단·자동화 무기에 투자한다면 보다 현대화된 전력을 구축할 수 있을 것이라는 분석이 있다(유상철 2015). 이처럼 중국은 부단한 노력으로 전통적 군사력 강화에 많은 노력을 기울이고 있다.

그러나 전통안보영역의 강화 및 확대와 동시에 중국이 신흥안보 이슈인 사이버 안보에 주목하게 된 이유는 중국 안보관의 확실한 변화가 있었기 때문이다. 2005년 중국국방백서에는 신안보관(新安保观)이라는 개념이 등장한다. 백서 내용을 보면, 제1장 '국제안전형세'에서 신안보관 수립의 필요성을 지적한다. 이 장에서는 기존에 중국이 가지고 있었던 냉전적 사고는 더 이상 현 국제정세에 맞지 않음을 인정해야 하고 국가안보는 더 이상 군사력, 동맹 등에 의해 보장되는 것이 아니며 상호신뢰와 이해에 기초하여 대화, 신뢰 증진, 협력을 통한 안전을 도모할 필요가 있음을 지적한다. 또한 분쟁의 평화적 해결과 공동발전 등 향후 목표를 규정하고 있다. 이어서 등장하는 신안보관 개념을 규정하는 네 가지 항목을 보면 다음과 같다.

첫째, 제로섬적인 군사안보 중심의 전통적인 안보관에 집착하지 말고 경제발전과 영을 추진하기 위한 포괄적인 안보 전략에 입각하여 정책을 수립한다. 이러한 주장의 이면에는 미국의 현실적 군사력 우위를 인정하고 미국에 군사적으로 대응하기보다는 보다 실리적인 정책을 통해 가능한 한 미국과 우호적인 관계를 유지하면서 경제발전을 촉진한다는 정책을 담고 있다. 둘째, 주요 국제기구 활동에 적극 참여하여 기존 국제질서의 한 일원이자 책임 있는 강대국으로서의 위상을 높인다. 셋째, 분쟁을 군사적 강압이 아닌 대화와 타협 및 상호주의의 원칙에 따라 해소하며, 주변국과 우호관계를 유지한다. 넷째, 단극주의에 입각한 일방적 행위에 대해서는 견제를 하며, 다자주의를 적극 활용한다(김성한 2005).

이에 더해 전 국가주석 후진타오는, 제18대 전국인민대표대회 연설에서 "우리는 새로운 국가발전전략과 안보전략을 수립하여 변화에 적응해나가야 한다. 새로운 세기의 새로운 군대는 역사적 사명을 띠고 새로운 시대에 맞는 방어 전략을 적극적으로 구축해야 한다. 특히 해양·영공·사이버공간 안보에 집중하여 적극적으로 전쟁에 대비해야 하며 전쟁 시 싸워 이길 수 있는 정보화 조건을 구축하여 전쟁능력을 제고할 것을 군의 핵심목표로 삼아야 한다"라고 하며 기존 국방백서에 등장한 신안보관을 부연하였고, 직접적으로 '새로운 군사전략', '사이버공간안보'를 언급한다.

상기와 같이 중국의 안보관은 전통안보에서 비전통안보(non-traditional security)를 중시하는 방향으로 변화한다. 신안보관 제창 당시 이미 미국을 포함한 많은 서방 국가들은 사이버 안보를 정치, 외교, 경제, 문화 등에 결합하여 국가전략으로 구축했고, 중국은 이러한 안보 패러다임의 변화에 발맞추어 변화해야 할 필요성과 사이버 안보전략 사상과 이론을 발전시키고 이에 기초한 계획을 세울 필요성을 실감한다(惠志斌 2012). 신안보관의 등장은 또한 중국이 본격적으로 국제정세의 변화에 상당한 영향력을 행사할 수 있게 되었음을 의식한 발언으로도 해석될 수 있다. 최근 사이버공간의 활성화로 국가안보의 경계가 모호해졌지만 한편으로 미국과 달리 중국은 사이버공간을 일국의 이익과 발전에 직결되는 '국가주권의 영역'으로 간주한다. 중국은 사이버공간 내에서도 오프라인과 같이 새로운 사회관계와 권력구조가 형성될 것이며 이에 따라 각종 위협이 끊이지 않을 것을 건세하였고, 사이버 공간에서의 국경을 분명히 하겠다는 목표를 가지게 된다(唐克超 2008).

그러나 특기할 점은, 최근 10여 년간 중국이 중시하고 있는 비전통안보가 최근 국제정치 안보 패러다임 변환의 결과로 등장한 신흥안보(emerging security)와 개념을 같이할 수 없다는 점이다. 신흥안보는 간단히 말해 탈근대에 이르러 식량난, 테러리즘, 질병, 에너지 등과 같은 초국가적으로 발생하는 국제적인 문제들이 국제사회에 새로운 위협이 되면서, 이를 해결하는 행위자가 국가에만 국한되지 않고 개인을 포함한 비국가행위자의 역할이 중시되는 일종의 새로운 안보패러다임으로 정의된다(김상배 2015). 반면에 중국의 신안보관의 경우 새로운 안보 패러다임에서 중시하고 있는 사이버 안보 문제에 주목하고 있으나 여전히 사이버 안보 역시 주권국가가 주요 행위자로 나서 주권의 테두리 안에서 해결방안이 마련되어야 한다는 입장이다. 다시 말해, 최근 국제정치에서 흔하게 등장하는 신흥안보가 전통안보의 한계를 넘어 비전통안보로 발전하고, 이에 한 단계 더 높은 차원에서 다양한 행위자에 의해 다루어지는 안보문제라면, 중국의 신안보관은 여전히 비전통안보의 수준에 머물러 국가에 의해 다루어지고 있는 것이다. 이처럼 비전통안보와 뜻을 같이한다고 볼 수 있는 중국의 신안보관 정신은 후술할 시진핑의 사이버 안보관에도 녹아있는바, 중국의 안보에 대한 관념변화의 흐름을 이해하기에 앞서 신흥안보와 중국의 신안보관의 개념적 차별성을 유념할 필요가 있다.

2. 시진핑의 사이버 안보관[2]

시진핑 체제에서 새롭게 사용된 안보개념은 총체적 국가안보관(总体国家安全观)이다. 시진핑은 2014년 중앙국안위(中华人民共和国国家安全委员会) 제1차 회의에서 첫째, 외부안보를 중시하면서도 내부안보를 중시하고 둘째, 국토안보를 중시하면서 국민안보를 중시해야 하며, 셋째, 전통안보를 중시하면서 비전통안보를 중시해야 함을 강조했다. 이

2　시진핑의 발언을 통해 보는 사이버 안보관은 인민망(人民网)의 "学习有方 : 5个词读懂近平的网络安全新主张(학습유방: 5개 키워드로 읽는 시진핑의 사이버 안보관)" 기사를 참고하였다(人民网 2015.08.06.).

에 더해 넷째는 발전문제를 중시하며 안보문제를 중시해야 하고 마지막으로 다섯째는 자신의 안보를 중시하면서 공동의 안보를 중시하는 총체적 국가안보관의 확립이 필요함을 주장했다(新华网 2014.04.15.). 이처럼 중국의 안보관은 후진타오 정부의 신안보관부터 시진핑의 총체적 국가안보관까지 일관되게 비전통안보를 중시하고 있다. 또한 국제정치에서 신흥안보 이슈의 하나로 규정되는 사이버 안보는 중국에게만큼은 비전통안보 이슈이지, 단순히 탈근대적 성격의 문제가 아니다. 중국에서 사이버 안보는 당과 군에 의해 관리되고 있고, 국가주석이 지휘자를 자처하고 있는 것으로 보아 사이버 안보는 여전히 근대적인 안보문제이며 또한 전통적인 군사안보의 문제와 다르지 않다. 그리고 그 이론적 배경에는 여전히 국가생존과 이익을 우선으로 생각하는 현실주의적 국제정치관이 존재한다.

이렇듯 현재 시진핑 정부의 총체적 국가안보관이 국가안보의 골자가 되며, 특히 강조되는 사이버 안보관은 다음과 같은 시진핑의 사이버 안보 관련 발언이 담론화되었음을 확인할 수 있다. 우선 중국정부가 사이버 안보의 슬로건으로 삼고 있는 문장인 "사이버 안보가 없으면 국가안보도 없으며 정보통신기술의 발전이 없으면 현대화도 없다(没有网络安全就没有国家安全, 没有信息化就没有现代化)"는 2014년 2월 사이버 안보영도소조의 첫 번째 회의에서 시진핑의 연설 중 한 구절이며, 이는 시진핑의 사이버 안보에 대한 그의 열의가 드러나는 대목이다. 그는 동 회의에서 전통안보는 앞으로도 주목해야 할 가치라고 하였으며, 이와 더불어 비전통안보, 정보안보의 중요성도 강조했다. 시진핑 정부는 사이버 안보를 포함한 11개 분야의 비전통안보를 국가안보체계에 편입시켰다.

그밖에도 시진핑은, "중국은 세계 제일의 네티즌 수를 보유하고 있는 사이버대국이다. 그럼에도 불구하고 도농 간·지역 간 정보수용

과 교육 등의 수준차이로 인한 국내 인터넷 발전의 병목(bottelneck)
현상이 존재한다"라고 지적하였다. 시진핑은 이러한 병목현상을 극복
하는 방안으로 "사이버강국을 건설하고, 중국 고유의, 탄탄한 기술기
반을 가져야 한다"라고 밝혔다. 또한 "정보자원은 중요한 사회자본으
로, 정보를 장악했다는 것은 국가가 소프트파워와 경쟁력을 가졌다는
의미이다. 때문에 중국은 전면적인 정보기술, 사이버기술 전략을 세워
야 한다. 이를 위해 관련 기업들의 발전을 국가가 지원하고, 그들로 하
여금 주체적으로 발전적인 사이버기술을 만들게 하며 그들이 정보산
업발전의 주체가 되게 해야 한다"라며 자주적인 사이버기술 확보의 필
요성을 강조한 바 있다. 이에 더하여 "사이버공간의 관리, 국민 개인
의 전자정보가 법률을 통해 보장돼야" 하며, "사이버 안보를 빠른 시
일 내에 입법하여 인터넷정보를 관리하고 정보를 보호해야 한다. 법으
로써 사이버공간을 관리하고 국민들의 이익을 보호해야 한다" 등의 발
언을 통해 중국 정부가 사이버 안보 관련 법 제정, 관리체계 확립 등을
중국 사이버 안보의 중요한 과정으로 보고 있음을 알 수 있다.

　상기와 같은 시진핑의 발언은 '사이버 안보는 곧 국가안보'라는
정신에 입각하여 기술, 법률, 관리체계, 국제협력을 통한 발전을 거듭
하여 호소하고 있다. 현재까지 중국의 사이버 안보는 미국처럼 체계화
되지 않았고 발전단계에 있기 때문에 우선적으로 과거의 사이버 안보
관리체제의 폐단을 완전히 없애고 새로운 기반을 만들어 그야말로 사
이버대국을 강국으로 만드는 것이 시진핑의 목표이자 지도부인 공산
당의 목표이다.

IV. 미국의 위협과 중국의 체제안전

1. 미국의 위협: 기술패권

중국이 신안보관을 주장하며 사이버 안보전략 구축이 긴요함을 주장하게 된 또 다른 배경은 중국의 경쟁상대인 미국이 IT 방면에서 기술패권을 거머쥐고 있다는 점이다. 미국이 기술패권을 가지고 있는 한, 중국은 언제든지 미국으로부터 중요한 정보를 침해당할 수 있으며 중국이 미국의 군사, 외교, 정치 등 다양한 방면의 정보를 빼내오기도 쉽지 않을 것이다.

중국은 사이버 안보의 국제정치에서 미국의 행보를 '사이버패권주의'로 규정한다. 이들이 규정한 사이버패권주의란 사이버, 컴퓨터 기술이 발달된 국가나 조직들이 운용자금, 사이버 기술, 사이버 관리체계, 언어와 사이버 문화 등의 방면에서 우위를 차지하는 것을 의미한다. 그들은 이 우위를 이용하여 국제 인터넷 서버를 통제하고 자국 혹은 자기업의 이익에 부합하는 방향으로 가치관, 의지, 인식 등을 인터넷 사회에 관철시킨다. 이는 그들의 경제, 정치, 문화와 군사 등 방면의 이익으로 이어지는데 중국은 미국이 사이버패권주의의 중심에 있다고 본다(王正平·徐铁光 2011).

실제로 미국은 중국뿐 아니라 전 세계가 인정할만한 사이버패권의 자리를 지켜오고 있다. 기본적으로 미국의 인터넷 기술은 중국보다 절대적 우위에 있기 때문에 잠재적 적국인 중국과의 사이버전에 대비한 완벽에 가까운 전투태세를 갖추고 있을 뿐 아니라 다른 국가의 '사이버운명'을 결정하는 능력도 가지고 있다. 다시 말해 미국은 자신의 의지만 있다면 적국의 인터넷망을 끊어버릴 수도 있는 능력을 갖춘 것이다. 일례로 2003년 이라크 전쟁에서 미국은 전문 해커를 동원해 이라크군의 암호화 기반 체계를 손상시켜 이라크 군은 보안에 취약한 통신채널을 사용해야 했고 이에 따라 이라크군의 통신이 미군에 감청되며 미군은 양질의 정보수집이 가능했다(공희정 2003). 또 다른 예로는 2009년 마이크로소프트사가 쿠바, 북한, 이란, 수단 그리고 시리아 5개 국가의 MSN 채팅 서비스를 중단한 사건이 있다.

　　그리고 미국 기술패권에 대한 중국의 두려움은 다음 몇 가지 사례에서 나타난다. 가장 큰 사례로 중국에서의 구글 철수 사건이 있다. 2010년 초, 구글은 중국 검열당국이 구글차이나 서버를 해킹해 중국 인권운동가들의 지메일(Gmail) 계정을 뒤지고 검열을 하는 등 사이버 공격을 당했다고 폭로했다. 이 때문에 구글은 중국 본토에서 자체 검열을 중단하고 철수 가능성을 시사했다(김정은 2010). 폭로 후 구글과 중국정부의 두 달여의 싸움 끝에 구글은 중국 본토에서 서버를 중단하고 철수하기에 이르렀다. 구글은 중국 고유의 검색사이트인 바이두를 위협하는 수준으로 성장하면서 중국의 본격적인 감시를 받았고, 결국에는 인터넷 자유라는 창업목표를 지켜나가기 위해 중국의 검열규정을 적극적으로 반대하면서 발생한 양 당사자 간 갈등이 철수로 이어진 것이다. 위 사건은 어찌 보면 미국의 IT패권이 중국의 규범을 위협한 사건이며, 구글의 철수는 미국의 전략적인 의도에서 행해진 것으로도 평가된다. 이 사건에 대해 중국 내부에서는 미국 정부가 협력파트너인 구글과 함께 정보기술분야의 우세를 이용하여 중국정권을 전복하려는 의도를 가진 것이라며 다소 극단적인 평가를 내리기도 했다(沈逸 2010). 중국의 미국 IT 기업들에 대한 검열은 비단 구글을 상대로 한 것만이 아니다. 2009년부터 미국의 IT 대기업인 페이스북과 트위터가

중국에서 서비스를 제공하지 못하게 되었고, 스노든 사태[3] 이후 몇 년
간 미국 제품에 대한 규제를 강화하고 있다.

이와 같은 중국의 인터넷 검열을 통한 미국기업 견제행위에 대해
중국 외교부 대변인 친상은, 중국의 인터넷은 완전히 공개되어 있으며
중국 국내법과 국제관행에 따라 철저히 관리되고 있다면서, 개중 국가
안보나 사회적으로 해가 되는 내용들을 검열할 뿐이라고 밝혔다. 더하
여 구글과 같은 외국 기업이 중국 내에서 활동하기 위해서는 중국 국
내법을 준수할 필요가 있다고 강조했다(미국의 소리 2010.03.24.).

또한 비교적 최근 사건으로 중국 뿐 아니라 국제사회 전역에 큰
충격을 준 스노든 사건이 있다. 미국 NSA의 프로그래머 출신 에드워
드 스노든은 사우스차이나모닝포스트와의 인터뷰를 통해, 미 정보당
국이 PRISM이라는 개인정보 수집 프로그램을 통해 전 세계 6만 1,000
여건에 해당하는 해킹 작전을 수행했으며 그 중 수백 건이 홍콩과 중
국 본토를 표적으로 했다고 폭로했나(오관철 2013). 중국의 해킹작전
을 맹렬하게 비난해오던 미국은 부메랑처럼 돌아온 비난을 피할 수 없
었으며 중국 정보 당국은 스노든에 의해 공개된 NSA 기밀문서를 즉각
해독했다. 어쨌거나 이 역시도 미국 정보기술의 패권에 중국이 속수무
책으로 당할 수밖에 없었던 사례이다. 사례와 같이 미국의 정보기관
과, 정보패권을 가진 기업들은 해킹작전과 적극적인 기술 강화로 중국
IT기술의 발전 가능성을 제한하고 있다. 또한 중국은 사이버주권, 인
터넷의 배타적 관리권 등을 강조하며 타국의 간섭을 반대해왔지만, 미
국은 표현의 자유, 개방된 사회의 가치를 명분으로 중국의 주장을 배
척했다. 중국은 사이버 공간에서조차 미중 두 세력이 대립하게 된 데

3   미국 CSI 컴퓨터 기술자인 스노든이 미국정부가 중국정부를 상대로 해킹, 감청 등 스파
     이활동을 해왔음을 폭로한 사태. 구체적인 내용은 후술한다.

에는 미국이 중국의 사이버주권을 침해하고 중국위협론을 전파하면서 중국의 사이버군사기술의 발전의 제약이 생김으로써 시작된 것으로 평가한다(周琪·汪曉風 2013).

이와 같은 구글의 검열 반대, 스노든의 폭로로 밝혀진 미국의 중국 민간·정부기관 해킹 등 일련의 사태는 중국에게 자극제가 되었다. 이에 질세라 중국은 인민해방군 소속 사이버전 부대를 양성해왔고, 스노든사건 1년 후 중국의 해킹 정예부대인 61398부대의 실체가 미국에 의해 밝혀졌다. IT산업이 발달한 상하이에 거처를 둔 해킹부대는 사이버전쟁을 대비하고, 미국을 비롯한 주요국의 정치·경제·군사 관련 정보를 획득을 주요 목표로 한다(안용현 2014). 중국이 61398 비밀부대의 창설과 상하이쟈오통대학 등지에서 전문 해커들을 대대적으로 양성하는 것은 현재 미중 간 사이버냉전이 열전으로 발전할 수 있음에 대비한 강력한 방어기제를 갖추기 위한 것이다. 그리고 이 같은 사실을 인지한 미국정부는 해킹에 따른 경제 손실 규모가 최대 1,000억 달러에 이를 수 있다고 보고, 중국의 해킹을 미국 경제 안보에 대한 핵심 위협으로 간주했다(정재민 2014). 이에 미국은 동 부대원 5명을 기소했고, 사이버도난방지법을 발의하는 등 강하게 중국을 압박했다. 이는 사실상 중국에 대한 사이버전쟁 선포였고, 중국은 미국의 날조라며 다시 강하게 반발하면서, 주중 미국 대사를 불러 강력히 항의하고 양국 사이버보안 실무그룹 대화를 중단, 보복조치를 준비했다(정재민 2014).

또한 2015년 2월, 중국은 미국의 무선전화통신 연구 개발 기업인 퀄컴(Qualcomm)을 중국의 반독점법 위반 혐의로 사상 최대의 60억 위안을 상회하는 벌금을 부과한 데 이어, 정부조달 품목에서 애플, 시스코, 맥아피, 시트릭스 등의 제품을 제외하면서 장비의 국산화에 대한 시도가 계속되고 있다. 뿐만 아니라 중국이 자국 국내법인 '외국인투자

법', '반테러리즘법'이라는 법적근거를 마련하여 외국 IT 기업의 자유로운 경영활동을 제한하고 감시하며 지속적으로 미국의 기술패권을 견제하고 있다(정용철 2015). 반면 중국정부는 중국기업인 화웨이, 샤오미, 레노버 등 자국 IT 기업에 대한 성장을 정부가 보장해주면서 미국 IT기술 패권을 대신하는 자국중심 IT표준을 설정할 것을 목표하고 있다.

중국의 IT표준 설정의 또 다른 예로, 중국은행들의 '서버의 국산화' 시도가 있다. 최근 일부 중국 내 은행들에 대해 기존의 전산 시스템이었던 미국산 서버 IOE[4]를 자국산 서버인 인스퍼 그룹의 '텐쉐K'로 전면 교체한 바 있다(류경동 2014). 중국 인민은행 관계자는 기존의 IOE가 중국 IT 발전의 발목을 잡고 있으며 보안문제, 국산제품 공급에 차질을 빚을 수 있다고 주장했다. 즉, 외산 업체에 서버를 의존하고 있기 때문에 국내 전문가들의 외산 장비에 대한 이해가 부족하고, 타인으로부터 감시를 당할 위험이 있으며 기술적 결함이 존재해도 신속한 대처가 어렵기 때문에 보안문제가 발생할 수 있다. 또한 외국기업이 독점적 지위에 있는 경우, 외부와의 충돌이 발생했을 때 외국 정부가 임의로 기술서비스 공급을 중단할 수 있다는 어려움이 있기 때문에 국산화가 필요하다는 입장이다(新世纪周刊 2014.06.16.). 더불어 중국 내 전산 관련 전문가는 은행 서버의 국산화가 전면적으로 시행되는 경우, 중국 금융소프트웨어 기업, 금융IC카드사, 화폐자동입출금기기(ATM, CRS기기 등), 은행에 공급되는 서비스자동화 기기 등 대체로 네 가지 분야의 산업이 이를 통해 수익을 창출할 수 있을 것으로 기대했다. 이는 서버의 국산화가 실현되는 경우 금융 부문의 업무가 중시하는 시스템 안정, 데이터의 안전한 보호가 가능해지기 때문이다(中国经营报 2015.02.01.).

---

4   IBM, Oracle, EMC의 약칭.

이처럼 중국정부는 미국 IT패권 견제를 넘어, IT기술 표준설립에
도 강한 의지를 보이고 있다. 그럼에도 불구하고 중국이 야심차게 시
도한 IOE서버의 국산화는 여전히 답보상태에 있다. 중국 대형은행 IT
기술 고문 관계자는 "적어도 20년 동안은 중국 금융계가 IBM 서버를
포기하기 힘들 것"이라며 국산화가 시행되더라도 엄청난 비용을 감수
해야 할 것이라고 밝혔다. 또한 중국산 서버가 완전히 기존 IOE를 대
체하기 위해서는 첫째, 외국 장비 수준의 성능, 보안, 안정성이 확보되
어야 하며 검증된 시스템이어야 할 것이고, 둘째, 중국산 하드웨어, 소
프트웨어가 기존 시스템과 안정적으로 호환이 가능해야 한다(新世紀
周刊 2014.06.16.). 그러나 주지하듯 중국의 시장 규모는 방대해서 이
러한 요건을 완벽히 갖추더라도 서버 교체가 완료되기까지 10~20년
이 족히 소요될 것이다. 또한 은행이 서버교체를 수용한다 하더라고
은행을 이용하는 중국 국민들이 오랜 시간이 걸리는 서버교체가 야기
하는 금융서비스의 불편을 감수하고 싶어하지 않을 것이다. 이처럼 중
국식 IT기술표준 설립의 양상은 중국 금융계에도 나타나고 있으며 그
목표 역시 창대하지만 여전히 미국 기술 패권에 대항할만한, 국내외적
으로 인정받는 IT기술표준 설립은 난항을 겪고 있다.

이와 같이 중국의 시도는 끊임없이 한계에 부딪히고 있지만, 그럼
에도 불구하고 중국의 사이버강국 건설을 위한 노력은 꾸준히 경주되
고 있으며, 중국의 행동은 미국에 명백한 위협이 되고 있다. 돌이켜보
면 불과 몇 해 전의 중국은 사이버관리, 기술, 정보 등 거의 모든 면에
서 열위에 있던 중국은 '사이버패권주의', '사이버정의에 어긋나는 행
동', '인터넷 자유의 침해' 등 다소 격앙된 어조로 미국에게 원색적인 비
판을 하면서도 미국의 기술패권에 쩔쩔매며 행동으로 대응하지 못했
다. 그러나 이제 달라진 중국은 비판에만 그치지 않고 자국 중심의 기

술표준을 세우고자 전문가들을 양성하고 있고, 뿐만 아니라 국제협력에도 적극 나서고 있는 모습이다.

2. 중국의 체제안전 확보를 위한 노력

중국식 사이버 안보가 갖추어지면서, 중국 언론이나 연구에는 사이버전, 사이버패권, 사이버주권 등 다소 근대적 성격을 가지는 신조어가 자주 등장한다. 상기한 전쟁, 패권, 주권과 같은 단어들은 현실주의의 배경이 되는 근대 국제정치에서 자주 등장한다. 다시 말해, 중국이 해석하는 사이버 국제정치는 무정부상태이며, 전쟁상태에서 기술과 정보력을 가진 사이버 패권이 등장할 수 있고, 중국은 자신의 사이버상의 경계와 주권 수호에 주력하는 방향으로 사이버 안보의 전략적 틀을 구축해야 한다고 본다. 중국이 이토록 사이버전쟁을 근대적 의미로 받아들이고 국익에 대한 위협으로 취급하는 이유는 반드시 수호하고자 하는 가치가 있기 때문인데, '중국식 정치체제'가 바로 그것이다. 중국이 자유로운 사이버공간을 받아들이지 못하는 것은, 사이버공간에 '잘못된' 정보로써 사회적 혼란이 발생할 수 있고 정치체제에 대한 국민들의 지지, 신뢰도가 하락할 수 있기 때문이다. 그만큼 사이버상의 정보교류의 파급효과는 상당하며, 중국은 이를 두려워하고 있다.

그리고 중국은 미국의 사이버패권이 각국의 사이버군비경쟁을 불러일으킬 것으로 전망한다. 미중 간 사이버전쟁이 발발한다면 사이버해킹전, 사이버여론전 그리고 사이버파괴전 등 세 가지 전장이 존재할 수 있다(王正平·徐铁光 2011). 그리고 중국이 특별히 두려워하는 전장은 바로 사이버여론전이다. 그들은 미국을 위시한 서방국가들이 사이버여론의 주도권을 갖게 되면 국제정치에서 중국 사이버위협론과 같은 이론을 전파하고 선동할 수 있음을 두려워하는 것이다. 뿐만 아니라 중국 사회 내부적으로도 미국이 사이버여론전쟁을 통해 중국 사회에서 일어나는 일련의 사건들을 왜곡하고 사회적으로 민감한 부분[5]을 확대해석하여 내부분열을 야기할 수 있기 때문이다. 동시에 중국은 서방국가들이 사이버 여론전의 우세를 이용하여 중국 관련 허위 정보를 세계 곳곳에 전파하고 중국의 국제적 이미지를 손상시켜 국제사회에서 중국의 영향력을 약화한다고 비난한다. 특히 미국은 인터넷상의 자유라는 미국적 가치를 들어 중국 사이버검열제도를 맹렬히 비난하는데, 이는 중국 시각에서 내정간섭이며 중국 사이버주권을 침해하는 행위이다. 중국 입장에서 미국이 주도하는 사이버상의 국제협력과 정보의 자유는 사실 협력, 안보, 자유, 개방이라는 이름 아래 자국의 사이버 안보를 강화하려는 의도이며 이렇게 얻은 이익으로 미국이 협력에 참여하는 국가들의 정보와 사이버 안보를 통제하고 사이버 패권을 유지하기 위한 전략이다(王正平·徐铁光 2011).

또한 시진핑은 사이버 안보의 4원칙을 천명하였는바, 그가 가장 강조하는 첫 번째 원칙 또한 사이버주권 원칙이다. 시진핑은 "사이버공간이 형태가 없는, 허구의 것이라고 하더라도 사이버공간에 참여하는 주체들은 형태가 있으며 실재하는 것이다. 때문에 사이버공간의 자유 역시 공허한 것이 아니다. UN헌장에 확립된 국제법인 주권평등원칙 역시 사이버공간에 적용되어야 하며 사이버공간에서 특정 주체가 패권을 차지하고, 이를 통해 국내문제에 간섭하는 것, 그리고 타국의 국가안보를 침해하는 사이버활동에 종사하는 것 역시 허락되어서는 안 된다. 사이버주권 원칙은 사이버질서 보호에 있어 가장 중요한 가치이

5　예를 들면 인권문제와 같은 이슈들이다.

다. 사이버공간에서 국가주권의 영역을 넘어서는 경우, 국제사회에 혼란을 야기할 수 있으며 현실의 공간의 안녕을 보장할 수 없다. 인터넷 자유라는 가치를 명분으로 국가이익을 침해하는 일은 판도라상자를 여는, 매우 무책임한 일이다"(东北新闻网 2015.12.17.)라고 강조했나.

그리고 2015년 여름, 중국 전국인민대표대회가 신국가안전법을 통과시키면서 사이버공간에서 중국의 '주권수호' 활동이 명분을 얻게 되었다. 신국가안전법은 1993년 이래 개정되지 않다가 2015년 새롭게 정비되었는데, 동 법에서 주권의 범위를 인터넷, 종교, 경제 등으로 확대했고, 사상의 자유가 법으로 통제될 수 있게 되었다. 전국인민대표대회 법제공작위원회의 측은 관영 신화통신에 "현대 국가의 안보는 엄중한 위협과 도전에 직면하고 있고, 특히 테러와 사이버 해킹 등 예측 불가능한 영역에서 (안보)위협이 더욱 커지고 있다"며 20년 만에 새 국가안전법을 만든 이유를 설명했다(온기홍 2015a). 특히 신국가안전법은 사이버 안보 강화에 방점을 찍었다. 이러한 중국의 행보에 대해 홍콩 정치평론가 리루이샤오는 "신국가안전법은 사회에 전방위적인 통제를 가하게 될 것"이고, "이 법은 국가안보를 보호하는 것이 아니라 공산당 정권의 안전을 보호하기 위한 법"이라고 비판했다. 또한 윌리엄 니 국제앰네스티 중국 연구원도 "국가안전법의 적용 범위가 넓어지면서 정부 비판도 범죄로 취급될 수 있다"라고 평가했다. 더하여 동 법의 제정은 중국 내 외국기업, 특히 미국과 유럽 등 서방국가 기업의 우려를 샀는데, 강해진 법망 안에서 외국계 기업의 활동이 철저히 통제될 수 있기 때문이다(성연철 2015). 이와 같이 사이버주권침해에 대한 두려움은 결국 법제화로 이어졌고 이로써 중국은 인터넷검열의 정당화가 가능해졌다.

탄력을 받은 중국은 국가안전법 제정이후 기존의 만리방화벽

(Great Firewall)을 통한 인터넷 통제에서 진일보하여 인터넷 음란물 유포, 사이버 범죄, 반정부활동을 검열하고 통제하는 데 주력하고 있다. 그리고 같은 해 8월, 검열당국은 이른바 민족분열분자로 정의될 수 있는 사이버범죄자 1만 5,000명을 검거했다(배상희 2015). 중국에게 주권의 영역으로 간주되는 사이버공간이 이처럼 철저하게 관리·감독되는 탓에 중국내에서 정부나 지도자 또는 체제에 대한 비판은 공개적으로 행해질 수 없으며, 심지어는 반정부의 움직임으로까지 간주되어 검거되는 일이 발생할 수 있다. 이처럼 중국은 '사이버주권'을 수호하자고 여기저기 외치면서, 그저 말뿐인 것이 아니라 이를 철저히 행동으로 보여주고 있다. 앞서 시진핑은 UN헌장상 국가들의 권리와 의무를 언급하며 사이버주권수호를 주장하였다. 본래 UN헌장의 목적은 국제사회의 평화와 안전을 위해 헌장체제 아래 국가들의 협력을 목표로 하는 바, 역으로 중국은 UN헌장 내 국내문제 불간섭, 주권평등의 원칙 등을 이용해 사이버공간의 평화로운 이용을 침해하고 있는 것은 아닌가 하는 의문을 남기기도 한다.

더불어 주목할 점은 중국의 검열은 정부부처뿐 아니라 군사당국이 책임을 지고 있기도 하다. 후진타오 정부 당시 중국 군사보안규정에도 검열에 대한 내용을 규정했고, 시진핑 정부에 들어서면서 국가주석 시진핑이 주석으로서 중국공산당을 이끄는 동시에 군을 지휘하는 중앙군사위원회 주석의 자리[6]까지 차지하며 1인 지도자 체제의 강화에 박차를 가하고 있다(성연철 2014). 간혹 의사결정과정에서 군과 당의 견해차가 발생할 수 있을 것이라고 예상할 수 있고, 군은 언제나 시진핑 지휘 아래 당과 노선을 같이 하는가 하는 의문을 낳기도

---

6   시진핑 주석은 중화인민공화국주석, 중화인민공화국중앙군사위원회주석(中华人民共和国主席, 中华人民共和国中央军事委员会主席)이라는 직함을 가지고 있다.

한다. 그렇지만 이에 대한 대답은, 2015년 12월 31일 중국 육군영도기구·화전군·전략지원부대 성립대회에서 각 군 대표들의 "어떠한 상황에서도 (우리 군대는) 당중앙과 중앙군사위원회의 결정을 따르겠다(任何时候任何情况下都坚决听从党中央, 中央军委和习主席指挥)"는 결의에서 확인할 수 있다. 다시 말해, 시진핑이 당과 군을 모두 장악하고 있는 현재로서는 군은 절대적으로 당의 결정을 따르고 있는 것으로 보인다.

또한 중국은 시진핑은 사이버 안보의 범위 내에 항상 '정보안전'을 포함하는바, 이는 중국 군사당국에게 가장 중요한 이익이다. 중국 군사당국은 시진핑이 제시한 새로운 사이버 안보관에 대해 인민해방군보를 통해 《군대 정보안전강화에 대한 의견》을 발표(人民网 2014.10.07.)하여 "군 당국은 군사력 강화를 목표로 한 정보안전강화에 대한 지도사상, 기본원칙, 중요작업과 안전보장조치 등을 따를 것"이라는 견해를 밝히면서, "군 당국으로 하여금 정보안전임무를 수행하는데 새로운 발판을 딛을 수 있도록 정보안선의 관리체계의 전면 강화, 당의 관리·감독 아래 유관기관과의 협력을 통한 정보안전 관련 이론연구를 심화, 정보안전법의 표준을 세울 것, 정보안전 분위기를 조성할 것"을 요구했다. 또한 "정보화시대의 건설을 위해서는 반드시 정보의 안전보장이 사이버군의 중요한 임무이자 사이버전을 대비하는 가장 기본적인 임무"임을 강조했고, 당이 군을 위해 "정보안전의 보호와 위험평가 등을 실시하고 정보안전의 관리규범을 마련할 것, 자주적인 정보안전의 기반을 마련할 것, 창의적으로 정보안전방어 기술을 발전시켜 종합방어능력을 제고시킬 것" 등을 제안했다. 이렇듯 군 당국은 시진핑의 사이버 안보관에 대해 적극적 지지를 보이는 가운데, 이에 더하여 국가 사이버 안보와 정보통신기술이 군사적 이익으로 귀결될 수 있는 방향으로 발전되기를 희망하는 입장이다.

사이버 안보를 둘러싸고 벌어지는 중국 공산당 중앙과 군사당국의 현실정치는 당이 지원하고 군이 이를 지지하는 방식의 '화합'으로 요약된다. 물론 관계 인사 개개인이나 중국 기업들의 사이버 안보 담론에 대한 불만족이 존재하지 않을 수는 없겠지만, 그러한 불만족은 아직 두각을 나타내고 있지 않다. 혹여 불만족이 수면위로 떠오르고 있다 하더라도 중국 사이버 안보 관계당국으로서는 관리체계 구축과 제도화·법제화가 우선의 목표이기 때문에 이와 관련하여 어느 정도 탄탄한 기반이 마련된 후에야 이익집단들의 사이버 안보제도에 대한 만족, 불만족이 공론화될 수 있을 것으로 보인다. 이에 더하여 현재 시진핑 체제는 주지하듯, 한명의 리더가 당중앙과 군사중앙위원회를 통솔하고 있어 의사결정 과정에서 견해차가 발생하기란 쉽지 않을 것으로 생각된다.

위와 같이 중국의 사이버공간에서의 주권수호, 체제 수호 노력은 강력해진 인터넷 검열로 나타나고 있다. 인터넷 검열은 단순히 소규모의 해커집단에 의한 것이 아닌 당과 군이 공동으로 관리하는, 상당히 거대하고 체계화된 시스템으로 운영되고 있다. 그렇지만 중국 내 인터넷 사용자들은 불편을 감수하며 자국 사이버주권을 지키고 싶어 할 것인가. 중국의 유명 블로거인 미셸 안티(Michael Anti, 본명은 쟈오징·赵静)는 2012년 TED Global 강연[7]에서 "우리는 중국 정부의 검열을 고양이에, 중국의 인터넷 사용자들을 쥐에 빗대어 지난 15년간 지속되어온 이들의 싸움을 단순히 고양이와 쥐의 게임으로 비유하기도 한다"라고 했다. 이와 같은 중국 블로거의 비유는 중국의 공격적인 검열 행보에 대한 조소로 보인다.

---

7   강연의 제목은 "Michael Anti: 중국 인터넷 검열 프로그램의 뒷면"이다. (출처: https://www.ted.com/talks/michael_anti_behind_the_great_firewall_of_china?language=ko 검색일: 2016.5.12.)

V. 사이버위협에 대한 중국의 대응 및 해결

1. 국가가 대응의 주체로

현재 중국에서는 미국의 사이버공격, 사이버주권침해와 같은 사이버 상에 나타나는 문제들의 해결은 전적으로 중국정부의 소관이다. 즉, 중국 정부가 사이버 안보의 컨트롤타워를 장악하고 있는 것이다. 대표 적으로 앞서 언급한 사이버 안보영도소조가 시진핑주석의 지휘 아래 있다. 사이버 안보영도소조판공실 부주임 왕시우쥔(王秀軍)은 "역사적 으로 중국의 인터넷관리, 사이버 안보 관리는 '구룡치수'[8]에 의한 것이 었다. 이 때문에 너무 많은 이들이 관리를 맡았고, 직무가 교차했으며, 단일하게 책임을 부담하지 않았기 때문에 효율적이지 못했고 많은 폐 단을 낳았다. 이 같은 문제는 이제 해결하지 않으면 안 되는 수준에 이 르렀고, 사이버 안보 문제를 더욱 중시하여 통일된 영도체제 아래, 중 요하고 복잡한, 그리고 어려운 (사이버)문제 해결책 마련이 시급하다" 라고 강조했는데, 이는 사이버 안보 전략이 국가전략으로의 승격이라 는 중요한 정책결정과정에서 등장한 발언으로 문제해결의 빅브라더 (Big Brother)는 국가가 되어야 한다는 뜻으로도 해석이 가능하다.

1) 사이버사령부 창설
중국당국은 상기와 같은 사이버 안보에 대한 문제의식에서 출발하여

---

8 "아홉 마리의 용이 물을 다스리듯 정치국 상무위원 아홉 명이 중국을 이끌었다는 이야 기다. 정치국 상무위원들에겐 각각의 영역이 주어졌다. 총리가 경제를 담당하고 정법위 원회 서기는 공안(公安)과 검찰, 법원 등을 맡는 식이다. 서로 상대의 분야를 존중해 간 섭하지 않는 게 미덕처럼 여겨졌다"(유상철 2015).

본격적으로 제도의 윤곽을 다지는데, 그 시작은 2010년 후진타오 지시로 창설된 인민해방군 총참모부 직속 사이버 안보 사령부(네트워크 기초총부, 网络基础总部)가 되겠다. 사이버 안보 사령부는 중국 사이버 안보 전략의 지휘봉 역할을 하기 위해 설립되었고, 중국 사이버 안보 전문가인 천바오수는 이에 대해 중국군(인민해방군)이 지금까지는 사이버전에 적극적으로 대비하기 위한 역량을 키우지 않았으나 사령부 창설은 미국을 따라잡기 위한 본격적인 태세를 갖추는 것이라고 평가했다(정재용 2010). 중국의 사령부 창설에 대해 미국은 중국이 지난 수년간 지속적으로 전문 해커들을 고용하여 외국 컴퓨터망을 교란시키는 등 사이버전 수행능력을 발전시키고 있다면서 견제하는 태도를 보였다.

그렇지만 2010년 사이버사령부 창설에도 불구하고 여전히 내부에서는 유용한 제도의 결핍의 목소리가 존재했다. 톈리쟈와 왕광허우(田立加·王光厚)는 중국 네티즌은 중국의 사이버 안보 전략이 구축되면서 마침내 국민들이 무료로 제공되는 바이러스 백신을 사용할 수 있게 되었으나 이러한 단순한 방어기술은 근본적인 사이버위협을 제거할 수 없다고 보았다. 이에 더하여 그들은 중국의 사이버기술은 여전히 미국 사이버전 방어력에 못 미치는 상황이며 자주적으로 그리고 창의적으로 전략을 구축해내는 능력이 부재하다고 평가했다. 또한 비록 중국의 사이버산업에 종사하는 사람은 증가했지만 사이버인재 유출 문제도 심각하다고 보며, 보다 파괴적이고 혁명적인 방어기술을 창출해 낼 수 있는 인재를 기용해야 할 것이라고 제언했다. 이처럼 사이버 사령부가 창설되던 때에 즈음하여 후진타오정부에서 시작된 신안보관이 구체화되는 듯 하였으나 여전히 성과를 내지 못하고 있다는 지적은 피할 수 없었다. 당시 중국 정부가 추진했던 사이버 안보 관련법규들

은 구속력 없는 행동지령의 수준에 머물렀고 이마저도 외부로부터의
위협에 효과적인 대응을 해내지 못했다.

2) 영도소조 및 통합사령부

그러나 후진타오정부 후반, 그리고 시진핑 체제가 본격화되면서 중국
이 사이버 안보를 다루는 태도는 완전히 달라졌다. 사이버 안보를 연
구하는 학자들을 비롯하여, 정부와 관련업계 종사자들은 중국과 사이
버 안보의 연결고리 및 한계를 지속적으로 제시하고, 보다 공격적으로
사이버 안보 전략 구축에 열을 올리고 있다. 거대한 사이버인구를 보
유한 사이버대국에서 사이버강국으로 나아가겠다는 강력한 의지가 드
러나고 있는 것이다.

대표적 예로 2014년 2월, 시진핑 주석이 직접 지휘봉을 잡은 사이
버 안보영도소조가 주요 전략기관으로 설립되었다. 사이버 안보영도
소조는 국가주석 시진핑을 조장으로 하고 리커창과 류윈산이 부소상
을 맡는 등 국가주석과 중앙정부의 참모진을 임원으로 배치하면서 정
부가 직접 사이버전 대응에 적극적으로 나서고 있다. 2015년 2월 중
앙사이버 안보및정보화영도소조 제1차 회의에서 시진핑은 "사이버 안
보와 정보화는 국가안보와 국가발전, 국민들의 생활에 영향을 미치는
중요한 전략이다. 우리는 함께 노력하여 사이버강국 건설에 힘써야 한
다"라고 하였으며, 또한 "사이버 안보와 정보화는 한 국가의 다양한 영
역에 영향을 준다. 국제정치 패러다임의 변화에 주목하여 사이버 안보
의 중요성과 긴박함을 인식하고 행동하자"라며 적극적인 전략구축에
목소리를 높였다.

이처럼 국가 주석과 참모진이 직접 조장을 맡은 점은 중국이 과거
사이버 안보 성장기의 국가정보화영도소조와 분명히 차별화하고 있음

을 알 수 있다. 과거에는 사이버 안보협조소조가 국가정보화영도소조에 하부조직으로 소속되었으나 현재는 사이버 안보의 지위를 격상시켜 국가주석이 직접 다루고 있는 것이다. 또한 동 소조의 목적은 사이버 안보 강국으로의 발전, 국가정보화전략 구축에 있다. 단순한 국가정책 결정을 위한 '협력기구'가 아닌 최고 정책 결정기관으로 지위를 인정받게 된 것이다. 본 사이버 안보영도소조가 미래 중국 사이버 안보와 신속 정확한 정보화 발전에 크게 기여할 것으로 보인다.(汪玉凱 2014)

또한 시진핑은 취임 이래 '전쟁에서 승리할 수 있는 군대(能打仗, 打胜仗是强军之要)'를 모티브로 군대개혁을 추진했다. 보도에 따르면 2015년 가을, 중국군이 군 개혁의 일환으로 사이버전통합사령부를 창설할 것임을 천명했다. 사이버전통합사령부는 지상부대에 대한 의존도를 줄이고 사이버전 능력을 강화를 추진하면서 육해공에 분산돼있는 사이버전 부대를 통합하고 지휘를 일원화하여 사이버전 능력을 향상시킬 것을 목적으로 한다(조성대 2015). 이와 같은 중국의 적극적 사이버전 대비에 미국 언론들은 중국이 미국 정부와 다수 기업들에 대해 대대적인 사이버 공격을 강행하였는바, 중국의 사이버전 능력이 강화된다면 미국에게는 우환이 될 것이라고 보도하였다. 최근 미중 정상들은 해킹을 통한 상대국의 기밀 절취 행위를 중단해야 한다는 데 뜻을 같이했지만, 정보수집 행위는 포함시키지 않았기에 중국의 이러한 행보는 미국에게는 가히 큰 위협이 아닐 수 없다. 중국은 현재 과거의 관련업종에 종사하는 인재의 부족, 방어기제 부재, 통합관리체계의 미비 등의 문제를 전반적로 보완하고 국가주석이 직접 나서 사이버전에 쓰일 견실한 방패를 만들고 있다.

3) 사이버보안법 초안 채택

중국은 사이버 안보 분야의 정부기관을 설립하였을 뿐 아니라 2015년 7월 전국인민대표대회(전인대)에서 사이버보안법 초안을 채택하며 본격적인 법제화 단계에 들어서고 있다. 동 초안은 구체적으로, 네트워크 보안 전략·기획·촉진, 네트워크 운행 보안, 네트워크 정보 보안, 모니터링 경보와 응급처치, 법률 책임, 부칙 등 모두 7장 68조로 구성된다. 동 초안을 채택함과 동시에 중국 정부는 줄곧 강조해왔던 미국을 견제한 '사이버주권의 확보'와 '공공이익의 수호'등을 주요 목표로 설정하였다. 중국은 또한 이번 법제화를 계기로 "국가는 네트워크 보안과 정보화 발전을 모두 같이 중시하며, 네트워크 인프라 건설을 추진하고, 네트워크 기술의 응용을 장려하며, 완전한 사이버 보안 보장 체계를 갖추고, 사이버 보안 보호 능력을 제고해 나간다"라며 국가의 역할을 강조했다. 또한 중앙정부가 나서 전 사회의 사이버 보안의식 수준의 제고, 사이버보안 촉진 환경 조성, 사이버 범죄 단속을 위한 국제교류와 협력을 추진할 것임을 밝혔다(온기홍 2015b). 특기할 점은 중국 정부가 사이버보안법 초안 채택 과정에서 3,000여 건의 사회의견을 수집했다는 점이다. 지금까지는 대부분의 법안을 채택함에 있어 당이 모든 의사결정권을 가졌으나 드물게 동 법안 채택과정에서는 사회의견을 모아 사이버보안법에 반영하려는 노력을 보였다. 이는 중국이 사이버 안보가 비단 국가의 이익뿐 아니라 국민 개개인과 기업들의 이익과도 결부되어 있음을 좌시하지 않았던 것으로 판단되며 과거와는 다르게 중국 정부의 개인의 이익에 대한 태도의 큰 변화로도 볼 수 있다.

더하여 중국지도부는 자신들이 중시하는 가치인 체제보호, 민족보호에도 동 법안이 제 역할을 할 것으로 기대하고 있다. 중국은 이 법이 불법분자들이 네트워크를 이용하여 테러리즘, 민족증오, 민족멸시, 음란정보 등을 전파하고 체제, 타인을 모욕하고 비방하여 사회질서를 어지럽히는 행위는 엄단할 것을 밝혔다. 사이버보안법은 중국의 사이버 안보전략 강화와 동시에 중국에서 이루어지는 사이버검열을 성문화함으로써 미국을 포함한 서방국가의 비판을 받기도 했다. 달리 보면 중국이 사이버보안법을 발표하여 인터넷 통제 체계를 비판해 온 이들에게 강경하게 중국 '전통의' 중국식 사이버 안보를 고수할 것임을 천명한 것이다. 미국의 사이버 안보전략 강화, 사이버공격의 최전선에 국가가 나서겠다는, 그야말로 국가가 사이버 안보의 빅브라더를 자처하겠다는 시진핑 정부의 의지가 돋보이는 행보이다.

중국에게 지금까지의, 그리고 앞으로도 계속 수행하게 될 과제는 사이버패권으로 자리하는 미국과 대등한 사이버권력을 가지고 사이버 주권을 수호하는 일이다. 현재까지는 국가가 직접 나서 제도형성에 엄청난 공을 들여왔고, 기존에 흩어져있던 통제체제를 일원화하고 법제화 단계로 끌어올렸다. 중국은 쉬지 않고 사이버강국으로의 새로운 도약을 위해 국가안전보장과 현대화의 일환으로 사이버 안보 전략 강화에 총력전을 펼치고 있다. 이러한 추세가 지속된다면 "사이버 안보가 잘 구축되지 않으면 국가안전은 보장될 수 없으며, 정보통신기술의 발전 없이는 현대화를 이룩할 수 없다(没有网络安全就没有国家安全, 没有信息化就没有现代)"라는 정부의 슬로건은 머지않은 미래에 만족할만하게 실현될 것으로 전망된다.

2. 중국 중심 사이버진영의 건설

또 한 가지 중국이 자국 사이버 안보 강화를 위해 중시하는 일은 국제협력이다. 시진핑은 2014년 세계인터넷회의의 축사에서 "중국은 세계 각국과 손잡고 노력하여 상호존중, 상호신임의 원칙아래 국제협력을 심화시키고, 사이버주권을 존중하며 사이버 안보를 보장받는, 공동으로 평화, 안전, 개방, 협력적인 사이버공간을 건설해야한다"라고 한 바 있고, 또한 2014년 브라질 방문 당시에는 "국가는 자국의 정보를 보호할 권리를 가진다. 한 국가의 안전이 다른 국가에게 위협이 되게 할 수는 없으며 다른 국가의 안전을 위해 일국이 희생이 있어서도 안 된다"라고 하며 국제무대에서의 연설 당시 거의 매번 국제협력을 강조해왔다. 이에 더불어 사이버 안보영도소조 판공실 부주임 왕시우췬 역시 제2회 세계인터넷대회 축사를 통해, "나무 한 그루로 숲을 이룰 수 없는 법"이라면서, "사이버 안보는 전 지구적 문제이며, 세계 각국은 (사이버 안보라는) 공통의 이익을 위해 협력해야 한다."며 협력을 호소했다. 이와 같은 협력 강조는 다시 말해 서방을 견제하고 중국을 위시한 사이버 안보진영을 건설하겠다는 중국의 또 하나의 근대적인 국가전략이 아닌가 생각된다. 실제로 중국은 미국이 견제할 만큼 사이버 진영건설을 목표로 한 국제협력을 강화하고 있다.

중국 중심 사이버진영의 첫 구성원은 러시아라고 해도 과언이 아니다. 러시아와 중국은 국제회의에서 사이버 안보의제와 관련해 시종일관 뜻을 같이 해왔다. 일례로 중국은 2011년 상하이협력기구(SCO)의 구성원인 러시아, 타지키스탄, 우즈베키스탄 등 국가들의 유엔 주재 대사들과 함께 정보보안과 인터넷상 활동에 대한 국가들의 활동을 규범화하는 국제준칙(정보안전국제행위준칙, 信息安全国际行为准则) 제정을 촉구하는 성명을 제66회 UN총회에서 공식문서로 회람할 것을 요청한 바 있다(온기홍 2011). 이러한 요청은 중국과 러시아 등 국가들의 사이버 안보의 국제규범화를 위한 시도는 미국이 정보패권을 이용하여 타국의 정치체제를 전복하려는 시도에 대한 항의이자 사이버 거버넌스 체제를 통해 권력과 발언권을 획득하려는 노력이라는 분석이 있다(蔡翠紅 2012). 그러나 이 같은 시도가 국제사회의 지지를 받지 못하고 좀처럼 수면위에 떠오르지 못하자, 최근 중국과 러시아가 다시 손을 맞잡았다. 중국과 러시아는 〈국제정보안전보장영역정부간협력협의(国际信息安全保障领域政府间合作协议)〉에 서명하며 건실한 협력관계를 재건했다(凤凰网 2015.05.09.). 동 협의안 전문에는 "양국은 컴퓨터기술을 이용한 국가주권파괴행위, 국가안전과 내정간섭에 대한 위협을 예의 주시한다. (주의해야 할) 위협에는 국민생활을 침해하는 행위, 내정간섭 행위, 사회경제의 불안정, 민족과 종교 간 혐오를 야기하는 행위를 포함한다"라는 문언을 수록하여 양국이 공동으로 방어하게 될 위협을 규정했다.

또한 앞서 논의했던 프리즘 사건은 중국 정치·군사 등 각계와 사회 전반에 엄청난 충격을 안겨주었다. 달리 보면 중국에게 프리즘 사건은 미국으로 하여금 국제사회의 반감을 사게 할 수 있는 기회이기도 했다. 중국은 미국에 대한 비난과 함께 제2의 프리즘 사건을 방지하기 위해서는 국제협력이 필요함을 호소했다. 중국 내부에서는 프리즘 사건이 국제사회가 직면한 일종의 새로운 도전이라고도 하면서, 미국을 위시한 동맹국들은 우수한 기술로 신흥국가들을 대상으로 사이버공간에서 정보수집, 감시활동, 도청 등을 진행하고 있으며, 반대로 신흥국가들이 이 같은 활동을 하는 데에는 매우 엄격한 기준을 요구한다고 비판했다. 따라서 중국은 BRICs 국가들과 거버넌스를 형성하여 안전, 평등, 개방, 협상 등의 가치를 기본으로 한 글로벌 사이버공간의 새로운 질서를 구축해나가야 한다고 주장했다. 거버넌스를 통해 공동이익·공동관념하에 BRICs 국가들과 G20 국가들의 협력이 가능해질 때 프리즘 사건이 긍정적 파급효과를 발휘하는 것이며, 사이버공간에서의 국가들의 조화로운 공존이 가능해진다는 입장이다(沈逸 2010).

이에 더하여 중국이 비서방국가와의 협력을 통해 중국 중심 사이버진영 건설에 집중하고 있다는 주장은 탈린매뉴얼에 대한 중국의 반응을 분석함으로써 힘을 얻는다. 2014년 북대서양조약기구(NATO)의 사이버방위센터가 작성한 탈린매뉴얼은 사이버교전규칙에 대한 가이드라인을 제시했다. 이에 서방국가들은 '사이버전의 바이블'로 사이버전쟁법의 성문화를 환영하는 태도를 보인 반면 중국과 러시아를 비롯한 비서방국가들은 탈린매뉴얼의 지위를 부인했다(노효동 2014). 이에 더하여 중국은 탈린매뉴얼은 국제법적으로나 정치·군사적으로나 미국의 의도가 너무 많이 반영된 가이드라인이라고 비판하면서, 기존에 발표된 미국의 국방백서, 사이버 안보관련 군사문서의 미국의 전략과 유사하게 쓰였다고 불만을 토로했다(人民网—中国共产党新闻网 2015.11.30.).

또한 사이버 안보를 국제안보의 차원에서 논의하기 위한 "국제안보 맥락에서의 IT 분야 개발에 관한 UN 정부전문가그룹(Group of Government Experts on Developments in the Field of Information and Telecommunications In the Context of International Security)에서의 중국과 러시아로 대표되는 비서방국가군과 미국을 비롯한 서방국가군의 입장 대립 역시 극명하게 나타난다. 현재까지 3차 GGE회의가 개최되었는데 미국은 줄곧 인터넷 표현의 자유 및 개방을 사이버 안보의 중요한 가치로 주장하는 반면, 중국은 국가주권의 인정, 서방국가들의 의도에 기초한 사이버 안보 국제규범 대신 비서방국가들의 의도가 충분히 반영된 사이버 안보 질서 구축을 요구하며 양 진영 간 대립이 첨예화되었다. 뿐만 아니라 2010년 제1회 월드와이드 사이버시큐리티서

밋(Worldwide Cybersecurity Summit 2010)에서 중국은, "사이버 범죄의 근원지를 파악하기는 어렵겠지만, 그럼에도 불구하고 인터넷 주권은 반드시 존중되어야 하며 인터넷을 말할 때는 각국의 법에 의거해야 한다"라는 주장에서 중국이 사이버주권에 대해서는 양보의 여지가 없음이 드러난다.

이처럼 중국과 러시아 등 비서방국가들은 줄곧 국제협력의 중요성에 대한 목소리를 높이며 자신들이 국제협력에 적극적으로 참여하고 있으며 사이버범죄 차단에 대해 꾸준히 노력해왔음을 주장하고 있다. 특히 중국은 사이버 안보 위협이 되는 중요한 원인 중 하나로 부적절한 국제협력을 지적하면서, 국가들의 공동의 노력을 통해 사이버범죄의 봉쇄라는 성과를 내야 함을 주장했다(Lan and Xin 2010). 또한 국제전기통신세계회의(WCIT-12)에서 중국을 포함한 비서방국가들은 '인터넷 거버넌스'관련 조문을 ITR에 포함할 것에 지지를 표했고, 그밖에도 사이버보안, 네트워크 보호, 개인정보 보호 등 모든 보안 이슈를 조문화할 것을 제안했다. 이들은 사이버 안보에 대한 규범은 강대국 차원에서 마무리할 것이 아니라 국제기구 차원에서 논의되어야 한다는 입장이다. 이처럼 중국을 포함한 비서방국가들은 계속해서 사이버 안보의 국제규범의 필요성을 호소하고, 국제기구의 중요성을 피력했다.

중국은 미국을 상대로 종종 사이버 안보는 국제사회의 공통의 이익으로, 공동의 발전을 위해 힘써야 한다고 주장하며 미국의 사이버 안보 강화를 견제하고 있다. 그러나 진정으로 중국이 추구하는 국제협력은 여전히 서방국가들이 제시하는 인터넷 자유, 사이버범죄 차단 등의 의사를 따르는 것이 아니라 인터넷주권, 내정불간섭 등의 가치를 수호하기 위함이다. 따라서 중국이 바라는 가치에 동의하는 비서방국가가 중국을 따르게 되면서, 점차 미중 간 사이버냉전은 과거 현실의

미소냉전처럼 두 개의 진영으로 분리되고 있는 양상이다. 이와 같은 중국식 사이버진영 건설, 중국식의 '국제협력'은 말로써, 그리고 행동으로써 적극적으로 추진되고 있다.

VI. 맺음말

최근 중국의 발언과 행동, 그야말로 일거수일투족 모든 것들이 세계의 이목을 집중시키고 있다. 그리고 기존 패권을 유지해왔던 미국과 다양한 분야에서 경쟁하게 되면서 대체로 미국의 행보와 비교분석하는 데 초점이 맞추어져 왔다. 그러나 상기해야 할 점은, 현재의 중국은 그저 성장하는 국가가 아니라 국제사회에 영향을 미칠 수 있는 국가라는 점이다. 때문에 거시적으로 미중경쟁이 발생하고 있는 현상에 대한 분석에 그치지 않고, 보다 미시적으로 중국이라는 국가의 관념적인 배경을 이해하면서 미중경쟁, 혹은 공격적인 발전전략으로부터 중국정부와 국민, 기업들이 얻을 수 있는 이익이 무엇인가, 그리고 미중경쟁이 불러일으키는 중국 내 변화는 어떠한 것이 있는가 하는 의문을 가지고 좀 더 세세하게 중국을 들여다볼 필요가 있게 되었다. 그리고 앞서 코펜하겐 학파의 안보화 이론 일반에 대한 논의에서, 안보화 이론은 특히 동아시아의 사례에 적용했을 때 적실성이 나타난다고 보았는데, 특히 중국의 말과 행동을 꾸준하게 안보화 이론의 렌즈를 통해 들여다볼 때 중국의 의도를 보다 뚜렷하게 파악해낼 수 있다고 생각된다.

이상의 논의를 종합해보면, 중국의 사이버 안보의 안보화 과정에서 후진타오의 신안보관과 시진핑의 신안보관이 중요한 관념적 틀이 되었다. 그리고 미국의 기술패권이 야기한 일련의 경쟁의 첨예화 과정에서 중국이 미국을 위협으로 인식하고 있음이 드러났고, 또한 중국이 반드시 지키고자 하는 가치가 중국체제의 안정, 사이버주권의 수호임을 확인할 수 있었다. 그리고 이러한 위협에 대해 국가가 빅브라더로 나서면서 대응체계를 마련하고 국가 리더들이 진두지휘하고 있다. 더불어 국제협력에 호소하는 모습을 보이고 있는데, 이는 마치 중국 중심 사이버진영 건설의 일환으로도 여겨진다. 그리고 이러한 중국의 행동들은 항상 국가주석인 시진핑과 그의 참모진, 사이버 안보 관련 정부부처와 군 간부들의 발언에서 시작되고 있다. 이처럼 중국이 사이버 안보 전략을 구축해나감에 있어 언행일치가 가능한 데에는 항상 중국의 경쟁상대인 미국이 위협의 주체임을 전제로 하기 때문이다. 그리고 이와 같이 미중경쟁에서 출발하여 경쟁을 대하는 중국의 이모저모를 들여다본 후 다시 미중경쟁에 대한 논의로 회귀할 수 있는 것은 재차 강조하지만 안보화 이론의 시각으로 접근하였기에 가능한 것이었다.

과거 미국이 사이버 안보를 국가이익으로 규정하며 무섭게 전략을 만들어갈 무렵, 중국은 튼튼한 사이버 안보 기반을 갖고 있지 못했다. 이 때문에 그들은 자국을 피해자로써 규정했다. 그러나 이제 사이버위협에서의 '피해자', '약소국' 중국의 시대는 저물었다. 중국은 최근 사이버보안법 초안을 통과시키면서 자국 사정에 적합한 사이버 안보 전략의 완성을 목전에 두고 있다. 비록 검열, 인터넷 규제와 같은 미국이 달가워하지 않을만한 전략을 포함하고 있으나, 어찌됐든 자국 정세에 부합하다면 중국식 사이버 안보 전략은 최소한 중국 자신에게는 성공적인 전략이 아닌가 생각된다. 문제는 지금까지 사이버 안보에 있어 시행착오와 발전을 거듭하며 현재 전성기로의 도약을 기다리는 중국이 국제무대에서 미국과의 경쟁의 우위를 차지할 수 있을 것인가이다. 그리고 최종적으로는 '중국식 사이버 안보'가 전성기를 누릴 수 있을 것인가 역시 과제로 남아있다. 외부의 해킹으로부터 자국의 중요한 정보를 지켜내는 일은 자국의 이익수호와도 직결되지만, 정부가 나서서 개인의 표현의 자유를 안전보장을 명분으로 침해하고 사이버공간에서 해외기업의 활동을 제한하는 것을 전략의 축으로 삼는다면, 이는 미국과의 우열을 가리는 경쟁이라기보다 아직 성장기 아이의 치기 어린 도전일 뿐이라는 비판으로부터 자유로울 수 없을 것이다.

중국 스스로도 인정하듯 중국에게 중요한 자산인 중화권 사이버인구들을 통솔하고 포섭하며 또한 중국 인터넷사업에 투자하고자 하는 국·내외 기업과 정부의 이해관계에 대한 충분한 이해와 협력의 결과로써 수준 높은 사이버 안보 법제도를 도출해낸다면 시진핑이 미국에 강조하는 사이버공간에서의 공통이익을 누릴 수 있을 것이다. 그렇지만 이는 어디까지나 이상적인 사이버 안보의 질서이지, 안보화 이론의 분석과 같이 '사이버 안보'가 '국가이익'에 직결되고 국제정치의 쟁역에 포함되면서, 국가들이 이를 위협으로 인식하여 안보화되는 이상 미국과 중국의 사이버 안보를 쟁취하려는 권력정치(power politics)와 패권경쟁은 지속될 것이다. 또한 미중 양국은 발화행위에 따른 위협을 해소하기 위한 행동도 적극적으로 내보일 것이다. 특히 정보세계정치가 전개되는 21세기는 정보패권, 사이버공간에서의 패권이 때로는 국제정치무대에서의 패권보다 영향력이 클 수 있음을 상기할 필요가 있다. 미국과 중국의 은밀한 사이버전에서 최종적으로 누가 승리할지는 알 수 없지만 향후에도 양국의 갈등은 지속될 것임은 분명하고 시진핑의 사이버강국에 대한 열의가 임기 내내 이어진다면 중국의 사이버 안보 전략은 부단히 강화될 것이다.

이러한 미중 사이버경쟁의 틈바구니에서 한국이 고려할 점은 다른 분야의 경쟁에서와 마찬가지로 양강의 싸움에서 적어도 새우 등 터지는 일은 없도록 해야 할 것이다. 또한 한국의 경우 수차례 북한의 소행으로 추정되는 사이버공격을 받아온 경험이 있고, 앞으로 한국이 미중 사이버위협의 경유지가 될 가능성도 배제할 수 없다. 따라서 북한의 공격에 대비할 탄탄한 대응체계를 갖추기 위해, 북한 사정을 잘 아는 중국과의 전략적 동반자 관계를 형성하여 사이버협력안보를 추진해야 한다. 더불어 한국 사이버공간이 타국 간 사이버전쟁의 경유지로 되는 것을 방지하기 위해, 사이버 안보를 위한 정부, 전문가, 민간 차원의 공조를 통해 제도화를 위한 방안 모색이 지속적으로 진행될 필요가 있다. 또한 사이버위협을 심각한 국가위협으로 간주하고, 국가주석이 나서 사이버 안보의 중요성을 거듭 강조하며 컨트롤타워의 최고통솔자를 자처하는 중국의 적극적인 태도 역시 북한의 사이버위협에 취약한 한국이 배울만한 점이라 하겠다.

참고문헌

공희정. 2003. "국가기관 상당수 보안 관리 엉망."『오마이뉴스』 2003/04/03. http://www. ohmynews.com/NWS_Web/View/at_pg.aspx?CNTN_CD=A0000115985 (검색일: 2016.1.11.)

구자룡. 2015. "시진핑 방미 '사이버 군축' 시험대."『동아일보』 2015/09/21. http://news. donga.com/List/3/0209/20150921/73763788/1 (검색일: 2015.12.6.)

김관욱. 2015. "미중 사이버패권경쟁의 이론적 접근."『대한정치학회보』 23(2), pp.231-255.

김상배. 2015a. "사이버 안보의 미중관계: 안보화 이론의 시각."『한국정치학회보』 49(1), pp.71-96.

_____. 2015b. "신흥안보의 부상과 과학기술의 역할."『한국과학기술기획평가원 이슈페이퍼』 2015-18, pp.3-33.

김성한. 2005. "동아시아 미군 재편에 대한 중국의 평가와 군사전략 변화전망." 『한국전략문제연구소 국방정책연구보고서』 05-06, pp.2-114.

김정은. 2010. "홍콩으로 철수한 中 구글… 중국 정부의 통제에서 벗어날까." 『한국경제신문』 2010/03/29. http://sgsg.hankyung.com/apps.frm/news. view?nkey=7324&c1=01&c2=03 (검색일: 2016.1.8.)

남상열·이진. 2013. "사이버공간에 관한 국제적 논의 서울 총회에의 시사점." 『정보통신정책연구원 기본연구』 13-16.

노효동. 2014. "사이버 보복 '교전규칙' 성문화…탈린 매뉴얼 시선집중."『연합뉴스』 2014/12/22. http://www.yonhapnews.co.kr/bulletin/2014/12/22/0200000000A KR20141222003800071.HTML (검색일: 2016.1.3.)

류경동. 2014. "中, IBM 등 미국산 서버 걷어내기 시작. 자국산 서버 시범 운용 성공적으로 마무리."『전자신문』 2014/07/07. http://www.etnews.com/20140707000174 (검색일: 2015.10.3.)

미국의 소리. 2010/03/24. "중국, 구글 철수 불구 인터넷 검열 정책 정당성 주장." http:// www.voakorea.com/content/a-35-2010-03-24-voa14-91634199/1332704.html (검색일: 2015.12.31.)

배상희. 2015. "인터넷 단속 제국 '중국'… 사이버 안보 위반 1만 5000명 체포."『아주경제』 2015/08/19. http://www.ajunews.com/view/20150819143314632 (검색일: 2015. 10.11.)

서울경제. 2014/05/20. "미중 사이버전쟁." http://economy.hankooki.com/lpage/ opinion/201405/e20140520205433131870.htm (검색일: 2016.1.2.)

성연철. 2014. "시진핑, 인터넷 통제권도 장악…'1인 체제' 강화."『한겨레』 2014/02/28. http://english.hani.co.kr/arti/international/china/626327.html (검색일: 2015.12.30.)

_____. 2015. "중국, 새 국가안전법 통과…전방위 사회통제 우려."『한겨레』 2015/07/01.

http://www.hani.co.kr/arti/international/china/698477.html (검색일: 2015.10.9.)

안용현. 2014. "중국의 해킹 정예부대 '61398'⋯ 코카콜라·록히드마틴도 뚫어."
　　『조선일보』 2014/05/21. http://news.chosun.com/site/data/html_d
　　ir/2014/05/21/2014052100178.html (검색일: 2016.1.8.)

오관철. 2013. "스노든 '미, 중국·홍콩 기간망 표적 해킹'."『경향신문』 2013/06/13.
　　http://news.khan.co.kr/kh_news/khan_art_view.html?artid=201306132229065&
　　code=970201 (검색일: 2016.1.6.)

온기홍. 2011. "中·러·우즈벡·타지크, 정보보안·인터넷 활동 국제준칙 제안."『보안뉴스』
　　2011/09/16. http://www.boannews.com/media/view.asp?idx=27661 (검색일:
　　2015.11.16.)

_____. 2015a. "中 새 '국가안전법' 제정⋯ '정보보안 능력 키울 것'."『보안뉴스』
　　2015/07/06. http://www.boannews.com/media/view.asp?idx=46913 (검색일:
　　2016.1.10.)

_____. 2015b. "[中 '사이버 보안법' 뭘 담았나 ①] 네트워크·인터넷 보안 총망라."
　　『보안뉴스』 2015/07/27. http://www.boannews.com/media/view.asp?idx=47184
　　(검색일: 2015.10.19.)

_____. 2015c. "中 정·산·학·연, '사이버보안 신생태계 구축하자'."『보안뉴스』 2015/11/09.
　　http://www.boannews.com/media/view.asp?idx=48485 (검색일: 2015.12.17.)

유상철. 2015.『중앙일보』 2015/04/01. "[세상읽기] 강한 시진핑 등장은 필연이다." http://
　　news.joins.com/article/17484683 (검색일: 2016.1.1.)

이동현. 2015. "[중국 전승절 열병식] 인해전술서 첨단무기로, 군사력 더 키우겠다는 의미."
　　『중앙일보』 2015/09/04. http://china.joins.com/portal/article.do?method=detail&t
　　otal_id=18589829 (검색일: 2015.9.10.)

임종인. 2013. "외국의 사이버 공격전 대비 현황: 세계 주요국들 사이버전쟁 공격적으로
　　준비해."『과학과 기술』 528, pp.52-56.

장은교. 2015. "시진핑 방미기간에 불거진 미국 개인정보 유출 발표."『경향신문』 2015/09/24.
　　http://news.khan.co.kr/kh_news/khan_art_view.html?artid=201509241502541&co
　　de=970201 (검색일: 2015.10.2.)

전지연. 2014. "미·중, 신사이버 냉전⋯태평양에 사이버 전운"『전자신문』 2014/06/15.
　　http://www.etnews.com/20140613000100 (검색일: 2015.9.28.)

정보통신기술진흥센터. 2014. "사이버 보안을 둘러싼 중국-미국 간 갈등과 대응 동향."『해외
　　ICT R&D 정책동향』 2014년 05호, pp.1-11.

정용철. 2015. "중국, 외국계 IT기업 규제 강화 움직임: 글로벌 데이터센터 국내유치 영향
　　받나."『디지털타임즈』 2015/03/20. http://www.dt.co.kr/contents.html?article_
　　no=2015032002100860786001 (검색일: 2015.12.24.)

정재민. 2014. "중국 61398부대 '너희들은 포위됐다'."『시사IN』 2014/06/05. http://www.
　　sisainlive.com/news/articleView.html?idxno=20429 (검색일: 2016.1.8.)

정재용. 2010. "中 '사이버 사령부' 창설."『연합뉴스』 2010/07/22. http://www.
　　yonhapnews.co.kr/economy/2010/07/22/0303000000AKR20100722079100074.

HTML (검색일: 2015.10.2.)

조성대. 2015. "중국군, 사이버전쟁 통합 사령부 창설 계획."『연합뉴스』 2015/10/26.
http://www.yonhapnews.co.kr/bulletin/2015/10/26/0200000000A
KR20151026080600009.HTML (검색일: 2015.12.6.)

IT World. 2015/07/02. "중국, 사이버 통제 강화하는 보안법 제정…'해외 IT 기업 긴장'."
http://www.itworld.co.kr/tags/11235/%EC%82%AC%EC%9D%B4%EB%B2%84%E
B%B3%B4%EC%95%88/94326#csidx8Sbws (검색일: 2015.10.20.)

KISTI 미리안. 2015/07/07. "중국, 새로운 국가 사이버보안 법률 제정."『글로벌동향브리핑』
http://mirian.kisti.re.kr/futuremonitor/view.jsp?record_no=257106&cont_cd=GT
(검색일: 2015.10.20.)

Mims, Christopher. 2015. "시진핑, 방미 첫 일정으로 IT 기업 CEO들 만나는 이유."『The
Wall Street Journal』 2015/09/22. http://kr.wsj.com/posts/2015/09/22/%EC%8B%
9C%EC%A7%84%ED%95%91-%EB%B0%A9%EB%AF%B8-%EC%B2%AB-%EC%
9D%BC%EC%A0%95%EC%9C%BC%EB%A1%9C-it-%EA%B8%B0%EC%97%85-
ceo%EB%93%A4-%EB%A7%8C%EB%82%98%EB%8A%94-
%EC%9D%B4%EC%9C%A0/ (검색일: 2015.9.25.)

TED Global. 2012. "Michael Anti: 중국 인터넷 검열 프로그램의 뒷면." https://www.
ted.com/talks/michael_anti_behind_the_great_firewall_of_china?language=ko,
(검색일: 2016.5.12.)

Buzan, Barry, Ole Waever and Jaap de Wilde. 1998. *Security: A New Framework for
Analysis. Boulder.* Colo.: Lynne Rienner Pub.

Deibert, Ronald J. 2002. "Circuits of Power: Security in the Internet Environment" in
James N. Rosenau and J. P. Singh. (eds.) *Information Technologies and Global
Politics: The Changing Scope of Power and Governance.* Albany, NY: SUNY Press,
pp.115-142.

Does, Antonia. 2013. *The Construction of the Maras: Between Politicization and
Securitization.* Graduate Institute.

Emmers, Ralf. 2007. "Securitization." in Alan Collins. (ed.) *Contemporary Security
Studies.* Oxford: Oxford University Press, pp.109-125.

Hansen, Lene and Helen Nissenbaum. 2009. "Digital Disaster, Cyber Security, and the
Copenhagen School." *International Studies Quarterly,* 53(4), pp.1155-1175.

Lan, Tang and Zhang Xin. 2010. "Can Cyber Deterrence Work?" in Andrew Nagorski
(ed.) *Global Cyber Deterrence: Views from China, the U.S., Russia, India, and
Norway.* New York: EastWest Institute.

Wæver, Ole. 1995. "Securitization and Desecuritization." in Ronnie Lipschutz. (ed.) *On
Security.* New York: Columbia University Press, pp.46-86.

任晶晶. 2012. "新安全观：中国理论与实践路径."『社会科学管理与评论』 3.

刘伟华. 2013. "中美在网络空间的竞争与合作." 『国际研究参考』5, pp.20-26.

刘国新. 2006. "论中国新安全观的特点及其在周边关系中的运用." 『当代中国史研究』1.

沈逸. 2010. "数字空间的认知, 竞争与合作-中美战略关系框架下的网络安全关系." 『外交评论』2, pp.38-47.

王奕飞. 2015. 『中国网络安全战略研究』吉林大学 硕士学位论文.

孙宁. 2010. "中国新安全观研究综述." 『江南社会学院学报』3.

汪玉凯. 2014. "网络安全战略意义及新趋势." 『People's Tribune』37-39.

俞晓秋. 2005. "国家信息安全综论." 『现代国际关系』4.

奕文莉. 2012. "中美在网络空间的分歧与合作路径." 『现代国际关系』pp. 28-33.

周琪·汪晓风. 2013. "美国缘何在网络安全上针对中国." 『时事报告』7, p.46.

严考亮. 2008 "中国特色网络文化建设的导向与社会控制" 『江西社会科学』pp. 226-230.

唐克超. 2008. "网络时代的国家安全利益分析." 『现代国际关系』6.

田立加·王光厚. 2015. "中国网络空间安全现状研究." 『山西大同大学学报(社会科学版)』29(2), pp.12-14.

蔡翠红. 2012. "网络空间的中美关系: 竞争, 冲突与合作." 『美国研究』3, pp.107-121.

陈豪. 2013. 『基于网络安全的政府监管研究』河南大学行政管理学院 硕士学位论文.

程群. 2010. "美国网络安全战略分析." 『太平洋学报』pp. 72-82.

惠志斌. 2012. "新安全观下中国网络信息安全战略的理论构建." 『国际观察』2, pp.17-22.

蔡尚伟, 曹旭. 2010. "从'谷歌事件'管窥中国互联网政策" 『四川大学学报(人文社会科学版)』pp. 153-156.

CSDN. 2015/07/30. "2015 中国互联网安全大会(ISC) 9月召开, 万名黑客齐聚京城."

工控网. 2015/01/16. "2015年中国互联网发展和网络安全十大趋势." http://gongkong.ofweek. com/2015-01/ART-310021-8120-28924573.html (검색일: 2015.11.5.)

计世网. 2014/11/17. "当前网络安全形势与展望." http://www.ccw.com.cn/article/ view/80354 (검색일: 2015.9.14.)

东方网. 2015/11/12. "网络强国战略—习近平与'十三五'十四大战略." http://news.eastday. com/c/20151112/u1a9098674.html (검색일: 2015.9.18.)

东北新闻网. 2015/12/17. "习近平的网络观顺应了时代." http://news.nen.com.cn/system/ 2015/12/17/018717369.shtml (검색일: 2016.1.1.)

凤凰网. 2015/05/09. "中俄签署信息安全合作协议." http://news.ifeng.com/ a/20150509/43720363_0.shtml (검색일: 2016.1.11.)

成都晚报. 2012/12/13. "习近平考察广州战区按打仗标准抓军事斗争准备."

新世纪周刊. 2014/06/16. "银行难去IOE." http://magazine.caixin.com/2014-06- 13/100690116.html (검색일: 2016.1.20.)

新华网. 2011/03/11. "China's National Defense in 2010." http://news.xinhuanet.com/ english2010/china/2011-03/31/c_13806851.htm (검색일: 2016.1.9.)

_____. 2014/04/15. "习近平: 坚持总体国家安全观 走中国特色国家安全道路." http://news. xinhuanet.com/politics/2014-04/15/c_1110253910.htm (검색일: 2016.1.3.)

人民网. 2013/06/04 "中'사이버 안보와 관련해 미국과 건설적 대화 원해." http://kr.people.

com.cn/203072/8269947.html (검색일: 2016.5.12.)

_____. 2014/10/07. "经习近平主席批准中央军委印发《关于进一步加强军队信息安全工作的意见》." http://military.people.com.cn/n/2014/1007/c1011-25783981.html (검색일: 2015.12.30.)

_____. 2015/08/06. "学习有方: 5个词读懂习近平的网络安全新主张." http://politics.people.com.cn/n/2015/0806/c1001-27419302.html (검색일: 2015.12.30.)

人民网—中国共产党新闻网. 2014/11/20. "习近平的网络观: 没有网络安全就没有国家安全." http://cpc.people.com.cn/xuexi/n/2014/1120/c385475-26061137.html (검색일: 2015.10.30.)

_____. 2015/11/30. "聚焦《塔林手册》透视网络战规则." http://theory.people.com.cn/n/2015/1130/c386965-27870836.html (검색일: 2016.1.4.)

财经网 北京. 2014/11/19. "习近平: 互联网发展对国家主权, 安全, 发展利益提出新挑战." http://money.163.com/14/1119/11/ABDND3VR00253B0H.html (검색일: 2015.10.30.)

中国江苏网. 2012/11/08. "胡锦涛强调高度关注海洋, 太空, 网络空间安全." http://mil.jschina.com.cn/system/2012/11/08/015164898.shtml (검색일: 2015.12.30.)

中国经营报. 2015/02/01. "国内银行系统开始国产化: 这些公司太赚钱." http://www.ithome.com/html/it/127143.htm (검색일: 2016.1.2.)

中国人大网. 2015/07/06. "网络安全法 (草案) 全文." http://www.npc.gov.cn/npc/xinwen/lfgz/flca/2015-07/06/content_1940614.htm (검색일: 2015.11.8.)

中国行业研究网. 2014/03/12. "我国网络安全发展现状及形势展望." http://www.chinairn.com/news/20140312/104545687.html (검색일: 2015.12.1.)

제7장

중국의 보건안보 거버넌스: 사스(SARS)의 사례

이수경

I. 머리말

지난 2002년 11월, 중증급성호흡기증후군(Severe Acute Respiratory Syndrome: SARS, 이하 사스)이 전 세계로 퍼져나갔고, 세계보건기구(World Health Organization: WHO)는 사스를 "세계적인 보건 위협"으로 선언하였다. WHO의 발표에 따르면 전 세계에서 8,422명이 감염, 916명이 사망한 가운데, 사스의 발원지였던 중국에서는 5,300명이 감염되고 349명이 사망하였다. 전 세계에서 중국 감염자의 비율은 60%를 상회하는 수치였다. 중국은 사스의 발원지이자 사스의 최대의 피해국이었다.

사스는 중국 경제뿐만 아니라 대내외적으로도 부정적인 파급효과를 낳았다. 베이징대학교 연구팀에 따르면, 사스가 중국 경제에 미친 손실은 약 2,100억 위안(약 37조 원)에 이른다고 추산된다고 한다(조선비즈 2013.03.25.). 2003년 중국 관광업의 직접 손실액은 1,400억 위안이고 간접 손실을 더하면 총 손실액은 2,100억 위안으로 추산된다. 뿐만 아니라 사스 발생 사실을 장기간 은폐하고 부정함으로써 결과적으로 사스를 전 세계로 확산시키고 심각한 피해를 초래한 사실로 인해, 중국은 대외적으로 1989년 천안문 사태 이래 가장 큰 국가 이미지 실추를 경험하였다. 원지아바오(溫家宝) 총리는 사스 대책회의에서 (사스로 인해) "인민의 건강과 안보, 국가 개혁, 발전, 안정성, 그리고 중국의 국가적 이익과 대외적 이미지는 위기에 있다"라고 지적하기도 했다(中国新闻网 2003.04.13.).

하지만 주목해야 할 사실은 중국 중앙 정부가 대응에 나선 2개월이라는 비교적 단기간 내에 사스를 완전히 극복해냈다는 것이다. 중국이 사스 위기에 대응하고 극복해내는 일련의 과정은 다음과 같은 질문을 제기한다. 왜 중국은 2002-2003년 사스 위기 시 초기 대응에 실패했는가? 이를 국가의 조정 기능의 작동 실패로 이해할 때, 왜 이미 구축되어 있는 거버넌스가 적절히 작동하지 못하였는가? 그런데도 어떻게 두 달이라는 짧은 시간 안에 중국은 사스 위기를 극복해냈는가? 이것이 감염병 보건안보 거버넌스적 관점에서 우리에게 주는 함의는 무엇이고, 전통적 안보 위협에 대한 해결 전략과 무엇이 다른가? 본고에서는 이러한 문제의식을 바탕으로 중국이 사스 위기를 극복해 낸 원인에 대해 분석을 진행하려고 한다. 이와 같은 질문에 대답하기 위해서는 중국의 보건안보 거버넌스 전략에 집중해 보는 것이 필수적이다.

사스에 대한 기존 연구는 사스가 가져온 다차원적인 안보 위협에 주목하고 있다. 세계화로 인해 중국에서 사스의 발발은 국경을 넘어 글로벌 안보 위기로 확대되었고, 국가 안보 수준에서도 사스 위기는 국가의 대내적 질서 유지에 위협으로 작동하면서 안보적 위기로 부상하였다. 그 중에서도 중국의 경우 사스에 대한 초기 대응의 실패로 중국의 경제 및 행정체제가 일시 마비되는 심각한 국가 안보 위기 상황에 직면하였고, 이와 관련한 정치적 함의를 찾고자 하는 연구들이 진행되고 있다(Huang 2004). 개인안보 수준에서, 사스는 동아시아에서 인간안보에 집중하게 되는 계기를 가져왔다. 사스로 인한 피해를 많이 입었던 아시아 국가에서 '세계가 미국의 9.11 테러로 인해 바뀌었다면, 특히 아시아에서 감염병에 관한 안보 문제에 있어서 동일한 영향을 미친 것은 사스였다'라는 분석도 존재한다(Caballero-Anthony 2005). 이에 따라 사스를 신흥안보 이슈로서 인간안보(human security)의 입장에서 개인의 건강에 대한 보호의 차원에서 접근한 연구들이 활발히 이루어지고 있다(이동진 2003; 이상환 2012; 추슈롱 2006; Curley and Thomas 2004). 이를 통해 볼 때 사스와 같은 감염병에 의해 제기되는 위협은 글로벌 안보, 국가 안보, 개인의 인간안보 수준에서 다차원적이다.

하지만 기존 선행연구는 공통적으로 감염병 위협이라는 신흥안보 위협 해결을 위한 국가의 역할을 간과하고 있다. 오히려 감염병 위협을 극복하기 위한 비국가행위자의 역할을 지나치게 과장하는 방향으로 연구가 이루어져온 것으로 보인다. 예를 들면, 사스 위기를 해결하는 과정에서 독립적인 권위를 가지고 WHO가 보여준 역할에 주목하면서 감염병 이슈를 해결하기 위한 비국가 행위자와의 협력을 강조하는 연구가 주를 이루고 있다(WHO 2006; Fidler 2004; Chan 2010; Schnur 2006; 丁熹剛 2003). 감염병에 대한 국가 주권을 전제로 하는 중국의 위협 인식은 사스에 대한 초기 대응의 실패를 낳았으며, 감염병과 같은 탈근대적 위협과 관련해서는 국가 주권에서 유연함을 보이는 탈근대적 감염병 거버넌스 전략이 요구된다는 연구도 이루어지고 있다(Fidler 2003). 즉, 사스 사례는 감염병 해결과 관련한 주요한 비국가행위자인 WHO의 개입의 정당성을 입증했다는 것이다.

이 논문은 감염병과 같은 신흥안보 위협에서도 여전히 국가행위자가 중요한 역할을 한다는 문제의식을 바탕으로 하고 있다. 즉, 보건안보 위협 해결과 관련하여 다양한 보건 정책을 조정하는 것뿐만 아니라 다른 다양한 비국가행위자들과 관계를 동원하기 위해서 무엇보다도 핵심이 되는 것은 국가행위자의 역량이라는 것이다. 이는 물리적 충돌을 전제로 하는 전통적인 안보 위협뿐만 아니라 감염병 위협과 같은 신흥안보 위협에 대한 대응과 관련해서도 여전히 핵심적 행위자로서 국가행위자의 역할이 중요하며, 국가의 역할이 불필요하거나 부차적인 지위에 머무르지는 않을 것이라 전제함을 의미한다.

이 논의가 물론 감염병 안보 위협과 전통적인 안보 위협 대응에 차이가 존재하지 않는다는 것을 의미하는 것은 아니다. 그런 의미에서 이하에서는 '거버넌스'라는 키워드에 주목해 보았다. 거버넌스(governance)의 개념은 아직 학문적 합의가 존재하고 있지는 않지만, 공통적으로 거버먼트(government)적인 방식이 아니라 밑으로부터의 동력, 즉 사회에 의해서 개방적으로 이루어지는 다스림의 방식을 의미한다는 데에는 인식의 공유가 이루어지고 있다. 이를 토대로 보건안보 위기를 극복하기 위해 거버먼트와 거버넌스를 배타적으로 이해하여 다양한 행위자들이 작동하는 양상을 부인하는 것이 아니라, 이런 다양한 행위자들을 국가가 중심에서 동시에 운용하고 유연하게 조정해나가는 관리 전략에 주목해보고자 한 것이다.

 이러한 문제의식을 토대로 이하 II절에서는 보건안보 거버넌스의 이론적 논의를 살펴볼 것이다. 보건안보의 속성을 분석하기 위해 전통적 안보와 대비되는 신흥안보의 문제의식을 살펴보고, 그 중에서 보건안보 위협 중 하나인 감염병 위협의 속성을 살펴본 뒤 여기에서 드러난 보건안보 거버넌스 양상을 고찰하고자 한다. III절에서는 2002~2003년 사스 전염병이라는 새로운 위협의 등장에 국가의 조정 기능 실패로 인하여 사스 위기 초기 대응에 실패하였다고 보고, 국가의 조정 기능 실패가 나타나게 된 원인을 분석해본다. IV절에서는 어떻게 두 달이라는 짧은 시간 안에 중국이 사스 위기를 극복하게 되었는지 중국의 보건안보 전략을 중심으로 유연성을 발휘해나간 과정을 살펴볼 것이다. V절에서는 중국의 사스 대응 전략을 통해 드러난 국가의 역할과 관련하여 궁극적으로 보건안보 거버넌스와 관련하여 일반론적인 지혜를 얻고자 한다.

II. 이론적 논의

1. 보건안보의 속성

전통적으로 안보 개념은 영토 수호, 국가 주권 보전, 국가 간의 전쟁 등 국가를 중심으로 주로 논의되어 왔다. 그런데 자연재해, 전염병, 대규모 환경파괴 등 국경을 초월한 문제가 국가의 존립을 위태롭게 하는 한편 개인에 직접적인 영향을 주게 되면서 기존의 국가 중심적 안보 개념을 통해 이러한 현상을 설명하는 데 한계가 발생하게 되었다. 이에 따라 군사 중심적·국가 중심적으로 이해되던 전통적인 안보 개념의 범위를 확장할 필요성이 대두되었다.

전통적인 안보 개념은 수평적·수직적으로 동시적 확장을 경험하고 있다. 오늘날 테러나 대규모 살상무기에 따른 강성위협(hard threat) 등 전통적인 군사 안보 위협은 여전히 존재하지만 그에 못지 않게 이른바 연성위협(soft threat), 즉 자연재해, 빈곤, 식수 부족, 위생, 전염병으로 인한 희생이 빈번해지고 있는 실정이다. 이는 안보 범위의 수평적 확장을 의미한다. 뿐만 아니라 안보 개념의 범위는 국가 간 전쟁, 국방 등 국가 범위를 넘어서 한편 위로는 지역에서 전 세계, 아래로는 개인에게까지 수직적으로 확대되었다(Burci and Quiri 2004; Thakur 2006).

이와 같은 안보 개념의 확장 속에서, 신흥안보 이론은 기존의 전통적 안보 이론으로는 포착되지 않던 안보 개념의 확장을 설명하는 데 적합성을 가진다. 신흥안보 이론은 기존에 비전통안보의 일환으로 판단하는 소극적인 안보 위협 인식에서 더 나아가 새로운 안보 위협 인식에 대한 적극적인 자세를 보이고자 함을 전제로 한다. 이를 통해 군사적·

국가적 안보 이슈가 아니라는 이유로 주변적인 지위에서 간과되던 이슈들을 안보의 중심적인 위치에서 조명할 수 있을 것으로 기대된다.

이 글에서는 다양한 신흥안보의 이슈 중에서도 보건안보의 이슈에 초점을 맞춘다. 보건안보에 대한 정의는 다양하게 논의되고 있지만, 이 글에서는 '보건안보(health security)'를 보건 이슈가 제기하는 안보적 위협으로 포괄적으로 이해하고자 한다. 그 중에서도 전 세계 인류를 새로운 위협으로 몰아넣고 있는 대규모 신종 감염병에 의한 위협에 주목해볼 것이다.

사실 감염병은 신석기시대 인류가 경작을 시작하여 집단생활을 시작하게 된 이후 전쟁과 기근과 함께 인류의 진보와 생존에 주요한 도전과제였다(Morens, Folkers and Fauci 2004). 여전히 매년 전 세계 약 5,700만 명의 사망 중에 25%가 넘는 약 1,500명이 감염병의 직접적인 결과로 사망하고 있다고 한다는 연구결과도 존재한다(WHO 2004). 중세시대 흑사병의 사례를 통해 알 수 있듯이 감염병은 역사적으로 사람의 생존에 가장 큰 위험이 되기도 하였다. 하지만 19세기 말 미생물에 대한 이해가 증가하면서 감염병이 감소하기 시작하고, 감염병의 위협은 사라지는 듯 보였다. 20세기 초에 예방접종의 도입 및 항생제의 개발과 살균법의 발달로 감염병이 크게 감소하면서 일부 학자들은 인류에게 감염병은 더 이상 위협이 되지 않을 것으로 예상하기도 했다. 이는 1980년 5월 세계보건기구가 지구상에서 두창이 박멸되었다고 선언하면서 향후 더 많은 감염병이 퇴치되고 소아마비가 박멸 예정으로 판단하고, 박멸 대상 전염병을 선정하여 사업을 추진하는 계기가 되기도 했다.

하지만 감염병 위협은 재등장했다. 다양한 신종 감염병 뿐만 아니라 기존에 사라진 줄로 인식했던 감염병이 재등장하기 시작한 것이다.

과거 20년 동안에 약 30개의 새로운 감염병을 일으키는 병원체가 발견되기 시작했다는 발표도 존재한다(WHO 1996). 이런 신종 감염병 중 대부분의 질병은 백신이 존재하지 않는다는 점에서 위협이 증가하고 있다. HIV 바이러스, 에볼라, 사스 등과 같은 신종 감염병뿐만 아니라 콜레라, 뎅기열, 말라리아 등과 같이 사라졌다고 간주되었던 기존의 감염병이 재등장하기 시작하였다. 이로 인해 1996년 미국의 고어 부통령은 가장 중대한 보건과 안보적 도전중의 하나로 신종 감염병을 꼽기도 했다.

신종 감염병(emerging infectious disease)이란 미국 질병통제예방센터(Center for Disease Control and Prevention: CDC)의 정의에 따르면 "새롭게 등장한 감염성 질환인 '신종 출현 감염병', '재출현 감염병', 또는 항생제 저항성을 가진 감염병으로 지난 20년간 사람에게서 발생이 증가한 감염병과 가까운 미래에 증가가 의심된 감염병"으로 정의할 수 있다(Hughes 2001). 이와 같은 신종 김염병으로 인힌 위협은 안보 위협으로도 해석될 수 있다. 감염병의 창궐은 개인의 인체에 직접적으로 영향을 미치는 질환일 뿐만 아니라 지역 사회, 국가를 넘어 전 세계 인구 집단의 건강 및 보건 상황에 대한 위해를 가져올 수 있기 때문이다.

대규모 감염병 위협과 같은 보건안보 위협은 다음과 같은 속성이 두드러진다. 첫째, 감염병은 예측 불가능성이 강하다. 언제 발생할 것인지, 얼마나 심각할지, 얼마나 빠르게 퍼질지, 얼마나 많은 이들에게 퍼질지가 예측 불가능하며, 잠재적인 사회적·경제적 영향에 대한 파악이 불확실하다는 것이다. 대표적으로 사스(SARS), 메르스(MERS), 인플루엔자(influenza)와 같은 감염병의 원인이 되는 바이러스는 모두 RNA 바이러스이기 때문에 변종도 심하다.

둘째, 감염병은 자연적으로 발발되어 원인 제공 행위자는 불분명하지만 대응 책임자만 분명하다는 비대칭적인 상황이 구현된다(강선 주 2015). 다시 말해 세균이나 바이러스와 같은 병원체는 자연 발생적이어서 원인 제공 행위자를 추적하기는 쉽지 않지만, 반면 감염병에 대한 대응의 책임은 주로 국가가 담당하게 된다. 이는 보건안보 제공에 있어서 국가 행위자의 핵심적 역할을 부각시킨다.

셋째, 감염병 위협은 국내적·국제적 성질을 혼재하고 있다. 개인의 건강 문제에 불과했던 질병이 확산되어 국민의 대다수가 전염병에 걸린다면 사회의 정상적인 기능의 작동을 저해한다는 점에서 국가안보의 이슈로 확장될 수 있고, 초국경적으로 전파된다면 글로벌 안보의 이슈로도 직결될 수도 있기 때문이다. 감염병 바이러스의 위협은 국경의 경계를 그대로 따르지만은 않는다.

넷째, 감염병 위협의 국제적 성격으로 인해 이에 대한 해결 과정에서 국가 주권 최고성의 원직, 혹은 전통적인 국가의 내정 불간섭 원칙이 침해될 수 있다. 한 국가 내에 창궐한 전염병은 곧 글로벌 보건안보 위협으로 부상할 수 있기 때문에 이를 위해 국제사회가 해당 국가의 전염병 퇴치에 개입하게 되는 경우가 빈번하다. 이 과정에서 전염병 퇴치를 위해 국가가 다른 어떤 정치적 권위체(political authority)의 의사에 따라서 국가의 정책 정책을 결정하게 된다면, 국가 주권 최고성의 원칙은 침해될 수 있다.

다섯째, 감염병에 대한 안보의 대상이 개인의 신체적 안전이라는 점이다. 이는 국가의 정치적 독립 유지나 영토의 수호와 같은 국가 안보에만 국한되지 않고 안보의 대상이 개인의 질환으로부터 안보로 확장되었다는 것을 의미한다. 이를 통해, 다양한 신흥안보 위협 중에서도 보건안보 위협은 인간안보의 성격을 강하게 드러내고 있다고 지적할 수 있다.

이를 토대로 볼 때, 감염병의 보건안보 위협은 예측 불가능하다는 속성으로 인해 인류는 새로운 안보 위기에 직면하고 있음을 알 수 있다. 이에 대해 보건안보의 제공과 관련하여 국가는 핵심적인 행위자이지만, 전염병의 초국가적 성실과 개인의 건강을 안보의 대상으로 한다는 점을 고려할 때, 국가 간 협력과 민간과의 협력의 확장이 필수적이다. 이는 감염병 보건안보 해결을 위해서는 국가라는 단일한 행위자로 이루어지는 '거버먼트'적인 통치의 방식이 아니라, 국가를 중심으로 초국가 행위자와 다양한 사회 영역의 행위자가 대응 과정에 참여하여 협력을 달성하는 거버넌스 구조를 구축하는 것이 핵심적이라는 사실을 알 수 있다. 즉, 전염병의 퇴치는 효과적인 거버넌스 시스템의 작동에 의존한다고 해도 과언이 아니다.

2. 보건안보와 거버넌스

감염병을 퇴치하기 위해서는 국가의 중심적 역할을 토대로 국제사회와 다양한 민간 행위자의 긴밀한 공조와 균형이 요구됨을 알 수 있었다. 감염병의 보건안보 위협에 효과적으로 대처하기 위해서는 이와 같은 감염병의 속성에 적합한 거버넌스에 대한 고려가 우선되어야 한다. 구체적으로, 전염병 발생의 대응 책임자로서 국가의 중심적 역할을 고려할 때, '집중 거버넌스'를 통해 국가의 통제력을 강화시키는 것이 요구된다고 할 수 있다. 하지만 이와 동시에 국가는 유연성을 발휘하여 국가적 역량이 미치지 못하는 곳에 전문가 공동체나 국제기구와 같은 비국가행위자와 민간 행위자 등이 거버넌스에 참여하는 '분산 거버넌스'의 조합이 요구된다. 집중과 분산의 전략의 조합은 해당 국가의 역사적 배경에 따라 상이할 수 있다.

이와 같은 국가의 조정은 기본적으로 국가가 지구화의 변화하는 환경에 맞추어 자기변화와 조정을 해나가는 유연한 국가를 전제로 할 때 가능하다. 특히, 보건안보 위협 제공의 책임자로서 국가의 지위를 고려할 때, 국가가 보건안보의 위협에 대응하여 그 기능을 제대로 발휘하기 위해서는 '중심성(centrality)의 제공'이 요구된다. 즉, 다양한 행위자들의 이해관계를 조정하고 협력을 이끌어내는 중개자(broker)로서의 역할을 적극적으로 수행할 뿐만 아니라 다른 한편으로 개별국가 차원에 주어지는 도전에 효과적으로 대처하기 위해서 영토적 경계를 넘어서 국제적이고 지역적이며 경우에 따라서는 초국적 차원의 제도적 연결망을 구축(김상배 2014: 208-303)하는 것이다. 이러한 국가의 중개자 역할은 다양한 거버넌스 메커니즘들 간에서 균형을 모색해야 한다는 점에서 그 관리양식을 살펴볼 필요가 있다.

보건안보 거버넌스를 제공하기 위해서는 다양한 거버넌스 메커니즘들 사이에서 상대적 균형을 모색함으로서 그들 간의 우선순위를 조정하는 역할을 제공하는 것이 필요하다. 요컨대, 국가가 사안에 따라 그 개입의 수준을 적절하게 조절하는 방식으로 여러 가지 거버넌스를 동시에 운용하는 관리할 것이 요구되는 것이다. 특히 보건안보 위협의 자연 발생적이어서 위협에 대한 예측이 어렵다는 속성을 고려할 때, 보건안보 거버넌스의 핵심은 유연성의 확보에 있다. 위험발생과 위험 대응의 과정에서 궁극적으로 기존에 마련되어 있는 위험과 관련된 각종 시스템을 조정해 나감과 동시에, 기존 시스템 내에 새로운 위험에 맞는 효과적인 시스템이 존재하지 않더라도 학습을 통해서 기존의 제도적 조건을 의도적으로 변화시킬 수 있어야 한다. 이는 선행연구에서 지적하는 신흥안보 거버넌스의 '복원력'이 발휘 될 수 있도록 가능하게 해주는 전제조건이다. '복원력'은 일차적으로는 외부의 충격을 흡

수하고 적응하는 능력이고, 본래의 기능과 구조 및 정체성을 지속가능
하게 유지하는 능력이며, 이전 상태로의 단순 회복의 의미를 넘어서
스스로 재구성해가면서 진화하는 능력을 의미한다(김상배 2016). 이와
같은 복원력이 발휘되기 위해서는 국가의 유연성이 전제되어야 한다.

주목해야 할 점은 거버넌스적 구조가 나타난다고 해서 각 구성단
위들 간 상호협력의 문제가 자동적으로 해결되지는 않는다는 점이다.
각 구성단위들 간의 상호 협력이 어려워져 거버넌스의 원활한 작동이
저해되는 현상이 빈번하게 일어나게 된다. 이러한 거버넌스의 실패에
대응하기 위해서는 거버넌스를 관장하는 상위의 거버넌스의 개념으로
서 국가의 역할이 중요하다. 즉, 국가가 주도적인 역할을 함과 동시에
여러 다른 행위자를 엮어낼 수 있는 능력이 요구되는 것이다. 국가의
유연성을 토대로 국가 스스로 변화를 보이는 과정에서 다른 행위자들
을 엮어내는 거버넌스의 조정 과정은 중요한 의미를 가진다. 이하에서
분석할 2002-2003년 사스 위기 사태는 중국의 국가 보건안보 거버넌
스의 역할과 직결되어 발생했음을 알 수 있다.

III. 감염병과 거버넌스 조정 실패

1. 감염병, 새로운 안보 위협 등장

사스라는 예기치 않은 새로운 보건안보 위협은 평소에는 개인의 미시
적 안전의 문제로 머물던 것이 거시적인 국가안보의 문제가 되는 과
정을 보여준다. 사스는 2002년 11월 중국의 남부 지역인 광동에서 시
작되었다. 11월 16일 광동 불산시에서 원인을 알 수 없는 폐렴 환자가

발견된 것이다. 38도 이상의 고열과 마른 기침, 호흡 곤란의 증상을 호소하는 환자가 계속해서 나타났고, 이 질병은 빠른 확산 추세를 보였다. 2002년 말, 광주에서 유사한 증상의 환자 수가 급격하게 증가하였고, 지방 정부와 중앙 정부의 사실 은폐에 전염병은 광주를 넘어서 퍼져 나가 베이징은 물론 중국 전역으로 빠르게 확산되었다. 이러한 과정 속에서 갑작스럽게 양적으로 문제가 되는 현상이 증가함에 따라 질적인 속성도 바뀌게 되면서, 국가와 사회의 안보를 위협하는 심각한 문제가 되었다. 이제 사스 감염병은 더 이상 미시적 차원에서의 개인안보나 안전의 문제가 아니라 새로운 안보 위협으로 부상하게 된 것이다.

이에 이어, 사스 위기에서 제기된 안보적 위협은 여러 이슈들이 연계되면서 거시적인 안보의 문제로 질적인 변화가 발생하였다. 즉, 전염병 이슈들 간의 연계성이 높아지게 되면서 전염병 한 부분에서 발생한 안전의 문제가 거시적 안보 문제화된 것이다. 사스 위기는 중국의 사회·정치적 안정 및 정부 리더십의 정당성의 이슈로서, 중국 정부가 국민의 삶을 방어하는데 취약한 상황에 처하면서 인간안보를 위협하는 사례로서 이슈가 연계되었다(Yuk-Ping and Thomas 2010; 胡薇薇 2003). 사스 사례를 통해 인간안보가 국가안보와 밀접한 상호 관계를 갖는 것이 밝혀지게 된 것이다(王存同·张开宁·唐松源 2004). 이를 통해 사스 이슈 자체가 중심성을 갖고, 이를 중심으로 클러스터를 이루게 되었다는 것을 의미한다.

사스 이슈는 심지어 국가 간 충돌로 이어져 전통안보 문제와도 연계되었다. 사스 위기 당시 중국인들에 대한 주변국의 입국 제한 등 노골적인 대중 봉쇄정책으로 외교적 갈등이 증폭되었다. 모스크바 시장의 경우 사스 환자가 발생하면 중국 상품 시장을 즉각 폐쇄하겠다고 발언하여 중국인들을 동요하게 만들었을 뿐만 아니라, 몽골은 사스 퇴

치를 선언했음에도 불구하고 중국인에 대한 비자발급 제한, 중국과 항
공편과 열차 운항의 중단 조치를 계속 유지하기로 결정해 중국 측의
반발을 샀다. 이 같은 갈등의 배경에는 고도성장을 지속하는 중국을
경계하는 '중국 위협론'이 자리 잡아 문제를 한층 복잡하게 만들었다
(China Watch 2003.05.09.). 이를 통해, 사스 위기라는 신흥안보 이슈
에 국가 행위자들이 참여하여 다자 간 갈등의 대상이 되면서 신흥안보
위협이 전통 안보 위협과 만나는 현상을 보여주었다. 즉, 사스 위기는
미시적인 개인의 안전의 문제에서 거시적인 국가 차원의 안보 문제로
증대되었던 것이다.

2. 기존 거버넌스의 감염병 대응 실패

사스 위기가 거시적인 국가 차원의 안보 문제로 격상되면서 되었지만,
중국은 사스 초기 대응에 완전히 실패하였다. 그 이유는 중국 국가의
조정 기능이 실패하여 기존의 위험 시스템을 조정하는 역량이 발휘될
수 없었기 때문이다. 구체적으로, 전염병 위협의 창발에 대응하여 국
가의 유연한 대응이 이루어지지 못했고, 정보의 흐름 차단으로 적합한
거버넌스 행위자들의 동참이 이루어지지 못했다. 감염병이라는 새로
운 위험 발생에 거버넌스의 기능이 효과적으로 작동되지 못하게 된 과
정을 살펴보면 다음과 같다.

첫째, 사스 위기에 대응하여 국가의 유연한 대응이 이루어지지 못
한 원인은 감염병이라는 신흥안보 위협의 속성에 대한 이해가 부족했
기 때문이다. 국가의 유연한 대응이란 새로운 환경 변화에 살아남고
적응하기 위해서 일차적으로 요구되는 역량이다. 앞서 서술한 바와 같
이, 감염병은 안보 위협이 예측불가능하고 불확실하다는 속성을 가진

다. 국가에게 모든 감염병 안보 위협에 대해서 완벽한 정보와 대비를 갖추고 있도록 기대하기 어렵다. 하지만, 중국 중앙 정부는 사스를 미시적 안전의 문제로 치부하여 개인과 지방의 주체에게 해결을 맡기는 기존의 관성을 반복했다. 즉, 사스 발발 초기 중국 정부는 미시적 안전의 문제로 치부하여 위협을 축소하고 은폐하며 "질병이 통제되고 있다"라고 사실과 다르게 발표하였다(Thornton 2009; CNN 2003.04.23.). 이는 국가 안보적 차원에서 적극적인 추가 조치를 내리지 못하면서 초기 대응 시기를 놓치는 것으로 이어졌다(南方周末 2003.02.13.). 이는 중국 정부가 전국적으로 확산일로에 있는 질병에 대해 시민들을 무방비 상태로 방치한 것과 다름없어서 최악의 실수를 반복했다고 볼 수 있다.

둘째, 중국은 사스 위기에 대응하기 위한 국가적 조정력을 발휘하는 데 실패했다. 즉, 거버넌스 내의 각종 자원을 연계하고 융합하여 사스 위기에 대응하여 정부의 역할과 책임 및 정부 부처와 다양한 수준의 행위자들에 대해 조정력을 발휘하는데 실패한 것이다. 더욱이 사스 위기 발생 당시 중국의 공중 보건 시스템의 과도한 분절과 국가의 권한 약화로 국가가 조정력을 발휘하는 것을 기대하기 어려웠다. 1950년대 이래로 중국 지방 정부는 기본적인 공공재를 중앙 정부의 재원 없이 제공하도록 요구했다. 문화 대혁명은 개별적인 지역 정부가 상위 정부에 지원을 의존하는 것을 최소화하도록 강화했고, 1988년 중앙 정부는 지역 정부에 재정 지출 책임을 공식적으로 분리하였다. 이는 지방의 공중 보건 문제에 대한 중앙 정부의 통제를 약화시키는 것으로 이어졌고, 시장화의 과정은 정부의 권한 약화를 가속화하였다. 이에 따라 중국은 사스 위기에 대응하여 질병을 감시하고 및 책임감 있게 의사소통할 능력, 사스를 효과적으로 통제할 능력을 상실해왔던 것이다.

셋째, 정보의 흐름 차단으로 새로운 위험 발생에 적응하는 과정에서 나타나는 변화의 가능성이 차단되었다. 즉, 새로운 위험에 조응하지 않는 기존의 제도적 조건을 의도적으로 변화시킬 수 있는 능력이 발휘되지 못한 것이다. 위험 대응의 성패는 새로운 위험의 성격에 적합한 거버넌스 양식을 창출하느냐에 의해 판가름 난다. 궁극적으로 중요한 것은 기존의 위험 대응시스템의 다양한 행위자를 조정하는 역량인 것이다. 하지만 사스 발발 초기 중국 정부는 정보의 흐름을 차단하여 적합한 거버넌스 양식이 창출되기 어려웠다. 사스 위기 발생 초기 당시 중국 정부의 사스 발발 사례에 대한 왜곡은 대중들이 관련 정보를 충분히 보유하지 못하게 함으로써 정보의 비대칭성의 발생으로 이어졌고, 이는 대중이 정책 프로세스에 참여하는 것을 곤란하게 하였다 (顔斌·楊丹 2003). 4월 20일, 베이징에 사스가 발발하였을 때, 대중들은 절실하게 자신의 생명과 관련된 정보와 안전 조치를 알고 싶어 했지만, 여전히 정보는 제공되지 않았다. 이 틈에 유언비어가 배포되어 4월 22일에는 베이징을 봉쇄할 것이라는 소문이 퍼지면서 23-24일 이틀 동안 사재기 현상이 일어나기도 하였다(沙蓮香 2003). 중국 정부는 4월 20일이 되어서야 대중에게 사스 상황에 대한 정보를 제공하기 시작했다. 그 이전에 대중에게 사실을 공식적으로 전파해주는 매체가 없었기 때문에 비공식적이고 자의적인 전파경로에서 정보는 쉽게 사실과 소문까지도 왜곡하였고 사회적 불안정을 가져왔다(耿婕 2005).

국제기구 역시 정보 흐름의 차단으로 사스의 발발에 대응하기에 적절한 권한을 가지지 못했다. 국가 주권의 제약으로 인해 중국 정부의 명백한 요청 없이 자체적으로 역학 조사에 착수하기도 어려웠다. WHO는 중국 남부, 특히 광동성과 인접한 홍콩에서 집중적으로 감염이 발생하고 있음을 확인하였다. 이에 감염자의 발생상황으로 미루어 광동성을 "발상지"로 상정하고 전문가 팀을 보내려고 하였으나 중국 정부는 인정하려 들지 않았다(Sunday Journal 2003.05.22.). 감염병 전문가의 "중국은 WHO에 협력하려고 하지 않았기 때문에 계속 미루기만 했습니다(New York Times 2003.05.04.)"라는 발언은 중국 정부의 비협력적 태도를 지적한다. 데이비드 헤이만 WHO 감염증 대책부장의 표현에 따르면 "감염경로가 아직 미상이고 유효한 치료법도 찾지 못하고 있는 터에 홍콩에서는 감염의혹이 있는 환자가 계속 증가중이고, 광동성에서는 최대의 감염자가 나오고 있는" 상황에, WHO는 4월 2일 역사상 최초로 여행 연기 권고를 내려, 홍콩과 광동에 방문을 피할 것을 당부하는 것으로 대신할 수밖에 없었다. 하지만 이 권고에는 강제력은 없었고, 이와 같은 상황에서 감염병과 관련된 비국가행위자가 역량을 발휘할 것을 기대하기 어려웠다.

이를 통해 볼 때, 사스 발발 초기 새로운 안보 위협의 창발에 대한 국가의 유연성의 발휘 실패로 국가의 조정 능력은 효과적으로 작동하지 못하였다. 사스 위기에 대해 기존의 거버넌스는 적합한 위험 거버넌스를 모색하는 과정으로 나아가지 못했던 것이다. 위험 대응의 성패는 새로운 위험의 성격에 적합한 거버넌스 양식을 창출하느냐에 의해 판가름 난다는 점을 상기해 볼 때, 국가의 조정 능력의 발휘 실패는 곧, 사스 위협이 일파만파로 확산되어 중국 전역과 세계로 전파되는 결과를 낳았다.

IV. 사스 위협에 대한 국가적 대응

1. 감염병 위협에 대한 학습

사스 위기에 대한 초기 대응 과정에서 국가의 조정 기능 작동 실패를 고려할 때, 두 달이라는 짧은 시간 안에 중국이 사스를 성공적으로 극복해낸 과정에서 반드시 제기되어야 할 질문은 어떻게 중국의 조정능력이 다시 작동하기 시작하게 되었는지이다. 결론부터 말하자면, 이는 사스라는 감염병 위협에 대한 학습을 통해서 가능했다. 새로운 안보 위협에 대한 학습은 외부적 위기에 반응하여 거버넌스의 능력을 증가시키는 것으로 이해될 수 있다. 이를 통해 위기에 대응하기 위해 필요한 거버넌스의 대대적인 전환이 가능했다.

　　사스 위기의 전개 과정을 지켜보면서 중국 정부는 사스 위협을 전통적인 안보 문제를 다루는 예전의 방식을 취해서만은 해결이 불가능하다는 사실을 학습하였다. 군사적 충돌과 같은 전통적 안보 이슈는 비밀주의의 원칙에 따라 자국 내의 위협 상황에 관한 기밀을 은폐하고 축소하는 것이 기존의 관리 방식이었다. 자국 내 발생한 문제에 대해서는 국가 주권의 최고성이 인정되는 영역이고, 이에 따라 국내적 사안에 대해 정보를 공개하여 외부의 거버넌스 행위자들에게 거버넌스에 참여하도록 허락하는 결과를 가져오는 것을 상상하기 어려웠다.

　　하지만 이와 같은 전통적 위협을 다루는 방식으로는 사스 위기에 적절히 대응할 수 없었다. 그 이유로 첫째, 사스와 같은 대규모 감염병 위협은 창발의 속성을 가지고 있었다. 사스의 확산은 전염병이 개인의 보건위기 이상의 것임을 명백히 보여주었다. 사스의 영향은 생명 손실에 한정되지 않고 사회경제적, 정치적, 안보적 영역에까지 수평적으로

확장됨과 동시에 개인을 넘어 국가와 전 세계에 이르는 수직적 확장도
일어났다. 이를 전통적 안보를 다루는 방식과 같이 국내적 문제로 한
정하여 비밀주의 원칙에 따라 대응하기에는 한계가 있었다.

둘째, 사스 감염병과 같은 안보 문제를 다루기 위해서는 국가들의
공동 노력을 통한 관리가 요구되었다. 이는 감염병은 복잡계적 특징을
보이는 신흥안보 이슈로서, 대내적 속성과 대외적 속성을 동시에 가
지고 있기 때문이다. 감염병은 국경의 제한을 받지 않기 때문에 한 국
가의 내부에서 발생하게 되더라도, 한 국가의 대내적 문제이자 동시에
초국가적 의제가 되는 것이다. 따라서 해결방안 마련 및 정책 실행 전
반에 걸쳐 관련 국가들의 적극적 참여와 긴밀한 협의가 있어야 한다.
이를 국가 주권의 관점에서만 이해하는 것은 위기의 해결을 저해한다.

이와 같은 학습을 토대로 중국 국가는 중심에 서서 극적인 조정
을 단행하였다. 중국 정부는 거버넌스를 근저에서 뒷받침하고 전체적
인 방향을 조정해나가는 방향타의 기능을 수행하였다. 즉, 사회 내 다
양한 행위자들과 국제적 행위자들이 중국의 이익과 맞는 행동을 할 수
있도록 조정하여 효과적으로 사스 위기를 극복하고자 했던 것이다. 4
월 20일 중국 국무원(state council)은 기자회견을 열어 사스의 발병
사례 수가 의도적으로 은폐되어 왔으며 축소되어왔다는 사실을 인정
했고, 앞으로는 사스의 발병자 수를 매일 공개할 것을 약속하며 사스
위협에 대한 태도의 대대적 전환을 보였다. 이후, 중국 정부는 문제를
관리하기 시작했고 효율적이고 개방된 정책을 통해 감염된 환자를 격
리하고 사스의 확산을 예방해나가기 시작했다. 그 구체적인 전략은 다
음과 같다.

2. 강력한 정치적 의지 집중 전략

중국은 공산당을 중심으로 강력한 정치적 의지를 집중하여 사스 감염병 안보 위기 극복을 시도할 수 있었다. 이는 외부적 충격에 대응하여 피해를 줄이기 위해 빠른 시간 안에 원래의 국가의 기능을 회복하여 국가 시스템을 재정비하는 것을 가능하게 해주었다. 이것이 가능했던 이유는 사스 위기에도 상대적으로 그 기능을 유지할 수 있었던 중국 공산당에게 정치적 역량을 집중하였던 것에 있다.

　　사스 위기 당시 중국의 공중 보건 관련 하부 조직들이 과도하게 분절되어 있어 안보 위기에 취약했던 것과는 달리, 공산당을 주축으로 한 중국의 상부 정부는 견고함(robust)이 있었다고 평가된다(Zhang 2012). 이는 중국의 유일당의 중앙 집권적 정치 구조를 취하고 있기 때문에 가능했다. 중국공산당(CCP)은 중요한 국가 정책에 대한 결정을 내리고 군대에 명령권을 가지는 반면, 행정부는 중국공산당의 리더십에 따라 정책을 집행하는 데에 역할이 국한되었다. 사스 위기에서 중국공산당은 최고의 정치 권위체로서 여전히 강한 권력을 쥐고 자원을 동원할 수 있으며, 이를 통해 위기를 신속하게 극복할 수 있는 역량을 갖추고 있었다. 중국공산당을 주축으로 한 국가의 강제와 동원은 위기 극복의 신속성을 더해주었고, 이는 곧 중국의 거버넌스의 복원력 발휘로 이어졌다.

　　사스 위기 극복을 위한 중국공산당의 대응은 국가적인 역량 집중과 동원을 강화하는 강력한 수단을 통해서 추진되었다. 이는 중국공산당의 통제 하에 있는 국무원에 의해 이루어졌다. 2003년 4월 20일 이후로 국무원은 사스의 확산을 통제하기 위해 핵심적인 역할을 수행하였다(CDC 2003). 국무원은 사스 확산에 대응하기 위해서 광범위한 정책 전환을 가져왔다. 구체적인 집중의 전략은 다음과 같다.

첫째, 사스를 '국가적 위기'로서 규정하고 통합적 리더십을 발휘하였다. 국무원에 의해 4월 13일 사스 전염병은 최초로 위기로 규정되었다. 원지아바오 총리가 사스의 예방과 통제에 대해서 언급하면서, "비정형 폐렴의 발발은 예상치 못한 것이었고 심각한 위기에 해당한다. 전체 국가가 그들의 노력을 다해서 이 위기에 대항해서 싸워야 한다"라고 밝힌 것이다.

둘째, 관료 해임과 임명의 조치를 통해 사스 현황에 대한 공개 전략을 시도하였다. 4월 20일 국무원은 장원캉 보건위생부 장관과 멍쉬농 베이징 시장을 직위 해임하였고, 가오 치앙(Gao Qiang)을 새로운 보건위생부 장관으로 임명하였다. 이는 기존의 사스 현황에 대한 국가적 은폐와 축소에서 공개로 전환이 이루어지는 결과를 가져왔다. 이날, 중국의 보건위생부는 339명으로 확인된 사스 사례 및 추가적으로 베이징에만 402명의 사스 위기가 보고되어 있다고 공개적으로 인정했다. 정부의 초기적인 노력은 부적절했고, 지방의 관료적 투명성의 부족은 국가가 사스에 적절히 대응하고, 전염병의 진행에 관한 정확한 정보를 수집하는 것에 방해가 되었으며, 현재까지 1,807명의 확인된 사스 발병 사례를 토대로 볼 때 국가는 중요한 위기의 순간에 직면해 있다고 밝혔다. 이어서, "비정형 폐렴은 심각한 재앙이며 보건위생부는 충분하게 준비되지 않았다"라고 언급하면서 "중앙당과 국무원의 통일된 리더십이 설립되어 전염병 통제에 통합적 책임을 져야 한다"라고 목소리를 높였다(Wang 2003: 26-39).

셋째, 국무원은 다양한 정부 간 협력을 강화할 권한을 통해서 다양한 수준에서 전염병의 통제를 강화하였다. 중국에서 보건 이슈에 대한 책임은 다양한 수준의 정부로 분산되어 있었다. 이와 같이 다양한 정부의 역할과 책임에 대해서 명확히 규정하면서 자기조직화에 성공할 수 있었다. 국무원은 보고되지 않은 사스의 병례를 살펴보기 위해 검사팀을 파견하였고, 15개의 지역에서 전염병에 대한 공식적 대응을 조사하였다. 5월 8일, 120명이 넘는 관료는 사스 진염병에 대한 대응에 사스 발발을 숨기거나, 즉각적으로 예방 조치를 취하지 않은 것에 대해 처분을 받았다.

중국공산당이 군대를 비롯한 각종 국내 사회영역 행위자를 동원하는 전략은 '상달하전'의 방식을 통해 이루어졌다. 전염병 퇴치를 위한 각종 검역 작업 등에 군대가 동원되었다는 사실은 주목할 만하다. 중국공산당은 리더십을 집중하기 위한 수단으로 직접적으로 군사 조직을 동원하였다. 후난 성에서 성 군대는 사스와 싸우기 위해서 광범위한 선전을 하고 공중 정보 제공을 위해 노력하였고, 쓰촨성 군대는 1만 명이 넘는 서비스 팀을 조직해서 이민자 가족의 농사를 도왔다. 상하이에서는 7,400명의 군인이 전염병 검시, 소독, 순찰을 보조하였다(Xinhua News Agency 2003.05.16.). 국가 계획부서 관료의 광범위한 군대는 시골 지역에서 동원되어서 사스와 전염병 통제 조치에 관한 공중 보건 정보를 배보하기 위해서 동원되기도 했다(Xinhua Economic News Service 2003.05.22.). 군대는 모든 역량을 동원하여 전염병 예방 살균 노력을 베이징 핵심 지역에서, 수도의 474만 평방미터가 넘는 지역에 살균제를 뿌렸다. 베이징 공안은 231 군대를 파견하여 비상경계선을 수호하고 시아오탕샨 병원의 격리 지역을 통제하는 역할을 부여받았다.

정부는 사회 조직들에 대해서도 대대적 동원을 실시하여 4월 24일 공천당, 전국청년연합회, 전국학생연합회 등이 사스 예방활동에 동원되었다. 정부의 확산 노력은 민간조직으로까지 확대되었다. 몇몇 지역에서, 마오쩌둥 시대의 "Patriotic Hygiene Campaign"이 부활했다. 광동에서 8,000만 시민들은 집을 치우고 거리를 치우도록 동원되었다. 4월 27일, 톈진(Tianjin, 天津) 시의 모든 거주민들은 동원되어서 거주 지역과 공공장소에서 쓰레기를 치우고 살균하고, 파리를 죽이도록 동원되었다. '비정형 폐렴을 예방하고 통제하기 위한 좋은 환경을 만들기 위해' 시골 당 위원회와 도시의 위원회는 거주민을 감시하도록 명령을 받아서 전염병의 지역적 이동을 예방하고 통제하기위해 노력하였다(中国新闻社 2003.05.24.). 사스 퇴치라는 국가적 이익을 위해 중국 공산당을 중심으로 군대와 사회 영역의 다양한 역량이 집중된 것이다.

3. 조직화된 동원 전략

사스 퇴치 과정의 이면에는 국가 행위자가 중심성을 제공하여 다양한 행위자들을 조직화하여 동원하는 전략을 발휘했던 것이 의미가 크다. 다양한 행위자들을 조직적으로 동원할 수 있었던 데에는 사스 관련 병례를 투명하게 공개함으로써 국내외의 다양한 행위자들의 협력을 유도했던 것을 통해서 가능했다. 기존에 국가 주권 최고성의 원칙을 바탕으로 국내적 문제에 대한 국가 행위자의 절대적 지위만을 강조했다면, 국가 역량의 한계를 인식하고 국제 사회의 정보, 기술, 인력을 동원할 수 있게 되었던 것이다. 이는 중국의 사스 보건안보 위기 극복을 이끌어 낸 결정적인 순간이었다.

사스 위기에 공중 보건 조직의 무능력이 여실히 드러난 시기에, 사스 퇴치를 위해 모든 기관, 학교, 지역사회에 속하는 개인은 "상달하전(上达下传)"의 방식으로 정책을 집행했다(沙莲香 2003). 정부의 명령에 따라 국가적 모든 역량이 총동원된 것이다. 4월 20일부터 6월 8일에 이르기까지, 베이징 시 격리관찰인은 2만 15명에 도달하였고, 인민경찰은 거주민 지원자와 연합하여 예방 네트워크를 설립하였다. 유효하게 전염병의 격리가 가능하기 위해서는 베이징이 인구 구성이 다양하고 유동 인구가 많다는 사실을 고려할 때, 도시 내부에 있는 농촌지역의 사스 통제가 관건이었다. 이를 위해 정책의 집행자로서 민간 조직이 탄생하였다.

유행지역 외부의 민간단체, 유선 텔레비전, 전화, 핸드폰, 인터넷 포털사이트, 심지어는 인터넷에서 지원자 조직, 사단조직, 전문의 조직 등 이 정책집행자로서 역할을 수행하였다. 중국은 각종 사회 조직의 등록에 관한 엄격한 제한이 부여된 상황에서 시민사회는 제대로 기능하기 어렵고, 정부와 시민사회 간에 협력은 잘 이루어지지 않았다는 사실을 고려할 때 민간 조직이 나날이 증가한 현상은 주목할만하다고 지적한 연구도 있다(Zhang 2012). 이를 통해 중국은 신속하게 이전의 수동적인 자세와 무능력을 되돌렸다. 중국이 사스를 통제할 수 있었던 중요한 이유 중의 하나로 사회 영역의 다양한 행위자의 잠재적 능력이 모두 한 데로 집중되었음에 주목해보아야 한다. 이는 사스 퇴치와 관련하여 민간의 엄청난 사회 기능 조정을 위한 잠재적 능력이 국가에 의해서 동원되었음을 보여준다(沙蓮香 2003).

이와 같은 사스 퇴치 과정에 다양한 사회 영역 행위자의 참여 동원 전략은 국가 중심적 거버넌스 전략의 구조적 공백을 메울 수 있도록 해 주었다. 국가의 역량이 미치지 못하는 곳에서 대중의 역할은 더욱 빛을 보았다. 이는 우이 부총리가 모든 지역 사회, 부처와 기구가 사스 예방과 치료 작업에 최고의 우선순위를 부여할 것을 부탁하는 것으로부터 시작되었다. 부총리는 질병의 확산을 막고 새로운 사스 환자 발생 수를 줄이기 위해 사스 예방과 통제를 위한 대중 네트워크를 통해 작업 일반 대중을 교육하고, 조직하고, 장려할 것을 호소하였다. 사스를 예방하기 위한 가장 효과적인 방법이 개인위생을 유지하는 것임을 강조하며, 모든 사람들이 식사 전에나 얼굴을 만지기 전에 손을 잘 씻고 재채기를 할 때나 기침을 할 때 코나 입을 마스크로 가리도록 강조했다(CCTV 2003.04.29.). 그 외에도 기증자 커뮤니티가 사스 예방 및 치료에서 금전적 역할을 제공하거나 지역 사회 참여를 통해서 농촌 지역과 지역 사회에 확산을 방지하였다. 사스와의 전쟁에서 '사회의 활약'은 사스의 유행을 빠르게 제어할 수 있었던 중요한 이유 중 하나로 작동하였다.

사스 관련 정보 공개를 통해 비국가행위자인 WHO의 역량을 동원할 수 있었던 것도 사스 퇴치의 과정에서 핵심적인 역할을 담당하였다. 중국의 사스 위기 퇴치와 관련해서 WHO는 핵심적인 역할을 담당하였다(黃淼 2004). WHO를 통해 중국은 사스와 관련된 의학적 정보를 공유하고, 네트워킹을 기반으로 사스 대응 역량을 조직화하며, 사스 퇴치를 위한 다양한 치료책을 개발에 박차를 가할 수 있었다. WHO를 통해 중국은 과학연구소, 전염병 연구소, 실험실과 연계하여 플랫폼을 설치할 수 있었을 뿐만 아니라 보건 전문가의 지도를 받아 국가적 사스 위기 정책 조언을 얻을 수 있었고 국가 간 경험과 대처 방안을 공유할 수 있었다.

4월 20일 중국이 사스 관련 정보를 투명하게 공유하기로 시작하면서 중국 사스 감염병 위기 해결 거버넌스에 WHO는 동참할 수 있었다. WHO를 주축으로 사스 통제와 관련한 전 세계적 연구와 전문가 인력 등이 총동원될 수 있었다. 사스의 중국 지역사회로까지 확산되는 것을 막기 위해서 중국 정부가 대중 동원의 전략에 나설 때 일련의 권고 사항을 제시해주기도 하였다. 예를 들어 사스가 감염되는 것으로 보이는 주요 감염 경로는 '근접 대인 접촉'이라는 사실을 파악하여, 사스를 유발하는 바이러스는 이미 사스에 감염된 환자가 기침 또는 재채기할 때 튀어나오는 호흡기 미세 입자에 의해 쉽사리 전염되므로 이를 근거로 한 예방방법을 권고할 수 있게 된 것이다. 이에 따라 사스 환자의 호흡기 분비물이나 체액을 직접직으로 접촉하는 근접 접촉을 피할 것과 같은 가이드라인이 제공되었다.

사스의 본격적인 퇴치 과정뿐만 아니라 장기적 해결 전략과 관련해서도 중국은 WHO의 역량이 활용될 수 있었다. 2003년 6월 10일, WHO의 관료가 중국에 방문하여 사스와 관련하여 보건부 관료와 회의를 통해 장기적 대책에 대해 토의한 뒤, 사스에 관한 최초의 국제회의가 개최되어 중국은 사스 퇴치를 위한 장기적 대응과 관련하여 기술적인 가이드를 전수받을 수 있었다. 6월 23일, WHO는 베이징에 대한 여행 자제 경보를 해제하여 중국은 국제 사회에서 사스 위기를 해결해 냈다는 것을 공식적으로 인정받을 수 있기도 했다. 이를 통해 볼 때, 중국의 보건 정책은 사스 위기와 관련된 정보를 공개하는 전략을 통해서 다양한 사회 조직과 WHO와 같은 국제기구의 사스 위기관리 거버넌스로 참여를 유도할 수 있었고, 이를 통해 사스 위기를 효과적으로 극복하는 것이 가능했다.

V. 국가와 보건안보 거버넌스

1. 중심적 조정자로서 국가

중국의 사스 위기 극복 과정을 분석함으로써 얻을 수 있는 교훈은 보건안보 위기의 극복은 여전히 국가를 중심으로 통합적으로 이루어졌다는 데 있다. 이를 통해 볼 때, 감염병 안보 위협과 같은 탈근대적인 신흥안보 위기 해결과 관련해서도 여전히 국가 행위자는 안보를 목적으로 하는 여러 행위자들을 가장 조직적으로 동원할 수 있는 안보 행위자라고 이해할 수 있다. 물론 개인과 국가, 국제기구가 다양한 행위자가 안보 주체로서 기능했지만 그 중에서도 국가가 핵심적인 주체인 것이다.

사스 퇴치와 관련하여 WHO의 역할을 부인하는 것은 아니다. 비국가행위자인 WHO가 물적·인적·지적 역량을 총동원하여 전면적인 해결에 나서지 않았더라면 글로벌 감염병으로 부상한 사스를 두 달이라는 짧은 기간 안에 퇴치할 수 있었을 것이라 기대하기 어려웠을 것이다. 이에 따라 세계화가 진행됨에 따라 감염병 퇴치를 위한 보건안보 거버넌스의 중요한 행위자로서 비국가행위자의 위상은 점점 증가할 것이라는 점을 반박하기 어렵다.

하지만 이와 같이 비국가행위자의 위상이 급부상하더라도 이들의 역량이 보건안보 제공에 있어서 국가의 권위를 대체할 수 없다. 즉, 감염병의 위협으로부터 국민들에게 공중 보건을 제공하는 데에 있어서는 국가 행위자가 여전히 중추적인 역할을 담당한다. 사스 퇴치와 관련해서도 WHO의 중요한 활약이 있었던 데에는 중국 국가행위자에 의한 승인이 전제되었기 때문에 가능했다. 즉, 중국 정부가 WHO에 제공하는 정보가 사스 퇴치에 중요한 역할을 했고, 이는 중국 정부가 협조적인 자세를 취하지 않았더라면 WHO는 역량이 발휘될 기회조차 가지지 못했을 것이다. 실제로 사스 발발 초기 중국에서 몇 달 동안 사스가 확산되고 있을 때에도 WHO는 어떤 상황이 전개되고 있는지 알지 못했다. 즉, 이들은 국가 행위자의 승인 없이는 보건안보 거버넌스 제공에 참여하기 쉽지 않다.

이를 토대로 볼 때, 사스 사례를 통해서 주목해야 할 것은 보건안보를 확보하는 데 있어서 보건안보 거버넌스를 상위에서 아우르는 국가의 역할의 중요성이다. 사스 위기를 통해 감염병 위협과 같은 공중보건 위기 발생 시 국가가 거버넌스를 조정하는데 실패한다면 매우 치명적인 위기가 초래된다는 사실을 사스 사례를 통해 알 수 있었다. 감염병이라는 복잡계적 성격을 지닌 위협에 대해서 다양한 행위자를 아우르는 국가의 유연한 역할이 중요한 것이다.

사스 위기는 중국에게도 공중 보건 제공과 관련하여 국가의 역할이 중요하다는 경각심을 일깨워주는 계기가 되었다. 그 결과, 정부가 공중 보건과 감염병의 보고, 단속, 예방, 통제와 관련된 공중 보건 기능에 더 큰 책임을 떠맡아야 한다는 국가적 합의가 다시 도출되었다(WHO and China State Council Development Research Center 2005).

사스 위기 이후, 중국인민정치협상회의(CCPCC)는 두 개의 계획을 발표했다. 2003년까지 사회주의 시장 시스템의 발진과 2004년 정부공작보고(政府工作报告, the state work report) 계획은 모두 공중 보건을 국가적 어젠다로 파악하였다. 정부는 사스 바이러스를 퇴치하기 위해 노력을 수행하였고 미래의 전염병을 예방하기 위한 장기적인 전략을 수립하였다. 2003년 정부는 성공적으로 일련의 긴급 조치들을 수행했다. 예를 들어, 특별 긴급 자금의 창설, 사스 관련 진단과 치료에 대한 접근 제공, 제 2의 사스 발발을 신속하게 탐지하고 통제할 수 있는 특별 감시 시스템의 창설이 그 예이다. 2003~2004년 40억 위안이 공중 보건 인프라를 강화하고 사스 관련 서비스를 제공하는 데 하기 위해 배정되었다. 게다가, 정부는 새로운 감염병 법률을 발표하여, 기본적인 감염에 대한 접근권을 확대하고, 공중 보건에 관련한 새로운 운영 가이드라인을 채택했다.

중국의 사스에 대한 성공적 퇴치는 국가의 신속한 조정을 통해 가능한 것이었다. 전염병과 관련된 보건안보 거버넌스가 효과적으로 작동하기 위해서는 정부의 고차원적 조정과 정치적 의지가 요구된다. 보건 위협과 관련된 조정된 방향 설정이 있을 때 필요한 포괄적 정책과 체제 개혁을 제공하는 것이 가능하다. 이를 통해 정부는 보건과 관련된 모든 행위자에게 보건안보 제공이라는 이익에 부합하는 방향으로 행동하도록 조정할 수 있다.

2. 다양한 행위자의 거버넌스 참여

중국의 사스 위기의 퇴치는 국가의 조정하에서 다양한 행위자들이 보건안보 거버넌스에 참여하는 과정을 통해서 가능했다. 사스 위기는 중국 내 사회 영역 행위자와 비정부조직의 능력에 주목해 보는 계기가 되었다. 정부는 돌발적으로 발발한 사건에 대한 응대와 처리에 있어서 책임을 남에게 전가할 수는 없지만, 정부의 손길이 닿을 수 없는 곳에서 다양한 행위자들은 상당한 역할을 수행할 수 있다. 2002~2003년 사스 위기에서도, 광동, 베이징 등 사스가 심각한 지역에서, 비정부조직은 상당히 그 수가 적었다는 사실에 주목해 볼 필요가 있다(金太軍 2003).

사스 이전까지 중국은 거버먼트적인 방법으로 명령과 통제를 바탕으로 정책결정 과정을 독점해왔다. 특히 중국은 사회주의를 바탕으로 한 권위주의적 발전국가의 특성에 따라, 중앙 권위주의적 정부의 정책결정 과정은 더욱 폐쇄적으로 소수에게 허용되어 있었다. NGO와 대중 매체와 평범한 사람들은 엄격한 국가의 통제 아래 있었고 정책결정 과정에 참여하여 그들의 이익을 추구할 수 없었다.

사스 위기를 해결하기 위해 중국은 거버넌스적인 관리 방식을 수용하였다. 즉, 문제 해결을 위해 다양한 행위자들이 협력적으로 문제를 해결해나가는 방식을 받아들인 것이다. 정책결정 과정은 더 개방되고 포용적으로 변화하면서 더 많은 행위자와 이익들을 수용할 수 있게 되었다는 것을 의미한다. 물론, 중국 국가 행위자의 역량 강화를 통한 동원 전략이 그 시작에 있었다 하더라도, 사스 퇴치 과정에서 이들의 참여가 보완적으로 작용했음을 부인하기 힘들다.

사스 관련 정보의 투명한 공개는 시민과 국제기구를 사스 퇴치 과정에 받아들이는 계기로 작용하였다. WHO가 사스 퇴치 과정에 참여하게 된 것은 사스의 조기 퇴치를 이루게 된 주요 원인 중 하나이다. 사스 위협 경보를 발표한 이후로, 전파과정에서의 통제는 전방위적으로 이루어질 수 있었다. 여행 당국에서 전염병 검역 조치가 활성화되고, 과학계에서는 사스 병원체에 대한 규명과 퇴치를 위해 모든 역량이 총동원될 수 있었다.

더 나아가, 중국 내 민간 행위자를 비롯한 비정부행위자들 또한 사스 퇴치 과정에 중요한 행위자로 참여하였다. 중국 개인 의사의 보고를 통해 중국에서 사스 문제의 확산을 알리기도 했고, 정부와 WHO의 가이드라인에 따라 검역 조치에 동참하기도 했다. 사스 퇴치를 위해 모든 기관, 학교, 지역사회에 속하는 개인과 지원자 조직, 전문의 조직 등 민간 조직은 사스 퇴치 과정에 동참하였다. 사스 퇴치와 관련하여 민간의 잠재적 능력이 발휘된 것이다. 사스 위기는 정책결정 과정에서 다양한 비국가행위자들을 받아들여야 한다는 교훈을 제공해주었다. 공중 보건 정책결정과 집행은 이와 같은 다양한 행위자들 간의 상호 협력을 통한 거버넌스적 양식을 통해서 가능한 것이었다.

이를 통해 중국은 기존의 방식으로는 사스에 대한 퇴치를 보장하기 어려운 상황에서 국가가 중심에 서서 국제기구와 민간 행위자 등 다양한 행위자들의 대안들을 조합해 위기를 극복했음을 알 수 있다. 초기의 정보의 은폐와 축소로 인한 실패의 학습과정을 거쳐 정보 공유를 통해 국가 중심성의 강화와 다양한 행위자들의 동원 전략을 동시적으로 조합하면서 중국의 국익을 극대화하고, 사스 퇴치의 목표를 가능하게 할 수 있는 조건을 창출하려는 노력을 기울인 것이다. 이는 감염병 위기와 보건안보 거버넌스 전략에서 국가 중심성의 강화와 더불어 다양한 행위자의 보완적인 참여가 이루어질 때 효과성을 발휘할 수 있다 교훈을 제공해준다.

VI. 맺음말

중국이 2002~2003년 사스 위기 발발 당시 초기 대응에 실패한 주된 이유는 국가의 거버넌스 조정 능력이 작동하지 못했기 때문이다. 국가의 조정 기능이 적절히 작동하지 못한 데에는 국가의 유연성이 제대로 발휘되지 못한 데에서 원인을 찾을 수 있을 것이다. 감염병이라는 신흥안보 위협의 속성에 대한 이해가 부족했고, 이는 국가 차원의 조정이 이루어지기 어려워, 위협에 대응하여 국가의 정책 전환이 이루어지지 못하는 것으로 이어졌다. 정보의 흐름 차단으로 사회 영역과 국제 사회의 다양한 행위자들 역시 중국의 보건안보 거버넌스에 참여하지 못했다. 이와 같은 다양한 이유들이 중첩되어 중국의 기존 거버넌스는 새로운 위기 상황에 적합한 거버넌스를 모색하는 과정으로 나아가지 못했던 것이다. 위험 대응의 성패는 새로운 위험의 성격에 적합한 거버넌스 양식을 창출하느냐에 의해 판가름 난다는 점을 상기해볼 때, 국가의 유연한 전환의 실패는 곧, 사스 위협이 일파만파로 확산되어 중국 전역과 세계로 전파되는 결과를 낳았다.

그럼에도 불구하고 두 달이라는 짧은 시간 안에 중국이 사스 위기를 극복해낸 까닭은 중국 정부의 감염병 위협에 대한 학습이 이루어졌기 때문이다. 사스 위기의 초기 대응 실패를 통해서, 중국 정부는 전통적 위협을 다루는 방식으로는 사스 위기에 적절히 대응할 수 없다는 사실을 학습하였다. 사스라는 복잡계적 특징을 지니는 위협의 속성과 대내외적 공동 노력을 통한 관리가 요구된다는 사실에 대한 인식을 통해 사스 위기 해결방안 마련 및 정책 실행 전반에 걸쳐 관련 국가들의 적극적 참여와 긴밀한 협의가 있어야 한다는 결론을 도출할 수 있었다. 이를 토대로 중국은 중국공산당을 주축으로 국무원을 통해 보건 거버넌스의 작동을 근저에서 뒷받침하고 전체적인 방향을 조정해나가는 조정의 기능을 수행하였다. 즉, 사회 내 다양한 행위자들과, 국제적 행위자들이 중국의 이익과 맞는 행동을 할 수 있도록 소성하여 효과적으로 사스 위기를 극복하고자 했던 것이다. 국가가 중심적 위치에서 다양한 행위자들을 동원하여 거버넌스로의 참여를 이끌어냈다. 사스 위기는 중국 내 대중과 비정부 조직의 능력에 주목해보는 계기가 되었다.

그렇다면 사스 퇴지 이후 국제 사회는 감염병 발발과 관련하여 더 이상 국가 주권을 우선시하여 발생하는 정부의 정보 통제는 사라졌다고 선언할 수 있을까? 감염병의 보건안보 위협과 관련하여 그렇다면 중국의 사례와 같은 강력한 국가적 역량 발휘가 모든 해법이 될 수 있는 것일까? 사스 위기는 분명히 중국 정부에게 중요한 교훈을 남겼지만 2008년 중국의 수족구병이 발발한 상황에서 중국 지방 정부의 발병 사실 은폐와 축소는 여전히 나타났다. 뿐만 아니라 제2의 사스가 나타나 중국의 사례와 같은 강력한 국가적 역량 동원이 이루어졌다고 가정할 때, 만약 국가적 힘의 집중의 방향이 잘못 설정된 경우 이는 전염병 위협을 더욱 증폭시켜 더 큰 피해를 낳을 수도 있다. 이와 같은 한계는 감염병과 같은 보건안보 위협의 속성과 그 대응 거버넌스에 대한 연구에 아직 과제가 남아 있음을 보여준다.

이와 같은 한계에도 불구하고 사스 위기는 보건안보 거버넌스 해결과 관련하여 국가의 강한 정치적 동원과 중앙으로 조정된 대응은 감염병 통제와 관련해서 가장 중요한 요인이었다는 교훈을 얻을 수 있었다. 즉, 사스 위기는 감염병 퇴치에 있어서 국가의 역할의 중요성에 대한 인식을 확인해보는 계기가 되었던 것이다. 보건안보의 위협이라는 신흥 안보 위협은 위협 자체의 성격이 탈근대적인 속성을 가지고 있음에도 불구하고 여전히 안보 제공자로서 국가 행위자의 역할은 간과할 수 없는 것이다. 공중 보건의 제공을 위해서 다양한 행위자를 엮어낼 수 있는 거버넌스로서, 중심성을 부여하는 국가의 역할은 의미가 크다. 그러나 어디까지나 이는 '거버먼트'적인 방식이 아닌 '거버넌스'의 방식을 통해 다양한 행위자들과 분권적인 협력을 유도하는 유연한 조정을 통해서 가능한 것이었다는 사실을 간과하면 안 될 것이다.

참고문헌

강선주. 2015. "바이오안보(Biosecurity)의 부상과 글로벌 보건안보 구상(Global Health Security Agenda)."『주요국제문제분석』 2015 봄. 외교안보연구소.

김상배. 2014.『아라크네의 국제정치학: 네트워크 세계정치이론의 도전』, 한울.

_____. 2016. "신흥안보와 메타거버넌스: 새로운 안보 패러다임의 이론적 이해." 토론용 미출간 원고, p.13

이동진. 2003. "사스(SARS)의 사회 구조."『2003년도 한국사회학회 전기 사회학대회』 pp. 319–353.

이상환. 2012. "지속가능성 분쟁과 인간안보: 보건안보를 중심으로."『정치정보연구』 15(2), pp. 347–362.

추슈롱. 2006. "SARS와 중국의 인간안보."『국제관계연구』 11(2), pp.119–140.

조선비즈, 2013/03/25., "中 신종 AI 공포 확산···10년 전 사스 37조원 피해 악몽", http://biz.chosun.com/site/data/html_dir/2013/04/25/2013042502185.html (검색일: 2016.01.01)

Caballero-Anthony, Mely. 2005. "SARS in Asia: Crisis, Vulnerabilities, and Regional Responses". *Asian Survey*, 45(3), pp.475–495.

Chan, L. H. 2010. "WHO: the world's most powerful international organisation?" *Journal of epidemiology and community health*, 64(2), pp.97–98.

Curley, Melissa and Nicholas Thomas. 2004. "Human security and public health in Southeast Asia: The SARS outbreak." *Australian Journal of International Affairs*, 58(1), pp.17–32.

Morens, David M., Gregory K. Folkers and Anthony S. Fauci. 2004. "The challenge of emerging and re-emerging infectious diseases." *Nature*, 430(6996), pp.242–249.

Fidler, David. P. 2003. "SARS: political pathology of the first post–Westphalian pathogen." *The Journal of Law, Medicine & Ethics*, 31(4), pp.485–505.

_____. 2004. SARS: Governance and the Globalization of Disease. London: Palgrave Macmillan.

Huang, Y. 2004. *The SARS epidemic and its aftermath in China: a political perspective. In Learning from SARS: Preparing for the Next Disease Outbreak*. Workshop Summary (Knobler S., Mahmoud A., Lemon S., Mack A., Sivitz L., & K Oberholtzer eds.), National Academies Press, Washington, DC, USA, pp.116–136.

Hughes, J. M. 2001. "Emerging infectious diseases: a CDC perspective." *Emerging Infectious Diseases*, 7(3 Suppl), pp.494–496.

Schnur A. 2006. "The role of the WHO in combating SARS, focusing on the efforts in China." in Arthur Kleinman and James L. Watson. (eds.) *SARS in China: prelude to pandemic?* Stanford: Stanford University Press, pp.31-52.

Thornton, Patricia M. 2009. "Crisis and governance: SARS and the resilience of the Chinese body politic." *The China Journal* 61, pp.23-48.

World Health Organization. 1996. "Press release: Infectious diseases kill over 17 million people a year: WHO warns of global crisis." http://www.who.int/whr/1996/media_centre/press_release/en/ (검색일: 2015.12.26.)

_____. 2004. *The World Health Report.* Genève: World Health Organization.

_____. 2006. *SARS: how a global epidemic was stopped.* Genova: World Health Organization.

Yuk-Ping, Catherine Lo and Nicholas Thomas 2010. "How is health a security issue? Politics, responses and issues." *Health policy and planning,* 25(6), pp.447-453.

Zhang, H. 2012. "What has China Learnt from Disasters? Evolution of the Emergency Management System after SARS, Southern Snowstorm, and Wenchuan Earthquake." *Journal of Comparative Policy Analysis: Research and Practice,* 14(3), pp.234-244.

CCTV. 2003/04/29. "SARS epidemic increases personal hygiene awareness" http://www.cctv.com/english/news/China/EduASciACul/20030429/100338.html (검색일: 2016.5.12.)

Xinhua Economic News Service. 2003/05/22, "Surveying Rural Migrants." BBC Monitoring Asia.

Xinhua News Agency. 2003/05/16. "Chinese Armed Police Units Support Localities' Fight Against SARS., BBC Worldwide Monitoring.

南方周末. 2003/02/13. "广州抗击不明病毒." http://www.southcn.com/weekend/commend/200302130005.htm (검색일: 2015.11.15.)

新浪网. 2003/05/21. "抗击'非典'中国NGO成长的挑战与机遇." http://finance.sina.com.cn/roll/20030521/1307342957.shtml (검색일: 2016.5.13.)

中国新闻网. 2003/04/13. "温家宝: 沉着应对 抓好防治非典型肺炎六项重点." http://news.sina.com.cn/c/2003-04-13/2124993619.shtml (검색일: 2015.11.15)

中国新闻社. 2003/05/24. "Chinese Media Round-up of Anti-SARS Work in Provinces, 23 April-1 May." BBC Monitoring Asia Pacific.

耿婕. 2005. 『社会性危机事件处理新模式: 危机干预与危机管理的结合——以SARS为例』 山东大学.

金太军. 2003. "'非典'危机中的政府职责考量." 南京师大学报: 社会科学版 4, pp.18-24.

沙莲香. 2003. "'非典'临场下社会功能的民间运作特点—对突发事件的一种社会学思考." 『河北学刊』 23(5), pp. 64-68.

颜斌·杨丹. 2003. "从广东非典看信息的不对称性与受众的知情权." 『新闻天地月刊』 2003(6), pp. 31-33

王存同·张开宁·唐松源. 2004. "直面SARS, 审视健康与发展." 『中国卫生事业管理』20(1), pp.13-15.

丁喜刚. 2003. "世界卫生组织协助全球抗击非典." 『瞭望』 21, p.57.
胡薇薇. 2003. "非典'挑战中国'人'的安全观." 『世界经济与政治』 8, pp.64-68.
黄森. 2004. "全球治理中的国际组织—以世界卫生组织对抗sars为案例." 『教学与研究』 9, pp. 36-41.

제8장

동아시아 난민안보와 중국의 탈북자 정책

이은솔

I. 머리말

최근 터키 휴양지 보드룸 해변에서 얼굴을 모래에 파묻고 죽은 채 발견된 아일란 쿠르디의 사진이 전 세계적인 반향을 일으켰다. 죄 없는 어린아이가 어른들의 전쟁으로부터 피하려다가 짧은 생을 다한 사진은 세계인의 심금을 울리며 연일 헤드라인을 장식했다. 혹자는 이 사진 한 장이 '유럽을 움직였다'고 평가한다(인남식 2015). 시리아 내전으로 수백만의 난민들이 양산되었는데, 찬반양론이 첨예하게 대립하던 유럽에서는 쿠르디의 사진이 소셜 네트워크를 통해 빠르게 확산된 이후 'refugeeswelcome' 등의 운동이 힘을 얻었다. 이에 독일과 오스트리아는 시리아 난민 수용을 허용하고, 독일과 프랑스는 유럽연합(European Union: EU) 회원국에 16만 명의 시리아 난민을 의무적으로 분산 수용하기로 합의하기에 이른다(권순택 2015)[1].

위의 사건에서 우리나라는 직접적 행위자가 아니기에 운신의 폭이 넓지 않았다. 그럼에도 불구하고 쿠르디의 사진은 속칭 '꽃제비'[2]를 피사체로 한 사진들을 연상시키고, 시리아의 난민 사태는 중국의 탈북자 강제송환 사건을 연상시킨다. 우리의 외교정책을 논함에 있어 북한을 제외할 수 없다. 그렇다면 탈북자에 대한 논의도 제할 수 없다. 난민과 인간안보에 대한 논의는 결코 우리나라와 동떨어진 논의가 아니다.

유럽의 난민 사태와 동아시아의 탈북자 문제를 보며 유사성을 발

---

1   퇴고하는 시점(2015.12.31.)에는 ISIS에 의한 것으로 추정되는, 파리에서 발생한 대규모 테러로 다시금 국면이 전환된 것이 사실이다. 난민에 대해 문을 닫아 걸 것을 주장하는 극우 정당의 우세가 관찰되는 등의 변화가 발생했다. 그러나 여전히 유럽에서 난민 문제는 논의 선상의 최전면에 놓이는 이슈 중 하나라는 데서 탈북자 이슈와는 차이가 있다.
2   먹을 것을 찾아 일정한 거주지 없이 떠돌아다니는 북한의 어린 아이들을 지칭하는 은어 (박문각 시사상식사전).

견하지만 동시에 이질감을 느낀다. 유럽에서 난민 문제는 최우선으로 해결해야 할 과제 중 하나로 인식되며, 실제로 문제를 해결할 수 있을 만한 논의의 장이 존재한다. 그러나 탈북자 문제는 애초에 논의 선상의 전면에는 등장하지 않는다. 박근혜 대통령이 때로 "이번 (라오스에서 탈북청소년 9명이 강제로 북송된) 사건을 남북 간, 한-라오스 간 외교이슈로 좁게 볼 것이 아니라 탈북민의 인권 문제라는 세계적 이슈로 보고 국제사회, 특히 난민 관련 국제기구를 통해 할 수 있는 모든 노력을 기울여야 할 것이다" 등의 발언을 하기는 하였으나(청와대 브리핑 2013), 대북정책을 논의함에 있어 탈북자 이슈는 여전히 그 중요도에서 핵무기나 군사적 대치 문제 등에 밀린다. 언뜻 동아시아에서는 신흥안보 이슈가 그 중요성을 부여받지 못하는 듯 보인다. 여전히 행위자의 단위를 국가로 보고, 이슈 판단의 기준을 국익으로 보는 전통적 안보의 발상이 남아 있다. 동아시아 여러 이슈의 중심에 서있는 중국도 마찬가지다. 중국은 일견 발전국가 모델을 추종하여 경제 개발에 있어서도 국가의 역할이 크고, 여타 이슈 영역에서도 마찬가지로 국가가 주도하는 역할이 큰 것으로 보인다.

그러나 이것은 결코 동아시아와 탈북자 이슈에 네트워크 이론의 잣대를 가져다 대는 것이 불필요함을 의미하지 않는다. 물론 탈북자 이슈에서 중국은 탈북자는 난민이 아니라 불법월경자일 뿐이며 따라서 그는 중국과 북한 두 국가 사이의 문제에 불과하다는 입장을 견지하고 있다. 언뜻 국익을 인권보다 우위에 두는 전략으로 보인다. 그러나 중국의 전략은 결코 단순히 언제나 국익을 인권보다 우선시하는 것이 아니다. 중국은 '유소작위(有所作爲)'의 전략과 '구조적 공백 확대하기'의 전략을 적절히 혼합하여 사용함으로써 책임을 다하는 강대국으로서의 위신 유지와 국제 사회의 비판으로부터의 자유 모두를 얻고자 한다.

　　본고는 기존의 탈북자 연구들과 두 가지 측면에서 차별화된다. 첫째는 탈북자 자체에 대한 연구가 아닌 탈북자의 유입에 대한 주변국의 정책에 대한 연구라는 점이다. 탈북자 자체에 대한 연구로는 서울대학교 통일평화연구원(박병규 외 2011)의 『노스 코리안 디아스포라』나 김경진(2015)의 연구가 있다. 주목할 것은 전자의 "탈북자에 대한 연구는 남한사회의 적응문제와 그들에 대한 정착지원정책 등에 관한 문제로 연구가 집중되어 있고, 해외이주 탈북자에 대한 관심은 상대적으로 낮은 편이다"라는 선행연구들에 대한 종합적 결론이다. 김경진은 이 평가에서 탈피하여, 해외이주 탈북자들이 어떠한 경로를 거쳐 탈북을 시도하게 되는지, 그 과정에서 관여하는 행위자들의 네트워크는 어떻게 구성되어 있는지를 밝히고 있으나 해외이주 탈북자에 대해 여러 국가들이 어떤 정책을 펴고 있는지에 대한 언급은 없다.

　　둘째로 탈북자들에 대한 정책을 연구한 기존 연구들은 대부분 전통적 안보의 틀 내에서의 분석인 데 반해 본고에서는 탈북자는 신흥안보 이슈이며 따라서 네트워크 전략으로 분석하는 것이 더 타당하다고 본다. 기존 연구들은 중국의 탈북자 강제 북송을 중국 국익의 맥락에서 설명하고자 하는 분석이 다수였다. 중국은 인권보다 국익을 상위에 두며, 탈북자 이슈에서도 마찬가지로 강제송환을 하지 않았을 경우 북한 체제가 흔들릴 것을 우려하는 국익에의 고려 때문에 강제송환을 한다는 설명이다. 여기에는 송영훈(2013), 최은석(2013), 이금순(2006)의 연구가 대표적이다. 그러나 이러한 틀은 자칫 중국의 인권 분야에서의 정책들을 비연속적이고 통일성이 결여된 것으로 오인하도록 만들 수 있다. 네트워크 이론의 틀, 그 중에서도 구조적 공백 개념은 중국의 탈북자 대응 정책을 전체 인권 분야를 아우르는 보다 연속적이고 통일성 있는 전략을 읽어낼 수 있는 가능성을 제공한다.

특히 기존의 분석은 인권 분야에서도 '할 것은 한다'는 중국의 유소작위 전략을 충분히 설명하지 못한다. 중국은 중국적 인권담론만을 외치며 국제인권레짐에 완전히 눈감고 있는 것이 아니다. 인권 전반에 대해서도 점차 목소리를 높이고 있으며, 보호의무 개념 제창 단계에도 적극적으로 참여하였고 난민레짐에도 참여하고 있다. 이러한 중국의 전략은 네트워크적으로 접근할 때 보다 잘 설명할 수 있다. 유소작위 전략은 미국이나 유럽 등이 국제인권레짐의 강화를 위해 설계한 네트워크 위에 놓인 중국 자신을 인식하는 단계로 보아야 한다. 책임을 다하는 강대국으로서의 자기인식을 가지고 있기 때문에 기존의 국제인권레짐을 정면으로 부정하기보다 오히려 그에 적극 찬동하는 모습을 보여주는 것이다.

한편 중국은 그와 동시에 기존의 국제인권레짐에 존재하는 기존의 링크들을 오히려 끊어내어 탈북자라는 노드와 하위 레짐들 간의 연결고리를 약화시키는 전략을 편다. 이는 '구조적 공백 확대하기' 전략으로 구체화된다. 네트워크 내의 구조적 공백이 무엇인지를 파악하고, 그를 적극적으로 이용하거나 나아가서는 그 공백을 확대하려는 전략을 펴서 네트워크 자체를 약화시켜 자신의 부담을 덜고자 한다. 본고에서는 이러한 중국의 전략을 '음의 네트워킹(negative-networking)' 전략으로 불러보았다.

이 때 '음의 네트워킹' 전략은 일반적인 네트워크 전략과는 매우 상반되는 것이기에 특기할 만하다. 일반적으로 네트워크 전략은 어떠한 국가가 네트워크의 존재를 인식하고 그 위에서 판을 짜는 설계권력을 점유하기 위해, 혹은 의무통과점으로 기능할 수 있는 위치권력을 점유하기 위해 구사한다. 이를테면 미국은 인권 이슈 영역에서 UN의 여러 제도로 대별되는 네트워크 판을 짬으로써 설계권력을 가지고 중국의 인권 이슈들을 공격한다. 그러나 중국은 이에 대응하기 위해 인권의 국제정치 영역에서 '음의 네트워킹' 전략을 쓴다. 즉, 탈북자 이슈에서 '구조적 공백 확대하기'가 이러한 전략의 대표적인 사례인 셈이다. 이는 몇 년 전의 중국 자신의 전략과도 차별화되는 전략이다. 과거 중국은 국가 이익이나 경제 발전의 중요성만을 역설했다면, 현재의 중국은 그보다 더 복합적인 전략이 필요함을 인식하고 있다. 중국은 인권 이슈들에 완전히 둔감한 국가가 아니며, 보다 적극적으로 국제적 인권 네트워크에 대응하기 위하여 그 네트워크 자체를 약화시키는 구조적 공백 확대하기 전략을 펼친다. 네트워크를 단절하는 전략으로서의 '음의 네트워킹' 전략은 또 다른 의미에서의 네트워크 전략으로 볼 수 있는 가능성을 제공한다.

이 글은 먼저 II절에서 전체 국제인권레짐의 구조적 특성을 살펴봄으로써 동아시아에서의 탈북자 이슈의 특수성을 설명한다. III절에서는 인권레짐 중 탈북자 이슈영역과 관련성이 높은 난민레짐과 인간안보 레짐은 어떻게 구성되어 있는지를 살펴봄으로써 레짐들 간 '구조적 공백'이 존재함을 밝히고, 탈북자들은 이 구조적 공백에 놓인 피해자들이라고 결론지을 것이다. IV절에서는 앞서의 구조를 적극적으로 이용하고자 하는 중국의 탈북자 대응 전략으로서 두 가지, '유소작위'와 '구조적 공백 확대하기'의 전략을 다룬다. 결론적으로 중국은 '음의 네트워킹' 전략을 효율적으로 구사하고 있음을 보여줄 것이다.

II. 국제인권레짐의 구조와 동아시아에서의 탈북자 이슈

1. 국제인권레짐의 구조

탈북자 이슈에의 네트워크적 접근은 탈북자 이슈가 속하는 네트워크의 구조를 살펴보는 것으로부터 시작해야 할 것이다. 국제인권레짐의 구조는 크게 두 가지를 기준으로 대별될 수 있다. 첫째로 이슈영역별로 상이한 발전 과정과 적용범위를 갖는 구조가 관찰되고, 둘째로 지역별로 상이한 발전상황이 관찰된다. 이슈영역별로 상이한 하위 레짐들이 존재하기 때문에 이슈는 하나이지만 그를 다룰 수 있는 레짐은 여러 개가 존재할 수 있고, 각 레짐별로 이슈에의 적용가능성 및 적용범위도 천차만별이다. 이를테면 탈북자 이슈는 국제난민법으로도, 국제인권법으로도 접근이 가능하다. 한편, 인권이슈의 영역별 발전 정도나 그들이 취급되는 중요도는 지역별로도 차이를 보인다. 유럽 내 난민레짐과 동북아시아 난민레짐 발전의 정도가 다른 것이 대표적인 예시다.

먼저 국제인권레짐은 이슈영역별로 발전 정도 및 적용 범위가 산발적이고 무질서하게 존재한다는 특성을 갖는다. 여기서는 국제인권레짐에 속하는 모든 이슈영역을 설명하기보다는 탈북자 이슈와 관련지을 수 있는 레짐들에는 무엇이 있는지, 각 레짐들 간의 관계는 어떠한지를 살펴보겠다. 현재 국제인권레짐 아래에는 수많은 레짐들이 존재한다. 이를테면 탈북자 이슈를 포괄할 수 있는 하위 레짐으로는 난민레짐과 인간안보레짐이 있다. 이외에도 고문방지협약 등의 레짐 등이 있어 탈북자 이슈에 또 다른 방향에서의 접근을 가능케 한다.

그러나 문제는 여러 레짐들의 산발적 존재가 상호 간의 협력 및 보완보다는 구조의 복잡성만 가중시키고 있다는 점이다. 여러 레짐이 존재하기 때문에, 이들이 다룰 수 있는 이슈 영역이 겹치는 부분이 많다. 이를 긍정적으로 보면, 하나의 이슈에 대해 여러 방면에서의 접근이 가능하기 때문에 보다 강화된 대응이 가능할 수 있다. 그러나 현실에서는 정반대의 현상이 나타난다. 레짐들 간 상호 협력이 이루어지지 못하고, 하위 레짐들의 개수는 늘어나고 있음에도 불구하고 정작 그들이 다루고 있는 이슈 영역은 줄어드는 현상이 관찰된다. 요컨대 지나치게 다양한, 많은 층위의 레짐들이 존재하기 때문에 정작 어느 레짐이 탈북자 이슈를 집중적으로 다룰 수 있는지, 어느 레짐을 통한 접근이 탈북자들이 느낄 개인적 안보 위협을 가장 잘 해소해 줄 수 있는지 노정하는 일을 어렵게 한다. 이를테면 인권 문제가 발생했을 때 인권 유린의 주체가 되는 행위자들은 자신의 이익에 가장 걸맞은 레짐을 선택적으로 고를 수 있게 되었다.

그러나 이슈영역의 중첩만이 국제인권레짐의 복잡성과 무질서를 초래하는 것은 아니다. 각 레짐은 지역별로 발전 정도 및 적용 정도가 상이하며, 동북아시아의 경우 여타 유럽이나 미국에서의 레짐들과는 달리 촘촘한 질서가 형성되어 있지 않기 때문에 각 행위자들이 빠져나갈 수 있는 구석, 즉 '구조적 공백'이 존재한다.

유럽의 경우 동북아시아와 비교했을 때 인권레짐이 상대적으로 더 발달하여 단순히 규범적인 차원을 넘어 실제적 적용이 가능한 단계에 이르렀다. EU 차원에서 인권정책에 대한 논의가 빠르게 진척된 것은 1990년부터로, 1992년 유고 내전이 발발함에 따라 대규모 난민이 유럽연합 내로 유입되는 것에 대비해야 할 필요성이 대두된데 따라 유럽연합과 유엔난민기구(UNHCR)의 주도로 여러 레짐들이 형성되었다(김남국 2006). 이어서 2001년에는 '난민을 위한 임시보호'라는 지침이 제정되었고, 2003년에는 '난민수용에서 최소 기준'을, 2004년에는 '난민에 대한 공통 정의'를, 2005년에는 '난민의 최소 보호를 보장하는 망명 절차' 등으로 이루어진 3개의 지침을 제시하였다. 최근에 시리아 난민과 관련하여 논의선상에 오르는 더블린 조약도 이 시기에 제정된 것으로, 첫째 조약은 1990년에, 둘째 조약은 2003년에 제정되었다. 더블린 조약은 제3국에서 온 난민이 합법적 비자 없이 조약가입국에 들어왔을 때 해당국가가 난민의 망명·국제보호 신청 절차를 책임지도록 규정하였다(손미혜 2015).

　서론에서 언급하였던 쿠르디 사건 또한 같은 맥락에서 파악할 수 있다. 유럽의 난민안보 이슈로서 쿠르디 사건의 해결 과정에서는 EU의 제도적 장치들과 메르켈의 리더십이 돋보였다. 김상배의 신흥안보의 3단계 창발론을 원용하자면, 이제 유럽에서의 난민 이슈는 완연히 신흥안보 이슈로서 창발했다(김상배 2015: 7-9). 신흥안보는 수면 아래 잠재해 있다가 양질전화 임계점, 이슈연계 임계점, 지정학적 임계점을 차례로 지나면 안보 이슈로서 등장한다. 쿠르디 사건은 마치 X-이벤트(extreme event)와 같은 기능을 하여 미시적인 차원에서 논의되던 난민 문제를 단번에 전통적인 국가안보와도 연계되는, 신흥안보 이슈로 끌어올렸다.

　반면 동북아시아에서는 유럽과는 전혀 다른 양상이 관찰된다. 혹자는 국제적 인권담론과 다른 발전상황을 가진 '아시아적 인권담론'의 존재로 설명한다(윤영덕 2011). 중국은 국제사회가 중국에 부여하는 인권적 책임을 완전하게 외면할 수 없기 때문에 그를 타개하는 방법으로서 독자적인 인권관을 형성해왔다는 분석이다. 구체적으로 김경진은 동북아시아 탈북 난민의 특수성을 두 가지로 정리한다(김경진 2015: 25-30). 첫째는 난민 정체성의 모호함이다. 유럽의 사례에서 관찰되는 난민들은 유고 내전이나 코소보 내전 등 전쟁의 직접적 피해자들이었으며, 최근의 시리아 난민들도 시리아 내전의 직접적 피해자들이다. 이들은 난민협약상 규정된 난민의 범위에 포함된다. 그러나 탈북 난민의 경우 탈출의 원인이 모호하다는 특성이 있다. 전시에서 발생한 난민이 아니고, 대외적 교류가 전무하다시피 한 북한의 특성상 인권 유린의 실태도 가시적으로 심각하다고 인지되지 않기 때문에 난민협약이 규정하는 난민의 정의에 명확히 들어맞지는 않는 것이다.

실제로 북한이탈주민들의 탈북 동기에 대한 조사 결과에 따르면 경제적 이유에 의한 탈북이 가장 많은 것으로 나타난다. 2010년 12월까지의 약 2만여 명의 입국자 기준으로 볼 때, 자유동경(2.2%), 처벌우려(6.8%), 검거 및 자수(0.7%), 체제불만(6.8%) 등 정치적 요인 때문에 한국으로 입국한 탈북자는 16.5% 뿐이며, 생활고에 따른 탈북자가 가장 많은 54.3%를 차지한다(송영훈 2013c: 321). 이러한 경제적 탈-국가민들의 경우 난민협약상의 난민이라고 보기는 어렵다. 난민협약은 난민을 '인종, 종교, 국적, 특정 사회 집단의 구성원, 정치적 의견 등을 이유로 박해받을 우려가 있어 국적국 밖에 있는 자'로 규정하고 있어 정치적 이유를 주요한 판단 기준으로 삼기 때문이다. 중국이 탈북자들을 난민이 아닌 불법 월경자로 규정하는 것도 같은 논리에서다.

김경진이 이야기하는 두 번째 동북아시아에서의 특성은 중국이 난민레짐의 규범을 준수하지 않는다는 것이다. 중국은 탈북자를 난민으로 보지 않고, 따라서 난민협약의 강제송환금지의 원칙(principle of nonrefoulement)을 준수하지 않는다. 중국에 머물고 있는 탈북 난민의 수는 조사 기관에 따라 10만에서 20만 명, 3만에서 4만 명, 7만 5천명에서 12만 5천명 등으로 차이가 있다. 한국 외교부의 경우 3만 명 정도로 추산한다. 이 중 중국이 1998년부터 2006년까지 매해 강제송환한 인원은 4,800명에서 8,900명으로 추산된다(김경진 2015: 29). 후술하겠으나, 이 글은 중국의 행위 방식은 난민레짐 자체를 부정하는 것이기 보다는 국제인권레짐에서 새로운 판을 짜는 네트워크 전략을 구사하여 '구조적 공백을 확대하는' 전략을 펴는 것이라고 본다.

2. 탈북자 이슈영역에서의 국제레짐

위에서 살펴본 국제인권레짐 구조의 중첩성과 무질서는 탈북자 이슈영역에서도 잘 드러난다. 앞서도 언급하였지만 탈북자 문제를 다룰 수 있는 레짐들은 매우 다양하다. 난민레짐, 인간안보(보호의무)레짐, 고문방지협약(CAT)레짐 등이 있으나, 그 중에서도 가장 대표적인 레짐으로 난민레짐과 인간안보레짐을 더 구체적으로 살펴보겠다.

난민레짐과 인간안보레짐 중 시기상 먼저 구성된 것은 난민레짐이다. 난민레짐은 제2차 세계대전의 종전으로 대규모 난민이 발생한데서 시작되었다. 난민레짐의 핵심 원칙을 규정한 가장 대표적인 협약 및 의정서로는 1951년의 「난민의 지위에 관한 협약」과 1967년의 「난민의 지위에 관한 의정서」가 있다. 1951년 「난민의 지위에 관한 협약」은 난민을,

> 1951년 1월 1일 이전에 발생한 사건의 결과로서, 또한 인종, 종교, 국적, 특정사회집단의 구성원 신분 또는 정치적 의견을 이유로 박해를 받을 우려가 있다는 충분한 근거가 있는 공포로 인하여, 자신의 국적국 밖에 있는 자로서, 국적국의 보호를 받을 수 없거나, 또는 그러한 공포로 인하여 국적국의 보호를 받는 것을 원하지 아니하는 자. 또는 그러한 사건의 결과로 인하여 종전의 상주국 밖에 있는 무국적자로서, 상주

국에 돌아갈 수 없거나, 또는 그러한 공포로 인하여 상주국으로 돌아가
는 것을 원하지 아니하는 자

로 정의한다(유엔난민기구 1997). 1967년의 「난민의 지위에 관한 의징
서」는 기본적으로 1951년 난민협약이 그 이전에 발생한 사건의 결과
로서 난민이 된 경우에만 적용된 한계를 극복하고자 제안된 의정서로,
기준시점에 관계없이 협약의 정의에 해당되는 모든 난민이 동등한 지
위를 향유하여야 한다고 하였다(유엔난민기구 1997).

　　위 두 주요한 난민법의 핵심적인 제 원칙은 강제송환금지의 원칙,
추방 및 인도의 금지, 기본적 인권의 존중의 약 세 가지이다(임태근
1999). 탈북자 이슈와 관련하여 주목해야할 것은 첫째의 강제송환금
지의 원칙이다. 1951년 난민협약은 제33조에서

　　체약국은 난민을 어떠한 방법으로도 인종, 종교, 국적, 특정사회집단의
　　구성원 신분 또는 정치적 의견을 이유로 그 생명 또는 자유가 위협받을
　　우려가 있는 영역의 국경으로 추방하거나 송환하여서는 아니 된다.

라고 명시하였다.

　　한편 '인간안보'는 1994년 유엔개발계획(United Nations Devel
opment Program: UNDP)이 처음 사용한 용어로, '국가안보'의 대체적
개념이다. 인간안보론은 냉전 종식 후 전통적인 '국가안보'만으로는
개인의 안전과 행복을 보장하기 어려워 국제사회가 '개인안보'―인간
개개인의 존엄과 생명의 보호―까지도 직접 관심을 가져야 한다는 이
론으로 정의할 수 있다(이승열 2012). 인간안보레짐과 인간안보 논의
의 가시적 성과가 바로 보호의무 개념의 도출이다.

난민레짐은 초기에는 소위 '실패국가'들에 대한 국제적 개입의 필요성에 의해 '강제적 인도주의 개입'의 개념으로 구체화되었으나, 지나치게 선진국 중심적이고 인도주의적 개입이라기보다 패권 확장의 방법으로 오용된다는 비판이 쇄도했다(박한규 2014). 그러나 점차적으로 보정된 인간안보 개념은 '보호의무(Responsibility to Protect)' 개념으로서 구체화되었다. 2011년 '개입과 국가주권에 관한 국제위원회(International Commission on Intervention and State Sovereignty)'는 주권을 권리가 아니라 영토 안에 있는 사람을 보호해야 할 의무로 재해석하였다. 그리고 특정 국가가 보호의무를 이행하지 않을 경우, 국제사회에게 보호의무를 맡김으로써 국제사회가 실패국가 또는 범죄국가에 개입할 수 있는 논리적 근거를 마련했다. 이제까지 국제법과 국제관계의 관행으로 공인되었던 주권 보장 및 내정불간섭과 일치하지 않는 개념이 고안된 것이다(조동준 2011: 163).

위의 두 레짐 모두는 탈북자 이슈에 대한 포괄성을 갖는다. 먼저 탈북자는 위임난민(mandate refugee)으로 볼 수 있다. 국가실패로 인해 정상적인 경제생활을 영위할 수 없는 경우가 많다는 점, 북한 정권이 정치적 비판을 허용하지 않는 전제 정권이라는 점, 국가 탈출 자체를 반역 행위로 보는 강압적 체제라는 점, 강제송환 될 경우 조국 배반자로 처벌될 수 있다는 점 등이 탈북자를 난민으로 볼 수 있는 근거들이다(김경진 2015: 26-27). 유엔 산하 인권기구인 고문방지위원회는 중국 정부의 탈북자 강제북송에 대해 우려를 표시하며 북한으로 강제송환된 사람들이 조직적인 고문과 학대의 대상이 되고 있음을 시사하는 북한 주민들의 증언이 100건 넘게 유엔에 접수된 점에 주목한다고 밝힌 바 있다. 동 위원회의 조지 투구시(George Tugushi) 부위원장은 중국이 강제송환한 탈북자들이 북한에서 고문과 강제구금, 강간, 강제노동, 심지어 죽음에 직면한다고 하였다(이연철 2015). 이에 UNHCR은 2003년 탈북자를 위임 난민으로 규정하였는데, 위임 난민이란 1951년 난민협약이 정의하는 난민에는 해당되지 않지만 UNHCR에 위임된 권한에 따라 난민으로 인정하는 경우의 난민을 말한다.

인간안보 및 보호의무레짐의 경우 개념상 탈북자 이슈를 포괄할 수 있다. UNDP는 1994년의 '인간개발보고서(Human Development Report)'에서 인간안보는 인간 개개인이 기아, 질병, 억압과 같은 고질적 위협으로부터 안전을 확보하고, 가정, 직장, 사회에서의 일상생활에서 겪게 되는 위협들로부터 보호를 받는 것이라고 정의한다(UNDP 1994: 22-23). 그리고 인간안보를 일곱 가지 범주, 즉 경제안보, 식량안보, 보건안보, 환경안보, 개인안보, 공동체안보, 정치안보로 나누었다(UNDP 1994; 박한규 2014). 탈북자들은 이 7개 범주의 안보 모두가 위협받는 사람들이다. 가장 직접적인 탈출 원인은 경제안보 및 식량안보가 위협받는 데 있고(송영훈 2013c), 앞서 언급하였듯 강제송환 되었을 때 정치적 박해의 대상이 된다는 점에서 정치안보가 위협받을 가능성도 충분하다.

III. 보호받지 못하는 탈북자들

II절에서 살펴본 두 레짐은 그들이 배태하고 있는 탈북자 이슈에의 포괄성에도 불구하고 실제적으로는 중국의 탈북자 강제북송 문제 등에 대해 제대로 대응하지 못하고 있다. 그 이유는 두 레짐 간의 '구조적 공백'에 있다. 구조적 공백이란 버트(Ronald S. Burt)가 창안한 개념으로, 네트워크 구조가 분절되어 있는 경우 그것에서 발견되는 균열을 의미한다. 네트워크상에서 전략적인 목적으로 한두 개의 링크를 추가로 연결함으로써 채워질 수 있는 공백을 의미하는 것이다(김상배 2011: 60-61).

보호의무레짐이 난민레짐과 분리되어 다루어지며, 그렇기 때문에 탈북자 이슈를 포괄하지 못하는 것은 인권의 국제정치구조에 '구조적 공백'이 존재함을 보여주는 좋은 사례이다. 뒤에 더 자세히 서술하겠으나, 중국이 탈북자 강제송환 정책을 커다란 국제적 비판과 마주하지 않고, 여타 인권 이슈에 비해 부담 없이 처리할 수 있는 이유가 여기에 있다. 우선순위에 차이가 있음을 들어 보호의무에서, 혹은 심지어는 난민레짐에서도 책임 있는 국가 행세를 하면서도 탈북자 이슈에 대해서는 인간안보 침해 사례를 눈감고 있는 것이다.

본 장에서는 탈북자들이 구조적 공백에 놓였음을 세 단계를 통해 보이고자 한다. 먼저 두 레짐 사이의 공백은 충분히 메워질 수 있는 성격의 것임을 인간안보레짐이 난민레짐에 대해 가지고 있는 포괄성으로서 증명할 것이다. 그러나 실제로 탈북자들은 어느 레짐으로부터도 보호받지 못하고 있는데, 그 이유를 두 레짐이 분리되어 다루어지고 있기 때문임을 밝힐 것이다. 마지막으로 결과적으로 탈북자들이 어떻게 구조적 공백에 놓여 있는지 살펴보겠다.

1. 인간안보레짐의 난민레짐에의 포괄성

이 두 레짐은 서로에게 완전히 독립적인 개념이 아니라, 상호보완성을 모색해볼 수 있는 가능성이 존재한다. 두 레짐 모두 탈북자 이슈에의 포괄성을 가지고 있다. 난민레짐으로도, 인간안보레짐의 보호의무 개념으로도 중국의 탈북자 강제송환에의 문제제기가 가능하다. 만일 두 레짐이 상호 협력하여 탈북자 문제에 접근할 수 있다면 양(+)의 피드백이 가능할 것으로 예상된다. 특히 인간안보레짐의 경우 시기상 난민레짐보다 나중에 발생한 것이며 아직까지 개념 확정의 단계에 있는 만큼 그 포괄성을 담보할 수 있다면 난민레짐이 갖는 한계를 보완할 수 있다. 난민레짐은 제2차 세계대전으로 발생한 대규모 난민에의 대응을 위해 만들어진 개념이므로 현대의 난민 발생의 원인을 포괄하지 못하는 경우가 존재한다. 이 난민레짐 내의 '구조적 공백'을 인간안보 및 보호의무레짐이 몇 개의 링크를 연결함으로써 메울 수 있다면 탈북자와 같은 전통적 난민 개념으로부터는 누락되는 개인들의 안보를 보호할 수 있을 것이라 기대해볼 수 있다.

본고에서 포착한 두 레짐 간 상호보완의 가능성은 인간안보레짐이 난민레짐보다 후에 생겨난 개념인 만큼, 그리고 현재에도 변화하고 있는 중인 개념인 만큼 기존 난민레짐이 가지고 있는 단점들을 보완해낼 수 있지 않을까 하는 것이다. 실제로 인간안보레짐의 가장 가시적인 성과라고 할 수 있는 보호의무 개념은 초기 제창 당시만 해도 난민이슈까지도 포괄할 수 있는 매우 포괄적인 개념이었다.

2001년의 ICISS[3] 보고서는 보호의무 개념에의 합의를 시도한 대표적인 문서 중 하나로, 보호의무가 매우 포괄적인 개념임을 명시하고 있다. 난민레짐을 포섭할 수 있는 가능성이 제시된 셈이다. 국가들이 자국 시민을 안보위협으로부터 보호하지 못하는 경우가 있음을 지적한 것은 여타 보호의무 정의와 동일하나, 본 문서는 그 구체적 예로

---

3   ICISS(International Commission on Intervention and State Sovereignty)는 캐나다 정부의 주최로 열리기 시작한, UN 총회 구성원들을 행위자로 하는 보호의무 협의체로, 보호의무 개념을 공론화함으로써 실제적 적용을 모색하는 기제이다. 특히 2001년의 ICISS는 1994년 UNDP 보고서와 함께 초기 보호의무 관념을 입안하기 시작한 시점으로 볼 수 있다(Rimmer 2010: 2).

서 '강간' 등을 든다는 점에서 주목할 필요가 있다. 강간이 전쟁과 인종 청소의 수단으로 사용되고, 홍수로 인해 수천 명이 죽어가는 현실에서 국가안보나 영토적 안보만을 이야기하는 것은 어불성설이며, 따라서 인간안보는 그러한 다양한 경우를 모두 아우르는 개념이라고 하였다(ICISS 2011: 15). 뒤에서 자세히 다루겠으나, 중국을 주축으로 하여 형성되고 있는 보호의무 개념을 제한적으로 적용해야한다는 주장과 상반되는 합의이다. 전쟁 등 가시적으로 드러나는 인권 침해 사례뿐 아니라, 다양한 층위에서의 인권 침해, 즉 인간안보의 침해 사례 또한 보호의무의 위반으로 다루어져야 한다는 당위의 제시였기 때문이다.

보호의무 체제의 대표적 주창국가로 꼽히는 두 국가 중 하나인 일본[4]의 외무성 또한 인간안보는 인간의 생존, 일상의 삶과 긍지와 관련된 모든 위협의 요소들을 종합적으로 아우르며, 그 예로 환경, 인권 침해, 초국경적 조직범죄, 약물, 난민, 빈곤, 질병 등이 있다고 명시한다(MOFA of Japan 1999; Edwards 2009: 779에서 재인용). 2000년 당시 일본 외무성의 대표(Director-General)였던 유코 타카수는 인간안보에는 두 가지 측면―공포로부터의 자유와 결핍으로부터의 자유―이 있으나 일부 국가들의 첫째 측면에만 집중하려 하는 행태를 비판하면서 일본은 인간안보를 훨씬 더 넓은 개념으로서 인지한다고 강조하였다. 그의 발언에서 더욱 주목할 것은, 이러한 일본의 관점이 UNDP의 관점과 동일한 것임을 이야기한 부분이다. 그는 1994년 UNDP 보고서가 인간안보를 앞서 제시한 7가지 측면으로 구분하였으며, 일본의 인간안보에의 이해는 그러한 종합적이고 포괄적인 개념과 맥을 같이한다고 하였다(Takasu 2000).

---

4   일본 외 다른 한 국가는 캐나다이다.

따라서 분리되어 다루어지고 있는 두 레짐의 현실에도 불구하고, 정의상 인간안보는 난민레짐의 실효성을 더욱 높이는 기제로서 쓰일 수 있다. 인간안보는 인간 개개인의 안보를 보장 해야 한다는 것을 기본 원칙으로 하되, 그를 실천하지 않는 혹은 못하는 국가에 대한 국제적 개입을 상정한다. 난민 또한 개인적 안보를 위협받고 있는 사람들이며, 따라서 개인적 안보 혹은 인권을 보호할 의무를 가지나 그렇게 하지 않는, 즉 난민레짐에서의 합의를 제대로 이행하지 않는 국가들에 대한 국제적 제재 논리로서 사용될 수 있는 개념인 것이다.

2. 난민레짐과 인간안보레짐의 분리양상

그러나 문제는 이 두 레짐 간의 분리 양상으로부터 발생한다. 상식적으로 또 개념적으로 난민은 인간안보가 위협받는 이들로서 보호의무 개념의 적용 대상이 될 가능성이 충분하다. 그러나 중국을 대표로 하는 일부 행위자들은 보호의무 개념의 모호성을 비판함으로써 보호의무가 적용될 수 있는 이슈영역을 최대한 좁히려는 노력을 펼치고 있다.

현대에 어느 정도로 합의에 이른 보호의무의 개념은 그 적용의 대상이 축소되고 축소된 대상들에 대한 집중적 조명이 강조된다. 그러나 이러한 '좁지만 깊은' 접근법(Rimmer 2010)에 이르기까지의 과정은 결코 단선적이지 않았다. 크게 두 시기로 구분이 가능한데(조동준 2011), 이는 역으로 보호의무 혹은 인간안보레짐의 출발은 포괄적이었으나 그것이 갈수록 축소된 것이라는 사실을 담보하기에 살펴볼 가치가 있다. 두 시기는 각각 넓은 개입 사유와 복수 주체를 가졌던 시기와 좁은 개입 사유와 단수 주체를 가졌던 시기이다. 처음 주창될 당시의 보호의무는 주권 개념에 필연적으로 수반되는 의무로서, 세 가지 주요 의무를 포함하였다. 예방의무(responsibility to prevent), 반응의무(responsibility to react), 재건의무(responsibility to rebuild)가 그것이다. 그리고 가장 중요하게는, 인권 보호와 같은 적극적 의무와 인위적 재앙으로부터의 보호와 같은 소극적 의무를 모두 포함하는 개념이었다. 그러나 2001년 국제위원회의 보호의무 개념이 보유하였던 포괄성은 2005년 '결과 문서'로서 축소된다. 2005년 '결과 문서' 상의 보호의무는 이제 주권 개념과 무관하게 되었으며, 보호의무가 적용되는 범위가 네 가지 범죄로만 국한되었다.

　리머(Susan H. Rimmer)는 특히 개입 사유가 줄어든 기점을 2009년으로 잡는다(Rimmer 2010). 그는 "난민들, 국내실향민들, 그리고 '보호의무'"라는 보고서에서 해당 논문의 목적을 "보호의무 독트린이 필수불가결하게 강력한 난민과 국내실향민의 보호로 연결된다는 명제를 도전하는" 것이라고 밝히고 있다. 이는 첫째, 인간안보레짐의 천명이 난민레짐의 강화를 가져오는 것이 당연한 수순임을, 둘째, 그러나 현재 난민레짐과 인간안보(보호의무)레짐이 분리되어 다루어진다는 함의를 담고 있는 셈이다. 이 보고서에 더 주목해야하는 이유는 이것이 UNHCR 자체에서 발간하는 보고서이기 때문이다. 물론 각 저자들이 작성하는 보고서와 발간 기관의 입장을 동일시하기는 어렵지만, 적어도 UNHCR이 이러한 논의의 존재 자체를 인식하고 있다는 사실은 인정할 수밖에 없다. 2009년 사무총장의 (보호의무에 대한) 보고서는 난민 이슈 및 기타 인권 이슈 영역의 중요성을 인정하고 있으나, 동시에 레짐들의 복수성을 인정함으로써 보호의무 자체의 포괄성은 축소한 대표적인 문서다. 리머는 "ICISS의 보고서 스스로가 난민 보호와 (보호의무 간의) 분명한 관계에도 불구하고 난민이나 국내실향민 보호의 원칙은 보호의무의 기초문서에는 포함되지 못하였으며, 특히 난민의 개념화에 문제가 있음을 보여준다"라고 적는다(Rimmer 2010: 8).

실제로 2009년 코피 아난 전 UN 사무총장의 보고서는 두 레짐 간의 상호보완성 및 협력의 가능성을 인정하는 동시에 한계를 분명히 명시한다. 먼저 상호보완성 인정에 해당하는 부분에서는 "정상회담의 보호의무의 언명은 국제인도주의법, 국제인권법, 난민법, 그리고 국제형법 하에 존재하는 보다 넓은 범위의 의무들의 가치를 손상하려는 시도가 결코 아니"라고 언급한 바 있다. 뿐만 아니라 "[이미 인권의 국제정치 상에서 중요한 역할을 담당하고 있는 유엔과 부속 기관들은] 만일 보호의무와 관련한―**난민과 국내실향민에의 보호를 포함하는**― 목표들이 [그들의] 우선순위에서 주류를 차지하게 되면 훨씬 더 효과적으로 기능할 수 있을 것"이라고 수많은 레짐들이 함께 작동할 때의 발전성을 제시하기도 하였다. 그러나 앞서 리머가 말했듯, 사무총장 보고서 스스로도 "유엔 난민고등판문관사무소의 업무는 보호의무와 관련된 폭력과 위반의 많은 잠재적 피해자들에게도 난민을 보호하고 망명 지위를 인정하는 방식으로 기여하고 있다는 것은 상대적으로 인정되지 못해"왔다고 인정한다.

아이러니하게도 사무총장 보고서는 두 레짐 간 분리의 단적인 예이기도 하다. 그는 보호의무는 오로지 네 가지 항목, 집단학살(genocide), 전쟁범죄(war crimes), 인종청소(ethnic cleansing)와 반인도적 범죄(crimes against humanity)에 대하여서만 적용됨을 강조한다. 그리고 보호의무의 개념을 다른 재난, 이를테면 HIV/AIDS나 기후변화, 혹은 자연적 재앙에까지 확장하는 것은 2005년 합의의 가치를 약화시키는 것이며, 승인이나 운영의 유용성을 넘어선 범위라고 하였다(Secretary-General 2009). 중요한 것은 네 가지 항목의 범주에 암시된 바이다. 보호의무가 매우 가시적인 인간안보 침해 사항이 발견될 때에만 국제사회의 비판과 개입을 허용하고 있음을 담고 있기 때문이다. 이로부터 유추할 수 있는 것은, 탈북의 움직임은 비교적 오랜 기간에 걸쳐 지속적으로 발생한 것이면서 인권 침해 사례가 아주 가시적으로 드러나는 사안이 아니기에 큰 주목을 끌지 못하고 있으며, 따라서 보호의무레짐 안에 포함되기 어려울 것이라는 점이다. 이 한계는 비단 탈북자 문제에만 국한된 것이 아니라 난민레짐 전반에 걸쳐 적용된다.

　　같은 논지의 연구로는 배정생과 이세련의 논의가 대표적인데, 이들은 난민과 인권 이슈를 엮어내는 시도들에 대한 비판이 존재한다고 적는다(배정생·이세련 2008: 187). 반대자들의 논리는 난민 이슈는 '조용한 접근(quieter approach)'를 요구하는 반면, 인권 이슈는 오히려 '선언적 접근(outspoken response)'을 요구한다는 것이다. 분명 이들의 논리는 현재 탈북자 이슈에 대해서 설명력이 있다. 중국은 중국 내 여러 인권 침해 이슈들에 대한 국제사회의 비판에 부담감을 느끼고 있고, 따라서 탈북자만큼은 그와 분리하여, 매우 '조용하게' 해결하고자 하는 것이다. 그러나 이러한 논리는 현실에의 설명력은 있으나 향후 발전적 논의를 진행하는 데는 적합하지 않다. 인권레짐과 난민레짐 각각, 혹은 앞서 분류한 바대로 인간안보레짐과 난민레짐을 분리하여 인식한다면 각각의 서로 다른 발전 양상 때문에 두 레짐 사이에 낀 탈북자 문제는 가까운 시일 내에는 실질적인 해결방안 도출이 불가하기 때문이다. 뿐만 아니라 앞선 연구자들은 특히 탈북자의 경우 인간안보적·인권적 침해 상황과 난민 문제가 함께 다루어질 수밖에 없다는 것 또한 분명히 명시한다. 북한 사람들이 당면한 곤경은 매우 다층적이고 복합적인 이유 때문에 발생하는 것으로, 그들이 난민 지위를 요구할 수밖에 없게 만드는 제반적 요인들, 즉 인권 침해 상황을 살펴보아야 한다는 것이다.

3. '구조적 공백'에 내몰린 탈북자들

요컨대 현재 난민과 인간안보 이슈는 분리되어 다루어지고 있다. 분리된 인권레짐과 보호의무레짐 사이에 존재하는 상호보완성을 포착하고, 그를 바탕으로 몇 개의 링크를 연결한다면 탈북자 이슈에의 접근이 가능하다. 난민레짐이 가지고 있는 난민들에의 지원 체제를 방법론으로 삼되, 중국이 탈북자를 난민으로 규정하지 않는 문제는 인간안보 및 보호의무레짐의 측면에서 접근하여 중국과 북한 모두로부터 보호받지 못하는 온전한 '개인'들의 집합으로서의 탈북자를 보호하는 것이 국제사회적 의무라고 보완할 수 있다. 그러나 구조적 공백은 메워지지 못하고 있고, 따라서 각 레짐은 서로 대응을 미루고 있는 형국이다. 두 레짐 간 링크가 부족하여 구조상의 분절, 즉 구조적 공백이 발생하였고 탈북자들은 그 사각지대에 놓여 어느 쪽의 보호도 받지 못하고 있다. 두 레짐에 존재하는 구조적 결함은 중국이 탈북자 이슈에의 비판을 회피할 수 있는 도구가 된다.

탈북자는 첫째로 난민협약의 보호를 받지 못한다. 난민협약이 규정하는 난민의 조건은 정치적이어야 하는데 탈북의 주된 원인은 경제적이기 때문이라는 것이 그 주된 이유다. 그렇다면 인권의 네트워크에서 다른 노드로 볼 수 있는 보호의무레짐과 관련된 행위자들이 나서서 탈북자 이슈를 포섭하려는 노력, 즉 링크를 연결하려는 노력을 할 수 있는데도 불구하고 그렇게 하지 않고 있다. 포섭 가능성은 앞서 보호의무 개념의 개념적 포괄성을 다룸으로써 설명한 바 있다.

중국은 탈북자를 난민이 아닌 불법월경자로 규정하며, 같은 이유에서 탈북자 강제송환은 국제적 문제화될 이유가 없이 오로지 북한과 중국 양국 간의 문제라고 못 박는다. 중국 정부의 기본 입장은 "관련자들은 경제문제 때문에 중국에 넘어온 이른바 불법월경자이며, 난민의 범위에 속하지 않기 때문에 유엔 체제에서 논의될 문제가 아니고, 중국이 이미 국내법, 국제법, 인도주의 원칙에 따라 탈북자를 처리하고 있다"는 것이다(이기현 2012, 132)[5]. 북한과 중국 양국의 문제라고 할 때 중국이 근거로 사용하는 협정들은 1960년대 초의 「탈주자 및 범죄인 상호 인도협정(조중 밀입국자 송환협정)」과 1986년 단둥에서 체결한 「국경지역의 국가 안전 및 사회질서 유지 업무를 위한 상호협력 의정서(국경지역업무협정)」이다[6]. 국경지역업무협정은 1998년 재체결 되었다. 98년 7월 베이징에서 재체결된 합의는 '국경지역에서 국가의 안전과 사회질서 유지 사업에서 호상 협조할 것에 대한 합의서'라는 이름이 붙었다. 해당 합의서에서는 "(제4조 1항) 정당한 증명서를 가지지 않았거나 가졌다 하더라도 그에 지적된 통행지점과 검사기관을 거치지 않은 증명서를 가지고 국경을 넘은 자들은 비법월경자로 처리한다", "(제4조 2항) 비법월경자들의 명단과 관계 자료는 즉시 상대측에 넘겨준다"[7] 등의 내용이 담겨있다(하종대 2007). 이외에도 중국은 2003년 9월, 북한지역 국경지대 경비 병력을 무장경찰에서 인민해방군으로 교체하였으며, 2004년 국경협력협정(边防合作协议)을 체결하였는데 이 협정 또한 중국과 북한의 군 관련 협의여서 그 내용은 공개가 되지 않고 있다(이기현 2012: 126).

---

5   이기현은 "中国外交部外交部发言人洪磊举行例行记者会, 〈www.fmprc.gov.cn〉(검색일: 2012.2.22.)"라고 각주를 달고 있으나, 실제로 해당 페이지에서 검색을 하면 위 내용을 확인할 수 없다.

6   흥미로운 것은 위 협정의 내용들이 직접적으로 드러나는 자료를 찾기 어렵다는 것이다. 이기현(2012: 123)은 위 협정들을 언급하며 각주를 통해 "협정의 내용은 중국어 사이트에서 검색이 되지 않으며, 86년 협정만 간접적으로 언급되고 있을 뿐"이라고 하였다.

7   북한 측 합의서 내용이다(한국어).

물론 국제사회로부터의 강제송환에 대한 비판이 있으나, 중국은
탈북자가 난민이 아니라는 이유로 유엔 난민최고대표사무소의 접근을
차단하고 있다(이기현 2012: 132). 중국 웨일린 주미 중국대사관 정무
담당 공사 참사관은 2008년 2월 18일 미국 한미문제연구소 주최 세미
나에서 "중국 내 탈북자 처리는 법과 국제적으로 통용되는 규범에 따
라 잘 처리되고 있기 때문에 특별히 문제점을 못 느끼고 있다"고 선을
그은 바 있다(김경진 2015: 37). 중국 내 학자나 언론이 제시하는 탈북
자에 대한 인식도 정부의 공식입장과 다르지 않다(이기현 2012: 132).
언론에서는 '탈북자'가 아닌 '불법월경자'라는 표현을 사용하며(环球时
报 2012.02.21.), 난민이나 인권의 이슈가 아닌 변경관리의 문제일 뿐
이라고 주장한다(铁血网 2012.02.29.).

탈북자는 난민협약의 보호를 받지 못했듯 보호의무의 보호 또한
받지 못한다. 조동준은 "주권 국가로부터 보호를 받지 못하는 민간인
이 증가하였다. 이와 같은 냉전 후 안보환경에서 주권 국가로 하여금
자국민을 보호해야 한다는 당위성이 부각"된 것을 보호의무 개념의 등
장 배경으로 꼽는다(조동준 2011: 166). 탈북자 이슈에 적용해본다면,
북한이라는 국가로부터 보호를 받지 못하는 민간인이 등장했기 때문
에 국제사회는 북한이 북한의 민간인들을 보호하도록 상제하여야 한
다는 추론이 가능하다. 그러나 얼핏 문제가 없어 보이는 이 추론에서
누락된 것은 국가 '간'에 대한 논의이다. 탈북자들은 단순히 북한 '내'
의 민간인이 아닌, 탈출을 감행해 제3의 국가로 넘어간, 그래서 온전
한 '개인'이 된 행위자들이기 때문이다. 그렇다면 탈북자가 중국에 입
국했을 경우 그의 보호주체는 중국이 되는 것인가? 중국 스스로가 북
한의 주권 문제를 거론하며 탈북자 송환 문제는 중국과 북한 두 국가
간의 문제일 뿐이라고 일축할 때 현재의 보호의무 개념하에서는 대응

할 수 있는 방법이 있는가 하는 문제가 남는다.

요컨대, 난민협약은 인간안보레짐보다 먼저 형성되어 제도화가 더 잘 이루어져 있다는 장점이 있다. 한편 보호의무레짐의 경우 난민 레짐까지도 포괄할 수 있는, 그래서 현재 난민레짐은 누락하고 있는 탈북자 이슈에의 접근 가능성을 배태하고 있는 장점이 있다. 두 네트워크 간에 장점의 교류가 링크 연결을 통해 이루어질 수 있다면 탈북자 이슈에의 접근 또한 가능해지지 않을까 하는 기대를 가져볼 수 있다. 그러나 현실은 그렇게 되고 있지 못하다. 상호보완성을 추론할 수 있는 두 네트워크 간의 한두 개의 링크 연결—이를테면 각 네트워크의 지식 공동체 간에 각 개념의 확장적 적용 가능성에 대한 토론과 지식 공유가 이루어진다면—로써 인권 네트워크의 흐름이 원활해질 수 있다는 사실은 역으로 현재 흐름이 원활하지 않은 부분이 있음을, 즉 어느 쪽의 네트워크에도 링크가 연결되고 있지 못한 탈북자 이슈가 전체 인권 네트워크에서의 구조적 공백임을 암시한다.

중국의 전략은 이 구조적 공백을 확대시키는 것이다. 이는 구조적 공백 개념의 창안자 버트가 이야기한 네트워크 전략과는 전혀 상반되는 것이기에 매우 특기할만하다. 네트워크 이론에서 흔히 '구조적 공백' 개념이 원용될 때는 그 공백을 메움으로써 이를 행하는 행위주체가 네트워크적 파워를 얻게 되는 때이다. 구조 자체를 구상하고 만든 이가 아니더라도 구조적 공백을 먼저 파악해내고 그를 메우는 등의 전략을 활용한다면 해당 네트워크에서 중요한 역할을 할 수 있다. 이를테면 미중 관계가 경색되었을 때 어느 중견국이 이들 사이에 존재하는 구조적 공백을 어떠한 방법으로 메우면, 그 중견국은 하드 파워는 약하더라도 연결 고리로서의 중요성 혹은 소프트 파워를 획득할 수 있다. 즉, 버트가 구조적 공백을 이야기 하였을 때의 맥락은 행위

자들은 한두 개의 링크를 추가로 연결함으로써 구조적 공백을 메우고
자 하며, 그렇게 함으로써 행위자들이 해당 네트워크에서 중개자로서
혹은 위치권력으로써 보다 큰 영향력을 얻을 수 있다는 것이었다(김상
배 2011: 60-61). 그러나 본고에서 중국의 전략으로서 제시하는 '구조
적 공백 확대하기'는 그와는 완전히 상반되는 행위 양태로, 중국은 '구
조적 공백'을 인식하고 있되, 그를 메움으로써 위치권력을 확보하거나
중개권력을 확보하려 하는 것이 아니라 도리어 그를 유지하고, 나아가
서는 공백을 확대하려고 한다.

　이러한 중국의 탈북자 대응 정책은 기존 유럽 국가들이나 UNHCR
이 더블린 조약 등으로 달성코자 했던 인권레짐 내부의 구조적 공백 메
우기 전략과는 반대의 것이다. 그러나 이는 결코 중국이 전통적 안보의
관점에서만 사고한다거나, 그렇게 사고하는 것이 동북아시아 국가들의
특성임을 의미하지는 않는다. 중국은 한편으로는 '유소작위'의 전략을
통해 국제인권레짐의 구조에 적극 농조하는 듯하면서도 동시에 '구조
적 공백 확대하기' 전략을 통해 국제인권레짐 구조 자체를 바꾸려고 노
력한다. '구조적 공백 확대하기'는 보호의무 개념의 확장적 적용에 반
대하기, 보호의무 중 예방의무에만 초점 맞추기, 난민 정의의 산발성을
이용하기 등의 전략으로 구체화된다. 이는 기존의 국제인권레짐에 존
재하는 기존의 링크들을 오히려 끊어내어 탈북자라는 노드와 하위 레
짐들 간의 연결고리를 약화시키는 전략들, 즉 본고에서 제시하는 '음의
네트워킹' 전략이라고 할 수 있겠다. 이러한 전략을 통해 구조적 공백
이 확대되면, 그 공백에 놓인 탈북자들은 어느 레짐의 보호도 받지 못
하게 되는 것이다.

IV. 중국의 탈북자 대응 전략

중국의 이러한 전략은 대단히 양가적인 두 전략으로 구체화되는데, 그 첫째가 '유소작위'이고 둘째는 '구조적 공백 확대하기'의 전략이다. 이때 특히 탈북자와 관련하여서는 두 번째 전략이 문제시된다. 중국은, 최소한 대외적으로는, 인권 문제를 인식하고 있으며 그를 위해 최소한의 의무는 다하고 있다는 인상을 주기 위해 노력한다. 즉, 할 것은 한다는 유소작위적 행태를 보여준다. 그러나 동시에 '최소한의 의무'의 범위 자체를 축소하려고 노력한다. 이것이 바로 '구조적 공백 확대하기' 전략이다. 다시 말해, 보호의무레짐이나 난민레짐에 찬동하면서 때로는 나서서 책임을 다하는 강대국으로서의 중국의 모습을 보여주려고 노력하되, 레짐 내의 구조적 공백이나 레짐 간의 구조적 공백에 대하여서는 언급을 전혀 하지 않거나, 나아가서는 그 구조적 공백을 확대하려는 전략을 펴는 것이다.

단순한 구조적 공백 '방치하기'가 아닌 '확대하기'로 개념화 한 이유는 이후 제시할 하위전략 세 가지를 보면 알 수 있다. 첫째는 보호의무의 개념적 확장 반대하기, 둘째는 보호의무를 예방의무만으로 축소 적용하기, 셋째는 난민 정의를 축소 적용하기이다. 즉, 보호의무나 난민레짐에 존재하는 핵심적인 개념들의 범위를 최대한 좁힘으로써, 자신들뿐 아니라 국제적으로 통용되는 개념 자체를 축소 적용되도록 주장하여 구조적 공백을 유지 및 확대하려 시도한다. 그 결과 탈북자들은 인권의 국제정치상 구조적 공백에 놓여 그 어느 국가나 레짐의 보호도 받지 못하는 개인으로서 존재하게 되었다.

1. 중국의 전략 1: '유소작위'

인권의 국제정치 분야에서 널리 알려진, 중국이 고수하는 가장 기본적인 원칙은 내정불간섭 및 불간섭주의(non-interference)이다. 2004년 6월 원 자바오 국무원총리는 "어느 국가도 그들의 의지를 다른 국가들에게 부과할 수 없으며, 마찬가지로 다른 국가의 주권을 약화시키거나 부정하는 것은 어느 경우에도 불가하다"라고 천명한 바 있다(Teitt 2008: 6). 유엔안전보장이사회 5,476번째 회의에서 중국 대표는 "시민들을 보호하는 가장 주된 보호의무는 첫째로 정부에 부과된다. 국제사회나 다른 행위자들은 도움을 제공하지만 그것이 주권이나 영토보전를 훼손해서는 안 된다"라고 분명히 밝혔고(POC SPV5476), 이는 5,577번째 회의 내용에서도 거의 동일하게 반복된다(POC SPV5577). 이는 미국 측의 주장과 대비시켜볼 때 더욱 명확해지는데, 미국 대표는 "만일 국가가 자신의 국민을 보호할 능력이 없거나 의지가 없을 경우 국제사회는 분명한 역할을 갖는다"라고 하였다(POC SPV5577).

　　그러나, 최소한 대외적으로, 최근의 중국은 오히려 인권의 신장 및 보호의무의 이행과 관련한 자신들의 활동을 홍보하는 '유소작위'의 행태를 보인다. 유소작위란 해야 할 일은 적극적으로 나서서 이뤄낸다 또는 해야 할 일은 한다는 뜻으로, 특히 탈북자와 관련이 있는 분야로서 R2P(Responsibility to Protect)나 난민 분야에서 중국은 국제레짐 형성 및 실천에 꽤나 적극적으로 찬동하고 있다. 중국 스스로가 인권진작을 위해 행하고 있는 일들에 대해서 크게 홍보하고, 도리어 미국의 인권 상황을 공격하기도 한다. 이를테면 중국국무원은 미국의 감옥에서 수감자들은 갖은 학대를 받으며, 특히 여성들은 성폭행을 당한다는 보고서를 통해 미국을 역공한 바 있다(이상수 2005: 103)

2007년에 열린 UN 안전보장이사회에서 중국 외무부 장관 양 지에치(Yang Jiechi)는 "국가적, 지역적, 그리고 세계적 차원에서 평화를 달성하기 위해 포괄적인 노력을 기울이는 것은 필수적이다. … 국제사회는 아프리카를 도와야하는 긴급한 요구와 더 중요하게는 도덕적인 의무가 있다"라고 하였다. 같은 맥락에서 중국 외무부 차관 왕 이(Wang Yi)는 "안전보장이사회는 아프리카의 평화 유지와 안전을 위해 결코 회피할 수 없는 의무를 지고 있다"라고 명시하였다(Teitt 2008: 6). 유엔안보리 회의에서 중국 대표는 "냉엄한 현실이라는 배경을 고려한다면 〔보호의무 관련〕 보고서의 성과는 결코 충분하지 않다. 중요한 것은 그것들이 실행되는 것이다"라면서, "민간인들, 특히 취약한 그룹에 소속되어 있는 이들은, 언제나 갈등의 전면에 서 있다. 급작스러운 폭력이나 갈등과 마주하게 되었을 때 그들은 안전과 긍지에 대한 그 어떤 보장도 없다"라고 언급하였다(POC SPV5476).

중국의 이러한 언급들은 결코 말로만 그쳤다고는 볼 수 없다. 1989년 천안문 사건 이후 국제사회로부터 쏟아진 비판들로부터 상당한 압박을 느낀 것이 큰 계기가 되었다. 따라서 1989년부터 국제사회의 인권 관련 활동들에 적극적으로 참여하기 시작하였다(윤영덕 2011: 488). 윤영덕은 이렇게 중국이 인권 분야에서도 '유소작위'를 실천하는 양태를 크게 다섯 가지 부분에서 살펴볼 수 있다고 하였다. 첫째로 중국은 인권에 대한 자신들의 입장을 적극적으로 개진하였다. 1991년 11월 발간한『중국의 인권상황(中國的人權狀況)』이라는 인권백서가 대표적이다. 둘째로 자신들만의 인권 개념을 주창하고 여타 개도국들을 모아 개념의 힘을 강화하고자 하였다. 셋째, 인권문제와 관련한 국제적인 활동에 적극적으로 참여하여 영향력 확대를 모색하였다. 1993년 3월 방콕에서 개최된 세계인권대회의 아시아지역 준비회의에 참여

해 부의장직을 수행한다거나, 비엔나에서 개최된 세계인권대회에서
는 「비엔나선언과 활동계획」의 제정에 참여하기도 하였다. 넷째로 유
럽 국가 및 미국과도 인권대화를 추진하였다. 다섯째로는 국제사회의
대중국 비난에 매우 공세적으로 대응하고 있다는 것인데, 대표적으로
1990년부터는 미국의 인권보고서에 크게 반발하면서 2000년부터는
미국의 인권상황을 담은 보고서를 역으로 매년 발간함으로써 맞대응
작전을 펼치고 있다(윤영덕 2011: 488-489).

　　뿐만 아니라 중국은 유엔의 평화작전들에 적극적으로 참여하고
있는데, 유엔 평화작전의 추동력과 권한은 인도주의적 목적을 갖고 있
음을 고려할 때 중국은 국제적 인권 신장을 위해 일정 노력을 기울이
고 있다고 평가할 수 있다. 2000년부터 중국은 평화작전 수행을 위한
인원 파견을 자신들의 투표권 비중에 맞게 끌어올렸다. 2008년 8월 중
국은 안보리의 그 어떤 회원국보다도 더 많은 군사 및 민간 경찰을 유
엔 평화작진을 위해 파견했다(Teitt 2008: 6-7). 즉, 중국은 미국과 어
깨를 견주는 초강국의 하나로서 자신들에게 인권의 국제정치에서 부
과되는 의무를 인식하고, 그를 실천함으로써 책임을 다하는 강대국임
을 선전하고자 하는 것이다.

　　보호의무레짐에서뿐만 아니라 난민레짐과 관련해서도 중국의 유
소작위적 전략이 관찰된다. 중국은 1982년 51년의 난민협약과 67년
의 난민의정서에 동시에 가입했다. 이는 UNHCR에 협조해야 하는 의
무를 발생시킨다. 중국은 UNHCR 집행위원회의 위원국이기도하며,
UNHCR의 중국 내 활동과 관련해 1995년 UNHCR과 특별 협정을 체
결하기도 하였다. 이 특별 협정의 제3조 5항은 "정부와의 협의 및 협력
하에 UNHCR 직원은 그 이행의 모든 단계를 감독하기 위해 난민 및
UNHCR 프로젝트 장소에 언제나 제한 없이 접근할 수 있다"라고 규정

한다(김경진 2015: 35-38).

2. 중국의 전략 2: '구조적 공백' 확대하기

위와 같은 중국의 '유소작위' 전략에는 분명한 한계가 있다. 그러나 보다 중요한 것은, 이 한계가 중국이 의도적으로 만들어낸 한계라는 것이다. III절에서 밝혔듯, 국제정치인권 구조는 매우 산발적으로 존재하며, 특히 탈북자 이슈와 관련하여서는 난민레짐과 인간안보레짐이 분리되어 다루어지고 있다. 이 공백은 비단 레짐과 레짐 사이에만 존재하는 것이 아니라 레짐 내에서도 발견되며, 탈북자들은 두 레짐 사이의 구조적 공백에 놓인 피해자들이다. 중국은 이 구조적 공백을 '확대하는' 전략을 취한다.

이 때 단순히 '방치하기'가 아닌 '확대하기'라고 하였을 때 함축하고자 한 것은, 중국은 단순히 각 인권레짐들에서 결정된 사항을 수동적으로 받아들인다거나 결정된 사항에 대해 반대하는 정도의 전략을 취하는 것이 아니라는 점이다. 이를테면 보호의무에 대한 토의 과정에서 적극적인 언급을 자제하고 굳이 나서서 핵심 원칙들을 제창하는 것을 지양한다면 그것은 방치하기일 것이다. 그러나 중국은 보다 적극적인 태도를 취한다. 예를 들어 보호의무의 경우 그 적용 범위를 축소시키자는 목소리를 매우 적극적으로 내고 있고, 적용 방식 또한 제한적이어야 한다고 목소리를 높인다. 따라서 단순히 수용적이거나 수동적인 태도를 취하는 전략인 방치하기와는 분명히 차별되므로 본고에서는 이러한 중국의 행태에 대해 '확대하기'의 전략으로 명명하였다.

중국의 구조적 공백 확대하기 전략의 하위 전략으로서 대표적인 세 가지를 살펴보겠다. 첫째는 레짐 내 구조적 공백 형성을 위해 보호의무의 개념적 확장을 반대하는 것이다. 둘째는 보호의무를 '예방'적 의무로 축소시키는 것이다. 셋째는 난민의 정의를 축소시켜 적용하는 것이다. 결과적으로 중국의 탈북자 대응 전략은 인권의 국제정치 구조에 공백이 형성되도록 조장하는 전략이라고 할 수 있다.

첫째, 중국은 보호의무의 개념적 확장에 강력히 반대한다. 보호의무 개념이 등장할 당시 대부분의 개도국들이 해당 개념에 반대했던 이유는 그것이 강대국들의 개입 사유에 불과한 것으로 오용될 수 있기 때문이었다. 중국도 마찬가지로 보호의무 개념의 도입에 반대하기는 하였으나, 그 이유는 달랐다. 중국은 보호의무 개념의 불명확성을 들어 반대했다(조동준 2011: 171). 이러한 중국의 지적에 담긴 보다 정확한 의도는 해당 개념을 네 가지로 한정지어서 그에 대해서만 보호의무 개념을 적용하자는 것이었다. 그 네 가지는 각각 집단학살, 전쟁범죄, 인종청소와 반인도적 범죄이다. 앞서 언급한 코피 아난의 2009년 유엔 보고서에서 오로지 이 네 가지 개념만 인급되었던 이유가 바로 여기에 있기도 하다.

중국 대사 류 젠민(Liu Zhenmin)은 2006년 세계 정상회의의 결과 문서를 통해 보호의무는 앞서의 네 가지 항목에 대하여서만 적용되는 것은 물론이요, 앞으로 "[보호의무] 개념을 확대하고, 의도적으로 해석하고 심지어는 오용하는 것은 적절치 않다"는 중국의 의견을 전달했다(Teitt 2008; POC SPV5476; POC SPV5577). 중국의 개념 축소 시도는 같은 POC 5,476번째 회의에서 미국 측이 난민이나 국내실향민 문제를 직접적이고 구체적으로 언급하는 것과 대비되어 더욱 명확하게 드러난다. 미국 측은 "여성, 아이들, 난민들, 그리고 국내실향민 문제들이 특히 결의안 1674(resolution 1674)에서 조명되어야 한다"라면서 "보다 큰(*greater*) 보호와 적절한 도움으로써 모든 민간인들에의 요구에 응답해야"한다고 덧붙이기도 했다(POC SPV5476).

　이어지는 유엔 POC들에서도 비슷한 입장이 반복된다. POC 5577 회의에서 중국 측은 "민간인들의 보호와 인류애적 도움의 제공은 분명하게 구분되어야 한다"라고 하였다. "인도주의 기구들이 인류애적 정신에 입각하여 무력 충돌의 〔피해를 입은〕 민간인들을 돕는 것은 어느 경우에도 장려되어야 한다. 그러나 동시에 언제나 공평성과 중립성, 객관성, 그리고 독립성의 원칙을 준수해야 한다"라고 덧붙이는데, 이는 인도주의적 도움의 대상이 되는 이들의 범위 또한 축소하려는 시도로 파악된다(POC SPV5577). 구조적 공백 확대하기 전략의 단적인 예시다. 개념들을 분리하고, 최대한 축소하여 해석하려는 시도는 구조적 공백을 확대함으로써 그 적용 대상을 중국 자신의 입맛에 맞추려는 시도이다.

　사라 테이트(Sara Teitt)는 중국은 유엔 회의에서 점차적으로 더 강력하게 보호의무 개념의 축소 적용을 주장하고 있다고 평가한다. 2007년 6월 POC 회의에서는 "회원국들 간에 〔보호의무〕 개념에 대한 이해와 해석이 다르므로 안보리는 "보호의무의 개념을 들먹이는 것을 삼가야 한다"라고 하였다. 2007년 11월의 회의에서는 "〔안보리 회의는〕 〔보호의무〕 개념이나 비슷한 법적 활동에의 참여를 추론하는(extrapolating) 회의가 되어서는 안 된다"는 입장을 견지하였다(Teitt 2008: 7-9).

　두 번째 하위 전략은 보호의무에 속하는 세 가지 의무 중 예방의무에만 집중하는 것이다. 처음 주창될 당시의 보호의무는 주권 개념에 필연적으로 수반되는 의무로 세 가지 주요 의무를 포함하였으며, 예방의무, 반응의무, 재건의무가 그들이다. 중국은 '영토적 주권' 주장과 보호의무를 조화시키기 위하여 이 중에서 예방의무만을 채택하여 예방의무를 적극적으로 선전하되 여타 두 의무의 이행에 대하여서는 언급을 삼감으로써 덮어두려는 전략을 취한다. POC 5577 회의에서 중국 대표는 갈등의 증상이나 근본적 원인에의 접근보다 예방에의 접근이 더 중요하게 다루어져야 한다고 하였다(POC SPV5577).

이는 중국이 인권 개념에 대해 사용하는 논리와 연속성이 있다. 중국인들은 이념이나 계급보다 실제적인 생활을 중시하며, 따라서 인민의 인권을 이야기할 때도 경제권이 가장 우선순위에 놓인다(김창규 2008). 1991년 발간된 인권백서 첫째 절의 '생존권이 중국인민이 장기간 싸워 얻은 가장 중요한 인권이다'라는 대목이 중국의 인권 관념을 매우 잘 보여준다(백영서 1994: 35). 이 생존권이야말로 인권개념을 둘러싼 동서 간 논쟁의 핵심 쟁점이라고 할 만 한데, 인민의 '먹고사는 문제'를 해결하는 것이야말로 그 어떤 인권의 보장에 앞서 달성되어야 할 최우선의 과제라는 것이 중국의 입장이다. 예방의무를 강조하는 것 또한 같은 맥락에서 파악할 수 있는데, 반응의무나 재건의 의무를 강조하는 것은 중국 자신에게 부담이 될 수 있으니 선전효과가 좋고 상대적으로 중국이 실천하기에 부담이 없는 예방의무에 집중하는 것이다.

위의 두 가지 하위전략을 탈북자 문제에 적용해보자면, 첫째로 보호의무의 개념적 확장에 반대하는 것은 탈북자 이슈를 다루어야 하는 의무를 최대한 나중으로 미루는 효과가 있다. 보다 시급한 문제는 상기 언급된 4개이고, 탈북자는 위 네 가지 시급한 분류에 포함되지 않는다고 한다면, 애초에 강제성이 없는 보호의무의 이행 틀에서는 중국을 비난할 근거가 부족하다. 즉, 보호의무를 탈북자에까지 적용하는 것은 개념의 지나친 확대적용이라고 주장할 수 있게 되는 것이다. 둘째로 보호의무 중에서도 예방의무를 강조하는 것은 탈북자 강제북송에 향하는 비난의 화살을 피할 수 있는 보호막 역할을 할 수 있다. 탈북자가 중국에서 발견될 경우 북한으로 강제로 송환하는 현재 중국 정부의 기본 방침은 반응의무와 재건의무에 위반되는 것이지 예방의무와는 거리가 있기 때문이다. 중국의 의도대로, 반응의무와 재건의무가 보호의무 개념에서의 중요성을 잃는다면 탈북자 이슈는 또다시 뒤로 밀리는 셈이다.

셋째로 중국 정부는 기본적으로 탈북자를 난민으로 보지 않는다. 탈북자에 대한 중국의 기본 입장은 이들은 난민이 아니며 경제적인 이유로 일시적으로 불법 월경한 사람들이므로 체포 후 북한으로 송환한다는 것이다. 이는 1960년 중국과 북한 사이에 체결한 「중국-북한 범죄인상호인도 협정」과 1986년 「국경지역업무협정」 및 1993년의 「길림성변경관리조례」, 그리고 형법 제8조(불법월경자 및 입국자에 대한 구속과 송환조치)에 따른 것이다(윤여상 외 2013: 11). 중국이 탈북자를 난민으로 인정하지 않을 수 있는 것은 난민 정의가 매우 성기기 때문이다. 협약 상의 난민에 속하려면 정치적 박해를 받는다는 근거가 성립하여야 하는데 중국은 탈북자의 탈북동기가 식량난에 따른 것이기 때문에 송환되어도 박해가 없다고 주장한다(윤여상 외 2013: 12). 실질적으로 탈북자들은 송환될 경우 조국배반죄로 일정수준 이상의 처벌을 받을 가능성이 매우 높음에도 불구하고 말이다.

난민에 관한 국제 인식 및 협약 구조를 보면 매우 다양한 난민 개념이 존재한다. 임태근은 다양한 난민 개념이 등장하게 된 배경을 1951년 난민협약 및 1967년 난민의정서상의 난민 개념이 그 이후 국제상황의 변화 즉 세계 대부분의 지역에서 실제 발생하고 있는 사실상의 난민들을 난민협약에 의해 수용하지 못한 결과라고 평가한다(임태근 1997: 6). 난민의 정의는 이미 8개 이상에 달한다(임태근 1997: 7-9). 대표적인 것으로는 첫째 협약상 난민이 있다. 1951년 난민협약이나

1967년 난민의정서가 인정하는 난민의 요건을 갖춘 경우다. 인종, 종교, 국적, 특정 사회집단의 구성원 또는 정치적 견해를 이유로 박해를 받아 충분한 공포를 받은 자들이 해당된다. 둘째는 사실상의 난민이다. 난민협약 상 난민으로는 인정되지 않지만 그와 유사한 상황 하에 있는 자이다. 탈북자들은 여기에 속할 가능성이 가장 높다. 개인의 합리적인 신념이 중대하게 침해받는 경우, 전쟁 또는 전쟁에 준하는 상황, 국내의 중대한 공공질서의 위협에 의해 자국을 떠나야하는 경우 등이 해당될 수 있다. 셋째는 위임난민이다. 여기에 속하는 사람들은 UNHCR Mandate에 의해 보호받는 이들이다. 넷째 궤도난민은 박해받는 국가로 돌아갈 수 없음에도 불구하고 접수국에 의해 비호신청이 거부되어 계속 떠돌면서 비호신청을 하는 자이다. 이외에도 잠정난민, 현장난민, 실향민, OAU 난민협약상 난민 등이 있다.

　탈북자와 관련하여서 이는 두 가지 차원에서 문제이다. 일차적으로는 난민협약이 지나치게 좁게 설정한 난민의 정의에 탈북자가 부합하지 못하는 것이 문제이다. 북한의 특수성 때문에 경제적 이유와 정치적 이유의 경계가 매우 모호하기 때문에 발생하는 문제이다. 이차적으로는 부족한 난민의 정의를 보완하기 위해 여러 난민에 대한 정의가 병립하게 되었는데, 병립의 정도가 지나쳐 오히려 각 정의의 중요도를 약하게 만든 측면이 있다. 당사국들이 자신들의 입맛에 맞게 정의를 취사선택 할 수 있게 된 셈이다.

　중국의 경우 1982년에 51년에 체결되었던 「난민의 지위에 관한 협약」에 가입함으로써 해당 협약 제33조의 강제송환금지원칙의 대상국이 되었다. 그리고 내용상 해당 협약이 이야기하는 '난민'에는 난민으로 공식적으로 인정되는 사람은 물론 아직 난민 지위가 판정되지 않았더라도 난민일 가능성을 배제할 수 없는, '비호를 구하는 자'까지도 포함하는 것으로 해석되는 것이 일반적이다(조정현 2012: 2). 그러나 중국은 난민 정의에 대한 국제적 합의의 정도가 매우 약하며 구조적 공백이 존재함을 분명하게 인지하고 있고, 나아가 그를 정책의 근거로서 적극적으로 이용해 탈북자를 애초에 난민으로 인정하지 않는 정책을 편다. 탈북자들은 난민이 아닌 경제적 이유에 의한 불법입국자에 불과하며, 따라서 탈북자 문제는 국제적 사안이 아닌 온전히 북한과 중국 양자관계의 문제라는 것이다(정주신 2006: 275). 이 때문에 중국의 탈북자 대응 기본 원칙은 난민 협약이 아닌 북한과 체결한「중국·북한 범죄인 상호인도협정(일명 밀입국자 송환협정)」에 근거한다. 우리 정부의 강제송환 항의에도 중국 외교부는 "중국은 국제법과 국내법, 그리고 인도주의 원칙에 따라 문제를 처리하고 있다"라는 원칙적 입장만 반복할 뿐이다(조정현 2012: 1).

　이러한 중국의 접근 방식의 배경에는 크게 두 가지 정도의 유인이 있다.[8] 첫째로 중국은 대규모 탈북사태가 북한체제를 위협할 것을 우려한다. 이는 북한과의 전통적 우방 관계가 여전히 중국에 전략적 가치가 있는 것과 맥을 같이한다. 중국에게는 통일보다는 분단 상황 유지가 더 유리한데 북한의 체제가 흔들릴 경우, 대량 탈북은 체제 안정을 해칠 수 있다, 한반도 세력균형이 무너질 수 있는 것이다. 둘째로 탈북자의 중국내 거주에 따른 변경지역 치안문제와 탈북자의 유입이 조선족 사회의 민족의식 고취로 연결될 가능성에 대한 우려.

8　북한인권정보센터의 보고서(윤여상 외 2013: 12-13)를 참조하여 재정리하였다. 해당 보고서는 유인을 다섯 가지로 나누어 서술하였다.

3. '음의 네트워킹' 전략으로서의 '구조적 공백 확대하기'

보호의무 개념의 확장적 적용에 반대하기, 보호의무 중 예방의무에만 초점 맞추기, 난민 정의의 산발성을 이용하기 등의 전략으로 구체화되는 중국의 '구조적 공백 확대하기' 전략은 '유소작위'의 전략이 그나마 가져올 수 있는 장점들을 상쇄시킨다. 중국은 기존의 국제인권레짐에 존재하는 기존의 링크들을 오히려 끊어내어 탈북자라는 노드와 하위 레짐들 간의 연결고리를 약화시키는 전략을 폈으며, 이를 '음의 네트워킹' 전략으로 불러볼 수 있다. 국제인권레짐에 존재하는 네트워크를 인식하고 있으며 자신도 그 네트워크에 포함될 수밖에 없음을 인정하되, 해당 네트워크에서 자신의 입장을 최대한 관철시키기 위한 전략으로서 네트워크 자체를 약화시키는 전략을 펴는 것이다.

　　UNHCR과 특별 협정을 체결하여 정부와의 협의 및 협력 하에 UNHCR 직원은 그 이행의 모든 단계를 감독하기 위해 난민 및 UN-HCR 프로젝트 장소에 언제나 제한 없이 접근할 수 있도록 하면서도, 탈북자들에 대해서는 강제 북송의 정책을 고수하는 중국의 정책은 일견 모순적이어 보인다. 적어도 탈북자 북송에 있어서만큼 중국은 여전히 인권레짐에 역행하는 정책들을 펴는 것처럼 보이는 것이다. 이제까지는 이 현상을 중국이 국익을 인권의 상위에 두었기 때문이라고 보는 분석이 많았다. 한동호(Han Dong-ho 2011)는 중국은 현재 국익과 책임 사이에서 무엇을 선택할 것인가 하는 정책적 딜레마에 빠져있으며, 그 예시가 바로 탈북자 강제북송 정책이라고 하였다. 윤영덕(2011)은 중국이 국제적 인권레짐에 부응하면서도 그로부터 부여되는 책임을 최대한 회피하기 위해 독자적인 인권담론을 개발하고 있다고 분석한다. 이기현(2012)은 "세력 균형 차원에서 중국에게 북한체제의 안정적 지속은 주요한 국가이익의 범주에 포함되게 되었다"면서, 중국이 강제 북송을 자행하는 것은 그렇게 하지 않았을 경우 북한체제가 위협받을 수 있다고 인식하기 때문이라고 분석한다.

그러나 위의 분석들은 '유소작위'의 전략은 충분히 설명해내기 어렵다. 중국은 중국적 인권담론만을 외치며 국제인권레짐에 완전히 눈감고 있는 것이 아니다. 인권 전반에 대해서도 점차 목소리를 높이고 있으며, 보호의무 개념 제창 단계에도 적극적으로 참여하였고 난민레짐에도 참여하고 있다. 중국의 전략은 네트워크적으로 접근할 때 보다 잘 설명할 수 있다. '유소작위' 전략은 미국이나 유럽 등이 국제인권레짐의 강화를 위해 설계한 네트워크 위에 놓인 중국 자신을 인식하는 단계다. 책임을 다하는 강대국으로서의 자기인식을 가지고 있기 때문에 기존의 국제인권레짐을 정면으로 부정하는 전략은 중국 자신에게도 부담이 되는 것이다.

물론 '유소작위'만으로 중국의 모든 행위가 설명되는 것은 아니다. 탈북자 강제북송 문제가 대표적이다. 분명히 국제인권레짐에 역행하는 듯한 현상들이 관찰된다. 그러나 동시에 인지해야 할 것은, 수많은 하위 레짐들의 존재에도 불구하고 현재의 국제인권레짐이 중국의 이런 행태를 충분히 관리·감독할 수 있는 능력을 보유하고 있지 않다는 것이다. 즉, 이러한 지점에서 '구조적 공백'이 존재한다고 할 수 있다. 중국이 탈북자를 난민이 아닌 불법월경자로 규정하고 따라서 난민협약에 종속되지 않는 이슈로 취급할 때 대응할 수 있는 방법이 없다. 난민레짐에 존재하는 구조적 공백을 적극적으로 이용한 예시이다. 보호의무에도 역시 구조적 공백을 찾아볼 수 있는데, 여기서 중국은 단순히 구조적 공백을 수동적으로 이용하는 것뿐 아니라 그를 '확대'하려는 노력을 적극적으로 펼친다. 앞서 살펴본 첫째와 둘째 하위전략이 여기에 해당된다. 보호의무의 확대 적용에 반대하고 보호의무가 적용되는 분야를 4가지로 한정하자고 주장하였으며, 세 가지 의무 중 예방의무에만 초점을 맞추는 전략을 폈다.

그 결과 국제사회의 중국에 대한 비판은 낮은 수준에 그칠 수밖에 없고, 그조차도 중국의 원론적인 대답만이 반복되는 실효성 없는 권고에 불과하다. 유엔 사무총장이 탈북자 강제 송환에 대해 할 수 있는 발언은 "나는 인접 국가들과 국제사회 일반에 그들의 의무—1951년 난민협약 하의—를 상기시키고 싶다. 망명을 희구하여 북한으로부터 탈출하는 이들을 보호해야 한다"는 정도에 그쳤다. 탈북자 강제 송환을 자행하는 중국에 대한 직접적 언급을 피하고 '인접 국가'로 표현의 수위를 낮춘 것이다(Cohen 2014: 1-2). 중국은 유엔 산하 고문방지위원회의 '고문 및 기타 잔혹한, 비인간적, 굴욕적인 처우 및 처벌에 대한 협약(CAT, 이하 고문방지협약)'의 가입 국가(정보라 2015)이기도 한데, 이들도 중국의 원론적 입장을 규제할 수 있는 실효성 있는 방법은 가지고 있지 않다. 인권 네트워크의 구조 자체를 약화시키고자 하는 중국 전략의 성과라고도 볼 수 있다.

유엔 조선민주주의인민공화국 인권조사위원회(Commission of Inquiry of Human Rights in the Democratic People's Republic of Korea)의 의장인 마이클 커비(Michael Kirby)는 2013년 당시 중국의 UN 영구 대표였던 우 하이타오(Wu Haitao)에게 보낸 편지에서 탈북자들이 겪는 인권 유린 상황을 제시하고 그에 대한 중국의 대답을 요구하였다. 이 편지는 "본 위원회는 귀하의 정부〔중국〕의 대표들로부터 중국이 중국으로의 허가되지 않은 탈출을 감행하는 북한 주민들이 경제적 이주민이라는 입장을 견지하고 따라서 난민의 지위를 부여하지 않는다고 통지받았다. 우리는 그러한 사람들이 북한으로 강제 송환되어야 한다는 귀하의 정부의 입장을 이해하지만, 인류애적으로 일부 예외가 존재한다"라며 탈북자 강제송환 문제를 직접적으로 제기하고 그에 대한 답을 요구한다. 특히 탈북 여성들이 겪는 성적 착취 및 인신매매의 문제를 제기하였다(COI DPRK/CCC/st/59). 2013년은 2012년 중국 정부가 도입한 출입국 행정법이 발효되는 시점이었기 때문에 해당 행정법이 규정한 난민 신청자의 신변안전보호를 보장하고 있는지를 질문한 것이다(정보라 2015). 2012 출입국 행정법은 제46항에서 " … 난민 지위를 신청하는 외국인들은 공안에 의해 인증 및 발행된 임시 신분증을 통해 중국 영토에 임시적으로 머무를 수 있다. 난민으로 확인된 외국인들은 공안에 의해 인증 및 발행된 난민 지위 증명서로서 중국에 남아 거주할 수 있다"라고 규정한다(Cohen 2014: 8). 국제인권레짐에 찬동하여 일정 정도의 책무를 다하는 '유소작위'의 전략이다.

그러나 역시 이 편지에 대한 중국의 대답은 이전과 크게 다르지 않았다. 탈북하는 북한 주민들의 사안은 형사상의 문제라는 것이 그 골자였다. 중국 대사는 답문에서 중국으로의 '불법 입국'은 중국의 법을 위반하는 것이며 "중국의 국경 통제를 약화시키는" 것이라고 하였다. 또한 중국의 가장 대표적인 논리인, 탈북자들은 "경제적 이유에서 한다 … 그들은 난민이 아니다"는 입장이 반복된다(Cohen 2014: 8-9).[9] 난민레짐에 존재하는 구조적 공백을 계속해서 이용하고 있는 것이다.

요컨대 기존의 분석들과는 달리 '유소작위'에서 보이는 중국의 행

---

9   커비의 답변 요청 문건은 찾을 수 있었으나 중국의 문건은 찾을 수 없었다. 커비가 대답을 요청한 대상인 우 하이타오가 UN에 제출한 모든 문서를 UN 문서 검색 시스템을 통해 검색하였으나, 다른 문서들은 남아있되 본 문건은 검색이 되지 않았다. 이에 중국 대사 측의 답변은 그를 인용한 2차 자료인 코헨의 글에서 재인용하였다.

태는 기존 국제인권레짐 자체를 부정하는 것이 아니다. 그보다는 판의 구도를 바꾸는 네트워크 전략을 구사하고 있으며, '구조적 공백의 확대'가 그 방법이다. 이에 보호의무는 개념적 확장이 저지되어 단 네 가지 항목에 대하여서만, 그 항목들 자체의 개념적 확장 또한 저지된 상태로 이행되고 있다. 이행의 방식 또한 매우 제한적이게도 예방의무를 이행하는 단계에 머무르고 있다. 난민협약도 상황은 다르지 않아, 그 스스로의 개념적 결함 때문에 탈북자들을 포괄하지 못한다. 공백에 놓인 탈북자들은 어느 레짐의 보호도 받지 못하고 있다.

V. 맺음말

전 세계적으로 난민안보가 주목되는 현재, 탈북자 문제는 우리가 당면한 난민안보 문제이다. 그러나 동아시아에서 탈북자 문제가 다루어지는 비중은 유럽 등지에서 난민안보가 다루어지는 중요도와 비교할 때 미미하다. 한국과 중국은 탈북자 이슈와 가장 직접적인 이해관계를 가지고 있는 대상국들임에도 불구하고 한국에서는 북한과의 다른 안보 이슈에 밀려 탈북자 문제는 제대로 조명받지 못하였고, 중국의 경우 애초에 탈북자를 난민이 아닌 불법월경자로 규정하여 감시 및 처벌의 대상으로 파악한다.

　이제까지는 위의 현실에 대해 중국이 인권보다 국익을 우선적으로 고려하기 때문이라는 분석이 다수였다. 그러나 본고는 국익의 틀로서 분석하는 것은 중국의 대표적인 외교 정책 중 한 줄기인 '유소작위'를 제대로 설명해내지 못하는 한계가 있다고 보았다. 중국은 '유소작위', 즉 할 일은 한다는 책임을 다하는 강대국으로서의 자기 인식을 가지고 인권 분야에서도 적극적인 행태를 보인다. 그러나 동시에 '구조적 공백 확대하기'의 전략, 즉 인권레짐들이 다룰 수 있는 범위 자체를 좁히려고 적극적으로 노력함으로써 자신이 이행해야하는 인권적 의무들을 축소시키는 전략도 구사한다.

두 가지 언뜻 상반되어 보이는 전략을 국익이나 인권 어느 한쪽에 치우쳐 분석한다면 각 분석에 어긋나는 중국의 행태에 대하여서는 중국의 전략적 사고가 일관되지 못하기 때문이라는 결론을 내리기 쉽다. 그러나 이 글은 네트워크적 관점에서 접근하여, 중국은 인권 네트워크 전반을 이해하고 있으며 그 네트워크 자체에 구조적 공백을 만듦으로써 해당 네트워크를 약화시키는 '음의 네트워킹' 전략을 구사하였다고 결론지었다. 네트워크적 관점은 중국의 여러 정책들을 단편적이거나 일관성이 결여된 것으로 보는 미시적 관점에서 탈피하여 보다 거시적인 일관성을 발견할 수 있는 가능성을 제공한다.

위의 논의를 뒷받침하기 위하여 우선적으로 탈북자들과 국제인권레짐의 구조를 다루었다. 구조를 보기에 앞서 기대했던 것은, 난민레짐이 탈북자 이슈 영역에서 제대로 된 역할을 다하지 못하고 있는 만큼 차후에 발전된 인간안보레짐으로서 그 부족한 부분을 메울 수 있지 않을까 하는 것이었으나, 실상은 그렇지 못했다. 일차적으로 난민레짐이 힘을 발휘하지 못하는 실상은 중국의 가장 기본적인 대응 방식인, 탈북자는 난민이 아니라는 논리 앞에서 드러난다. 난민의 정의 자체가 8개 이상에 달해 당사국들이 자신들의 이익에 가장 부합하는 것으로 취사선택할 수 있는 여지가 존재한다.

이차적으로 인간안보레짐이 난민레짐에 갖는 포괄성을 통해 유추할 수 있는 일말의 기대감 또한 중국의 전략으로써 말소된다. 중국은 한편으로는 '유소작위'를 외치며 인권레짐에 적극 참여한다거나 보호의무에 있어서도 주어진 역할을 담당하고, 난민과 관련하여서도 난민 협정에 가입하는 등 할 것은 한다는 전략을 편다. 그러나 다른 한편으로는 인간안보와 난민레짐 사이에 존재하는 구조적 공백을 의도적으로 메우지 않는 전략을 통해 탈북자 이슈는 외면해 왔다. 구조적 공백을 채우지 않을 뿐 아니라 확대하고자 하는 모습도 관찰되는데, 대표적인 것이 보호의무의 개념적 확장에 반대하고, 예방의무에만 초점을 맞추는 것이다.

이러한 레짐 구조 내에서 탈북자들은 '구조적 공백'에 위치하고 있다. 인간안보레짐과 난민레짐은 각각 탈북자 이슈를 포괄할 수 있는 가능성을 가지고 있으면서도 그렇게 하고 있지 못하다. 중국이 구조적 공백 확대하기의 전략을 쓸 수 있는 것은 이 때문이다. 중국은 먼저 각 레짐 내에 사각지대가 존재한다는 것을 적극적으로 이용한다. 중국은 탈북자를 난민으로 인식하지 않으며, 인간안보레짐에서는 보호의무의 정의 자체를 축소시켜 달북자 이슈를 포괄하지 못하도록 만든다.

탈북자들의 네트워크상 위치를 단순한 각 레짐 내의 사각지대가 아닌 구조적 공백으로 보는 것이 더 적절한 이유는 인간안보레짐의 난민레짐에 대한 포괄성에서 발견할 수 있다. 인간안보레짐은 몇 개의 링크 연결을 통해 난민레짐을 포괄하고, 따라서 난민레짐 내 사각지대에 있는 탈북자 이슈까지 포괄할 수 있는 가능성이 있음에도 불구하고 그렇게 하지 못하고 있다. 이는 중국이 의식적이고 적극적으로 링크 연결을 방해하고 있기 때문이며, 이러한 중국의 행동을 본고에서는 '구조적 공백 확대하기' 전략으로 규정하였다.

요컨대 중국의 전략은 유소작위와 구조적 공백 확대하기의 두 전략으로 수렴된다. 유소작위란 해야 할 일은 적극적으로 나서서 이루어 낸다는 말로 중국 외교정책의 전반을 관통하는 정책이다. 인권 분야에서도 유소작위 전략을 찾아볼 수 있는데, 이를테면 중국은 UNHCR 집행위원회의 위원국이고 UNHCR의 중국 내 활동과 관련해 1995년 UNHCR과 특별 협정을 체결하기도 하였다. 그러나 동시에 구조적 공백 확대하기를 통해 탈북자 이슈 등에의 원천적 접근 의무를 차단한다. 중국은 보호의무의 개념적 확장을 반대하고 보호의무를 예방 의무로만 축소시키고자 하며 난민의 정의 또한 축소 적용한다. 결과적으로 중국의 탈북자 대응 전략은 인권의 국제정치 구조에 공백이 형성되도록 조장하는 '음의 네트워킹 전략'의 일환으로 파악할 수 있다.

　중국의 이러한 행태 양식은 분명 한국이 선언적으로 발표하곤 하는, 탈북자의 평화적 인도 정책과는 합치되지 않는다. 중국의 전략은 단순히 한국의 전략과 그것이 다름을 인식하는 것을 넘어 앞으로 한국이 어떠한 전략을 취할 것인지에 대한 단서를 제공한다. 중국의 전략이 네트워크 자체를 약화시키는 것이라면 우리는 부족한 링크를 연결하려고 함으로써 해당 전략과 상반되는 전략을 펼 수 있다. 이 전략의 성공 가능성은 중국이 북한의 적극적인 송환 요구가 없거나, 탈북자들이 별다른 사회문제를 일으키지 않았을 경우에는 탈북자 송환을 위한 감시를 늦추기도 한 경우가 있다(윤여상 외 2013: 13)는 데서 찾아볼 수 있다. 중국이 책임을 다하는 강대국으로서의 자기 인식을 하고 있는 만큼 탈북자 이슈 또한 앞으로 더 발전적으로 논의될 가능성이 존재하는 것이다. 중국은 탈북자 문제가 '인권 쟁점화'되는 것 자체를 회피하고 있는 것(윤여상 외 2013: 16)이므로, 중국의 전략에 대응하고자 한다면 역으로 '인권 쟁점화'를 할 필요가 있다. 구조적 공백 확대하기에 반하는 구조적 공백 메우기가 필요한 시점이다.

참고자료

권순택. 2015. "아일란의 기적." 『전북일보』 2015/09/15. http://www.jjan.kr/news/
articleView.html?idxno=560584 (검색일: 2015.9.21.)

김경진. 2015. "동북아시아 난민 네트워크와 비국가 행위자의 역할: 선교사와 탈북 브로커를
중심으로." 서울대학교 대학원 석사학위논문.

김남국. 2006. "유럽연합(EU)의 인권정책: 전쟁, 난민, 그리고 정체성." 『2006년
한국국제정치학회 학술대회 발표논문집』 pp.123-132.

김상배. 2011. "네트워크로 보는 중견국 외교전략." 『국제정치논총』 51(3), pp.51-77.

_____. 2016. "신흥안보와 메타 거버넌스: 새로운 안보패러다임의 이론적 이해."
『한국정치학회보』 50(1), pp.75-104.

김창규. 2008. "인권개념의 중국적 수용과 변용." 『민주주의와 인권』 8(3), pp.31-58.

박병규·김병로·김수암·송영훈·양운철. 2011. 『노스 코리안 디아스포라: 북한이탈주민의
해외탈북이주와 정착실태』 서울대학교 통일평화연구원.

박종일·이태정·유승무·박수호·신종화. 2013. "난민의 발생과 국민국가의 대응."
『민주주의와 인권』 13(1), pp.199-235.

박한규. 2014. "국제사회에 있어서 인권의 주권적 특수성과 지구적 보편성 논쟁에 관한 연구."
『21세기 정치학회보』 24(1), pp.291-309.

배정생·이세련. 2008. "Human Rights Accountability for North Korean Escapees."
『법학연구』 27: pp.175-192.

백영서. 1994. "중국 인권문제를 보는 시각." 『창작과비평』 22(4), pp.32-55.

서보혁 외 편. 2013. 『인간안보와 남북한 협력』 아카넷.

손미혜. 2015. "헝가리, 난민 열차 묵인…더블린조약 위반 논란." 『뉴스1』 2015.09.01.
http://news1.kr/articles/?2401065 (검색일: 2016.1.4.)

송영훈. 2013a. "국제난민이주와 안보." 『IOM 이민정책연구원 워킹페이퍼 시리즈』 2013-07.

_____. 2013b. "국제정치이론과 인간안보의 이해." 서보혁 외 편. 『인간안보와 남북한 협력』
아카넷.

_____. 2013c. "탈북이주 동향의 이해." 조영희 편. 『국내 이주민 출신국가의 한국행
이주동향』 IOM 이민정책 연구원 특별기획시리즈 4. IOM 이민정책연구원, pp.311-331.

유엔난민기구(UNHCR). 장복희 역. 1997. 『난민 관련 국제조약집』

윤여상·박성철·임순희. 2013. 『중국의 탈북자 강제송환으로 인한 인권침해 실태와
개선방안』 북한인권정보센터.

윤영덕. 2011. "중국의 인권담론과 인권현실의 갈등." 『민주주의와 인권』 11(2), pp.473-510.

이기현. 2012. "중국의 탈북자 정책 동학과 한국의 대응전략." 『통일정책연구』 21(2), pp.119-
142.

이금순. 2006. "국제사회와 한국정부의 북한인권 정책과 그 효과에 대한 평가." 『평화연구원
제2차 심포지엄 자료집』 pp.27-47.

이상수. 2005. "북한과 중국의 미국식 인권개념에 대한 입장."『정신문화연구』 28(2), pp.87-109.

이승열. 2013. "인간안보론의 형성과 발전." 서보혁 편.『인간안보와 남북한 협력』아카넷.

이연철. 2015. "유엔 고문방지위, 중국에 탈북자 강제북송 즉각 중단 권고."『VOA』2015.12.15. http://www.voakorea.com/content/article/3102403.html (검색일: 2016.1.4.)

인남식. 2015. "난민 비극 막으려면 미국이 이란 통해 시리아 움직여야."『중앙선데이』2015.09.13. http://sunday.joins.com/archives/110657 (검색일: 2015.9.21.)

임태근. 1999. "유럽국가의 난민보호제도에 관한 연구."『민주법학』 15(1), pp.162-191.

정보라. 2015. "유엔, 중국에 탈북자 강제북송 해명요청."『RFA 자유아시아방송』2015.07.14. http://www.rfa.org/korean/in_focus/human_rights_defector/repartriation-07142015141645.html (검색일: 2016.1.4.)

정주신. 2006. "중국 내 탈북자의 처리문제와 해결방안."『한국동북아논총』 40, pp.267-285.

_____. 2011.『탈북자 문제의 인식2: 탈북자 난민 UNHCR』프리마북스.

조동준. 2011. "신데렐라처럼 등장한 보호의무 개념과 개입."『국제정치논총』 51(2), pp.161-181.

조정현. 2009. "국제인권법상 탈북자의 보호가능성 및 그 실행."『국제법학회논총』 54(1), pp.183-206.

_____. 2012. "국제법상 중국의 탈북자 보호 의무."『통일연구원 Online Series』 CO 12-06. www.kinu.or.kr/2012.02.21/co12-06.pdf (검색일: 2015.12.26.)

청와대 브리핑. 2013. "대통령주재 수석비서관회의 중 대통령 말씀." 2013.06.03. http://www1.president.go.kr/news/briefingList.php?srh[view_mode]=detail&srh[seq]=5592. (검색일: 2016.1.4.)

최은석. 2013. "미국과 일본의 북한인권법 평가 및 성과와 과제."『북한인권정책연구』통일연구원, pp.371-419.

하종대. 2007. "북한-중국, 탈북자 즉시통보·압록강 두만강 공동경비 협정."『동아일보』2007.07.22. http://news.donga.com/View?gid=8398681&date=20070122 (검색일: 2016.1.5.)

시사상식사전. "꽃제비." 박문각. http://terms.naver.com/entry.nhn?docId=928834&cid=43667&categoryId=43667 (검색일: 2016.5.14.)

UNHCR 홈페이지. "1951년 난민협약." https://www.unhcr.or.kr/unhcr/html/001/001001003003.html (검색일: 2015.10.12.)

Cohen, Roberta. 2014. "China's Forced Repatriation of North Korean Refugees Incurs United Nations Censure." *International Journal of Korean Studies*, Summer/fall edition 2014.

COI DPRK/CCC/st/59. Michael Kirby. "Commission of Inquiry of Human Rights in the Democratic People's Republic of Korea." 2013.12.16.

Edwards, Alice. 2009. "Human security and the rights of refugees: transcending territorial and disciplinary borders." *Michigan Journal of International Law* 30(3), pp.763-807.

Han, Dong-ho. 2011. "The Clash between Interest and Responsibility: China's Policy toward North Korean Escapees." *The Korean Journal of Defense Analysis*, 23(4), pp.443-455.

International Commission on Intervention and State Sovereignty(ICISS). 2011. *The Responsibility to Protect*. Canada(Ottawa): International Development Research Centre.

Ministry of Foreign Affairs of Japan(外務省). 1999. "Diplomatic Bluebook 1999 Chapter II Section 3." http://www.mofa.go.jp/policy/other/bluebook/1999/II-3-a.html (검색일: 2015.10.15.); Edwards, A. 2009. "Human security and the rights of refugees: transcending territorial and disciplinary borders." *Michigan Journal of International Law* 30(3), p.770에서 재인용.

POC S/PV.5476. "Protection of civilians in armed conflict." UN Security Council Verbatim Record, 28 June 2006.

POC S/PV.5577. "Protection of civilians in armed conflict." UN Security Council Verbatim Record, 4 December 2006.

Rimmer, Susan Harris. 2010. "Refugees, internally displaced persons and the 'responsibility to protect'." *UNHCR Research Paper*, 185, pp.1-21.

Secretary-General. 2009. "Implementing the responsibility to protect. United Nations Report of the Secretary-General." A/63/677, Jan 12.

Takasu, Yuko. 2000. "Statement at the International Conference on Human Security in a Globalized World." 2000/05/08. http://www.mofa.go.jp/policy/human_secu/speech0005.html (검색일: 2015.10.15.)

Teitt, Sarah. 2008. "China and the Responsibility to Protect." *Asia-Pacific Centre for the Responsibility to Protect.*

UNDP. 1994. *Human Development Report 1994*. New York: Oxford University Press.

环球时报. 2012.02.21. "专家驳斥韩对我遣返朝鲜非法入境者指责."
铁血网. 2012.02.29. "韩国莫在脱北者问题上逼中国."

제9장

난민 문제와 호주의 중견국 외교 전략

신승휴

I. 머리말

2015년 들어 유례없는 난민 사태를 맞이한 유럽연합(European Union: EU) 국가들은 크게 두 가지 방법을 통해 난민 문제에 대응하는 모습을 보였다. 먼저 인도주의를 표방하는 국가들의 경우, 난민의 인권을 보호하는 차원에서 난민을 포용하는 정책을 전개하였고, 반대로 그렇지 않은 국가들은 난민의 유입을 봉쇄하고자 하는 입장을 보였다. 이렇듯 유럽연합 국가들이 난민 문제를 어떻게 받아들일 것인지 저마다의 입장을 취하고 있는 상황에서 지난 2015년 11월 프랑스 파리에서 발생한 테러 사태는 난민 문제를 테러 문제와 중첩시킴으로써 문제의 심각성과 복잡성을 심화시켜 그에 대한 해결을 더욱 어렵게 만들고 있다. 이에 따라 처음에는 난민을 무조건 수용하는 원칙을 내세웠던 몇몇 유럽 국가들은 예상보다 자국으로 유입되는 난민의 수가 많아져 감당하기 어려운 수준에 이르자 난민 관리 강화의 원칙을 내세워 태도를 바꾸는 모습을 보이고 있다(조민영 2015). 결국 유럽연합 국가들은 인도주의적 책임을 요구하는 국제사회와 사회적 안정을 기대하는 국내 여론 그 어느 쪽도 제대로 만족시키지 못하고 있는 상황에 놓여있다.

흥미로운 점은 최근 유럽에서 발생한 난민 위기와 유사한 사태가 1999년부터 2001년 사이 호주와 동남아시아를 중심으로 한 아시아 태평양 지역에서도 발생하였다는 사실이다. 당시의 아태지역 난민 위기 역시 현재 유럽의 위기처럼 급격한 난민의 증가와 테러 발생, 그리고 역내 국가들 간의 입장 차이라는 특징을 보였다. 여기서 주목할 점은 아태지역에서 발생한 난민 위기의 경우 호주가 주도하는 지역 차원의 다자협력으로 인해 비교적 빠른 속도로 해결될 수 있었다는 사실이다.

1999년부터 2001년 사이 호주로 유입되는 보트피플(boat

people)[1]의 수가 급격히 증가하자 당시 호주의 존 하워드(John Howard) 정부는 난민 문제를 근본적으로 해결하기 위해 지역적 다자 협력을 주도하는 중견국 외교를 전개하였다. 이 과정에서 하워드 정부는 보트피플의 문제와 더불어 이와 관련된 인간 밀수(people smuggling) 범죄를 심각한 초국적 안보 위협으로 규정하고 이러한 위협 인식을 역내에 확산시킴으로써 난민 문제에 대한 지역적 공동대응의 당위성을 확보해 나갔다. 이를 통해 호주는 난민 문제 해결에 필요한 공동대응의 표준과 규범을 주도적으로 세워나갔으며 결과적으로 문제의 위협을 완화시키는 데에 결정적 기여를 하였다. 따라서 당시 호주가 전개한 중견국 외교는 오늘날 국제사회가 직면한 신흥안보(emerging security) 이슈의 하나라고 할 수 있는 난민 문제에 효과적으로 대응하기 위해 필히 눈여겨봐야 할 사례라고 할 수 있다.

지금까지 난민 문제에 대한 하워드 정부의 외교 전략을 분석한 기존 연구들은 대부분 현실주의적 시각을 통해서 이루어져 왔다. 이들 연구는 하워드 정부가 난민 문제의 위협으로부터 자국의 안보를 지키기 위해 '인권보호'의 책임을 버리고 '주권보호'의 길을 택하였다고 주장한다(McAdam 2013; Kuhn 2009). 따라서 이러한 현실주의적 시각은 하워드 정부의 난민안보 전략을 단순한 봉쇄 전략의 일환으로 봄으

---

1   보트피플이란. 원래 1970년대 베트남 전쟁이 발생하면서 해로로 베트남을 탈출하였던 난민을 가리키는 용어로 사용되었지만 현재는 특정 요인으로 인해 해로를 이용하여 출발국, 경유국, 목적국의 법적 규제를 따르지 않고 한 국가에서 다른 국가로 불법 이주를 시도하는 이들을 가리키는 용어로 사용되고 있다. 따라서 보트피플은 적절한 증빙 서류 없이 바다를 통해 국경을 넘어 이동하는 이들을 총칭하는 개념으로 국제법(1951 Convention relating to the status of refugees)에 따라 난민(refugee)으로 인정받은 자와 난민의 지위를 획득하지 못한 상황에서 국제적 보호를 추구하는 망명 신청자(asylum seeker)가 모두 이에 포함된다. 특히 본 논문에서 소개하는 보트피플은 동남아시아 지역을 통해 호주로 불법 이주를 시도하는 경제적 이주민 및 난민들을 의미하며 인간 밀수(people smuggling) 범죄와 깊은 관련이 있다.

로써 당시 호주의 정책이 비인도주의적이었다는 부정적 인식을 불러일으킨다. 실제로 아태지역 난민 문제의 최대 피해국이었던 호주가 자국으로 유입되는 보트피플의 급격한 증가에 상당한 부담을 느끼고 있었다는 사실을 고려할 때, 이러한 견해는 역내 난민 문제에 대한 호주의 이해관계를 설명하는 데에 부분적으로 도움이 된다. 그러나 이러한 현실주의적 관점은 호주가 난민봉쇄 정책만으로도 자국으로 유입되는 보트피플의 흐름을 충분히 차단할 수 있었음에도 불구하고 난민 문제의 근본적 해결을 위해 다자간 협력을 주도하였고, 이에 대한 비용과 책임부담을 자발적으로 수용하였다는 사실을 효과적으로 설명하지 못한다.

물론 호주가 다자협력의 주도를 전략으로 선택하게 된 배경에는 난민 문제에 역내 이웃국가들과 공동으로 대응함으로써 자국의 안보를 증진시키겠다는 하워드 정부의 강한 의지가 존재하였던 것 역시 사실이다. 그러나 호주는 다자협력을 주도하는 과정에서 단순히 자국의 배타적 국가이익만을 추구하기보다는 지역 국가들과 공유할 수 있는 상호적 공동이익 역시 추구하는 면모를 보였다. 만약 호주가 자국의 배타적 국익만을 추구했다면 호주의 다자협력 주도는 결코 성공하지 못했을 것이다. 한편, 하워드 정부의 다자협력 주도 결정과 그 과정을 단순히 호주의 선량한 국제시민 의식(good international citizenship)이나 자유주의적 행태에 의한 것으로 보기에도 무리가 있는데, 그 이유는 앞서 언급한 것처럼 하워드 정부가 지역 차원의 공동대응을 통해 난민 문제의 위협으로부터 자국의 주권과 사회적 정체성을 보호하기를 원하였기 때문이다. 따라서 호주의 다자협력 주도를 단순히 도덕성에 기초한 '어진 외교'로 보기도 어렵다.

이 글은 '호주의 하워드 정부가 단순한 난민봉쇄 정책을 통해 자국으로 유입되는 보트피플의 흐름을 충분히 차단할 수 있었음에도 불구하고 왜 다자협력의 주도를 통해 난민 위기를 해결하려고 했는지, 그리고 그러한 다자협력을 어떻게 주도하였는가'를 묻는 연구 질문을 제시하고자 한다. 또한 난민 문제에 대한 하워드 정부의 외교 전략을 자국의 국익에 집중된 현실주의적 정책의 일환으로 보거나 인도주의나 선량한 국제시민 의식에 의한 도덕적인 외교 전략으로 규정할수 없다는 문제의식을 바탕으로 호주가 아태지역 난민 문제의 위협으로부터 자국의 안보를 지키는 '배타적 이익'과 더불어 난민 문제에 대한 지역적 대응의 표준과 규범을 제시하는 '지역적 공익'을 균형에 맞게 배합하여 추구하는 '이익 기반 중견국 외교(interest-based middle power diplomacy)' 전략을 전개하였다는 점을 증명하고자 한다. 이를통해 자신에 대한 국제사회의 기대와 국내적 요구를 모두 만족시킬 수 있었음을 밝힐 것이다.

이를 뒷받침하기 위해 이 글은 국가의 '능력'이나 '행태' 즉 '속성론의 변수'가 아닌 특정 이슈구조에서 그 국가가 차지하는 구조적 '위치'와 '역할'이라는 '구조적 위치론의 변수'에 주목하는 네트워크 이론의 시각을 통해 호주의 외교 전략을 분석하고자 한다. 이러한 분석을토대로 이 글이 밝히고자 하는 점은 호주의 하워드 정부가 난민 문제에 대응하는 과정에서 다자간 협력이 필요하다는 사실을 일찌감치 파악하였고 그에 따라 전략적으로 역내 난민 문제의 구조를 형성하였다는 것이다. 더 나아가 그 구조의 공백이라 할 수 있는 다자협력 주도의역할을 자처해 수행함으로써 자국으로 유입되는 보트피플의 흐름을효과적으로 차단함과 동시에 문제 해결에 필요한 지역적 공동대응의표준과 규범을 주도적으로 설정해나갔다는 사실이다.

이 글은 크게 네 개의 부분으로 구성되어 있다. II절에서는 중견국 외교에 대한 이론적 논의를 네트워크 이론의 시각에서 소개할 것이다. III절에서는 아시아 태평양 지역 난민 위기를 중심으로 형성된 구조와 그 안에서 발견된 다양한 구조적 공백을 살펴볼 것이다. 이어서 IV절에서는 난민 문제에 대한 호주의 입장 변화 과정과 그 과정에서 발생한 국내적 갈등을 돌아볼 것이다. 마지막으로 V절에서는 난민 위기 해결에 필요한 지역적 공동대응의 표준과 규범을 세우기 위해 호주가 전개한 중견국 외교의 성공 과정을 네트워크의 시각에서 살펴보고자 한다.

II. 네트워크로 보는 중견국 외교 전략

지금까지 중견국 외교에 대한 논의는 주로 국가의 '능력'이나 '행태'를 지표로 삼아 중견국의 범주를 설정하고 그 범주에 속한 국가군의 외교 전략을 설명하는 것에 국한되어 왔다. 먼저, 국가의 능력을 기준으로 중견국의 범주를 설정한 연구는 국가의 영토, 인구, 경제력, 군사력 등과 같은 물질적 능력과 더불어 그러한 능력에서 비롯되는 영향력의 측면에서 강대국이나 약소국으로 볼 수 없는 국가를 중견국으로 간주하였다(Holbraad 1984). 한편 국가의 행태적 경향을 지표로 중견국의 범주를 설정한 논의는 글로벌 안보 문제나 국제분쟁을 해결함에 있어 다자주의나 인도주의에 기초한 평화적 방법을 선호하는 국가들의 외교적 행태, 즉, 중견국 기질(middlepowermanship)에 의거하여 중견국 외교를 설명하였다(Cooper *et al.* 1993).

　　행위자의 능력이나 행태에 주목하는 속성론의 시각을 통해 중견국 외교를 분석한 기존의 연구들은 중견국의 범주를 설정하거나 과거 중견국으로 명명된 국가들의 특정한 외교적 행태를 설명하는 데 유용한 이론적 논의를 제공하였다. 실제로 이 글에서 소개되는 호주 역시 1980년대부터 자유주의적 제도주의와 인도주의를 표방한 외교 전략을 주로 추구해왔으며, 스스로 자국을 중견국으로 규정하고 중견국의 지위에 부합한 국력과 영향력을 유지하기 위해 노력해왔다(Evans 2012). 따라서 중견국의 자격과 기질의 측면에서 호주의 외교 전략을 논의한 기존의 연구들은 1980-1990년대 자유주의적 제도주의에 기반을 둔 호주의 대외정책을 설명하는 데에 중요한 이론적 자원을 제공했다고 볼 수 있다.

그러나 속성론의 시각으로는 충분히 설명될 수 없는 중견국 외교의 사례들 역시 존재하는데, 이 글이 소개하는 호주의 중견국 외교 사례를 한 예로 들 수 있다. 난민 위기를 타개하는 과정에서 호주가 전개한 중견국 외교는 다자협력을 통해 초국적 안보 문제를 해결하려 했다는 점에서 자유주의적 제도주의의 성격을 보였다. 그러나 그 이면에는 난민 문제를 둘러싸고 존재하는 여러 이웃국가들의 관계구도가 만들어내는 네트워크에서 가장 중심적 위치를 장악함으로써 네트워크의 흐름을 자국의 국익이 최대한 보장되는 방향으로 이끌어가고자 하는 호주의 숨은 의도가 존재하였다. 그렇다고 하여 호주가 자국의 배타적 이익만을 고집했던 것은 아니다. 호주는 다자협력 구축 노력을 주도하여 난민 문제의 궁극적 해결에 필요한 지역적 공동대응의 표준과 규범을 세움으로써 역내 이웃국가들과 공유할 수 있는 상호적 공익 역시 추구하는 모습을 보였다. 이를 고려할 때 호주가 난민 문제에 대응하는 과정에서 전개한 중견국 외교는 도덕성에 기반을 둔 어진 중견국 외교라기보다는 배타적 국익과 상호적 공익을 모두 추구하는 외교, 즉 이익추구에 의한 중견국 외교로 볼 수 있다. 이러한 이익 기반 중견국 외교는 현실주의나 자유주의적 시각만으로는 분명 제대로 설명될 수 없다.

이렇듯 중견국의 속성과 행태에 주목하는 기존의 연구들이 가지는 기능적 한계를 고려할 때, 특정한 이슈를 둘러싸고 존재하는 국가 간의 관계구도와 상호작용이 만들어 내는 네트워크와 그 네트워크에시 중견국이 차지하는 위치를 분석하여 중견국 외교를 설명하는 네트워크 이론은 상당히 유용한 보완적 분석틀이 될 수 있다. 따라서 이 글은 호주가 아태지역 난민 문제를 해결해가는 과정에서 중견국 외교의 일환으로 지역 차원의 다자협력을 이끌어낸 사례를 네트워크 이론, 특히 소셜 네트워크 이론(Social Network Theory), 네트워크 조직 이론(Network Organisation Theory) 그리고 행위자-네트워크 이론(Actor-Network Theory: ANT)을 복합적으로 원용하는 복합 네트워크 이론의 시각에서 분석하고자 한다.

먼저 소셜 네트워크 이론의 시각에서 본 중견국 외교는 단순히 중견국의 내재적 속성과 행태에서 비롯된 정책적 결과물이 아니며, 중견국이 복집한 세계정치의 '구조' 속에서 자신의 국익을 최대한 확보할 수 있는 '구조적 위치'와 '역할'을 발견하고 이를 적절히 활용하여 '위치권력(positional power)'을 장악해나가는 과정이라고 할 수 있다(김상배b 2014). 여기서 말하는 '구조'는 국제체제의 세력배분에 근거하는 지정학적 구조가 아니라 행위자들 간의 관계구도와 상호작용의 패턴, 즉 탈(脫)지정학적 구조를 의미한다. 다시 말해, 중견국은 특정 이슈를 둘러싸고 존재하는 다양한 행위자들—주로 국가들—간의 관계적 구도(relational configuration)가 만들어내는 구조의 네트워크에서 강대국이 메울 수 없는 구조적 공백(structural hole)을 찾아 채움으로써 물질적 국력과 지정학적 위치의 한계를 넘어 자신의 이해관계를 충족시킬 수 있다.

네트워크상에 존재하는 구조적 공백이란, 행위자들 간의 관계가 약하거나 느슨함에 따라 그들 간의 상호작용이 원활하게 이루어지지 못하는 것을 의미하는데, 이러한 관계의 균열이나 단절을 구조적 공백으로 볼 수 있다(Burt 1992). 이러한 구조적 공백을 가지는 네트워크를 분절 네트워크라고 하는데, 중건국은 이렇게 분절된 네트워크상에 존재하는 행위자들 간 관계의 균열을 메우거나 단절된 관계를 잇는 역할을 수행함으로써 네트워크상에서 중요한 위치를 차지할 수 있게 된다. 물론 네트워크의 구조적 공백을 메우는 역할이 중건국만을 위한 것은 아니다. 오히려 강력한 국력을 기반으로 하는 강대국의 경우, 중건국보다 더 성공적으로 구조적 공백을 찾아 이를 효과적으로 메울 수도 있다. 하지만 강대국이 특정 이슈를 중심으로 형성된 구조에서 공백을 발견하더라도 다양한 이유로 인해 이를 메우지 못하거나 메우기를 꺼려하는 경우가 여전히 존재한다. 중건국은 이러한 공백을 메우는 중개자의 역할을 수행함으로써 네트워크의 전반적인 흐름을 바꾸는 권력을 행사할 수도 있다.

네트워크 조직이론은 중건국이 주권과 영토성의 원칙을 기반으로 하는 위계적 국민국가의 형태에서 네트워크 국가의 형태, 즉 '국가기구 내 여러 하위 행위자들의 수평적 관계가 활발해지는 조직'의 형태를 갖춘 탈위계적 국가로 변화하는 과정을 설명하는 데에 유용하다(김상배 2015). 네트워크 국가로서 중건국은 기존의 국민국가 모델보다 더 열린 정체성과 국가이익에 대한 인식을 가진다. 중건국의 열린 정체성은 국가의 자아 정체성과 그 국가가 속한 구조적 환경의 상호작용을 통해 형성된다. 여기서 자아 정체성은 단순히 중건국의 속성과 주관적 정체성에서 비롯된 것이 아니라 특정 이슈를 중심으로 형성된 구조 속에서 자국의 위치와 역할에 대한 인식을 바탕으로 형성되는 것이라고 할 수 있다. 이러한 관점에서 중건국의 정체성은 부동적이지 않으며 오히려 상황에 맞춰 변화하는 유연함을 갖는다.

　중견국 외교는 개별 국가 차원에서 배타적 국가이익만을 추구하는 정책이 아니라 상대와 공유하는 공동이익을 모두 주장하는 외교 정책이라고 할 수 있다. 다시 말해 중견국은 약소국처럼 개별 국가차원에서 배타적인 국익만을 고집할 수도 없으며, 강대국처럼 글로벌 차원의 공익만을 추구할 수도 없는 처지에 있다. 즉 열린 국가이익을 강조하는 중견국 외교는 개별 국가 차원의 배타적 국익과 상호적 공익을 모두 추구하는 외교이거나 혹은 그렇게 비추어지는 외교 전략이라고 볼 수 있다. 하지만 강대국과는 달리 제한된 국력과 국제적 영향력을 가진 국가에게 국익과 공익을 모두 추구하는 일은 어려운 과제일 수밖에 없으며, 때론 분수에 맞지 않는 행위로 비춰질 수도 있다. 공익의 추구는 국제적 호응과 지지를 불러올 수 있지만 만약 그 과정에서 국익의 증진이 전혀 이루어지지 않거나 심지어 저해된다면 극심한 국내적 반발을 야기할 수도 있다. 그렇다고 배타적 국익만을 승진시킬 목적으로 중견국 외교를 전개한다면 국제사회의 참여와 지지를 얻을 수 없게 된다. 따라서 중견국은 배타적 국익과 상호적 공익을 균형에 맞게 배합하여 추구함으로써 자신의 역할에 대한 국제사회의 기대와 국내적 요구를 최대한 만족시키는 외교 전략을 전개해야 한다.

　마지막으로 행위자-네트워크 이론의 시각에서 본 중견국 외교는 국가 행위자가 특정한 이슈를 둘러싸고 존재하는 여러 다른 행위자들과 관계를 맺어가며 그 이슈를 중심으로 형성되는 네트워크를 자신에게 유리한 방향으로 조정해가는 동태적 과정을 의미한다. 이렇게 중견국이 자신의 주위에 존재하는 다양한 행위자들과 관계를 맺어가며 네트워크를 형성해가는 과정을 행위자-네트워크 이론에서는 '번역(translation)'이라 부르는데, 이 번역의 과정은 프레임 짜기, 맺고 끊

기, 내 편 모으기, 표준 세우기의 네 단계로 구성된다(김상배a 2014).[2]

　　먼저 '프레임 짜기'의 단계에서 중견국은 특정 이슈를 둘러싼 상황을 이해하는 상황지성(contextual intelligence)을 바탕으로 네트워크의 구도를 포착하고 그 안에 속해있는 여러 행위자들의 속성과 그들 간의 이해관계를 파악한다. 이를 통해 중견국은 네트워크의 전반적인 구도를 이해하고 이를 자신에게 유리하게끔 재구성해나가는 '설계권력(programming power)'을 장악하게 된다. 이 과정에서 중견국은 네트워크상에 존재하는 구조적 공백을 발견할 수 있다. 두 번째 '맺고 끊기'의 단계에서 중견국은 네트워크를 이루는 행위자들 간의 이해관계를 조정하는데, 이는 중견국이 네트워크상에 이미 존재하는 관계를 끊거나 이전에는 존재하지 않던 관계를 새롭게 만들어가는 중개적 역할을 수행함을 의미한다. 이러한 맺고 끊기의 중개를 통해 중견국은 네트워크의 중심을 장악하는 '위치권력'과 더불어 네트워크의 전반적인 흐름을 결정하는 중개권력(brokerage power)을 획득한다.

　　세 번째 '내 편 모으기'의 단계에서 중견국은 이질적인 행위자들을 하나로 모으는 전략을 세우고 이를 실행한다. 중견국 외교의 성공 여부는 해당 중견국이 얼마나 많은 행위자들을 자기편으로 끌어모을 수 있는가에 달려있다고 해도 과언이 아니다. 이렇게 네트워크상에 존재하는 다른 행위자들로 하여금 자신의 편에 서게 만드는 능력을 '집합권력(collective power)'이라고 한다. 여기서 주목할 점은 중견국의 집합권력은 강한 군사력과 경제력을 토대로 하는 하드파워와 상대방을 설득하고 유도하는 소프트파워가 복합된 형태의 권력이라 할 수 있

2　이 글에서 원용하고자 하는 ANT 이론의 번역 과정은 사회학자 미셸 칼롱(Michel Callon)이 이야기하는 번역의 4단계–문제제기, 관심끌기, 등록하기, 동원하기–를 국제정치학자 김상배(2014a)가 중견국 외교론을 설명하기 위해 국제정치학에 맞춰 재구성한 것이다.

다(김상배 2014a). 마지막 '표준 세우기'의 단계에서 중견국은 이미 수립된 네트워크를 더욱 보완하고 개선함으로써 다른 행위자들로 하여금 이를 보편적인 표준으로 받아들이게끔 만든다. 이는 번역의 주체가 되는 중견국이 네트워크에 포함된 여러 행위자들에게 표준을 제시할 수 있는 능력을 장악하게 됨을 의미한다. 현실에서 중견국은 주로 강대국이 세운 표준의 정당성과 규범적 가치를 확대하는 보완책을 강구함으로써 전체 네트워크를 자신에게 유리한 방향으로 재구성해나간다.

III. 난민 문제의 이슈구조

1. 난민 문제의 구조 형성 과정

아시아 태평양 지역 난민 문제의 이슈구소 혹은 네트워크는 크게 세 가지 요인에 의해 형성되었다. 첫 번째 요인은 1999년부터 2001년 사이에 호주로 유입되는 보트피플의 수가 급격하게 증가한 것과 관련이 있고, 두 번째는 2001년 발생한 탐파 사건과 9.11 테러 공격으로 인해 난민에 대한 호주 정부와 사회의 인식이 급변한 것이었다. 세 번째 요인은 호주와 아세안(ASEAN) 국가들 간에 이주의 문제에 대한 인식 및 접근방법이 서로 비슷해지면서 난민 문제에 대한 위협 인식이 동남아시아 지역으로 빠르게 확산된 것과 관련이 있다.

아태지역 난민 문제의 기원은 1980년대로 거슬러 올라가지만 본격적으로 난민 문제가 지역적 안보 사안으로 자리 잡기 시작한 것은 1999년부터였다. 그 이전에도 동남아시아에서 호주 대륙으로 불법 이주를 시도하는 보트피플의 흐름이 있기는 하였으나, 그 수가 적었던 탓에 난민 문제는 호주 정부에게 국가안보를 위태롭게 하는 위협으로 인식되지는 않았다(Betts 2001: 34-36; Carr 2015: 94-96). 그러던 것이 1999년 동남아시아 지역에서 호주의 북서부 해안지역으로 유입되는 보트피플의 수가 3,721명으로 증가하면서 당시 호주 총리였던 존 하워드는 난민 문제의 심각성이 급격히 높아지고 있음을 깨닫기 시작하였다(Howard 2010: 394). 그 당시 하워드 정부는 호주로 향하는 보트피플의 수가 앞으로 더욱 늘어날 것을 경고하는 보고를 지속적으로 받았는데 이 역시 난민 문제에 대한 호주 정부의 우려를 증폭시키는 원인으로 작용했다(Senate Select Committee on a Certain Maritime Incident 2002). 실제로 그 다음해인 2000년에는 2,939명의 보트피플이 바다를 건너 호주로 불법 이주를 시도하였고, 2001년에는 그 수가 5,516명으로 두 배 가까이 증가하였다.

이렇게 호주로 유입되는 보트피플의 수가 급격히 증가하게 된 배경에는 크게 세 가지 요인을 들 수 있다. 첫째는 1990년대 후반에 들어 이라크와 아프가니스탄 난민의 수가 글로벌 차원에서 증가하였기 때문이고(Blair 2010: 204), 두 번째 요인은 아태지역에서 인간 밀수 및 인신매매 범죄가 급증하였지만 당시 역내 국가 정부들이 이러한 범죄에 대응할 능력을 갖추지 못하였던 것과 관련이 있다(York 2003: 52-53). 마지막 요인은 1999년에 발생한 동티모르 사태로 인해 호주와 인도네시아의 외교적 관계가 급격하게 악화되었고 그 결과 인도네시아를 거쳐서 호주로 유입되는 보트피플을 인도네시아 정부가 의도적으로 단속하지 않았다는 점을 들 수 있다(Errington and Van Onselen 2008: 301-302).

보트피플의 수가 급격히 증가하는 상황에서도 호주 정부는 난민 문제에 어떻게 대응할 것인가를 섣불리 결정하지 못하였다. 이는 하워

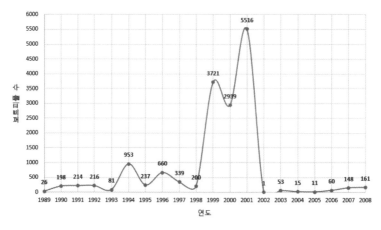

그림 1. 1989년부터 2008년 사이에 호주로 불법 이주를 시도한 보트피플의 수[3]

드 정부가 난민을 더 이상 수용할 수 없게 됨에 따라 이들을 다시 돌려 보내야 하는 상황임을 알고 있었지만, 이러한 강경한 대응책이 인도 주의적 국가를 표방해온 호주의 외교정책에도 부합하지 않음을 인지 하고 있었기 때문이다(Errington and Van Onselen 2008: 299). 1980년 대 들어 호주가 본격적으로 선량한 국제시민 의식에 기반을 둔 외교를 추구해왔다는 점을 고려할 때 하워드 정부의 이러한 딜레마는 어쩌면 당연한 것이었다. 한편 이 시기 난민에 대한 호주 사회의 부정적 시선 과 불안감이 극대화되어 문제 해결을 위한 정부의 행동을 요구하는 국 내적 목소리도 점점 커지기 시작하였다(Every and Augoustinos 2007; Phillips and Spinks 2011). 설상가상으로 호주 연방정부의 국경통제 능 력에 대한 사회적 우려와 의구심 역시 빠르게 증가하였고 하워드 총리 는 이에 큰 부담을 느끼고 있었다(Howard 2010: 394-395). 하지만 여 전히 호주 정부에게 인도주의적 난민 정책을 기대하는 여론 또한 존재

---

3   본 그림은 자넷 필립스(Janet Phillips)가 호주 의회에 제출한 기존 연구를 참조하여 필 자가 그래프화한 것이다(Phillips 2015).

하였기 때문에 섣불리 보트피플의 유입을 차단하는 봉쇄 정책을 전개
할 수도 없는 상황이었다.

　호주가 본격적으로 난민 문제를 심각한 위협으로 인식하게 된 데
에는 탐파 사건(Tampa Affair)과 9.11 테러 사태 역시 결정적인 영향
을 미쳤다. 2001년 호주로 유입되는 보트피플의 수가 최고치를 기록하
면서 하워드 정부가 난민 수용 정책과 봉쇄 정책을 두고 고심하고 있
던 중, 같은 해 8월 탐파 사건이 발생하였다. 2001년 8월 26일 발생한
탐파 사건은 400명이 넘는 아프간 계통의 피난민을 태운 노르웨이 선
박 탐파호(MV *Tampa*)가 호주 정부에게 자신들이 구조한 피난민들을
호주령 크리스마스 섬(Christmas Island)에 수용해줄 것을 요구하면서
발생하였다. 그러나 하워드 총리가 끝내 이를 거부하면서 호주와 노르
웨이 정부 간 외교적 마찰을 일으킨 사건이었다(Betts 2001: 38-39).

　이 사건은 보트피플에 대한 호주 정부와 사회의 우려를 증폭시켰
고, 난민 문제에 대한 호주의 입장은 이 사건을 계기로 '인도주의적 수
용'에서 '통제를 위한 봉쇄'로 확실히 바뀌게 되었다(Errington and Van
Onselen 2008: 294, 301). 실제로 탐파 사건이 발생하고 바로 한 달 뒤
에 호주의 유력 일간지 디 에이지(The Age)가 실시한 설문조사에서
무려 호주 국민의 77%가 탐파호 난민들을 호주 본토로 이송하는 것에
반대한다는 입장을 보였고, 그 보다 조금 적은 74%의 호주 국민들이
하워드 정부의 탐파호 수용거부 결정과 더불어 정부의 문제 접근방식
을 지지하는 것으로 나타났다(Betts 2001: 41-42). 하워드 정부의 결정
에 대한 이러한 높은 국민적 지지율은 당시 난민 문제에 대한 호주 사
회의 불안과 우려가 얼마나 컸는가를 간접적으로 보여준다.

　한편, 2001년 9월 미국에서 발생한 9.11 테러공격 역시 호주 정부
와 사회로 하여금 난민 문제를 심각한 초국적 안보위협으로 인식하도

록 만들었는데, 그 이유는 보트피플의 이동이 테러공격의 수단과 경로가 될 수 있다는 우려와 인식이 호주 사회와 엘리트를 중심으로 확산되었기 때문이다(Marr and Wilkinson 2003; McAdam 2013). 당시 호주 국민의 대다수는 인간 밀수 범죄를 통해 호주로 들어오는 보트피플이 테러 위협을 높이는 직접적인 요인이 될 수 있다고 믿었다. 이러한 사회적 우려의 확산은 호주 정부로 하여금 난민 문제를 이슬람 극단주의에 기초한 테러리즘과 연결시켜 이를 호주의 국가 주권과 사회적 정체성을 위태롭게 하는 위협으로 인식하게끔 만들었다(Carr 2015: 101). 이때부터 호주 국민 대다수는 보트피플을 테러 공격을 감행할 수 있는 잠재적 위협으로 보기 시작하였다.

실제로 호주 정부는 9.11 테러가 발생한 2001년부터 국방 및 정보력과 더불어 국경안보(border security)를 위한 국방비를 대폭 늘렸는데, 이는 9.11 테러사태를 기점으로 호주가 난민 문제를 글로벌 테러와 관련된 안보 문제로 인식하게 되있음을 보여주는 단적인 예라고 할 수 있다(Howard 2010: 545). 또한 국경안보를 위한 국방비 투자 확대는 하워드 정부가 본격적으로 난민, 인간 밀수, 불법이주 등의 문제를 국가가 처리해야할 우선적 사안으로 격상시켰음을 의미하는 것으로도 볼 수 있다. 한편 9.11 테러 이후로 난민 문제에 대한 하워드 총리의 발언에서 '주권'과 '국경 보호'를 강조하는 부분이 늘어난 점 역시 보트피플에 대한 하워드 정부의 입장이 9.11 테러 사태를 기점으로 급격히 변화되어갔음을 보여준다(Errington and Van Onselen 2008: 294-301).

이러한 일련의 사건들은 난민 문제에 대한 하워드 정부의 입장이 전환되는 결정적 원인이 되었다. 그 결과 호주는 단기적으로 보트피플을 인도주의적 난민 프로그램에 따라 수용하는 것을 거부함과 동시에 문제의 궁극적인 해결을 위해 강력한 지역 및 국제적 대응을 강구하기 시작하였다(Carr 2015: 100-101). 이 과정에서 호주의 하워드 정부는 난민 수용에 초점을 맞춘 기존의 정책을 거부하고 난민의 유입을 봉쇄하는 정책을 선호하게 되었다. 이는 호주 정부가 난민 문제에 대응함에 있어 인도주의적 입장을 버린 것이 아니라 난민 정책의 초점을 무조건적인 수용이 아닌 통제와 질서에 맞췄다는 사실을 의미한다.

호주의 인식 및 대응전략의 변화는 난민 문제에 대한 위협 인식이 동남아시아 지역으로 확산되게끔 만들었는데, 이는 '이주'와 관련된 문제를 바라보는 아세안 차원의 시각과 호주의 시각이 서로 중첩되면서 발생한 결과로 볼 수 있다. 당시 동남아시아 지역에는 불법이주와 인간 밀수 범죄가 역내 개별 국가와 지역차원의 공동 안보를 위협하는 심각한 초국가적 난제로 존재하고 있었다(김예겸 외 2010: 282). 이 문제들은 이미 아세안 차원에서 다루어지고 있던 상황이었는데, 여기서 주목할 점은 불법이주와 인간 밀수 범죄에 대한 아세안의 기본 시각과 대응 방식이 '국가 주권에 대한 범죄' 그리고 '밀입국 내지 불법이주노동'의 측면에 집중되어 있었다는 사실이다(김예겸 외 2010: 281-284). 다시 말해, 아세안의 기본 시각에서 본 불법이주 및 인간 밀수 범죄는 단순히 반인도주의적 범죄가 아닌 국가의 주권을 위협하는 '이주'의 문제였다고 할 수 있다.

물론 이를 바라보는 몇몇 아세안 국가들의 시각이 국가의 주권이나 안보보다 인권의 측면에 더 근접해 있기도 하였으나, 아세안의 기본 시각은 확실히 인권보다 '국가 주권'에 좀 더 집중되어 있었다. 따라서 동남아 지역 불법이주 및 인간 밀수 범죄에 대한 아세안의 시각은 보트피플의 문제를 바라보는 호주의 시각과 상당히 비슷하였고, 이렇게 중첩된 시각은 난민, 인간 밀수, 불법이주 등과 같은 이주의 문제를 심각한 초국적 안보 위협으로 보는 공통된 인식이 동남아 지역으로 확산되는 결과로 이어졌다(Carr 2015: 100-103). 이를 계기로 난민 문제는 인간 밀수 범죄와 밀접하게 연관된 문제로 인식되기 시작하였다.

뒤에서 더 자세히 서술하겠지만, 사실 이렇게 이주 문제에 대한 위협 인식이 동남아 지역으로 확산된 데에는 호주의 의도적인 안보화 전략의 영향이 컸다. 실제로 호주 정부는 계획적으로 보트피플을 안보화하여 국가 주권에 대한 위협으로 격상시키고 그에 따라 강경한 봉쇄 정책을 전개함으로써 문제의 심각성을 이웃 국가들에게 알리기 위해 노력하였다. 호주의 이러한 노력은 난민 문제를 개별 국가 차원이 아닌 지역 차원에서 다루어져야할 최우선적 사안으로 만들어 문제 해결에 필요한 역내 국가들의 활발한 협력을 이끌어내기 위함이었다.

2. 난민 문제 이슈구조의 구조적 공백

오세아니아와 동남아시아 지역을 중심으로 형성된 난민 문제의 이슈구조에는 크게 두 가지 구조적 공백이 존재하였다. 첫째는 이미 동남아 지역에 존재하는 인간 밀수 및 불법이주 문제의 이슈구조에서 인력 송출국으로 분류되는 국가들과 인력 수입국으로 구분되는 국가들 긴 문제에 대한 위협 인식 및 접근 방법의 합의가 제대로 이루어지지 않고 있었다는 것이다. 둘째는 아태지역 국가들을 난민 문제의 네트워크 속으로 끌어들여 문제해결에 필요한 다자협력을 주도할 수 있는 중개자가 부재한 상황이었다.

호주와 아세안 국가들을 중심으로 아태지역 난민 문제 이슈구조는 어느 정도 형성되었지만 이 이슈구조를 이루는 행위자 간 네트워크는 분절 네트워크에 가까웠다. 분절 네트워크는 네트워크상에 존재하는 행위자들 간의 상호 작용이 규칙적이지 않거나 활발하지 않은 네트워크를 의미하는데, 이러한 분절 네트워크에서는 특정한 행위자들 간의 연결이 약하거나 부재하는 경우가 존재한다(Burt 1992). 난민 문제를 중심으로 구축된 네트워크에서도 이러한 행위자 간의 관계의 균열이나 단절이 존재하였는데, 먼저 동남아시아 국가들을 예로 들 수 있다.

앞에서도 잠깐 설명했듯이 동남아시아 지역에는 아세안 회원국들을 중심으로 불법이주 및 인간 밀수 범죄의 이슈구조가 이미 형성되어 있었고, 이러한 구조는 이주의 문제를 국가 주권에 대한 위협으로 바라보는 아세안의 기본 시각에 기반을 두고 있었다. 그러나 불법이주 및 인간 밀수 범죄에 대한 아세안의 기본 시각에 대해 꼭 아세안 회원국들의 입장이 모두 일치함을 의미하는 것은 아니었다. 이주의 문제에 관한 아세안 차원의 기본적인 시각과 선언적 정의가 제공되고 있었음에도 불구하고 그에 대한 정의 방식과 접근 방법에 대한 합의가 아세안 국가들 간에 완전히 이루어지지 않았다. 그 이유는 불법이주와 인간 밀수 문제의 특성상 인력 송출국과 수입국 간에 위협 노출의 정도가 다르고 그에 따라 위협에 대한 인식 차이가 존재할 수밖에 없었기 때문이다(김예겸 외 2010: 283-284). 실제로 인력 송출국의 입장에선 인간 밀수 범죄와 불법이주는 인권 문제로 부각되는 반면 인력 수입국의 입장에서는 불법이주노동이나 월경법 위반의 측면이 더 부각되는 상황이었다(김예겸 외 2010: 284). 즉, 불법이주 및 인간 밀수 범죄를 중심으로 형성된 아세안 차원의 네트워크에서 송출국과 수입국 간의 관계가 그리 강하지 않았고, 이러한 관계의 균열은 난민 문제의 이슈구조가 호주와 동남아 지역을 중심으로 형성된 이후에도 구조적 공백으로 존재할 수밖에 없었다.

이렇듯 아세안 회원국들이 아세안 차원에서 제공되는 인간 밀수 및 불법이주에 대한 선언적 정의를 수용하는 것과는 별개로, 인력 송출국과 수입국 간에 문제에 대한 위협 인식과 접근 방법에 대한 합의가 결여되고 있다 보니 문제 해결을 위한 아세안 차원의 공동대응은 성공적이지 못했다. 아세안의 공동대응이 실패한 또 다른 이유는 그 대응 방식이 지나치게 법률적·범죄적 차원에서만 모색되었기 때문이다. 이러한 대응 방식은 인간 밀수 범죄와 불법이주 문제의 본질이라고 할 수 있는 사회경제적 요인을 효과적으로 해결하지 못하였다 (Wuiling 2006). 이렇듯 동남아 지역 불법이주 및 인간 밀수 범죄에 대한 아세안 차원의 노력조차도 성공적이지 못한 상황에서 아태지역 난민 문제 해결을 위한 다자간 협력이 아세안의 주도로 이루어지는 것은 사실상 불가능에 가까웠다. 또한 아세안 회원국들 중 어느 하나도 난민 문제의 해결을 위한 다자협력을 주도할 의도와 역량을 가지고 있지 않았던 것으로 보이는데, 협력을 주도하는 과정에서 발생하는 무거운 책임감과 비용 을 감당할 아세안 회원국은 존재하지 않았다.

물론 난민 문제는 초국가적 난제이기 때문에 아세안 국가들 이외에 다른 아태지역 국가들, 특히 지역적 협력을 이끌어낼 수 있는 능력을 가진 강대국 및 중견국들 중 하나가 다자협력을 주도할 수도 있었다. 실제로 난민 위기가 점점 더 심각해져가던 2000년에는 일본, 중국, 한국 등이 대화 상대국으로 참여하는 아세안지역안보포럼(ASEAN Regional Forum: ARF)이 이주의 문제를 초국적 범죄라는 큰 범주 안에서 불법이주(illegal migration)라는 이름으로 마약 거래나 자금 세탁 등의 문제들과 함께 하나의 하위 이슈 분야로 다루기 시작하였다 (ASEAN Regional Forum 2000a). 2001년에 들어서는 불법이주를 지역의 경제개발과 인권을 위협하는 초국가적 범죄의 하나로 좀 더 비중 있게 다루기 시작하였다(ASEAN Regional Forum 2000b).

그러나 난민 문제의 위협이 주로 동남아시아와 오세아니아 지역에 집중되는 지리적 특성으로 인해 동남아 지역 국가들과 호주를 제외한 나머지 아태지역 국가들 중 하나가 난민 문제의 해결을 위한 다자협력을 주도하겠다고 나서기도 어려운 상황이었고, 더구나 이들 국가들에게 이주의 문제는 당장 시급히 해결해야 할 안보적 사안으로 여겨지지 않았을 가능성 역시 높다. 실제로 당시 호주와 동남아시아 국가들의 경우에는 난민과 불법이주민의 출발국이거나 경유국 혹은 목적국에 해당되었기 때문에 문제의 위협으로부터 절대 자유로울 수 없었지만, 그에 비해 나머지 아태지역 국가들은 문제의 위협에 크게 노출되지 않았던 것으로 보인다. 한 가지 예외가 있다면 미국을 들 수 있는데, 난민과 불법이주민들의 주된 목적국으로 꼽히는 미국의 경우 9.11 테러 사태 이후 이주의 문제를 국제 테러와 밀접하게 연관된 심각한 안보적 위협으로 보기 시작하였다. 그럼에도 불구하고 미국이 난민 문제의 해결을 위한 다자협력을 주도하지 않은 이유는 당시 부시 (George W. Bush) 행정부가 다자협력 대신 국경 통제를 강화하는 식의 자체적 봉쇄를 통해 이주의 문제에 대응하기를 원하였기 때문이다 (Adamson 2006: 165). 결국 난민 문제의 이슈구조에서 다자협력의 주도는 구조적 공백으로 존재하였다고 볼 수 있다.

물론 앞에서 언급한 바와 같이 난민 문제의 위협이 주로 동남아시아와 오세아니아 지역 북부에 집중되어 있었기 때문에 문제 해결에 있어 동북아시아 국가들의 직접적인 협력은 비교적 덜 중요하였던 것이 사실이다. 그러나 여전히 난민 문제는 동남아시아와 오세아니아 지역에만 국한된 문제가 아니라 아시아 태평양 지역 전체에 영향을 미치는 초국적 난제였고, 문제 해결을 위한 다자간 협력을 주도하기를 원했던 호주 역시 난민 문제가 아태지역 차원에서 관리되기를 원했다

(Downer 2002).

앞에서 본 바와 같이 난민 문제에 대한 역내 국가들 간의 위협 인식과 접근 방법의 차이는 문제를 둘러싸고 형성된 아태지역 차원의 네트워크싱에서 노드(node)라고 할 수 있는 역내 국가들 간의 관계가 약하거나 느슨하였다는 점을 의미한다. 따라서 아태지역 난민 문제의 네트워크에서 발견된 구조적 공백, 즉 행위자들 간의 관계 균열을 해결하고 이를 통해 네트워크의 전반적인 흐름이 문제의 위협을 공감하는 단계를 넘어 강력하고 신속한 다자협력이 실현될 수 있는 단계로 전환되도록 만들기 위해서는 지역적 대응의 표준과 규범을 설정할 수 있는 중개자의 역할이 절대적으로 필요한 상황이었다.

IV. 호주의 난민정책 변화와 국내적 논의

1. 난민 문제에 대한 호주의 입장 변화

2001년 8월 탐파 사건 이후 난민 문제에 대한 하워드 정부의 기본 입장과 정책 방향은 크게 두 가지 측면으로 구성되었다. 첫째, 난민 문제는 개별 국가 차원에서 해결될 수 없는 문제로서 지역 차원의 공동대응을 필요로 하는데, 이에 필요한 다자협력을 호주가 주도해야 한다는 점이었다. 둘째는 이러한 다자협력을 성공적으로 이끌어내기 위해서는 보트피플에 대한 호주의 입장이 인도주의에 따른 무조건적인 수용에서 통제(control)로 바뀌어야 한다는 점이었다. 여기서 한 가지 주목할 점은 하워드 정부의 이러한 입장 및 정책의 변화가 하워드 총리 개인의 주관적 인식이나 그가 이끄는 자유-국민연합(Liberal-National coalition)의 독단적 결정에 따른 결과가 아니었다는 사실이다.

난민 문제에 대한 호주의 입장이 인도주의적 수용에서 통제를 위한 봉쇄로 변화하기까지는 호주의 국내적 하위 행위자들의 영향 역시 컸다. 먼저, 호주로 유입되는 보트피플의 수가 2001년 최고치를 기록하면서 하워드 정부는 호주 국민들로부터 문제에 대한 특단의 대책을 요구하는 강한 압력을 받기 시작하였다. 이 시기 호주의 전통적인 이민 정책과 인도주의적 난민 정책에 대한 대중적 지지는 급격히 약화되어갔고, 호주 정부의 국경통제 능력에 대한 사회적 우려와 의구심은 점차 증가하였다(Howard 2010: 394-395). 하지만 하워드 총리는 2001년 8월 탐파 사건이 발생하기 전까지 되도록 난민을 수용하는 인도주의적 난민정책을 고집하였는데, 실제로 그는 2001년 8월 17일 한 라디오 방송을 통해 '호주는 인도주의적 국가이며, 우리는 난민을 바다로 되돌려 보낼 수 없다'는 발언을 함으로써 난민문제에 대한 정부의 초기 입장을 재확인했다(Howard 2001a). 그러나 당시 하워드 정부는 날로 커져가는 호주 국민들의 대책 요구와 사회적 불안정을 충분히 이해하고 있었고, 따라서 호주가 '인도주의를 표방하는 품위 있는 국가'로 남아야 하는지 아니면 '불법이주민들에게 만만하지 않은 국가'로 보여져야할지 쉽사리 결정하지 못하고 있는 상황이었다(Errington and Van Onselen 2008: 299).

하워드 정부의 이러한 딜레마는 같은 해 8월 발생한 탐파 사건을 계기로 끝이 났다. 앞에서 이미 서술한 것처럼, 하워드 정부는 노르웨이 정부와의 외교적 마찰과 호주의 인도주의 국가 이미지 손실의 위험에도 불구하고 노르웨이 선박 탐파호의 난민 수용 요청을 강력하게 거부함으로써 난민 문제에 더 이상 인도주의적으로 접근하지 않겠다는 호주의 입장을 분명히 하게 된다. 하워드 정부의 탐파호 거부 표명은 난민 문제에 대한 호주 사회 전체의 인식과 요구를 반영한 정책 결과물이었기에 당시 호주의 대표 야당이었던 노동당(Australian Labor Party, ALP) 역시 탐파호에 대한 하워드 정부의 결정을 지지하였다(Betts 2001: 39). 따라서 난민 문제에 대한 하워드 정부의 입장과 정책의 변경이 가능할 수 있었던 또 다른 이유는 보트피플에 대한 노동당의 입장이 하워드 정부와 크게 다르지 않았기 때문이기도 하다.

당시 노동당 대표였던 킴 비즐리(Kim Beazley)와 야당 외교 담당 의원(Shadow Minister of Foreign Affairs) 로리 브레레튼(Laurie Brereton)은 2001년 9월 '인간 밀수 범죄에 대한 노동당의 국제 전략'을 발표하면서 난민과 불법이주민 발생의 원인이 되는 인간 밀수 범죄를 "호주가 직면한 심각한 국제적 난제"로 묘사하였고, 더 나아가 "호주의 이민 정책이 비규제적 불법 이주로 인해 전복되어서는 안 된다"라고 주장하였다(York 2003: 112). 또한 비즐리 야당 대표는 난민 문제를 해결하기 위해서는 호주와 인도네시아 간의 관계가 회복되어야하고 더 나아가 국제-지역 차원의 협력이 필요하다고 주장하였다(York 2003: 112). 결과적으로 노동당의 이러한 입장은 난민 문제의 해결 방안을 '통제'와 '다자협력'에서 찾는다는 점에서 하워드 정부의 입장과 일치했고, 따라서 노동당은 난민 문제에 대한 하워드 정부의 입장 및 정책 변화를 간접적으로 지지한 것과 다름이 없었다.

2. 국내적 갈등과 합의

난민을 수용하는 방향에서 봉쇄를 통해 통제하는 방향으로 전환된 하워드 정부의 난민 정책은 당시 대다수의 호주 국민들로부터 환영받았지만 이에 반대하는 세력 역시 존재했다. 난민 문제와 관련한 호주의 국내적 갈등은 탐파 사건이 전개되던 시기 하워드 정부와 호주 멜버른 지역 인권 변호사들의 갈등 사례에서 잘 드러난다. 하워드 정부는 탐파 사건을 마무리 짓는 과정에서 탐파호가 구조한 망명 신청자들을 호주 군함 HMAS 마누라호(Manoora)에 실어 태평양 국가 나우루(Nauru)로 이송하고 그들의 난민지위 신청이 처리되는 동안 망명 신청자들을 그곳에 수용하고자 하였다. 그러나 멜버른 지역의 인권 변호사들은 이러한 정부의 계획에 강하게 반발하며 하워드 정부를 호주 연방법원(Federal Court)에 고소하였다(Saunders 2001).

그로부터 며칠이 지난 9월 11일, 첫 번째 재판에서 호주 연방법원 판사 토니 노스(Tony North)는 "호주 정부가 탐파 사건을 해결하는 과정에서 군사력을 동원하여 탐파호가 구조한 망명 신청자들을 구금한 것은 인신보호법(habeas corpus)에 위반하는 행위"이며 따라서 "9월 14일까지 해당 망명 신청자들을 호주 본토로 이송할 것"을 명하였다(Saunders 2001). 그러나 하워드 정부는 연방법원의 이러한 재판 결과를 받아들이지 않고 곧바로 연방법원 재판부에 재심을 요청하였고, 그 결과는 하워드 정부의 승소였다. 재심에서 연방법원은 탐파 사건 해결 과정에서 행해진 호주 연방 정부의 군사력 동원은 호주 정부의 집행권에 부합하는 행위이며, 연방 정부가 망명 신청자들의 자유를 억압하거나 감금했다고 보기 어렵다고 판결하였다(Betts 2001: 39).

하워드 정부를 고소한 멜버른 지역 인권 변호사들의 호소는 연방법원에서 뿐만 아니라 호주 국민들에게도 역시 소외받았는데, 이는 멜버른 지역 변호사들의 손을 들어준 토니 노스 연방 법원 판사의 판결에 대한 설문조사 결과에서 잘 드러난다. 탐파 사태가 발생하고 바로 한 달 뒤에 실시된 설문조사에서 다수의 호주 국민이 하워드 정부의 탐파호 수용 거부 결정을 지지하는 것으로 나타났다. 그 설문조사에서

"탐파호가 구조한 망명 신청자들을 나우루가 아닌 호주 본토로 이송 하라는 노스 판사의 판결에 동의하는가?"를 묻는 질문에 호주 국민의 76%가 '동의하지 않는다'고 답하였다(Betts 2001: 43-44). 더 자세하게 는 하워드 총리가 몸담고 있는 자유-국민연합을 지지하는 호주 국민 의 87%가 탐파호 망명 신청자들을 호주 본토로 이송하라는 판결에 동 의할 수 없다고 답하였고, 심지어 당시 대표 야당이었던 노동당을 지 지하는 국민의 68% 역시 같은 입장을 밝혔다(Betts 2001: 44).

탐파 사건은 그렇게 마무리 되었지만, 이 사건은 하워드 정부로 하여금 난민 문제를 하루빨리 안보화할 필요성을 다시 한 번 느끼게 하는 계기가 되었다. 따라서 하워드 정부는 탐파 사건 발생 며칠 뒤 새로운 국경보호법안(Border Protection Bill 2001)을 제시하였는데, 이 법안의 주요 내용은 승인되지 않은 외국 선박이 호주 영해로 진입 할 경우 이를 붙잡아 영해 밖으로 돌려보내는 것과 더불어 그 과정에 서 사용할 수 있는 통제 권한의 확대를 요구하는 것이있다(Hancock 2001: 3). 이 법안은 결국 대표 야당이었던 노동당의 반대로 받아들여 지지 않았지만 이를 계기로 난민 문제에 대한 연방정부의 입장은 더욱 분명히 드러나게 되었다.

이렇듯 하워드 정부가 난민 문제를 인도주의적 수용성책이 아닌 질서를 위한 봉쇄정책과 지역 차원의 다자협력을 통해 해결하기로 결 정하기까지는 국가기구 내 다양한 하위 행위자들이 정부와 정치적 상 호작용을 통해 직간접적인 영향을 미쳤다고 볼 수 있다.

V. 호주의 중견국 외교 전략

앞에서 서술한 바와 같이 호주는 난민 문제의 궁극적인 해결을 위해서는 강력한 지역 차원의 공동 대응이 필요하다고 판단하였고 이를 실현하기 위해서 먼저 지역적 대응의 표준과 규범이 세워져야 한다고 믿었다. 따라서 호주는 아태지역 차원의 협력을 주도하기 위해 '불법 혹은 비정규 이주(irregular migration)'[4] 문제에 대응하기 위한 협력안보 규범을 세우고 이를 아태지역 전역에 확산시켰다. 이는 호주가 난민 문제의 이슈구조 내에 존재하는 구조적 공백, 즉 다자협력과 공동대응의 표준이 부재하다는 점을 전략적으로 파악하고 이를 효과적으로 메움으로써 이슈구조의 네트워크상에서 중요한 중개자의 위치를 장악할 수 있었고, 이러한 중개적 위치를 바탕으로 난민 문제를 해결하는 데 필요한 지역적 공동 대응의 표준과 규범을 주도적으로 세워 나갔음을 의미한다.

여기서 한 가지 중요한 질문은 호주가 막강한 국력을 가진 강대국이 아닌 중견국의 위치에서 어떻게 아태지역 국가들의 협력을 주도할 수 있었는가 이다. 다시 말해 중견국으로서 호주가 어떻게 난민 문제를 둘러싸고 존재하는 여러 다른 국가들과 관계를 맺어가며 그 이슈를

---

4   당시 하워드 정부는 보트피플의 문제를 인간 밀수 범죄와 함께 엮어 불법 혹은 비정규 이주라는 확장된 범주 내에서 다루기를 원하였는데, 예로 2000년 발표된 호주 국방백서에서 하워드 정부는 보트피플의 문제를 '난민 문제' 대신 '불법 이주'라는 용어를 사용하여 호주가 직면한 비군사적 안보 위협 중 하나로 소개하였다(Department of Defence 2000: 12-13). 여기서 비정규 이주란, 불법 이주와 비슷한 개념으로서 출발국, 경유국, 목적국의 법적 규제를 위반하며 이루어지는 인구 이동을 의미하며 따라서 '난민지위를 가지고 있으나 피치 못할 사정으로 목적국에 불법입국 및 불법체류하는 이들이나 전쟁 혹은 자연재해 등을 피해 인접국으로 긴급히 대피한 이들 그리고 경제적 이주민 및 인간 밀수 범죄의 피해자'가 모두 비정규 이주민으로 구분될 수 있다(고현웅 2005: 167-170).

중심으로 형성되는 네트워크를 자국에게 유리한 방향으로 설정해나갔
는가를 묻는 질문이라고 할 수 있다. 따라서 이 글은 호주가 난민 문제
의 이슈구조를 구축하고 지역적 공동 대응의 표준과 규범을 주도적으
로 설정했던 과정을 행위자-네트워크 이론에서 말하는 '번역'의 네 단
계 - 프레임 짜기, 맺고 끊기, 내 편 모으기, 표준 세우기 - 를 통해 분
석하고자 한다.

1. 아태지역 국가들의 이해관계 파악 과정

앞서 III절에서 서술한 바와 같이 하워드 정부는 난민 문제의 해결에
필요한 다자간 협력을 주도하겠다는 목적을 가지고 의도적으로 이슈
구조를 구축하기 위해 노력하였다. 이러한 노력은 문제에 대한 아태
지역의 여러 다른 국가들의 위협 인식과 그들 간의 이해관계를 파악하
는 것으로 시작되었다. 이는 중견국의 네트워크 전략의 첫 번째 단계
인 프레임 짜기와 관련된 것으로, 중견국이 특정 이슈를 둘러싼 상황
을 이해하는 상황지성을 바탕으로 네트워크의 구도를 이해하고 그 안
에 속한 여러 행위자들의 이해관계를 파악함으로써 네트워크를 자국
에게 유리한 방향으로 재구성해나가는 전략이라고 할 수 있다(김상배b
2014).

　　먼저 호주는 인도네시아가 난민 문제와 관련하여 어떠한 이해관
계를 가지고 있는지를 파악하기 위해 노력하였는데, 호주가 난민 문제
를 해결하기 위한 다자간 협력을 주도해가는 과정에서 인도네시아의
입장을 특히 신중하게 여겼던 이유는 크게 두 가지가 있었다. 첫 번째
이유는 호주로 유입되는 보트피플의 대부분이 인도네시아를 경유국으
로 선택하였기 때문이다. 두 번째 이유는 호주의 협력안보 규범 외교

가 성공하기 위해서는 동남아시아 국가들의 협조가 필요하며 이를 위해서는 인도네시아의 협력이 필수적이라는 믿음이 하워드 정부 내에 자리했기 때문이다(Carr 2015: 105). 난민 문제 해결을 위한 지역적 다자협력을 호주가 주도하는 것에 대한 인도네시아의 입장은 2001년부터 호주가 다자협력을 주도하는 과정에서 실시한 태평양 해법(Pacific Solution)의 한 축인 오퍼레이션 릭렉스(Operation Relex) 전략에 인도네시아 정부가 공식적으로 반대하지 않는 태도를 보임으로써 명백히 드러나게 되었다(Howard 2010: 403).

오퍼레이션 릭렉스 전략은 하워드 정부가 호주군(Australian Defence Force)을 동원하여 전개한 난민 봉쇄 전략으로서 해로를 통해 인도네시아에서 호주로 불법 이주를 시도하는 보트피플을 붙잡아 이들을 태평양 국가에 설치된 국외심사센터(Offshore Processing Centre)[5]로 이송하거나 다시 인도네시아로 돌려보내는 것을 목적으로 하였다(Senate Select Committee on a Certain Maritime Incident 2002: 8). 실제로 하워드 총리는 2010년 출판된 자신의 자서전에서 오퍼레이션 릭렉스 전략이 성공할 수 있었던 이유는 인도네시아 정부가 호주 해양에서 붙잡힌 보트피플을 인도네시아로 돌려보내는 것을 암암리에 용납했기 때문이라고 밝히기도 하였다(Howard 2010: 403). 당시 인도네시아 정부가 호주의 태평양 해법을 공식적으로 지지하지 않았던 이유는 1999년 동티모르 사태로 인해 양국 관계가 심각하게 악화된 이후 인도네시아 내에 반호주 정서(anti-Australian sentiment)가 남아 있었기 때문으로 볼 수 있다(Emmers 2004: 72; Yudhoyono 2010). 인도

---

5   참고로 국외심사센터는 이주민수용소(immigration detention centre)로 불리기도 하였으며 호주의 재정적 지원과 국제이주기구(International Organization for Migration)의 관리 하에 운영되었다(Phillips and Spinks 2011: 14).

네시아의 이 같은 초기 입장을 파악함으로써 이후 호주는 다자협력을 주도하는 과정에서 인도네시아와의 관계를 주도면밀하게 설정해가는 태도를 보였다.

한편 호주는 난민 문제에 대한 남태평양 국가들의 입장과 이해관계를 파악하고 이를 활용하여 이슈구조를 자국에게 유리한 방향으로 구축해나갔다(Marr and Wilkinson 2003: 104). 사실 남태평양 국가들은 모두 약소국이었고 또 보트피플의 경로에 포함되는 국가들도 아니었기 때문에 난민 문제의 이슈구조에서 별로 중요하지 않은 행위자들로 보일 수 있다. 그럼에도 불구하고 호주가 이들 약소국들의 입장을 파악하기 위해 노력한 이유는 하워드 정부가 실시한 태평양 해법의 핵심이었던 난민임시수용 정책에 남태평양 국가들의 정치적 지지와 협조가 필요했기 때문이다(Senate Select Committee on a Certain Maritime Incident 2002). 태평양 해법의 주목적은 호주와 지리적으로 가까운 태평양 섬 국가들의 영토 내에 국외심사센터를 설립히여 호주로 불법 이주를 시도하다 붙잡힌 난민 및 불법이주민들을 그 곳에 수용하는 것이었다. 정확히는 난민과 불법이주민들의 망명 신청이 국제난민협약에 따라 호주 출입국 관리자와 유엔난민기구(United Nations High Commissioner for Refugees: UNHCR) 관리자에 의해 집수 및 처리되는 동안 이들을 국외심사센터에 임시 수용하는 것이었다.

태평양 해법에 대한 남태평양 국가들의 반응과 입장은 확실히 나뉘었는데, 파푸아뉴기니(Papua New Guinea)와 나우루(Nauru) 그리고 키리바시(Kiribati)는 태평양 해법에 적극 협조하는 모습을 보였다. 특히 당시 키리바시의 티토(Tito) 대통령은 키리바시를 호주가 가진 "태평양 지역의 좋은 친구(a good friend in the Pacific)"로 묘사하며 호주의 태평양 해법에 적극 협조할 의지를 표명하였다(Senate Select

Committee on a Certain Maritime Incident 2002: 294). 키리바시의 지리적 문제점으로 인해 그 곳에 국외심사센터를 설립하는 것은 결국 무산되었지만 호주는 태평양 해법에 대한 키리바시의 긍정적 입장을 확인함으로써 난민 문제에 대한 키리바시의 이해관계를 파악할 수 있었다. 더불어 나우루와 파푸아뉴기니 정부 역시 2001년 호주와의 양해각서(Memorandom of Understanding) 체결을 통해 자국에 국외심사센터를 설립하는 것에 동의함으로써 호주의 다자협력 주도 역할을 수용한다는 뜻을 내비쳤다(Senate Select Committee on a Certain Maritime Incident 2002: 297, 300).

한편 호주가 다자협력을 주도하는 것에 불편한 입장을 보이는 세력 역시 존재하였는데, 특히 피지(Fiji)는 하워드 정부가 실시한 태평양 해법에 협조하지 않겠다는 입장을 표명하기도 하였다. 당시 피지의 노동당 대표는 호주의 태평양 해법을 두고 호주가 경제적 부를 앞세워 이웃 약소국에게 난민 수용 책임을 떠넘기는 '수표책 외교(cheque book diplomacy)'를 펼치고 있다고 비난하였다(Fry 2002: 26). 이렇듯 피지가 난민 문제와 관련하여 호주와 협력하지 않겠다는 입장을 내보인 이유는 태평양 해법을 난민 수용에 대한 호주의 책임 회피 전략으로 간주했기 때문이라고 볼 수 있다. 결국 2001년 12월 호주 외교부 장관 알렉산더 다우너(Alexander Downer)는 피지를 방문하여 공식적으로 국외심사센터 설립 제안을 철회하였다(Minister for Foreign Affairs 2001).

2. 새로운 관계 수립과 단절

호주는 난민 문제의 네트워크상에 존재하는 주요 행위자들의 이해관계와 관계구도를 파악하는 한편 이를 자국에게 유리한 방향으로 조정하기 시작하였는데, 이는 중견국의 네트워크 전략의 두 번째 단계인 '맺고 끊기'의 과정이라고 할 수 있다. 이 과정에서 중견국은 네트워크상에 이미 존재하는 관계를 끊기나 새로운 관계를 만들어가는 중개적 역할을 수행함으로써 네트워크의 중심을 장악하고 그 흐름을 결정하는 위치권력과 중개권력을 획득한다(김상배b 2014).

호주의 '맺기' 전략은 하워드 정부가 난민 문제를 안보화시키는 과정에서 잘 드러난다. 앞에서도 잠깐 서술한 바와 같이, 2001년 탐파 사태와 9.11 테러 사건이 발생한 직후 호주는 의도적으로 난민 문제를 안보화함으로써 국가 주권과 사회적 정체성을 위협하는 정치적·사회적 안보 문제로 격상시켰는데, 호주 정부의 이러한 안보화 전략은 주로 국내적 지지를 강화하기 위한 노력의 일환으로 해석되어왔다(Emmers 2004: 65). 그러나 사실 호주 정부가 의도적으로 난민 문제를 안보화시키기 위해 노력한 또 다른 이유는 동남아시아 국가들을 설득하기 위한 전략에 따른 것이었다고 볼 수 있다. 2000년대 초 하워드 정부가 본격적으로 난민 문제를 국가안보에 대한 위협으로 인식하고 이를 안보 사안으로 규정하기 전까지 보트피플에 대한 호주의 입장은 '인권'을 중시하는 쪽에 가까웠다. 호주의 이러한 기존 입장은 이주의 문제를 국가 주권에 대한 범죄로 보는 아세안의 시각과 분명한 차이를 보였고, 따라서 호주가 문제 해결을 위한 동남아 국가들의 협력을 끌어내기 위해서는 난민 문제에 대한 공감대를 형성할 필요가 있었다.

이를 파악한 하워드 정부는 안보화 과정을 통해 호주로 유입되는 보트피플을 초국가적 안보 위협으로 명시하고 이를 동남아시아 지역 불법이주 및 인간 밀수 범죄와 연결시킴으로써 난민 문제에 대한 지역적 공감대를 형성해나가기 시작하였다(Grewcock 2007: 178-179). 이 과정에서 하워드 정부는 보트피플을 인간 밀수업자(People Smuggler)에게 대가를 지불하고 그들로부터 불법 이주에 필요한 도움을 받는 '범죄 집단의 고객'으로 간주하였고(Kelly 2009: 593) 이러한 호주의 시각을 대내외적으로 알리기 위해 보트피플에 대해 더욱 강경한 태도를 보이며 이들의 흐름을 봉쇄하는 정책을 전개하였다. 한편 하워드 총리는 2001년 10월 연방선거 연설 중에 난민 문제와 관련하여 테러리즘(terrorism), 국가안보(national security), 국방정책(defence policy), 국경보호(border protection) 등과 같은 강력한 안보적 언어를 사용하였다(Howard 연방선거 연설문 2001.10.28.). 이를 통해 알 수 있는 점은 하워드 총리가 국가, 국경, 국방 등의 강력한 안보적 언어를 사용하여 보트피플을 주권에 대한 비군사적 위협으로 묘사함으로써 난민 문제를 정치적 안보(political security)의 프레임에 집어넣기 위해 노력하였다는 사실이다.

따라서 하워드 정부의 난민 문제 안보화 노력은 보트피플에 대한 호주의 강경한 입장을 지역 이웃국가들에게 의도적으로 보임으로써 '이주'와 관련된 문제에 대한 역내 국가들의 입장을 하나로 모으려는 하워드 정부의 의도에서 비롯된 것이었다고 할 수 있다(Carr 2015: 103). 즉, 하워드 정부는 동남아 지역의 불법이주 및 인간 밀수 범죄에 대한 아세안의 기본 시각과 보트피플의 문제를 바라보는 호주의 시각이 다르지 않음을 동남아 지역 국가들에게 보임으로써 호주와 아세안 국가들이 난민 문제를 해결하기 위해 협력해야하는 명분을 만들어갔다. 호주의 안보화 전략은 성공적이었고 그 결과 아세안 국가들 역시 보트피플이나 인간 밀수 범죄 등의 문제를 해결하기 위해서는 아세안 차원의 대응을 넘어 호주와 협력해야할 필요를 느끼게 되었다. 이는 호주가 동남아 지역 이주의 문제를 둘러싼 아세안 국가들의 네트워크에 개입하여 이들 국가들과 새로운 관계를 구축하였고, 그로 인해 새롭게 형성된 난민 문제의 이슈구조 속에서 강력한 중개적 위치를 장악해갔음을 의미한다.

하워드 정부가 난민 문제를 안보화하는 과정에서는 호주의 '끊기' 전략 역시 드러나는데, 이는 호주 정부가 호주로 유입되는 난민을 인도주의적으로 수용해주기를 바라는 국가 행위자와의 관계를 의도적으로 단절했던 사례와 관련이 있다. 2001년 탐파 사건으로 인한 호주-노르웨이 정부의 일시적인 관계 단절이 그 예이다(McKay *et al.* 2012). 앞에서 이미 서술한 바와 같이 2001년 8월 26일 노르웨이 국적의 화물선 탐파호는 호주 북부 지역 인근 바다에서 좌초된 인도네시아 국적의 선박에 탑승하고 있던 438명의 아프간 계통 피난민들을 구조하였다. 당시 탐파호는 규정상 50명 이상을 탑승시킬 수 없었기에 400여명이 넘는 피난민들을 수용할 구조적 기능을 갖추지 못했고 따라서 이들을 본국 노르웨이까지 이송할 수 없다는 판단 하에 급히 호주의 협조를 요청하였다.

사실 이러한 요청이 이루어진 또 다른 이유는 구조된 피난민들이 탐파호 선장에게 애당초 자신들의 목적지였던 호주로 데려다줄 것을 강력히 요구하였기 때문이다(Delaney 2010: 184). 따라서 탐파호는 하워드 정부에게 자신들이 구조한 난민들을 호주령 크리스마스 섬에 수용해줄 것을 정식으로 요청하였다. 그러나 하워드 정부는 탐파호의 이러한 요청을 끝내 거부하였는데, 이는 난민 문제에 대한 호주의 입장이 인권보호에서 주권보호 쪽으로 급변해가는 상황에서 탐파호의 인도주의적 요구가 호주 정부와 사회의 이해관계에 정면으로 대립되기 때문이었다고 볼 수 있다. 더욱이 호주가 난민 문제를 국가 주권에 대한 범죄로 바라보는 동남아 지역 이웃국가들과 공감대를 형성하고 협력하기를 원하는 상황에서 노르웨이 탐파호의 그러한 요청은 호주가 다자협력의 구조를 구축해가는 데에 방해물로 작용했을 가능성이 높다.

　　호주 정부의 단호한 거부에도 불구하고 노르웨이 탐파호가 호주 해안에 정박을 시도하자 하워드 정부는 자국의 특수부대(Special Air Service)를 해당 지역에 파견하여 이를 저지했고, 이 과정에서 호주 정부와 노르웨이 정부 간의 외교적 마찰이 발생하였다. 당시 노르웨이 정부는 하워드 정부의 이 같은 조치를 두고 호주가 UN이 규정한 국제법을 위반하였다며 강력히 규탄하였다(York 2003). 그러나 앞에서 언급한 바와 같이 하워드 정부는 바로 며칠 뒤 난민을 태운 선박의 호주 영해진입 자체를 거부하는 '국경보호법안 2001'을 발효하고(York 2003: 111) 더 나아가 그 해 10월 열린 연방선거 연설에서 난민 문제와 관련하여 "누가 호주로 들어올 것인지 그리고 그들이 들어올 수 있는 상황을 결정하는 것은 우리이다(we will decide who comes to this country and the circumstances in which they come)"라는 발언을 함으로써 노르웨이 정부의 비난에 응수하였다(Howard 2001b). 이 사례는 난민 문제 해결을 위한 지역적 대응의 표준과 규범을 구축하기 위해서는 해당 문제를 인권의 차원이 아닌 국가 주권의 차원에서 바라볼 필요가 있다고 판단한 호주가 자국에게 인도주의적 접근방법을 요구하는 노르웨이 정부와 일시적으로 관계를 단절한 사실을 보여준다.

3. 협력관계 구축 과정

중견국 외교의 성공여부는 얼마나 많은 행위자들을 내 편으로 끌어 모을 수 있는가에 달려 있으며, 난민 문제를 해결하기 위해 호주가 펼친 중견국 외교 전략 역시 이와 다르지 않았다. 이렇게 중견국이 이질적

인 행위자들을 하나로 모으는 과정은 '내 편 모으기' 단계에서 이루어
지는데, 호주의 내 편 모으기 전략은 하워드 정부가 호주의 협력안보
규범을 아태지역에 확산시키기 위해 지역 국가 정부들을 개별적으로
설득했던 과정에서 주로 드러난다.

　　첫 번째 호주의 내 편 모으기 전략은 태국을 상대로 전개되었다.
태국은 아세안 회원국가들 중에서 동남아 지역 불법이주 및 인간 밀
수 범죄를 밀입국 내지 불법이주노동의 문제로 보는 대표적인 인력 수
입국이었는데, 실제로 이주의 문제는 오래전부터 태국의 사회적 문제
로 자리잡아 왔다. 간단한 예로 호주를 중심으로 난민 문제의 이슈구
조가 형성되던 2001년 당시 태국에 머물고 있는 불법이주민의 수는
100만 명이 넘는 것으로 파악되었다(Pitayanon 2001). 따라서 태국 정
부의 입장에서 이주의 문제는 국가의 사회와 경제를 위협하는 심각한
난제일 수밖에 없었고, 태국의 이러한 문제 접근 방식은 난민 문제를
국가적 안보 위협으로 보는 호주의 국가 중심적 인식과 그 맥락을 같
이했다. 이를 파악한 하워드 정부는 태국 정부를 아세안 차원에서 뿐
만 아니라 개별적인 정부 대 정부 차원에서 설득하기 위해 노력하였
으며, 이 과정에서 하워드 총리는 당시 태국의 총리였던 탁신 친나왓
(Thaksin Shinawatra)과의 개인적인 친분을 활용하기도 하였다(Carr
2015: 107).

　　호주의 내 편 모으기 전략이 가장 성공적으로 이루어진 사례는
인도네시아와의 관계 회복이었다. 1999년 동티모르 사태로 인해 호
주-인도네시아 관계는 심각한 위기를 맞았는데, 호주가 동티모르 다
국적군 파병을 주도하는 과정에서 인도네시아와 외교적으로 충돌하는
사태가 벌어졌고 이 과정에서 양국의 안보 협정이 파기되는 결과가 발
생하였다(김상배 2015). 이후 양국 관계는 크게 회복될 기미를 보이지

않다가 2001년 호주 정부가 본격적으로 난민 문제 해결을 위한 다자 간 협력을 모색하는 과정에서 점차 회복되는 양상을 보였다. 난민, 인간 밀수, 불법이주 등의 비정규이주 문제에 대한 지역적 공동 대응의 표준과 규범을 자국의 협력안보 규범에 맞춰 설정하고 이를 토대로 다자협력을 주도하길 희망했던 호주는 인도네시아와의 관계 회복을 우선순위에 두었다. 이는 호주의 중견국 외교 전략이 성공하기 위해서는 인도네시아의 협조가 필수적으로 요구되었기 때문이라고 볼 수 있다.

　앞서 언급한 바와 같이, 호주는 난민 문제를 국가 주권에 대한 안보 위협으로 규정하고 이러한 인식을 아세안 국가들과 공유함으로써 호주의 중개적 역할이 요구되는 새로운 이슈구조를 구축해나갔다. 그러나 호주는 자국을 중심으로 형성된 네트워크상에서 인도네시아가 호주의 협력안보 규범을 지지하도록 유도하기 위해 아세안에게 접근했던 방식과는 정반대되는 전략을 선택하였다. 하워드 정부는 인도네시아 정책 결정권자들을 설득하기 위해 위협 인식의 공유를 목적으로 하는 안보화 전략이 아닌 확신(reassurance)과 장려(encouragement)에 초점을 맞춘 전략을 전개하였다(Carr 2015: 108-109). 실제로 호주는 인도네시아 정부를 설득하는 과정에서 난민 및 인간 밀수 문제를 국가 주권에 대한 문제로 정의하지 않고 복지, 거버넌스, 정책역량, 공동 문제 관리 등의 문제로 정의하였다(Wesley 2007: 189). 이는 호주와 인도네시아 간의 지정학적 관계구도와 이해관계를 의식한 하워드 정부의 전략적 계산에 의한 결정이었다.

　즉, 호주는 동티모르 사태로 인해 지정학적 이익구조에서 차갑게 얼어버린 인도네시아와의 관계를 난민 문제를 둘러싼 개별적인 이슈구조 혹은 규범구조 내에서 완화시키려고 노력하였다. 인도네시아를 설득하는 과정에서 호주는 인도네시아에게 인간 밀수 범죄 해결을 위한 지원금을 보내기도 하였는데, 한 예로 하워드 정부는 인도네시아 정부가 자국의 탄중피낭(Tanjung Pinang) 지역에 인간 밀수업자와 밀입국자를 구금할 수용소를 설립하는 데 필요한 자금을 지원하기도 하였다(Ferguson 2012). 이와 같은 호주의 개별적 설득과 장려책은 인도네시아의 강력한 협조를 성공적으로 이끌어냈다. 이러한 성공은 2002년 호주 정부가 난민 문제의 주원인이 되는 인간 밀수 및 인신매매 범죄의 해결을 위한 각료급 지역회의를 개최할 수 있는 기회를 제공하였고, 이 지역회의는 본문의 뒤에서 더 자세히 다룰 발리 프로세스(The Bali Process on People Smuggling, Trafficking in Persons and Related Transnational Crime)의 시작을 알리는 모임이 되었다(Carr 2015: 109).

이 외에도 호주는 난민 문제를 둘러싸고 형성된 네트워크에서 태평양 지역 국가들을 자국 편으로 끌어들이기 위해 노력하였다. 특히, 앞에서 본 바와 같이 자국영토에 난민임시수용소를 설립하는 태평양 해법 정책에도 적극 협조하는 모습을 보였던 파푸아뉴기니, 나우루 그리고 키리바시 등은 호주의 다자협력 주도 역할에 긍정적인 입장을 내보이며 호주 정부에 대한 정치적 지지를 보냈다(Senate Select Committee on a Certain Maritime Incident 2002). 그러나 태평양 국가들의 이러한 지지는 호주와의 상대적인 국력격차, 즉 호주의 경제력과 지정학적 권력 때문에 가능했던 것으로 보인다(Marr and Wilkinson 2003: 105). 실제로 호주는 나우루와 파푸아뉴기니에 난민임시수용소를 설립하는 대가로 이들 국가들에게 개발 원조를 제공하였다(Department of Foreign Affairs and Trade 2002). 따라서 호주의 중견국 외교에서 발견되는 집합권력은 주로 상대방을 설득하고 유도하는 소프트파워의 성격을 띠었지만 강한 군사력과 경제력을 토대로 하는 하드파워의 성격 역시 일정 부분 포함했던 것으로 보인다.

4. 지역적 공동 대응의 표준 설정

2002년 호주와 인도네시아의 주도로 출범한 발리 프로세스는 호주의
중견국 네트워크 전략의 마지막 단계인 '표준 세우기' 전략의 성공을
보여주는 대표적인 사례이다. 2002년 2월, 호주와 인도네시아는 아시
아 태평양 지역 내 인간 밀수, 인신매매 및 이와 관련된 초국적 범죄를
다자간 협력을 통해 해결한다는 목적으로 발리 프로세스를 결성하였
다. 주목할 점은 발리 프로세스가 보트피플 문제나 인간 밀수 범죄 등
과 같은 비정규이주 문제의 해결을 위한 최초의 각료급 지역회의였다
는 사실이다(Minister for Foreign Affairs 2002a).

2002년 2월 26일 호주와 인도네시아 정부는 인도네시아 발리에
서 아태지역의 인간 밀수 문제 해결을 위한 각료급 지역회의를 소집
하였고, 이 회의에는 38개국의 대표자들과 국제이주기구 사무총장
그리고 유엔난민기구 대표가 참석하였다(Douglas and Schloenhardt
2012). 이것이 발리 프로세스의 시작이 되었는데 이 회의에서 하워드
정부는 처음으로 인간밀수범죄 담당 대사직(Ambassador for People
Smuggling Issues)을 만들고 그 자리에 당시 주필리핀 호주 대사였던
존 버클리(John Buckley)를 임명하였다(Minister for Foreign Affairs
2002b). 하워드 정부는 인간밀수범죄 담당 대사의 역할을 '아태지역
인간 밀수 및 인신매매 문제의 해결을 위한 지속적이고 효과적인 국제
협력을 촉진하는 것'으로 규정하였고, 인간밀수범죄 담당 대사는 발리
프로세스를 통해 호주가 인간 밀수 및 인신매매 문제의 해결을 위해
주도적으로 설정한 지역적 공동 대응의 표준과 규범을 촉구하는 역할
을 수행하였다(Millar 2004). 이는 호주가 중견국의 위치에서 네트워크
에 포함된 여러 행위자들에게 표준을 제시하는 능력을 장악하고, 이를

통해 다른 행위자들로 하여금 호주의 협력안보 규범을 문제 해결을 위한 보편적인 표준으로 받아들이게끔 만든 사례라고 할 수 있다.

발리 프로세스를 통한 호주의 표준 제시는 다양한 측면에서 성공적으로 이루어졌다. 먼저, 호수는 발리 프로세스를 동해 아태지역 인간 밀수업자를 처벌하기 위한 법적 절차 및 집행의 방법을 표준화시켰다(Grewcock 2007: 194). 2003년, 호주는 발리 프로세스 참여국 중 하나인 중국과의 협력을 통해 인간 밀수 문제를 불법화시키는 표준 법안을 만들어냈고 발리 프로세스가 설립되고 2년 만에 아태지역 열아홉 개국이 이 표준 법안을 그대로 받아들여 자국의 법안으로 제정하였으며, 열두 개국이 비슷한 형태의 법안을 제정하기를 원한다는 의사를 밝혔다. 호주의 주도로 만들어진 표준 법안을 그대로 받아들인 역내 국가들 중 열다섯 개국은 인간 밀수 범죄인인도에 필요한 국제형사사법공조를 자국의 인간 밀수 및 인신매매 법안에 추가하였으며, 표준 규범을 수용한 국가들 중 아홉은 관련 분제에 관한 국가정책기본계획, 방지전략, 관계부처 협력 장치를 추가적으로 설립하기도 하였다(Bali Process 2003). 호주의 이 같은 표준 법안 제시는 난민 문제의 주원인이 되는 인간 밀수 범죄에 관한 기소와 범인송환을 강화하는 상호원조 협정 체결이 아태지역 국가들 간에 이루어지도록 하는 데 결정적으로 기여하였다. 이러한 공동법안의 확산은 호주가 아태지역의 규범적 변화를 주도하였음을 보여주는 사례라고 할 수 있다.

호주의 표준 세우기 전략의 성공은 발리 프로세스의 형성과 발전 과정에서 나타난 다양한 행위자들의 정치적 지지와 물질적 지원에서도 잘 드러나는데, 특히 2004년과 2005년에 미국은 발리 프로세스를 위한 물질적 지원을 제공하였고(Carr 2015: 111), 발리 프로세스의 공동 의장국인 인도네시아 역시 발리 프로세스에 대한 강력한 정치적 지지를 표명하였다. 하산 위라유다(Hassan Wirajuda) 당시 인도네시아 외교부장관은 발리 프로세스가 인간 밀수 및 이와 관련된 초국가적 범죄들을 아태지역 국가들에게 국제적 난제로 인식시켰고 더 나아가 다자협력을 통해 문제를 해결할 수 있는 환경을 마련하였다는 점에서 아주 성공적이라는 평가를 내렸다(British Broadcasting Commission 2002). 이러한 긍정적 평가는 동티모르 사태로 인해 불거졌던 호주와 인도네시아 간의 지정학적 갈등이 완화되는 결과로 이어지기도 하였는데, 간단한 예로 2002년 6월에는 호주와 인도네시아가 인간 밀수와 테러를 비롯한 다양한 초국적 범죄에 대응함에 있어 양국 경찰의 협력을 가능케 하는 양해각서를 체결하기도 하였다(Australian Federal Police 2002).

이후 2011년 인도네시아 외교부 장관인 마르티 나타레가와(Marty Natalegawa) 역시 발리 프로세스가 인간 밀수 범죄에 대한 지역 차원의 공동대응을 가능하게 하는 구조로 자리매김하였다고 밝혔다(Bowen, Rudd and Natalegawa 2011). 사실 공동 의장국인 인도네시아의 정치적 지지와 긍정적 평가를 끌어내는 일은 호주의 표준 세우기 전략에 있어 가장 중요한 과제였는데, 그 이유는 앞에서 서술한 바와 같이 호주가 새로운 지역적 규범을 세우기 위해서는 인도네시아의 합의와 지지가 필수적이었기 때문이다. 따라서 발리 프로세스에 대한 인도네시아 정부의 공개적 지지는 호주가 난민 문제에 관한 지역적 대응의 표준과 규범을 주도적으로 설정해나가는 데 큰 도움이 되었다.

VI. 맺음말

이 글은 아시아 태평양 지역의 난민 문제 해결을 위한 지역적 다자협력을 주도하기 위해 호주의 하워드 정부가 전개한 중견국 외교 전략을 네트워크 이론의 시각에서 분석하였다. 앞에서 살펴본 바와 같이, 호주는 자체적인 봉쇄 정책을 통해 자국으로 유입되는 보트피플의 흐름을 충분히 차단할 수 있었음에도 불구하고 지역차원의 공동대응을 통해 난민 문제를 해결하기를 원하였으며 더 나아가 그러한 다자협력을 주도하기를 원했다. 그에 따라 호주는 난민 문제를 자국의 안보와 아태지역 안정에 대한 심각한 위협으로 규정하고 문제의 심각성을 역내 이웃국가들에게 알림으로써 문제해결에 필요한 다자협력을 효과적으로 이끌어냈는데, 이 과정에서 호주는 난민 문제의 위협으로부터 자국의 안보를 보호하는 배타적 국익과 더불어 아태지역 이웃국가들과도 공유할 수 있는 공동이익을 모두 추구하는 모습을 보였다.

이렇듯 난민 문제에 대한 호주의 외교 전략은 단순히 인도주의와 자유주의적 제도주의에 의한 도덕적인 외교 전략도 아니었으며 자국의 배타적 국익에만 집중된 정책 역시 아니었다. 호주는 보트피플의 위협으로부터 자국의 안보를 보호하는 배타적 국익을 추구하는 과정에서 단순히 난민봉쇄 정책을 전개하기보다는 다자협력을 주도함으로써 역내 난민 문제의 해결에 앞장서는 '책임 있는 중견국' 이미지를 유지할 수 있었다. 더 나아가 그러한 지역적 공동대응을 통해 문제의 위협을 완화시킴으로써 결과적으로 자국의 이해관계와 아태지역 사회의 기대를 모두 충족시킬 수 있었다. 따라서 호주의 중견국 외교는 배타적 국익과 상호적 공익을 균형에 맞게 배합하여 추구함으로써 자신의 역할에 대한 국제사회의 기대와 국내적 요구를 최대한 만족시키는 것을 목적으로 한 이익 기반 중견국 외교였다고 볼 수 있다.

　호주가 난민 문제에 대한 지역적 대응의 표준과 규범을 제시하고 자국의 국가안보와 지역안보를 모두 증진시킬 수 있었던 이유는 난민 문제의 네트워크상에서 중개적 위치를 장악하고 이를 효과적으로 활용함으로써 네트워크의 구도를 자신에게 유리하게끔 재구성할 수 있었기 때문이다. 네트워크상의 흐름을 변화시켜 자신이 다자협력을 주도할 수 있는 적합한 구조적 환경을 만들어내기 위해 호주는 이슈구조에 존재하는 구조적 공백, 즉 아태지역 국가들 간의 끊어진 관계를 잇는 '변환적 중개'의 역할을 활발히 수행하였다. 이를 통해 호주는 난민 문제와 관련된 인간 밀수 및 불법이주 등의 문제에 대응함에 있어 아태지역 국가들이 저마다 따로 노력하기보다는 서로 협력하도록 유도해낼 수 있었다. 중견국 외교의 실천을 통한 호주의 이러한 노력은 발리 프로세스의 설립으로 이어져 아태지역 난민 문제의 해결을 위한 공동대응의 표준과 규범이 구축될 수 있도록 도왔으며, 그 결과 호주는 역내 난민, 불법이주, 인간 밀수 문제의 이슈구조에서 그 어느 행위자보다 더 중요한 중개자가 될 수 있었다.

　오늘날 세계정치의 환경은 다양한 행위자들의 출현과 지구화 현상으로 인해 과거에 비해 훨씬 더 복잡해졌다. 이로 인해 과거에는 존재하지 않았던 다양한 형태의 초국적 난제들이 생겨나 좁게는 개별 국가의 안보를 위협하고 넓게는 지역 안정과 번영을 위태롭게 만들고 있다. 난민 문제는 국경을 넘어 여러 국가들의 안보를 위협하는 대표적인 신흥안보 이슈로서 이에 대한 개별 국가의 문제인식과 접근방법은 저마다 큰 차이를 보인다. 따라서 국가 행위자가 어떻게 난민 문제에 대응해야할 것인지를 묻는 질문에는 아직 명확한 답을 제시하기 어렵다. 그러나 한 가지 분명한 사실은 신흥안보의 초국적 위협은 개별 국가의 노력만으로는 해결될 수 없다는 점이며, 따라서 다자협력이 필수적으로 요구될 수밖에 없다는 사실이다. 그리고 이러한 다자협력 및 지역적 공동대응의 표준을 구축하는 과제는 소수 강대국들의 노력만으로는 실현되기 어렵다.

이 글이 주목하는 아태지역 난민 문제에 대한 호주의 중견국 외교 전략의 사례가 보여주듯 특정한 신흥안보의 이슈구조 속에서 중견국이 핵심적인 중개적 위치를 장악하고 그 구조가 가지는 공백을 파악해 이를 효과적으로 메운다면 이는 오히려 자국의 가치와 존재감 그리고 영향력을 증대시킬 수 있는 기회가 될 수 있다. 더 나아가 해당 문제의 위협을 완화시켜 지역 차원의 공동이익을 증진시키는 데에도 역시 기여할 수 있다. 다시 말해, 강대국에 비해 상대적으로 부족한 국력과 영향력을 가진 중견국일지라도 특정한 이슈를 둘러싸고 존재하는 여러 행위자들의 관계구도를 파악하고 그 구조의 네트워크를 재구성할 수 있는 중개-연대-설계의 네트워크 전략을 선개한다면 자신의 지정학적 한계를 뛰어 넘어 지역적 협력을 주도할 수 있는 기회를 얻을 수 있다. 이러한 관점에서 본다면 난민 문제와 같은 초국적 신흥안보 이슈는 중견국에게 위기이자 동시에 기회가 될 수도 있다. 이 점에서 이 글이 소개하는 호주의 이익 기반 중견국 외교의 사례는 중견국 외교를 추구하는 국가들에게 유용한 방향성을 제시할 수 있을 것이다.

참고문헌

고현웅. 2005. "주요국 비정규이주민정책 비교." 『지역사회학』 6(2), pp.167-194.

김상배. 2014a. 『아라크네의 국제정치학: 네트워크 이론의 시각』 한울.

_____. 2014b. "중견국 외교안보 전략의 이론." 김상배 편. 『네트워크 시대의 외교안보: 중견국의 시각』 사회평론, pp.22-64.

_____. 2015. "제3세대 중견국 외교론의 모색." 김상배 편. 『제3세대 중견국 외교론: 네트워크 이론의 시각』 사회평론, pp.14-57.

김예겸 외. 2010. "동남아의 초국가적 노동이주와 지역 거버넌스: 현황과 모색." 『동남아의 초국가적 이슈와 지역 거버넌스』 한국동남아연구소, pp.273-300.

조민영. 2015. "'늙은' 독일의 계산, 난민 = 경제효과." 『국민일보』 2015/12/15. http://news. kmib.co.kr/article/view.asp?arcid=0923356915&code=11141500&cp=nv (검색일: 2015.12.21.)

Adamson, Fiona B. 2006. "Crossing Borders: International Migration and National Security." *International Security*, 31(1), pp.165-199.

ASEAN Regional Forum. 2000a. "Chairman's Statement of the 7th Meeting of ASEAN Regional Forum." June 2000. Bangkok. http://aseanregionalforum.asean.org/ library/arf-chairmans-statements-and-reports.html?id=157 (검색일: 2015.11.16.).

_____. 2000b. "Co-Chairman's Summary Report of the ARF Experts' Group Meeting (EGM) on Transnational Crime, Seoul, 30-31 October 2000 and Kuala Lumpur, 16-17 April 2001." October 2000. Seoul. http://aseanregionalforum.asean.org/library/ arf-chairmans-statements-and-reports.html?id=161 (검색일: 2015.11.16.)

Australian Federal Police. 2002. "Media Release: Indonesia Signs Police Memorandum with Australia." 2002/06/14. http://www.afp.gov.au/media-centre/news/afp/2002/ june/indonesia-signs-police-memorandum-with-australia (검색일: 2015.1.4.)

Bali Process. 2003. "Ad Hoc Experts' Group II Legislation Workshop-Bali Ministerial Conference on People Smuggling, Trafficking in Persons and Related Transnational Crime." Nov 10-11 2003. http://www.baliprocess.net/files/ExpertsGroup2/ Legislative2Summary.pdf (검색일: 2015.11.25.).

Betts, K. 2001. "Boat People and Public Opinion in Australia." *People and Place*, 9(4), pp.34-48.

Blair. T. 2010. *A Journey*. London: Hutchinson.

Bowen, Chris, Kevin Rudd, and Marty Natalegawa. 2011. "Joint Press Conference, Bali Process Ministerial Conference." Department of Immigration and Citizenship. Commonwealth of Australia. 2011/03/30. http://foreignminister.gov.au/transcripts/ Pages/2011/kr_tr_110330_joint_press_conference.aspx?ministerid=2 (검색일:

2015.11.19.).

British Broadcasting Commission. 2002. "Ministers Agree Action on Smugglers." 2002/02/28. http://news.bbc.co.uk/2/hi/asia-pacific/1846518.stm (검색일: 2015.1.3.)

Burt, Ronald S. 1992. *Structural Holes: The Social Structure of Competition.* Cambridge, MA: Harvard University Press.

Carr, Andrew. 2015. *Winning the peace: Australia's campaign to change the Asia-Pacific.* Melbourne: Melbourne University Press.

Cooper, Andrew F., Richard A. Higgott. and Kim Richard Nossal. 1993. *Relocating Middle Powers: Australia and Canada in a Changing World Order.* Vancouver: UBC Press.

Cronin, Katherine. 1993. "A Culture of Control: An Overview of Immigration Policy-making" in James Jupp and Maria Kabala. (eds.) *Politics of Australian Immigration,* AGPS: Canberra, pp.83–104.

Delaney, David. 2010. *The Spatial, the Legal and the Pragmatics of World-Making: Nomospheric Investigations.* New York: Routledge.

Department of Defence. 2000. *Defence 2000: Our Future Defence Force.* Canberra, Commonwealth of Australia.

Department of Foreign Affairs and Trade. 2002. "Answers to Questions on Notice." 2002/06/19.

Douglas, Joseph H, and Schloenhardt, Andreas. 2012. "Combating Migrant Smuggling with Regional Diplomacy: An Examintion of the Bali Process." *Migrant Smuggling Working Group Research Paper.*

Downer, A. 2002. "An Asia-Pacific concern: Let's stop the people-smugglers." *New York Times.* 2002/02/27. http://www.nytimes.com/2002/02/27/opinion/27iht-eddowner_ed3_0.html (검색일: 2015.1.4.)

Emmers, R. 2004. *Non-traditional Security in the Asia-Pacific: The Dynamics of Securitisation.* Singapore: Eastern Universities Press.

Errington, W and Van Onselen, P. 2008. *John Winston Howard: The Definitive Biography.* Melbourne: Melbourne University Press.

Evans, Gareth. 2012. "No Power? No Influence? Australia's Middle Power Diplomacy in the Asian Century." Charteris Lecture by Professor the Hon Gareth Evans AO QC at the AustralianInstitute of International Affairs (AIIA). New South Wales Branch, Sydney. 2012/06/06. http://www.gevans.org/speeches/speech472.html (검색일 2015.11.15.)

Every, D and Augoustinos, M. 2007. "Constructions of Racism in the Australian Parliamentary Debates on Asylum Seekers" *Discourse Society,* 18(4), pp.321–340.

Ferguson, S. 2012. "Smugglers Paradox." *4 Corners,* Sydney, ABC. 2012/06/04. http://www.abc.net.au/4corners/stories/2012/05/31/3515475.htm (검색일 2015.1.2.)

Fry, Greg. 2002. "The 'Pacific solution?'" *Refugees and the Myth of a Borderless World*. Canberra: Australian National University.

Grewcock, M. 2007. "Shooting the Passenger: Australia's War on Illegal Migrants" in Lee. M (ed.) *Human Trafficking*. Portland: Willan Publishers.

Hancock, N. 2001. *Border Protection (Validation and Enforcement Powers) Bill 2001, Bills Digest* 62. Canberra, Department of the Parliamentary Library.

Holbraad, Carsten. 1984. *Middle Powers in International Politics*. London: Macmillan.

Howard, John W. 2001a. "Transcript of the prime minister the Hon John Howard MP Interview with Neil Mitchell, Radio 3AW." 2001/08/17. http://sievx.com/articles/psdp/20010817HowardInterview.html (검색일: 2015.12.3.)

_____. 2001b. "Federal Election Launch Speech by John Howard." *Australian Federal*. 2001/10/28. http://electionspeeches.moadoph.gov.au/speeches/2001-john-howard (검색일: 2015.12.20.)

_____. 2010. *Lazarus Rising*. Sydney: HarperCollins.

Jordaan, Eduard. 2003. "The Concept of Middle Power in International Relations: Distinguishing between Emerging and Traditional Middle Powers." *Politikon: South African Journal of Political Studies*, 30(1), pp.165-181.

Kelly, P. 2009. *The March of Patriots: The Struggle For Modern Australia*. Melbourne: Melbourne University Publishing.

Kuhn, R. 2009. "Xenophobic racism and class during the Howard years." *Marxist Interventions*, 1, pp.53-82.

Marr, D and Wilkinson, M. 2003. *Dark Victory*. Crows Nest, NSW: Allen & Unwin.

McAdam, Jane. 2013. "Australia and Asylum Seeker." *International Journal of Refugee Law*, 25(3), pp.435-448.

McKay, Fiona H, Thomas, Samantha L and Kneebone, Susan. 2012. "'It would be okay if they came through the proper channels': community perceptions and attitudes toward asylum seekers in Australia." *Journal of Refugee Studies*, 25(1) pp.113-133.

Millar, C. 2004. "'Bali Process'-Building Regional Cooperation to Combat People Smuggling and Trafficking in Persons." Speech at the Institute for the Study of Global Movements, Monash University. 2004/07/29. http://dfat.gov.au/news/speeches/Pages/bali-process-building-regional-cooperation-to-combat-people-smuggling-and-trafficking-in-persons.aspx (검색일: 2015.11.22.)

Minister for Foreign Affairs. 2001. "Media Release: Fiji Visit." Commonwealth of Australia, Canberra. 2001/12/12. http://foreignminister.gov.au/releases/2001/fa180_01.html (검색일: 2015.1.2.)

Minister for Foreign Affairs. 2002a. 22/02/2002. "Media Release: Downer to Travel to Bali for Conference on People Smuggling." Commonwealth of Australia, Canberra. 2002/02/22. http://foreignminister.gov.au/releases/2002/fa023_02.html 검색일: 2015.11.19.)

Minister for Foreign Affairs. 2002b. "Media Release: Ambassador for People Smuggling Issues." Commonwealth of Australia, Canberra. 2002/02/28. http://foreignminister.gov.au/releases/2002/fa027_02.html (검색일: 2015.11.19.)

Phillips, J and Spinks, H. 2011. *Boat Arrivals in Australia since 1976. Background Note.* Canberra: Parliamentary Library.

Phillips, J. 2015. *Boat arraivals and boat 'turnbacks' in Australia since 1976: a quick guide to the statistics.* Canberra: Parliamentary Library.

Saunders, M. 12/09/2001. "Take boatpeople back, court orders." *The Australian.*

Senate Select Committee on a Certain Maritime Incident. 2002. *Senate Inquiry into a Certain Maritime Incident.* Canberra, Commonwealth of Australia.

Wesley, M. 2007. *The Howard Paradox: Australian Diplomacy in Asia, 1996-2006.* Sydney: ABC Books.

Wuiling, Cheah. 2006. "Assessing Criminal Justice and Human Rights Model in the Fight against Sex Trafficking: A Case Study of the ASEAN Region." *Essex Human Rights Review*, 3(1). pp.46-63.

York, B. 2003. *Australia and Refugees, 1901-2002: An Annotated Chronology Based on Official Sources.* Canberra, Commonwealth of Australia.

Yudhoyono, SB. 2010. "Speech by HE Dr Susilo Bambang Yudhoyono, President Repubic of Indonesia Before the Australian Parliament, Canberra, Australia, March 2010." Ministry of Foreign Affairs, Indonesia. 2010/03/10. http://www.kjriffm.de/index.php?option=com_content&view=article&id=232%3Aspeech-by-the-president-of-indonesia-before-the-australian-parliament-10-march-2010&catid=67&lang=id (검색일: 2015.11.16.)

제10장

환경안보와 연무방지 거버넌스:
싱가포르의 전략 사례

윤정현

* 이 글은 2016년 『세계지역 연구논총』 제34집 1호(pp. 51-79)에 게재된 "초국경적 대기 오염 이슈와 글로벌 거버넌스: 인도네시아 연무(haze) 해결을 위한 싱가포르의 대응전 략"을 수정·보완하였음.

I. 머리말

탈냉전 이후 우리는 국가 간의 전쟁보다는 민족 내 갈등, 자연 재해, 가난, 질병 등이 제기하는 위협에 보다 빈번하게 노출되어 있다. 이를 반영하듯, 세계 정치의 안보 개념도 인간생명과 기본권 보호를 골자로 하는 '인간안보(human security)'로 확대되는 중이다(김성원 2007: 100-101). '신흥안보(emerging security)'로 명명되는 최근의 이슈들은 에볼라 바이러스, 메르스(MERS)와 같은 신종 감염병에서부터 사이버 테러, 원전 사고, 극단적 기후변화에 이르기까지 단순한 보건, 기술, 환경 문제를 넘어 초국가적 단위에서 인류의 안위를 위협하는 중대한 의제로 부상하고 있다(이종구 외 2015: 2-3).

　먼지와 그을음이 공중에 떠다니어 생기는 혼탁한 대기를 뜻하는 '연무(haze)'[1] 역시 단순한 환경 문제라기보다는 아세안(ASEAN) 지역 차원의 위협으로 부상한 대표적인 초국경적 신흥안보 이슈였다. 수마트라 리아우(Riau)섬에서 대량 발생하는 연무 문제로 심각한 피해를 입은 국가는 싱가포르와 말레이시아라고 볼 수 있었는데, 인도네시아 정치경제의 중심지라 할 수 있는 자바 섬은 오히려 싱가포르, 말레이시아 쿠알라룸푸르와 더 멀리 떨어져 있어서 큰 영향을 받지 않았기 때문이다(Biswas and Hartley 2015). 국제산림연구센터(Center for International Forestry Research: CIFOR)에 따르면, 최악의 연무가 발생했던 1997년 당시, 인도네시아와 싱가포르, 말레이시아가 직간접적으로 입은 피해규모는 무려 35억 달러에 달한 것으로 발표되었던 바

1　연무는 주로 공장에서 배출된 매연과 자동차 따위의 배기가스에 의하여 일어나지만, 아세안에서의 연무 문제는 대부분 인도네시아 현지의 주기적인 산림방화에 기인하였다(박병도 2014: 5).

있다(Park and Ng 2013).

'아세안 초국경적 연무오염방지협정(Agreement on Transboundary Haze Pollution: ATHP)'은 이러한 연무로부터의 피해를 예방하기 위해 아세안 10개 회원국이 2002년 체결한 협정이다. ATHP는 체결국에 야외 소각 금지, 산불 예방 공조, 정보 공유, 연무 대응 협력 등 광범위한 실천사항들을 의무화하고 있었는데(Dedy 2014), 정작 연무 발원국인 인도네시아는 의회 비준 거부를 이유로 협정을 이행하지 않았고, 결과적으로 ATHP는 오랜 기간 동안 유명무실하게 남아있을 수밖에 없었다. 그러나 인도네시아에 성실히 이를 이행하도록 설득하는 일은 쉽지 않았다. 연무를 낳는 기업형 플랜테이션 산업에 대한 경제적 의존도, 중앙·지방정부와 기업들의 복잡한 이해관계, 내정불간섭을 최우선하는 아세안만의 특수한 가치 등 문제해결을 가로막는 다양한 국내외적 요인들이 잠재해 있었기 때문이다.

그러나 이러한 진통에도 불구하고 국제사회의 끈질긴 권고와 압력 속에 인도네시아 의회는 마침내 2014년 3월 오랜 기간 동안 지연되어왔던 연무방지협정서를 비준하게 된다. 인도네시아가 비준함으로써 비로소 ATHP는 체결국 모두에 효력을 지니는 제도적 틀로 기능하게 되었으며 오랜 기간 동안 아세안 지역의 난제였던 연무를 근본적으로 통제할 수 있는 전기를 마련한 것으로 평가할 수 있다.

인도네시아가 무려 12년 동안이나 미뤄왔던 ATHP를 비준하게 된 이유는 무엇이었는가? 이러한 질문에 대해 기존 연구는 주로 동남아시아의 환경문제를 둘러싼 국내적·지역적 특수성을 고려한 관점으로 이를 설명하고자 시도하였다. 즉, 연무 문제가 아세안의 중요한 이슈였음에도 불구하고 실질적인 지역 거버넌스 구축이 부진하였던 원인은 중앙정부, 거대 기업, 현지 주민으로 대표되는 다양한 이해관계자들 간의 인식차이를 줄일 수 없었기 때문이라는 설명이다. 그러나 이러한 관점은 아세안, 나아가 글로벌 차원에서 문제해결을 위해 구축된 협력적 네트워크가 기존의 해결방식과 어떤 차별점을 갖는지, NGO와 정부, 지역협력체가 이해관계의 공통분모를 어떻게 합의함으로써 긴밀한 공조체제를 구축해나갔는지에 대해 충분히 답하지 못한 측면이 있다(김예겸 2010: 125-147; 박병도 2014: 145-180). 반면, Gill과 Tan의 연구는 아세안 지역 거버넌스의 취약성이라는 '진단'을 넘어 다차원적인 해결방안에 보다 초점을 맞추었는데, 이들은 글로벌 팜오일 시장 메커니즘을 통제하지 못하는 취약한 거버넌스가 연무를 막지 못하는 악순환의 고리로 작용했음을 주장한다(Gill and Tan 2014: 1-15). 특히 Gill과 Tan의 연구는 연무의 직접적 영향을 받았던 당사국인 싱가포르의 역할과 다층적 수준에서의 대응이 매우 중요하였음을 강조하고 있지만, 여전히 이들을 상호 무관한 선택들로 간주하고 파편적으로 분석한 측면이 있다. 또한 이러한 선택들이 동시적으로 전개됨으로써 나타났던 복합적인 영향력에 대해서도 고찰하지 못한 한계를 보인다. 결국 인도네시아 연무 해결에 관한 기존 연구들의 가장 큰 한계는 동남아 지역의 특수성을 강조한 나머지 연무라는 재난 자체가 갖는 속성과 그것이 구조적으로 제약하는 거버넌스의 모습을 분석적으로 살펴보지 못하였다는 점이다.

따라서 본고는 인도네시아의 태도 변화를 위한 국제사회의 끊임없는 노력 가운데 나타난 싱가포르의 역할에 주목한다. 싱가포르는 연무 이슈가 부상한 초기부터 인도네시아가 협정을 비준하기까지 문제의 심각성을 국제사회에 끊임없이 환기시켜온 중요한 행위자였다. 특히 저마다 다른 이해관계를 가진 아세안 회원국과 NGO, 국제기구들의 시도 가운데 때로는 중심적 역할을, 때로는 간접적인 연계와 지원을 하는 등 다층적인 수준에서 대단히 폭넓은 행보를 보였던 것이 특징이다. 따라서 본고는 인도네시아가 기존의 소극적 태도를 버리고 연무오염 해결에 적극적으로 나서게 되는 과정을 싱가포르의 역할을 중심으로 살펴보고자 한다.

II절에서는 연무의 재난적 특징과 필요한 대응 거버넌스 수립과정을 이해하기 위한 이론적 분석틀을 제시한다. III절에서는 지역차원의 새로운 환경적 재난으로 부상하였던 연무의 영향력과 이를 둘러싼 인도네시아와 이웃국가 간의 갈등 원인을 분석하고 아세안 방식으로 대표되는 전통적인 지역 거버넌스가 갖는 구조적 한계를 짚어본다. IV절에서는 초기 연무의 대응 과정에 나타난 싱가포르 정부 중심 대응전략이 갖는 부분적인 성과와 한계점에 초점을 맞출 것이다. V절에서는 글로벌 차원에서 NGO, 기업, 현지 공동체 등 다양한 행위자들과의 전략적인 연계를 통해 인도네시아를 효과적으로 압박할 수 있었던 싱가포르의 다자 네트워크 전략을 면밀히 살펴본다. 마지막 VI절에서는 결론과 함께 향후 연무 문제의 발전전망과 한계, 그리고 중국의 환경오염 문제로 유사한 고민을 안고 있는 우리에게 주는 시사점도 짚어볼 것이다.

II. 재난 유형과 거버넌스의 이론적 분석틀

일찍이 국제위험거버넌스협회(International Risk Governance Council: IRGC)에서는 현대사회의 재난을 발생 원인에 따라 단순형, 복합형, 불확실형, 모호형 등의 네 가지로 나눈 바 있다(Renn 2005: 47). IRGC의 재난분류는 고도로 기술이 발달된 현대사회의 복잡한 사회시스템이 제기하는 다양한 속성을 반영하고 있는 것이 특징이다. 그러나 암묵적으로 국가 단위에서의 대응을 기본적으로 전제하고 있으며, 연무와 같이 재난의 영향력이 국경을 초월하여 나타날 경우 어떠한 수준에서 대응이 이루어져야 하는가에 대한 구체적인 시사점을 제공해주지 못하는 한계를 보인다. 하지만 우리가 21세기에 목도하고 있는 재난들은 쓰나미와 같은 자연재해에서부터 사이버테러 같은 인적재난에 이르기까지 국경을 초월하여 지역과 글로벌 수준에서의 새로운 거버넌스를 요구하는 메타게임을 촉발시키기도 한다(윤정현 2015: 222). 즉, 이 재난들을 다루기 위해서는 안보적 차원에서 초국가적 특성을 반영한 대안적인 분류 방식이 제시되어야 하는 것이다. 더욱이 이들 재난이 유발하는 대응 거버넌스의 구조적 제약을 고려할 때 새로운 안보적 관점에서 재난 유형에 대한 새로운 재해석이 필요하다.

　이러한 맥락에서 본고는 재난의 유형을 '발현속도'와 '촉발원인'의 두 축으로 구분, 이들이 세계정치의 장에서 어떻게 다른 의미를 갖는지를 비교해보고자 한다. 먼저, 발현속도 측면에서 볼 때, 재난이슈들은 사건발생의 순간 충격의 파급효과가 사회전체에 즉각적으로 인지되는 '붕괴형 재난'과 초기에는 미미한 영향을 갖지만 점진적으로 증폭되며, 사회구성원들이 재난으로 인지하기까지 일정 소요시간을 필요로 하는 '확산형 재난'으로 분류할 수 있다. 두 번째 축인 촉발원인 측면에서 볼 때, 자연 및 생태적 메커니즘에 의해 유발되는 불가항력적 속성이 강한 '자연재난'과 특정한 대상에 피해와 혼란을 주기 위한 목표로 감행되거나 피해의 가능성을 인지하면서도 이해관계에 따라 이를 암묵적으로 허용함으로써 발현되는 '인위재난'으로 나누어질 수 있다. 이 두 축을 바탕으로 21세기에 발생하였던 주요 신흥안보 이슈들을 위치시켜보면 〈그림 1〉과 같이 네 가지 재난유형으로 나타날 것이다.

　먼저, I유형의 재난들은 자연·생태적 원인으로 촉발되며 발생과

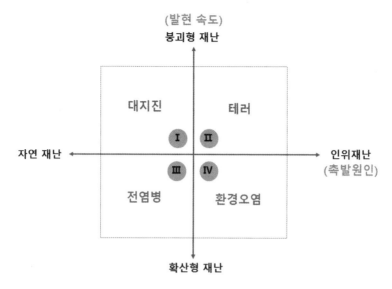

그림 1. 발현속도와 촉발원인에 의한 재난 분류

동시에 그 파급력이 즉각적으로 인지 가능한 유형으로 지진, 쓰나미 등의 대규모 자연재해가 주로 해당된다.

Ⅱ유형은 인간 행위자가 고도로 발달된 기술수단을 통해 목표 대상을 공격하거나 불완전한 통제 시스템에 의해 촉발되며, 마찬가지로 발생 즉시 그 충격이 사회전체에 즉각적으로 인지되는 재난이다. 초국가적 네트워크 집단의 폭탄테러, 사이버테러, 원전사고 등이 대표적이라 할 수 있다.

Ⅲ유형은 신종플루나 사스(SARS)와 같은 전염병의 창궐에서 보듯이 생태적 촉발요인을 갖는 재난이지만 Ⅰ·Ⅱ유형과는 달리, 초기에는 영향력이 상대적으로 미미하여 사회적 차원에서의 인지가 어려운 재난이다. 그러나 시간이 지나면서 그 피해가 점진적으로 증가하고 연쇄적인 파급효과를 낳으며 사회 혼란을 일으키는 특징을 보인다.

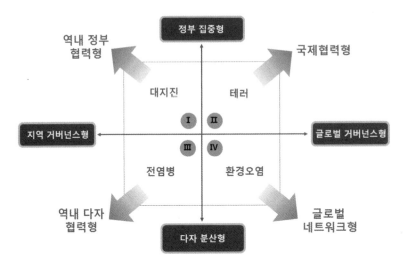

그림 2. 행위자와 대응 범위에 따른 재난 유형별 관리 모델

    IV유형 역시 환경오염처럼 재난의 심각성을 체감할 수 있을 때까지 어느 정도 시간을 필요로 하는 유형이지만 의도에 따라 발생되거나, 적어도 대형사고의 잠재적 위험성을 예상할 수 있음에도 불구하고 이해관계나 불완전한 통제시스템에 의해 촉발되는 인적 재난들에 해당된다. 대표적인 IV유형의 재난으로서 방화로 발생되는 연무, 난개발로 인한 생태계 파괴 등을 언급할 수 있다.

    이러한 신흥안보 이슈의 네 가지 재난 유형들은 각각의 속성에 조응하는 적합한 대응모델을 필요로 한다. 이들은 재난관리의 유일한 해법이라 할 수는 없지만 해당 재난의 특징을 고려할 때 효과적으로 대응할 수 있는 가능성을 높여주기 때문이다.[2]

---

2   김상배는 관리구조에 대한 신제도주의 분석틀을 통해 기술체계와 관리구조가 어떻게 상호작용하면서 궁극적으로 제도조정을 유발하는지, 이 과정에서 어떠한 변수들이 촉진요인 또는 제약요인으로 작동하면서 산업학습에 피드백의 고리를 형성하는지를 설명하고

먼저 발현 속도 측면에서, 붕괴형 재난은 사안의 시급성을 고려하여 정부 주도하에 신속한 의사결정에 따라 일사불란한 대응체제를 구축할 수 있는 집중형 관리에 친화적인 유형이라 할 수 있다. 반면, 확산형 재난은 발생 경로가 좀 더 병렬적이고 위험의 파급속도가 긴 시간을 두고 단계적·연쇄적으로 발현되기 때문에 재난의 최종적인 피해 규모와 시급성에 대해 이견이 나타날 수 있다. 특히 민간, 정부, NGO, 국제기구 등 다양한 이해관계자들이 재난의 확산과정에서 심각성을 놓고 갈등이 불거질 가능성이 높으므로 다양한 의견을 조정하고 궁극적인 해결방안을 찾기 위한 분산형 관리 형태가 효과적이게 된다.

촉발 원인의 측면에서 볼 때, 대지진과 같은 자연 재난은 정치적 책임소재 규명보다는 신속하고 체계적인 재난의 복구가 중점이 되기 때문에 국제사회의 원조와 협력을 얻더라도 결국 정부 단위 및 지역 공동체 내에서 사고 수습의 주도권을 갖는 관리 모델이 작동하기 쉽다. 반면 인위 재난은 그것이 국경을 넘는 사고로 확대될 경우, 국가 간 첨예한 정치적 갈등을 유발하는 사안으로 발전할 가능성이 높다. 이는 사고에 대한 책임과 보상에 대한 논의와도 직결될 수밖에 없기 때문이다. 따라서 자국에 보다 유리한 이슈 프레임의 구도를 만들기 위해 지역 내에서도 회원국들 간의 치열하게 경쟁하는 양상이 나타난다. 또, 판단의 준거가 되는 유리한 정보를 누가 더 많이 갖고 내 편으로 끌어들일 수 있느냐를 둘러싸고 역외 글로벌 장에서의 게임이 벌어진다. 이 과정에서 대립하는 각 진영은 정당성과 설득력을 확보하기 위해 중요한 정보를 획득하고 전략적으로 공유하기 위한 다차원적인 공조를 이룰 가능성이 높다.

있다(김상배 2007: 118-123). 본고는 이를 재난관리 차원에서 원용하여 재난과 대응체계 간의 적합성의 분석틀을 제시하고자 하였다.

III. 동남아시아의 연무 문제와 기존 대응의 한계점

1. 연무의 피해와 발생 원인

인도네시아의 수마트라와 보르네오는 동남아시아의 연무를 일으키는 진원지로서, 건조한 시기 이곳의 밀림과 임야에서 발생하는 화재는 해마다 엘니뇨(El Niño) 현상[3]이 심해지는 12월~3월 시기와 맞물려 심각한 연무를 일으키곤 하였다. 그러나 연무가 동남아 지역의 심각한 환경적 위협으로 주목받기 시작한 것은 1997년으로, 이 때의 연무는 발화지역과 인접한 싱가포르와 말레이시아는 물론 브루나이, 태국, 필리핀 등에까지 광범위한 영향을 미쳤기 때문이다. 당시 연무의 영향권에 놓이게 되었던 아세안 국가들은 가시거리가 채 100m도 안 되는 상황에서 교통과 모든 일상 활동들이 마비되는 사태를 맞기도 하였다(김예겸 2010: 130-131).

인도네시아 수마트라섬과 인접한 싱가포르는 말레이시아와 함께 연무로 인한 피해가 가장 큰 국가였다.[4] 2013년 6월 21일 대형 연무가 발생했을 당시, 싱가포르의 오염기준지수(Pollutant Standard Index:

---

3   적도 동태평양 해역(4°S~4°N, 150°W~90°W)의 월평균 해수면 온도가 6개월 이상 지속적으로 평년보다 0.5℃ 이상 높아지는 상태이며, 해수면 온도가 높은 구역이 서태평양에서 중태평양이나 동태평양으로 이동하기 때문에 강수 분포에도 영향을 미친다. 정상적인 해에 다우지였던 서태평양지역에서는 평년보다 강수량이 적어 가뭄이 나타나기 때문에 산불의 증가에 크게 일조하는 것이다(박경서 2015: 50).

4   20세기 최악의 산불로 꼽히며 주변국에 '연무 재앙'을 촉발한 1997년 수마트라 섬 산불 때 싱가포르의 오염기준지수(PSI)는 최대 226을 기록하였다. 이 기준에 따르면, 100 이상은 건강에 해로운 수준, PSI 300 이상이면 인간의 생명을 위협 하는 '위험 수준(hazardous level)'으로 평가하며, 호주, 싱가포르, 홍콩, 대만 등도 이러한 기준을 적용하고 있다. 2013년에도 싱가포르와 말레이시아, 인도네시아는 며칠 동안 '위험수준' 이상의 오염기준지수를 기록하였다(박재영 2013).

표 1. 1997년 대규모 연무로 인한 싱가포르의 직간접적 피해 추정액

	연무 피해 항목	최대 추정액(US$)	최소 추정액(US$)
직접 피해	(호흡기) 병원 치료 비용	1,535,668	1,186,900
	자가 치료 비용	678,943	678,943
	산업활동 손실액	2,068,109	1,907,341
	예방 비용	234,909	3,524
	전체 국민 보건 피해액	4,517,629	3,776,708
	전체 관광업 손실액	210,449,067	136,577,290
간접 피해	가시거리 확보로 인한 문제들	71,137,941	23,057,133
	각종 야외 활동 중단	94,170	94,170
GDP 대비	가구당 피해액	369.90	211.31
	전체 GDP 비중	0.32%	0.18%
	전체 손실액	286,198,807	163,505,300

출처: Quah 1999, "Summary of total damage costs in Singapore from the 1997 haze."

PSI)는 401을 기록하였다. 이는 PSI 300 이상에 장시간 노출되었을 때 생명이 위험하다는 점을 감안한다면 싱가포르가 얼마나 심각한 상황에 놓였었는지를 알 수 있다. 연무의 피해는 말레이시아도 마찬가지였는데, 2013년 6월 연무가 덮친 말레이시아 남부의 조호르(Johor) 주에 있는 200여 개의 학교들도 임시 휴교에 들어가고 말라카 해협에 연무 경계령이 발효되는 등 싱가포르와 유사한 경계·경보 태세가 이어지기도 하였다(박재영 2013). 또한 계속되는 호흡기 환자들의 증가와 대기농도 경보 발령은 의료비용뿐만 아니라 쾌적한 환경을 자랑하는 싱가포르와 말레이시아의 이미지에 심각한 타격을 입혔다. 대형 연무 문제가 처음 불거졌던 1997-98년 당시, 연무의 근원지인 인도네시아가 입은 관광 손실액은 약 7천만 달러였던 반면, 싱가포르와 말레이시아는 각각 2억1천만 달러, 1억2천7백만 달러에 달하는 손실을 입었다

(Quah and Varkkey 2013: 9-12).

그렇다면 왜 유독 인도네시아에서 연무의 원인이 되는 대형 산불이 빈번하게 발생하였는가? 수마트라와 보르네오 칼리만탄의 토양은 다른 임야지대에 비해 발화가 상대적으로 쉬운 토탄(土炭; lahan gambut) 형질을 띠고 있다. 더욱이 12월부터 3월까지 이어지는 건기의 엘니뇨의 영향과 맞물리면 화재가 발생할 가능성은 더욱 커진다(김예겸 2010: 132-133). 연무를 발생시키는 산불은 두 섬 이외에도 인도네시아 거의 모든 국토에서 발생하였고, 얼마 안가 대부분 폭우로 꺼지지만 건기 중에는 꺼지지 않고 계획했던 것보다 훨씬 더 많은 밀림을 황폐화시키며 스모그를 내뿜곤 하였다. 이 시기에 인접국까지 피해가 확산되는 것이다.

그러나 이러한 지질·기후적 요인에 앞서 보다 결정적인 요인을 찾기 위해서는 화재 예방에 취약할 수밖에 없는 인도네시아 경제사회의 구조를 들여다보아야만 한다. 인도네시아의 수마트라와 칼리만탄에는 팜오일 플랜테이션을 경영하는 거대 기업들이 인도네시아 개발 허가권을 중앙정부로부터 받아 대단위 밀림 개발을 하고 있다. 이들에게 고용된 현지 주민들은 지속가능한 방법이라 여기는 전통적인 '화전농법(slash-and-burn)'을 그대로 사용할 뿐이라고 주장한다(King 1996; Kettterings et al. 1999; King and Wilder 2003; Saharojo 2007). 그러나 과거 소규모 생계형으로 이루어질 때와 달리 거대 기업들의 자본이 투입되면서 이들도 의식하지 못하는 사이에 거주지를 피폐화시켜 왔다. 사실 원칙상으로는 이와 같은 무분별한 개발이 이루어지지 않도록 인도네시아 정부의 엄격한 감독이 뒷받침되어야 하지만 현실에서는 그렇지 못한 경우가 다반사였다(김예겸 2010: 133).

2. 연무를 예방하기 위한 기존의 시도와 한계점

연무의 가장 큰 피해국이었던 싱가포르와 말레이시아는 연무 예방을 위한 인도네시아의 보다 책임 있는 역할을 끊임없이 요구해 왔다. 그러나 전술한 바와 같이 보다 구속력 있는 제도적 조치를 수용케 하는 데는 실패해왔다. 인도네시아 정부당국이 화재방지에 적극적인 해결의지를 보여주지 않은 데는 크게 세 가지 관점에서 설명할 수 있다.

첫째, 인도네시아 산업경제가 안고 있는 구조적인 문제 때문이다. 이는 팜오일 플랜테이션 산업이 인도네시아 경제에서 차지하는 무시할 수 없는 비중 때문이라 볼 수 있다. 2010년 기준으로 팜오일 플랜테이션 산업 하나가 인도네시아 전체 GDP에서 차지하는 비중은 5%에 달하였는데, 이는 관광업 전체와도 같은 비율이었기 때문이다.

또한 수마트라와 칼리만탄 지역의 80% 이상이 농업에 종사하는 주민들의 경제적 조건이나 상황이 악화될 경우, 이들은 자신들의 생존권을 유지하기 위해서라도 과다한 벌목과 광범위한 화전의 유혹에 빠질 수밖에 없다. 그 결과 현지주민들이 화전경작을 할 수 있도록 장소와 시기를 강제하는 중앙정부의 입장에서는 이들의 사정을 고려하지 않고 무조건적으로 화전농법을 규제할 수만은 없는 것이었다. 따라서 인도네시아 정부가 대안적인 농업활동 여건을 마련해 주거나 경제활동의 터전을 보장해주지 못하는 상황에서 국제사회의 화전경작 규제 요구는 한계에 부딪힐 수밖에 없었다.

둘째, 이윤을 극대화하고자 하는 팜오일 기업들과 인도네시아 정치계의 유착관계도 연무의 예방을 어렵게 하였다. 팜오일 플랜테이션을 위해 광범위한 임야를 개간하는 인도네시아 기업과 다국적 회사들은 벌목 비용절감 차원에서도 개발지에 대한 관리를 소홀히 함으로써

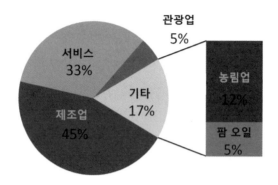

출처: Quah and Varkkey 2013, "Breakdown of Indonesia's 2010 GDP by sector."

그림 3. 인도네시아의 산업별 GDP 비중 (2010)

대규모 화재의 발생가능성을 높여 왔는데, 인도네시아 정부는 단기적
으로 자본을 유치하고 지역개발을 위해 다국적 회사들과 '후견인–수혜
자(patron-client)' 관계를 견고히 형성해 왔다. 더욱이 광대한 밀림과
임야지대에 비해 예방과 감시체계를 구축하기 위한 예산이 턱없이 부
족한 현실에서 인도네시아 정부는 기업들에게 개발과 관리를 맡기다시
피 하였고, 정부 감독 시스템이 부재한 상황에서 화재로 이어지는 불법
개발과 남용은 계속될 수밖에 없었다(Bresnan 1993: 259–260; Jepma
1995; King 1999). 세계야생환경기금(World Wildlife Fund: WWF)과
같은 NGO들은 인도네시아 생태계의 보전을 위해 인도네시아 산림청
등을 도와 재해 감시 프로그램을 함께 실행할 것을 제안하기도 하였지
만 정부의 소극적인 대응으로 소기의 성과를 거두지 못하였다.

셋째, 근본적으로 인도네시아 정부당국이 밀림·임야 화재 규제
에 대한 주변국들의 요구를 '아세안 방식(ASEAN Way)'에 근거하여
내정간섭으로 받아들이고 있다는 점이었다. 1967년 아세안을 창설한
태국, 필리핀, 인도네시아, 말레이시아, 싱가포르는 상호간의 비군사

적 성격과 지역적 민족주의를 바탕을 두고 타국의 정책에 대한 '자제(restraint)', '존중(respect)', '책임(responsibility)'의 기본정신을 표방한 아세안 방식 천명한 바 있었다(Antolik 1990: 8). 그러나 이러한 정신은 상호 간의 정책에 대한 비판을 원천적으로 차단하고 공동의 합의만을 극도로 강조하는 부작용을 낳았다. 이에 따라 초국가적 위협에도 일국 차원의 정부 대응만이 가능하게 됨으로써 지역 차원의 잠재적 대응역량을 제약하게 되었다. 이는 사안의 정치적 책임소재의 논란이 일어날 수 있는 인위 재난의 경우, 공동 대응이 더욱 어려운 취약성을 안고있다. 특히 인도네시아 환경부 장관은 인도네시아 영토 내 화재 및 연무에 대한 원천적인 원인이 자국 자원을 개발하여 이윤을 얻고자하는 외국 기업과 그들의 활동을 묵인하는 해당국 정부에 있다고 반박하기도 하였다(김예겸 2010: 138).[5] 나아가 "양국 정부들은 연무와 관련된 기업 투자자들이 따를 수 있도록 적절한 수단을 제시해야 하며 이를 통해 비로소 다 함께 문제를 해결할 수 있다"고 밝히기도 하였다(Philemon 2013).

종합하면, 연무문제를 해결하기 위한 아세안 정부차원의 여러 시도가 이루어졌지만, 소규모 방지 프로그램에 머물렀으며, 인도네시아 중앙정부의 적극적인 대응을 유도할 수 있는 결정적인 영향력을 주지는 못하였다. 소기의 성과를 이루지 못한 이유로는 무엇보다도 연무가 갖고 있는 재난의 속성을 이해하고 현지, 국가, 지역, 그리고 글로벌 수준에서 다변화된 접근이 시도되지 못했다는 데도 주목할 필요가 있다. 또

---

5   인도네시아 환경부는 로이터와의 인터뷰에서 "인도네시아 국내 사안에 외국에서 개입하는 것은 바람직하지 못하다"는 언급만을 밝혔다. 또한 "가장 중요한 사실은 인도네시아 정부가 산불의 위험을 통제하기 위해 최선을 다하고 있다는 점"이며 인도네시아 산림부 역시 "싱가포르와 말레이시아 정부는 연무에 대한 책임감을 가져야 한다"며 오히려 싱가포르와 말레이시아 정부 역시 공동 책임이 있음을 강조하였다(Philemon 2013).

한 화재지역의 토착민, 지방정부, 중앙정부, 팜유 생산 기업 등 연무 발생을 둘러싼 다양한 이해관계자들이 갖고 있는 첨예한 이해관계의 종합적인 고려 없이 산발적으로 이루어졌다는 데서 원인을 찾을 수 있다.

다음 절에서는 양자–지역–글로벌 차원에서 연무 발생을 둘러싼 다양한 위자들의 이해관계에 대한 교집합을 도출하고, 이를 매개하여 마침내 효과적으로 인도네시아 정부를 압박하기까지 싱가포르 정부가 전개하였던 복합적인 외교 전략들이 주는 시사점을 구체적으로 살펴보기로 한다.

IV. 싱가포르의 정부 중심 대응 전략

1. 양자 협상 및 아세안 지역 차원의 접근

연무는 인도네시아 본토보다는 오히려 주변국에 더 치명적인 피해를 미쳤기 때문에 연무 문제가 부상한 초기 시점부터 싱가포르와 말레이시아를 비롯한 회원국들은 인도네시아가 연무 문제를 법적으로 제도화도록 정부차원에서 강력히 요청하였다. 1997년 대규모 연무가 발생했을 때, 아세안 회원국들은 지역차원의 대응전략을 위한 연무액션플랜(Regional Haze Action Plan: RHAP)을 논의하였는데, 이는 그해 12월 싱가포르는 아세안 각료회의를 소집하여 이를 정식 출범시켰다(Kheng-Lian 2008: 8-9). 연무의 예방, 감시 및 완화를 목표로 한 RHAP는 국가 및 지역 차원에서 정보 공유 방안 및 기술적 협력 수단을 포함하고 있었는데, 화재발생시 소방 활동 역량을 증진시키기 위한 단순한 태스크포스를 넘어 체계적인 대응을 위한 법적인 토대 등을 논의한 것이 특징이라 볼 수 있다. 이는 향후 아세안 10개 모든 회원국들이 참여한 연무오염방지협정(ATHP)의 토대가 되었다.

2002년 체결된 ATHP는 초국경적 연무대처를 위한 회원국들의 공통된 의무뿐만 아니라 사실상 인도네시아에서 벌어지고 있는 방화활동을 예방·관리하는데 목표를 두고 있었는데(Kheng-Lian 2008: 9-10), 이 때문에 2003년 11월 발효될 당시, 인도네시아 의회는 비준하지 않았던 것이다. 의회가 조약의 비준을 10년 넘게 거부하는 동안 인도네시아 정부는 산림방화를 조장함으로써 불법을 저지른 기업들을 적극적으로 단속하거나 징계하는 법적인 조치들을 취하지 않아도 되었다. 인도네시아 의회가 이를 거부한 명시적인 이유는 '연무문제가 천재지변의 성격이 있으며 당사국들 간의 협력을 통해 해결해야할 문제이지 비난이나 협박을 통해 해결할 사안이 아니다'는 점이었는데(박재영 2013), 여기에는 상대적으로 피해가 적었던 인도네시아가 연무 문제를 안보적 차원에서 중요하게 다루고 있는 싱가포르나 말레이시아보다 사소한 사안으로 이를 축소하려 했던 점에서 이유를 찾을 수 있다.

초기부터 인도네시아 정부는 연무 문제를 제한된 범위에서 발생하는 일상적인 경제적 활동으로 간주함으로써 이웃국가들과 확연한 인식차를 보인 바 있다. 1997년의 대규모 연무 사태 때만 하더라도, 인도네시아 농림부는 이 기간 동안 52만 헥타르가 개간되었다고 공식 발표하였으나, 실제 인공위성 데이터 분석에 따르면 그 열 배에 달하는 520만 헥타르의 밀림이 사라진 것으로 나타난 적도 있었다(Aiken 2004: 65). 따라서 인도네시아가 처음으로 비준을 거부했을 때, 싱가포르는 사안의 위급성을 제대로 알리고 양국 정부 간 협상을 통해 이를 해결하고자 하였다. 싱가포르 환경부 장관 비비안 발라크리슈난(Vivian Balakrishnan)은 인도네시아 환경부 장관에 전화통화를 하여 대규모 연무를 일으키는 기업들에게 상업적인 제재(commercial pressure)를 가하는 인도네시아 정부의 노력이 필요함을 요청하였다. 특히 화전을 일으키는 플랜테이션 개간지 허가지역에 대한 지도(concession maps)가 필수적이며, 매일 업데이트되는 위성사진과 지도는 연무와 관련된 불법적 행위를 저지르고 있는 기업들이 어디인지를 정확하게 파악할 수 있는 중요한 수단이라 덧붙이기도 하였다(Lim 2013).

그러나 인도네시아 환경부는 이에 대한 공식 답변을 달지 않았으며 로이터에 "인도네시아 국내 사안에 외국에서 개입하는 것은 바람직하지 못하다"는 언급만을 밝혔던 것이다. 또한 이미 인도네시아 정부가 산불의 위험을 통제하기 위해 최선을 다하고 있다는 점을 다시 한번 강조하였다. 나아가 인도네시아 산림부 장관은 "플랜테이션 기업의 본사가 있는 싱가포르와 말레이시아 정부는 연무에 대한 공동의 책임감을 가져야 한다"라며 오히려 싱가포르와 말레이시아 정부 역시 연무의 책임이 있음을 강조하였던 것이다(Philemon 2013).

인도네시아의 소극적인 태도에 싱가포르는 인도네시아가 ATHP를 비준하는 조건으로 몇 개의 경제적 이슈들을 연계하여 보상하는 또 다른 방안도 제시하였다. 인도네시아 현지 기업과의 공동 자원개발, 안정된 투자 확대 등이었는데, 물론 이러한 방법은 아세안 지역 차원의 실득과 합의에 소요되는 노력에 비해 신속한 합의가 가능한 방법이었지만, 산림 난개발 금지로 인한 무거운 보상의 짐을 싱가포르가 홀로 떠안는 것을 의미하였다. 더욱이 아세안 모든 회원국들의 동의를 구하는 것과 별도로 이를 추진한다는 점에서 아세안 방식의 가치를 훼손하는 것으로 비춰질 수 있으며, 향후 장기적인 시각에서 지역 공조를 무력화할 수도 있는 사안이었음을 고려할 때 이는 바람직한 선택지라 할 수 없었다. 추가적으로 싱가포르 정부는 인도네시아 현지에서 대규모 산불 발생 시, 소방수와 장비들을 지원하겠다는 다양한 실천적 수단들을 표명하였으나 인도네시아 정부는 이들마저도 지나친 내정간섭으로 거절하였다(Channel News Asia 2006). 여전히 인도네시아 정부는 계속되는 이 문제를 '일부 이웃국가들의 불필요한 우려'로 치부하였던 것이다.

ATHP 비준을 위한 양자적 설득에 실패한 싱가포르가 역내 해결을 위해 시도한 두 번째 접근방식은 '아세안 방식'에 기초한 지역 차원의 접근이었다. 인도네시아와 정부와의 양자 협상이 실효를 거두지 못하자 싱가포르는 인접국들의 과장된 우려가 아닌 아세안 회원국 전체의 심각한 문제임을 인도네시아 정부에 인식시키고자 한 것이다. 다만 아세안의 비개입 원칙이 연무방지협정에도 매우 조심스럽게 적용되어야 한다고 보았다. 그러한 접근이어야만 인도네시아 국회가 이를 비준할 수 있다고 보았기 때문이다. 인도네시아 국회가 비준을 거부 하였지만 싱가포르 정부는 인도네시아를 설득하려는 노력을 멈추지 않았고, 그 일환으로 인도네시아 환경부 장관 일행을 초청하여 비준에 보다 속력을 낼 수 있도록 힘써줄 것을 요청하였다. 2006년에는 말레이시아와 공동으로 아세안 차원의 보다 조율된 대응방안을 찾아야 할 필요성을 역설하기도 하였다.

2. 역외 행위자와의 공조 시도

연무오염방지협정(ATHP)이 조인되고 나서 그 세부적인 실천계획이라 할 수 있는 아세안이탄지관리구상(ASEAN Peatland Management Initiative: APMI)이 2003년 초 추진되었으며 아세안이탄지관리전략(ASEAN Peatland Management Strategy: APMS) 역시 2006년 말 채택되었다(The ASEAN Secretariat 2014: 74). 이들 두 협정들은 아세안의 선봉에서 역내 이탄지대의 지속가능한 관리를 위해 기능하였으며 연무의 주원인이 되고 있는 이들 지대에 대한 방화를 최소화하기 위한 목표를 띠고 있었다. 아세안 사무국에 의해 조정·추진되고 있는 이들 프로젝트들은 지구환경기금(Global Environment Facility: GEF), 유럽연합(EU), 국제농업개발기금(International Agricultural Development: IAD) 등 수많은 역외 파트너들과 연계망을 갖고 있었는데(The ASEAN Secretariat 2014: 51), 2010년 10월, 아세안-유엔 간 재난관리 협력을 위한 공동 선언문의 채택에 따라 그 초안이 도출되었다. 이러한 가운데 2012년 3월, 양자의 구체적인 실천계획인 아세안-유엔 재난관리 전략계획이 확정된 것이다(The ASEAN Secretariat 2014: 15). 아세안 정부와 유엔 기구간의 공조는 그 기대에도 불구하고 인도네시아의 행동 변화를 일으키는 데는 실패하였는데, 여전히 '아세안 방식'에 의거하여 주권존중과 내정간섭을 불인정하는 인도네시아의 저항 때문이었다.

이에 싱가포르는 아세안 역외에 이를 호소하고자 하였는데 이른바 연무의 '주범(culprit)'을 찾아 법적인 제재를 취하는 데 국제사회의 설득력을 얻고 인도네시아를 압박하고자 하였다. 국제환경법은 싱가포르와 아세안 회원국들에 연무를 일으키는 국가들에 시정을 요구할 수 있는 법적 근거를 마련해주었지만 이러한 전략을 실행하는 데 있어서 현실적인 문제가 많았다. 가장 큰 문제는 누가 연무의 주범인지를 구체화하는 데 충분한 근거자료를 제시하기가 쉽지 않다는 점이다. 특히, 아세안에서 인도네시아뿐만 아니라 말레이시아조차도 연무 발생 지도를 공유하는 사안에 대해 상당한 거부감을 갖고 있었기 때문이다(Gill 2013: 14). 거기다 법적 해결책은 매우 결정적인 증거와 부담을 필요로 한다. 싱가포르는 연무의 원인인 방화와 연계된 공산품이라는 것을 증명해내야 한다. 거기다가 지금껏 싱가포르와 공조를 맞추어온 말레이시아 역시 연무의 심각한 피해국이면서도 이를 예방하기 위한 과감한 조치에는 소극성을 보이는 듯, 실행을 올리지 못한 것이 특징이었다.

글로벌 차원에서 유엔은 무분별한 벌목으로부터 이산화탄소 배출 저감을 위한 국제사회 전체의 행동계획인 REDD을 발표한 바 있는데, REDD+는 더 나아가 산림에 대한 보호와 지속가능한 관리, 그리고 탄소거래를 강화하는 역할까지를 포함하고 있었다(Lang 2013).[6] 2010년 5월, 인도네시아 역시 중요한 대상국가로서 REDD+ 프로젝트가 선진국들을 중심으로 추진되었는데, 인도네시아 고위 관계자들은 곧바로 이러한 보상이 자국의 벌목과 팜오일 플랜테이션을 포기하는 대가로 충분한가에 대한 의구심을 표명하였다(Gill 2013).

물론 여기에 인도네시아는 강력히 반발하였다. 국회의장 아스마디(Adiyatwidi Adiwoso Asmady)는 "싱가포르가 유엔 포럼을 인도네시아를 망신주기 위한 수단으로 요용하고 있으며 싱가포르는 아세안 논의의 결정을 존중해야 할 것"이라고 덧붙였다(Ghani 2010). 즉, 이 문제는 아세안 수준에서 다루어져야 한다는 것을 다시 한 번 강조한 것이다. 나아가 인도네시아는 연무 문제와 별도로 아세안 내 특별경제구역 등의 이슈를 자카르타에서 논의하고자 하는 싱가포르 사절의 제의 또한 거부함으로써 극도의 불쾌감을 표명하였던 것이다.

2007년이 되자, 싱가포르는 발리에서 열린 유엔 기후변화 컨퍼런스를 통해 이 이슈를 다시 한번 제기하고자 하였다. 연무가 심각해질 때는 이웃한 싱가포르, 말레이시아뿐만 아니라 태국, 필리핀과 같은 아세안 다른 지역은 물론, 호주 북서부와 괌 등에까지 미치는 사안이었음을 활용한 것이었다. 개최국으로서 인도네시아 역시 이번에

---

6   REDD와 REDD+의 기본 개념은 개도국에게 그들의 산림과 이탄지대(peatland)등을 보존함으로써 탄소저감에 협조하는 조건으로 재정적 인센티브를 주는 것이다.

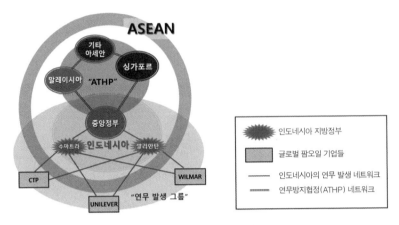

그림 4. 인도네시아 연무 네트워크와 역내 정부 대응의 한계

는 노골적인 반대가 어려운 상황이었다. 결국 인도네시아는 싱가포르와의 고위급 회담을 수락하게 되었을 뿐만 아니라 자국의 비준 문제를 짚는 유엔의 우려 깊은 성명서를 마지못해 수용할 수밖에 없었다(Francesch-Huidobro 2008). 컨퍼런스의 유엔 대표는 인도네시아가 대규모 산림방화를 제한하는 연무방지협정을 비준하고 그 이행을 약속하도록 정치적 의지와 도덕적 의무를 다해야 하며 이는 글로벌 기후변화 방지와의 정신과도 맞닿아 있음을 강조하였다. 무엇보다도 이를 우려하는 이웃국들의 목소리를 귀 기울여야 하며, 책임 있는 자세가 필요함을 발표하였다(The Straits Times 2009). 연무 문제를 부차적인 국내 문제로만 치부하려 했던 개최국 인도네시아의 입장에서는 상당히 쓰디쓴 결과였고, 내정간섭을 더 이상 주장할 수는 없게 되었다. 싱가포르 입장에서는 기후변화라는 글로벌 이슈와 맞닿은 지역이슈를 성공적으로 공론화함으로써 효과적인 압박으로 인도네시아의 입장변화를 얻어낸 제한적인 외교적 승리를 거두었다고 볼 수 있다.

〈그림 4〉는 연무 발생 이면에 있는 인도네시아 중앙정부와 지방정

부, 글로벌 팜오일 기업들 간의 공고한 네트워크를 보여준다. 싱가포르와 말레이시아 등은 ATHP를 통해 인도네시아 중앙정부와 협상하지만 산불을 일으키는 지방과 배후의 기업들은 그 영향에서 벗어나 있었고, 정부가 주도하는 NGO와의 연계 역시 제한적으로 나타났던 것이 사실이다. 즉, 정부 중심의 역내 정부 협력형, 국제협력형 접근은 연무를 초국경적 사안으로 의제화하는 데는 소기의 성과를 거두었지만, 근본적인 연무 카르텔을 변화시키는 데는 제한적이었다.

V. 싱가포르의 글로벌 다자 네트워크 전략

1. NGO와의 전략적 연계

사실 인도네시아 국내법은 회사들이 사전에 허가를 받을 경우, 산림 개간을 위해 방화하는 것을 허용해왔다. 여기에 법 집행 사안을 둘러싼 부패와 유착으로 건조기에조차 방화가 지속되어왔는데, 연무를 일으키는 화전식 개간 작업은 노동력이 거의 들지 않는 값싸고 쉬운 방법이기에 반복적으로 자행되어 왔다.[7] 특히 인도네시아 현지의 지방정부는 민간 이해관계자들과 공고하게 유착관계를 형성하고 있었기에 중앙정부는 실제로 현지에서 일어나는 문제를 다루기가 좀처럼 쉽지 않다는 점이다. 더욱이 한 지방의 환경에만 국한되지 않고 국경을 넘

---

7   벌목이 아닌 화전(火田)식 개간을 하는 이유는 간단하였다. 1헥타르의 개간지를 만드는 데 기계나 화학약품을 사용하면 적어도 200달러 이상이 들었지만 불을 지피는 것은 5달러면 충분하였다(Casson 2002: 221-245). 단, 화전식 개간은 비용이 적게 들었지만, 산불이 계획한 구획 내에서 연소되도록 통제하는 것이 쉽지 않았고 스모그를 발생시키는 부작용이 나타났다.

어 확대되는 플랜테이션 기업들에 대한 제재는 사실상 불가능하였다. 그 결과 지금까지 싱가포르는 인도네시아 정부가 산림방화를 조장함으로써 불법을 저지른 기업들의 명단을 발표하고 산불 방지를 위한 보나 적극적인 수단들을 확립하는데 합의하였으나, 부패에서 오염까지 모든 것들을 포괄하는 법적인 조치들은 연무를 줄이는 실질적인 변화를 유도하는 데까지 나아가지 못하였다(Biswas and Hartley 2015). 이 때문에 싱가포르 외무성은 아세안 정부 고위각료들만의 합의로는 실질적인 변화를 기대하기 어렵다는 점을 발표하였으며, 실효적인 대응수단을 강구해나가기 시작했다(SIIA 2014: 7).

결국, 아세안 차원의 협력시도와 국제수준의 정부·국제기구 간 협상에 이어 싱가포르가 추진하게 된 방향은 NGO와 시민사회, 이해당사자를 포괄하는 글로벌 차원의 다자 접근이었다. 이러한 접근의 핵심은 정부 행위자 이외에도 민간과 공공부문, 현지주민 등 제각기 다른 카운터 파트를 대상으로 서로 단절되어있던 NGO들을 "연무 문제 해결"이라는 공통의 목표하에 한자리에 모으고, 구체적인 공조방안을 모색한 것이라 볼 수 있다. 싱가포르 싱크탱크들은 이를 위해 NGO들의 도움이 필요하며 법적조치를 취하는 것보다 이들의 활동으로 방화에 책임이 있는 이해당사자들을 압박하는 것이 보다 효과적일 것이라 주장한 바 있다(Biswas and Tortajada 2013). 정부 차원의 보이콧은 인도네시아와 경제적으로 밀접하게 연결되어 있는 싱가포르의 특수한 맥락을 고려할 때, 경제적 보복과 같은 위험부담이 클 수밖에 없었다. 따라서 싱가포르 정부가 전면에 서는 것이 아닌, NGO를 간접적으로 지원하는 방안은 확실히 매력적인 접근이라 할 수 있다. 나아가 NGO의 보이콧 결정에 논리적·법적 근거를 제공하고 인류의 보편적인 건강을 위한 노력임을 뒷받침해줄 수 있는 학계, 미디어 등 국내외 전문가 집단들을 동참시키는 것도 그 효과를 극대화시킬 수 있는 유용한 방법이었다.

따라서 이러한 글로벌 차원의 다자 네트워크 전략이 갖는 첫 번째 주목할 특징은 싱가포르 정부가 중심에 서기보다는 싱크탱크인 '싱가포르 국제문제 연구소(Singapore Institute of International Affairs: SIIA)'를 통해 이러한 역할을 주도하게 한 점이다. 이미 싱가포르는 2004년 싱가포르국립대학 내 원거리측정감지처리센터(Centre for Remote Imaging, Sensing and Processing)를 설립하여 연무 문제를 다루기 위한 정보수집 및 공유 역할을 부여한 바 있었다. 당시 CRI에서 제공한 위성사진은 연무의 원인인 팜오일 플랜테이션 기업들과 상당히 긴밀한 연계가 있음을 시사하였고(Varkkey 2013: 3), 대규모 산불이 발생한 지대와 팜오일 플랜테이션 기업들이 체계적으로 계획한 개간지가 중첩되어 있다는 것을 세상에 알리는 등 중요한 역할을 수행하기도 하였다. 자료에 따르면, 80%가량의 산불이 플랜테이션 기업에 의해 유발된 것이라는 매우 중요한 결론을 내릴 수 있었으며 또한 소규모 농민에 의한 산불은 20% 정도에 불과하였다는 점에서, 기업들을 연무 방지의 협상 자리로 끌어오지 못한다면 그 효과는 불투명할 수밖에 없다는 사실도 확인시켜 주었다(Varkkey 2013: 3).

2013년 9월 싱가포르는 SIIA를 통해 연무문제를 핵심 의제화한 '6차 아세안-아시아 포럼(AAF)'을 개최하였는데, 이 회의에는 지금까지와는 달리 연무문제의 핵심행위자인 메이저 팜오일 기업과 이들에 대한 투자은행들이 참여하였다는 점에서 매우 중요한 의의를 가졌다. "연무 해결과 지속가능한 미래"를 의제화한 본 회의에는 문제해결을 위해 투명성을 더욱 강화하는 쪽으로 나아가야 한다는 점이 강조되었다(SIIA 2014: 3).

이와 같이 SIIA를 전면에 내세운 NGO들과의 전략적 연계를 통해 싱가포르 정부는 아세안 방식에 반하는 접근을 시도한다는 비난을 피해갈 수 있었다. 이러한 접근이 갖는 중요한 시사점은 간접적이고 점진적인 방식이었지만 그간 중앙정부에 가로막혀 접촉할 수 없었던 지방 정부와 현지 주민들의 상황을 NGO들을 통해 보다 정확히 이해하고 대책을 마련하게 될 수 있었다는 점이다. 즉, 닫혀 있었던 중앙정부-지방정부 간 연결고리에 균열을 냄으로써 싱가포르는 우회적으로 인도네시아를 압박해나가게 되었다.

2. 팜오일 기업에 대한 압박과 설득

SIIA는 여기에 그치지 않고 폭넓은 시민사회의 관심과 참여를 높이기 위해 2013년 10월 "연무와 싱가포르 전망"을 주제로 한 회의에서는 연무와 환경문제에 대해 시민사회의 주도적 역할을 각국 정부들이 어떻게 수용해야 하는지 뿐만 아니라 각 이해당사자들은 어떠한 역할을 할 수 있는지에 대해 현지의 NGO 단체들과 전문가들의 의견이 제시되었다.[8]

연무의 원인을 제공하는 기업을 압박하기 위한 노력으로 싱가포르는 환경청장을 중심으로 연무문제를 전담하는 TF를 운영하기 시작하였다. TF는 연무에 대한 국가차원의 액션 플랜(National Haze Action Plan)을 수립하였으며 국민 전체의 건강에 악영향을 미치는 연무 문제를 개선하기 위한 전략을 개발해왔다(National Environment

---

8   회의의 연장선에서 2013년 11월, SIIA는 "환경과 지속가능성, 기후변화 라운드 테이블"을 열었는데, 이 회의에는 NGO와 싱가포르, 말레이시아, 인도네시아 대학의 대표자 30여 명이 참여하였다. 환경문제에 대한 현지에서의 활동의 중요성이 강조되었고, 설치된 아세안 연무감시시스템에 대한 평가와 연무 당사국 정부들에 대한 NGO의 의견을 반영하기 위한 아이디어 회의가 지속됨으로써 NGO와 싱가포르 정부 간의 체계적인 공조방안이 논의되었다.

Agency 2013). 그러나 아무리 체계적으로 이를 운영한다고 하더라도 실제로 공중위생을 개선시키는데 큰 효과를 거두지는 못하였다. 연무 문제는 근본적인 원인인 대규모 산림방화를 예방하지 못하면 해결될 수 있는 사안이 아니었던 것이다.

그러나 산림 방화를 통해 막대한 이익을 거두고 있는 몇몇 회사들의 지배구조를 보면 상당히 놀라운 사실이 드러나는데, 그 중 CTP 홀딩스의 경우, Temasek 홀딩스 투자회사의 소유로 되어 있는데, 이 투자회사는 또 싱가포르 정부가 전체적인 지분을 갖고 있었다. Wilmar 인터내셔널은 비상주 대사이자(non-resident Ambassador) 22년간이나 의원직에 있었던 Leong Horn Kee가 이사회 임원으로 있었다 (Philemom 2013).

이러한 배경 때문에 싱가포르 정부는 이들 기업들에 제재를 가하는 상당한 영향력을 행사할 수 있었다. 마침내 싱가포르 정부는 2014년 2월, 산불의 발화지역, 국적과는 무관하게 연관된 팜오일 기업들을 징벌할 수 있는 '대외부패실행법안'을 통과시켰다. 이와 보조를 맞추어 싱가포르 정부는 연무 오염과 관련한 '국제법 자문위원회'를 출범시켰고, 실효적인 법으로 기능하기 위한 제도적 수단을 마련하였다 (Philemom 2013). 이러한 행보는 Unilever와 같은 싱가포르에 본사를 둔 기업들부터 비로소 징벌 위험 가능성을 인지하게 되는 계기로 작용하였다고 볼 수 있다(SIIA 2014: 5).

글로벌 차원의 다자 네트워크 전략이 가진 두 번째 특징은 인도네시아 중앙정부와 대립각을 세우기보다는 아세안의 중심 국가로서의 위상을 존중하는 동시에 연무가 인도네시아 국민에게도 심각한 문제임을 이해시키고 동참시키는 노력을 했다는 점이다.

그간 연무의 피해에 대해 싱가포르는 논리적 우위를 점하고 있었는데, 특히 인도네시아가 의존하고 있는 해외 투자자들은 인도네시아의 적절한 인프라, 교통, 거주지환경 등의 경제적 기반 조건뿐만 아니라 공기, 물 등의 거시적인 환경조건 역시 심각하게 고려하고 있다는 연구결과를 끊임없이 공표하였다. 이런 맥락에서 본다면 인도네시아 정부가 두려워하는 시나리오로서, 자국의 수십만 명의 청년들의 일자리는 연무로 인해 투자를 꺼리는 투자자들의 의구심으로 불확실해질지도 모른다는 점을 강조하였다. 즉, 연무 해결을 위한 적극적인 노력이 필요하다는 점을 인도네시아 정부에 우회적으로 역설할 수 있었다.

나아가 "양국 정부들은 연무와 관련된 기업 투자자들이 따를 수 있도록 적절한 수단을 제시해야 하며 이를 통해 비로소 다 함께 문제를 해결할 수 있다"고 밝혔다(Philemon 2013). 인도네시아 산림부 고위 관리인의 발언이 나오자마자 바로 싱가포르는 즉각적으로 입장을 표명하였는데, "싱가포르는 산림 방화에 책임이 있는 기업들이 판매하는 모든 것들을 보이콧할 수 있다"고 밝혔다(Philemon, 2013). 이어서, 이 문제는 어떤 일국을 비난하고자 하는 것이 아니며 아세안 시민 전체의 건강을 위협하는 무책임한 이들에 대해 아세안 차원에서 공조하자는 것임을 강조하였다. 덧붙여 "초국가적 연무 오염문제의 원인이 누구에게 있는지와는 별도로 영리 회사들을 기소하는 것은 전적으로 인도네시아 정부의 의지에 달려있다"고 밝힘으로써 협상의 구도를 '싱가포르 정부 대 인도네시아 정부'에서 '책임 있는 아세안 회원국 정부 대 그렇지 못한 근시안적 기업'으로 전환시킨 것이다.

여기에 화답하여 2013년 5월, 인도네시아 유도유노 대통령은 싱가포르와 말레이시아에 공식적인 사과를 표명하며 이전까지와는 다르게 대통령령으로 심각한 산림 방화를 금지하는 실천적 조치를 내놓게 된다. 이어 7월에 열린 동남아 초국경적 연무에 대한 각국 장관급 조정위원회(MSC)에서는 인도네시아 정부의 개간허가구역 지도를 아세안 정부들에 제공하고, 연무감시시스템(HMS)을 통해 산불의 책임자를 규명할 수 있도록 권한을 부여하기로 합의하였던 것이다(SIIA 2014: 2-3).

즉, 싱가포르 정부는 영향력을 행사할 수 있는 자국 기업들을 위주로 가장 먼저 압박하였으며 동시에 지속가능한 환경을 위한 플랜테이션 방식의 변화가 이들 기업들의 장기적인 경제활동에 필수적임을 설득시켜나갔다고 볼 수 있다. 글로벌 팜오일 기업들인 Unilever, Wilmar, CTP 홀딩스 등이 친환경적 플랜테이션 방식을 수용하면서 대규모의 기업형 방화의 대폭적인 감소를 기대할 수 있게 되었다.

3. 현지 공동체·글로벌 시민사회와의 연대

글로벌 다자 네트워크 전략이 가진 세 번째 특징은 환경 NGO뿐만 아니라 사회전반의 동참을 유도할 수 있도록 시민사회 및 정보를 제공해 줄 수 있는 현지 공동체, 시민사회 등 다양한 행위자들과 연계해 나갔다는 점이다.

먼저 SIIA의 주도 아래 NGO들은 각 국가들의 현지 사무소를 통해 거대 팜오일 브랜드 기업들에 지속가능한 방식으로 납품된 팜오일 원료만을 사용하여 판매할 것을 실질적으로 압박하기 시작했다. 이는 분명히 효과를 거두었는데, Unilever 등은 더 높은 단가에도 불구하고 검증된 팜오일 원료만으로 상품을 팔겠다는 것을 공표하였다. 스탠다드차티드 은행은 융자를 받은 기업들을 신용이나 평판 리스크와 같이 환경적 변수로 검토하기도 하였다.

그러나 무엇보다도 이들을 압박하기 위해서는 정확한 연무 발생 원인에 대한 데이터와 지식이 축적되어야 했다. 싱가포르는 직접 NGO 및 연구 집단과의 협력을 토대로 이들이 철저한 현지조사를 통해 상세한 허가구역 지도(concession map)를 그려나갈 수 있도록 지원하는 동시에 SIIA를 통해 NGO와 글로벌 포딜 간의 기술직 공조가 가능토록 연계하는 노력을 펼쳤다. 대표적으로 '세계자원연구소(WRI)'가 구글맵, '글로벌 산림감시 기구(GFW)'들과 실시간 제휴하여 연무가 빈번하게 발생하는 지역의 현황에 대한 실시간 정보 확보가 가능해진 사례가 대표적이라 할 수 있다. 즉, 싱가포르 정부차원에서뿐만 아니라 NGO와 민간 차원에서 인도네시아, 아세안 시민들의 경각심을 일으킬 수 있는 정보를 확보해 나갔고, 이러한 협력 메커니즘은 주효하였다(Gill 2013: 14-15).

싱가포르 정부의 연무 발생 기업 제재조치와 함께 맞물려 SIIA가 주도한 연무 방지를 위한 NGO 모임을 통해 영향력 있는 글로벌 차원의 환경 단체들이 동참하게 되었는데, 내표적으로 그린피스는 최대 팜오일 기업인 Unilever에 원료를 공급하는 Golden Agri-Resources(GAR)이 인도네시아 열대우림의 파괴하는 주범이었음을 아세안 전체에 공개하기도 하였다. 또한 Dove와 Unilever의 제품 구입이 심각한 환경파괴를 낳는 행위임을 세계 소비자들에게 각인시켰다. 3주 동안무려 11만 5,000명의 소비자들이 캠페인에 참여하였고, 여기에 놀란 유니레버는 지속가능성을 고려하여 생산된 팜오일만을 구매하겠다는 것을 서약하였던 것이다. 크래프트(Kraft)와 네슬레(Nestle), 그 외 많은 브랜드들도 순차적으로 열대우림을 지키겠다는 서약을 하였다. 이와 같이 소비자들의 집단적인 행동으로 팜오일 생산의 경제적 발전과 지속가능한 생산 간의 조화가 가능해졌던 것이다(Jie 2013).

싱가포르 정부는 이들의 메시지들을 토대로 팜오일 소비를 전적

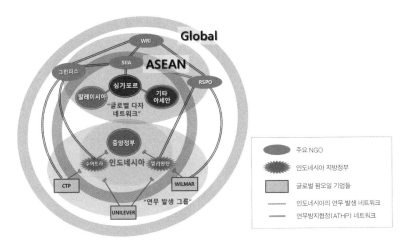

그림 5. 싱가포르의 글로벌 다자 네트워크를 통한 연무 대응 전략

으로 막을 수는 없지만, 지속가능한 방식이 아닌 마구잡이식의 방화로 팜오일을 생산하는 기업제품들에 대한 불매운동으로 이를 개선시킬 수 있다고 보았으며, 이것이 인도네시아와 아세안이 함께 지향해 나가야할 방향임을 전달하였다. 마침내 2014년 4월, 인도네시아 의회는 연무 방지협정에 비준하였으며 환경부 장관 발따사르 깜부아야는 "연무방지협정에 참여함으로써 인도네시아가 회원국들의 도움을 받아 발전할 수 있을 것"이라고 공식 발표하게 된다. 그 결과 싱가포르의 연무 방지 노력을 위한 다양한 시도는 결국 인도네시아 정부를 이해시킴으로써 의도하였던 연무는 산림방화 건수와 면적의 대폭적인 저감을 기대할 수 있게 되었다.

종합하면, 초기의 대응과 달리 싱가포르는 접근전략을 다변화하여 SIIA를 비롯한 NGO와 기업등과 글로벌 차원에서의 연계를 확대하였다. 싱가포르의 글로벌 다자 네트워크 전략을 도식화한 〈그림 5〉는 싱가포르와 간접적으로 연계된 NGO들이 또 다른 NGO들과 연대하

여 인도네시아 현지공동체에 직접 접촉하고 기업들을 압박하는 구도
를 보여준다. 이러한 접근전략의 전환으로 싱가포르는 기존의 인도네
시아 중앙정부와 지방정부, 기업들 간의 공고한 연계 고리를 끊을 수
있었으며 중앙정부를 직접 상대하시 않고도 효과적인 압박을 해나갈
수 있었던 것이다.

VI. 맺음말

인도네시아의 연무문제는 1997년 이후 동남아 지역의 신흥안보 이슈
로 부상하면서 복잡하고 다각화된 양상을 보여 왔으며 아세안 회원국
들의 서로 다른 이해관계로 다양한 행위자간의 인식 차이로 오랜 기간
동안 뚜렷한 진전을 보이지 못했던 것이 사실이다. 특히 연무의 발생지
이면서도 연무오염방지협정의 비준을 거부해왔던 인도네시아의 소극
적 태도가 가장 큰 원인이었다. 이 글은 싱가포르가 어떻게 12년 동안
이나 경직된 자세를 견지하였던 인도네시아의 입장을 선회시킬 수 있
었는지를 재난 유형과 대응 거버넌스의 측면에서 살펴보고자 하였다.

　　인위 재난이면서 확산형 재난이라 할 수 있는 연무를 해결하기 위
해 싱가포르는 아세안 회원국 간 협력 전략에서 국제수준에서의 정부
간 협력 전략으로, 더 나아가 NGO와 시민사회, 현지공동체와의 연계
를 강화한 글로벌 다자 네트워크 전략으로 점진적으로 전환해나가는
모습을 보여주었다. 이러한 복합적인 수준에서 나타난 싱가포르의 네
트워크 전략은 대응 수준뿐만 아니라 정부, 국제기구, 시민사회 간, 현
지 주민과 민간 기업까지를 아우르는 다양한 이해관계자들을 고려에
두고 다면적으로 추진되었다는 특징을 보여준다.

연무의 가장 큰 피해국이기도 했던 싱가포르는 초국경적 연무 이슈의 심각성을 주변국에 끊임없이 환기시키고 인도네시아 정부와의 양자협상뿐 아니라 현지, 지역, 글로벌 수준에서 다층적인 접근을 시도해나갔기 때문이다. 특히 이 과정에서 아세안 역내 정부 간 대응 방식을 넘어, 역외의 국가들과 NGO, 현지 공동체, 기업을 포괄하는 다양한 행위자들을 동원하여 인도네시아를 우회적으로 압박하는 등 '아세안의 거인'을 변화시키기 위한 점진적이고도 전략적인 접근을 펼쳐나갔다.

싱가포르는 아세안의 지역공동체의 발전과 주권존중을 준수하고자 했지만 동시에 초국경적 연무 문제를 해결하기 위해 글로벌 차원에서 의제화하고 다양한 행위자들을 포섭하는 등 아세안 방식과 일견 상충될 수 있는 선택을 해야 했던 것도 사실이다. 그러나 이러한 국면에서는 NGO와의 연계를 강화하고 정부는 조력자로서 역할하는 등 유연한 시도들을 통해 인도네시아와의 갈등을 최소화하고 목표하는 방향으로 연무 대응 구도를 이끌어나갈 수 있었다.

즉, 싱가포르는 이해관계자 간의 공통분모를 찾아가는 과정에서 하드파워적 한계와 지정학적 질서의 구조적 제약을 극복하였다고 볼 수 있다. 또한 각 수준에서 영향력 측면, 규범적 측면 등을 고려하여 보다 협상에 유리한 행위자들에 주도권을 위임하면서 외교적 효과를 극대화하고 갈등을 최소화할 수 있었다. 초국경적 연무 문제 해결을 위한 싱가포르의 복합적인 전략은 하드파워적 한계를 공공의 이익에 부합하는 의제선정, 규범 강조, 유연한 다자 접근 등을 통해 극복해나갔다는 점에서 시사하는 바가 크다.

한국 역시 황사와 초미세먼지 등 현재 동북아의 지리적 환경이 부여하는 초국경적 대기오염 문제를 경험하고 있다. 여기에는 발원지인 중국의 리더십 문제와 긴밀한 협력체제의 부재 등 해결해야할 과제가 여전히 남아있는 것이 사실이다. 특히 아세안과 같은 제도화된 지역 공조체제가 부재하고 정부에 비해 상대적으로 취약한 NGO의 역할 공간은 문제 해결을 더욱 불투명하게 만들고 있다. 그럼에도 불구하고 싱가포르가 보여준 유연한 대응사례는 첨예한 이해관계의 갈등과 하드파워적 한계를 극복하고 협력 가능한 다자 네트워크 구도로 재편할 수 있는 가능성의 단초를 보여준다.

싱가포르의 외교관이자 2003년 당시 아세안 사무총장이었던 온긍용(Ong Keng Yong)은 사스가 동남아시아를 휩쓸 당시 "극도의 두려움 아래서는 어떤 개인, 집단, 국가도 인간적으로 행동하거나 이성적으로 판단할 수는 없다"는 러셀의 금언을 인용한 바 있다(Acharya 2012: 249). 이는 사회 혼란을 막고 효과적인 대응을 위한 출발이 재난의 속성에 대한 충분한 이해와 이해관계자들 간의 이성적인 상호작용에 있음을 천명한 것이다. 온긍용은 아세안 회원국 국민들의 안위기 최우선적이 되기 위한 기반으로서 일국을 넘어 지역차원의 안보적 관점에서 다각적인 접근이 필요함을 강조하였다고 볼 수 있다. 환경적 차원의 신흥안보 이슈로서, 연무는 지역뿐만 아니라 더 나아가 글로벌 차원에서 다양한 행위자들을 동참시킬 수 있는 폭넓은 시야와 긴 호흡이 필요함을 시사한다.

참고문헌

김상배. 2007. 『정보화 시대의 표준경쟁』 한울아카데미.

김성원. 2007. "국제법상 인간안보개념의 전개에 관한 일고찰."『법학논총』 24(4).

김예겸. 2010. "동남아 환경문제와 지역 거버넌스: 인도네시아 밀림화재와 연무(smoke haze) 문제를 중심으로." 윤진표 외.『동남아의 초국가적 이슈와 지역 거버넌스』 명인문화사.

박경서. 2015. "연무, 자연재인가 인재인가?"『친디아 플러스』 제110권, 2015.12.25. 포스코경영연구원.

박병도. 2014. "동남아 연무문제 대응의 국제법적 함의."『환경법연구』 36(2). 한국환경법학회.

박재영. 2013. "인도네시아 연무문제와 주변국과의 관계."『EMERICs 주간이슈분석』 2013/7/2. http://www.emerics.org/mobile/weekly_issue.do?action=detail&b rdctsno=117721&systemcode=03&search_option=&search_keyword=&sea rch_year=&search_month=&regioncode1=&regioncode2=&regioncode3= &pagenum=&rowsize= (검색일: 2015.9.15.)

윤정현. 2015. "싱가포르의 대테러 네트워크 외교: 아세안 안보공동체 구축과정을 중심으로." 김상배 외.『제3세대 중견국 외교론』 사회평론아카데미.

이종구 외. 2015.『과학기술기반 신흥안보(Emerging Security) 대응 방안』 국가과학기술자문회의.

Dedy. 2014. "인니, '아세안 연무 조약' 비준 전망"『자카르타 경제신문』 2014/03/05. http:// pagi.co.id/bbs/board.php?bo_table=asean_now&wr_id=3 (검색일: 2016.5.11.)

Aiken, S. Robert. 2004. "Fires, Smoke-Haze Pollution, and Unnatural Disasters in Indonesia." *Geographical Review*, 94(1).

Biswas, Asit K. and Kris Hartley. 2015. "Singapore Haze: A New Strategy Needed", *The Diplomat*, 2015/09/21. http://thediplomat.com/2015/09/singapore-haze-a-new-strategy-needed/ (검색일: 2016.5.11.)

Biswas, Asit K. and Cecilia Tortajada. 2013. "Tackling Haze: Learn from Swedes." *Strait Times*, 2013/08/23.

Cassson, A., 2002. "The Political Econonmy of Indonesia's Oil Palm Sector." in C. J. Colfer and I. A. P. Resosudarmo. (eds.) *State, Communities and Forests in Contemporary Borneo*. Canbarra: The Australia National University Press.

Gill, Alisha. and Shin Bin Tan. 2013. "Transboundary Haze: How Might the Singapore Government Minimise Its Occurrence?" Singapore: Lee Kuan Yew School of Public Policy, National University of Singapore.

Jie, Yang. 2013. "Lush green trees are being ruthlessly sawed down." *Greenpeace East Asia*, 2013/11/12.

Lang, Chris. 2013. "Almost half of Norway's climate and forest aid remains unspent."

updated 2013/09/20. http://www.redd-monitor.org/2013/09/20/almost-half-of-norways-climate-and-forest-aid-remains-unspent/ (검색일: 2013.9.28.)

Lim, Kevin. 2013. "Singapore pressures Indonesia to identify firms behind haze." *Reuters*, 2013/06/18. http://www.reuters.com/article/2013/06/18/us-southeastasia-haze-idUSBRE95G09F20130618 (검색일: 2016.5.11.)

Park, Kyonghee and Jasmine Ng. 2013. "Singapore Smog Reaches 'Hazardous' All-Time High on Fires." *Bloomberg Business*, 2013/06/20.

Philemon, Ravi. "Singapore Government can do more to tackle haze." *The Online Citizen*, 2013/06/19. http://www.theonlinecitizen.com/2013/06/singapore-government-can-do-more-to-tackle-haze/ (검색일: 2016.5.11.)

Quah, E. 1999. "The economic and social cost of the 1997 fires." in Lim, H. and Johnston, D. (eds.) *Land-Forest Fires in Southeast Asia: Science and Policy. Singapore: World Scientific and national*, University of Singapore Press.

Quah, Euston and Helena Varkkey. 2013. "The Political Economy of Transboundary Pollution: Mitigation Forest Fires and Haze in Southeast Asia." in Hayashi Hana Sei. (eds.) *The Asian Community: Its Concepts and Prospects*. Tokyo: Soso Sha, pp.323–358.

Renn, O. 1992. "The Social Arena Concept of Risk Debates. Krimsky." in Krimsky, Sheldon and Dominic Golding. (eds.) *Social Theories of Risk*. Westport, Conn.: Praeger Publishers.

Varkkey, Helena. 2013. "Patronage politics, plantation fires and transboundary haze." *Environmental Hazards*, 12. http://www.tandfonline.com/doi/full/10.1080/17477 891.2012.759524 (검색일: 2016.5.11.)

싱가포르 환경청 홈페이지 http://www.nea.gov.sg/ar06/03SideASEAN.html
아세안 국가연합 홈페이지 http://www.asean.org/asean/about-asean
아세안 연무행동 온라인 http://haze.asean.org/?page_id=234

찾아보기

엮은이

김상배

서울대학교 정치외교학부 교수

서울대학교 외교학과 학사 및 석사, 미국 인디애나대학교 정치학 박사.

『아라크네의 국제정치학: 네트워크 세계정치이론의 도전』(한울, 2014)

『정보혁명과 권력변환: 네트워크 정치학의 시각』(한울, 2010)

『정보화 시대의 표준경쟁: 윈텔리즘과 일본의 컴퓨터 산업』(한울, 2007)

지은이

고은송   서울대학교 정치외교학부 외교학전공 학사과정

김유정   서울대학교 정치외교학부 외교학전공 석사과정

박   민   서울대학교 정치외교학부 외교학전공 학사

신승휴   서울대학교 정치외교학부 외교학전공 석사과정

윤정현   서울대학교 정치외교학부 외교학전공 박사과정

이수경   서울대학교 자유전공학부 학사과정

이은솔   서울대학교 자유전공학부 학사과정

채나예   서울대학교 정치외교학부 외교학전공 학사과정

최정훈   서울대학교 자유전공학부 학사